清华版·高等院校
旅游与饭店管理专业规划教材

中国主要
旅游客源国与目的地国
概况
第二版

张金霞 赵 亮 主 编

熊继红 副主编

清华大学出版社

北京

内 容 简 介

本书适应了"十二五"中国旅游业发展的新需求,也满足了教育部学科专业调整方案和高校教材建设目标的要求。本书在编写过程中,选择了2010年中国28个主要客源国和目的地国进行论述,体现了我国旅游业"全面发展国内旅游、积极发展入境旅游、有序发展出境旅游"的方针;突出了主要客源国和目的地国,也兼顾了极具潜力的客源国和目的地国。全书共7章,其中包括:国际旅游业总论、亚洲旅游区、欧洲旅游区、非洲旅游区、北美洲旅游区等。本书全面地阐述了各个旅游目的地国家的地理环境、发展历史、政治制度、经济概况、民俗风情、旅游市场、旅游热点、世界遗产等。

本书既可作为高等院校、高职院校旅游管理专业的教材,也可作为旅游行政管理工作者、旅游服务人员和出境旅游者的参考书。

图书在版编目(CIP)数据

中国主要旅游客源国与目的地国概况/张金霞,赵亮主编;熊继红副主编. --2版. --北京:清华大学出版社,2012(2022.8重印)

(清华版·高等院校旅游与饭店管理专业规划教材)

ISBN 978-7-302-28907-4

Ⅰ. ①中… Ⅱ.①张… ②赵… ③熊… Ⅲ. ①旅游客源—国际市场—概况—中国—高等学校—教材 ②景点—概况—世界—高等学校—教材 Ⅳ. ①F592.6 ②K91

中国版本图书馆 CIP 数据核字(2012)第 106661 号

责任编辑:温 洁
装帧设计:常雪影
责任校对:周剑云
责任印制:杨 艳

出版发行:清华大学出版社
    网 址:http://www.tup.com.cn, http://www.wqbook.com
    地 址:北京清华大学学研大厦 A 座   邮 编:100084
    社 总 机:010–83470000   邮 购:010-62786544
    投稿与读者服务:010-62776969, c-service@tup.tsinghua.edu.cn
    质量反馈:010-62772015, zhiliang@tup.tsinghua.edu.cn
    课件下载:http://www.tup.com.cn, 010-62791865
印 装 者:三河市铭诚印务有限公司
经 销:全国新华书店
开 本:185mm×260mm   印 张:19   字 数:457千字
版 次:2007 年 2 月第 1 版 2012 年 8 月第 2 版 印 次:2022年8月第11次印刷
定 价:48.00 元

产品编号:041502-02

教育部面向21世纪
旅游管理专业教育教学改革工程项目配套教材
清华版·高等院校旅游与饭店管理专业规划教材

编 委 会

总 主 编 马 勇 田 里

副总主编 郑向敏 罗兹柏 高 峻

主编委员（按姓氏笔画排序）

马 波	马 勇	王 琳	王远水
王远坤	田 里	叶 红	叶晓辉
龙京红	吕宛青	刘 纯	刘大可
刘爱服	牟 红	冯冬明	朱承强
肖 星	李 丽	李 昕	李 晴
李亚利	李肇荣	杜文才	陈福义
陈绍友	张文建	张德成	杨 敏
杨振之	郑向敏	郑耀星	赵 丽
赵 毅	罗兹柏	罗有贤	修月桢
高 峻	徐启明	曹华盛	韩玉灵
魏 卫			

丛 书 序

进入21世纪以来，随着中国社会经济的飞跃发展，综合国力的不断增强，国民生活水平的显著提高，中国旅游业迅速发展起来，并且保持着持续发展的活力。根据世界旅游组织的预测，2020年中国将成为世界第一大旅游目的地国，并成为世界主要旅游客源国之一。在21世纪的起始阶段，中国旅游业的发展将本着"大力发展入境游，积极发展国内游，规范发展出境游"的方针，逐步发展成为出入境旅游并举的旅游客源输出大国和旅游目的地大国。

中国能够快速发展成为全球最主要的旅游市场之一，首先需要大量优秀的专业人才做支撑。旅游产业的发展运行需要管理、策划、营销、服务等多方面和多层次的专业人才体系来支撑，涉及面包括了从旅游资源的规划与开发到旅游产品的策划与设计，从旅游活动的组织创意到旅游线路的营销推介，从旅游企业的管理运营到旅游项目的筹划运作以及到各种旅游服务的实际提供与操作等等；同时，随着现代旅游产业发展呈现出的多元化、国际化趋势，旅游节庆、旅游会展、旅游地产、旅游电子商务等新型旅游产业迅速发展起来，对现代旅游从业人员提出了新的要求，也是对当前旅游管理专业的高等教育提出了新的挑战。

当前，我国旅游管理专业教学建设已有了一定的发展基础，在中国步入"十一五"新的发展时期，中国旅游专业人才的培养需要一套具有新理念、新思维、高水平的精品教材，以培养出一批符合未来中国旅游产业发展需求的合格人才。为此，清华大学出版社策划组织了国内一流旅游院校中的部分院系著名专家教授和学科带头人参与编写了这套能够适应中国旅游业发展需要的高等院校系列教材。本套教材是教育部面向21世纪旅游管理专业教育教学改革工程项目的系列配套教材，由清华大学出版社组织出版。本套教材的宗旨是进一步完善全国旅游管理专业的高等教学体系，总结中国旅游产业发展的理论成果和实践经验，推进中国旅游管理专业的理论发展和学科建设，并希望有助于提高中国现代旅游从业人员的专业素养和理论功底。

在编制本套教材的过程中，我们力求系统地、完整地和准确地介绍旅游管理专业的基本理论和知识，并体现资料全、观点新和体系完整的特色，尽可能地将当前国内外旅游产业发展的前沿理论和热点、焦点问题收纳进来。本套教材既可作为全国高等院校旅游管理专业教育教学的专业教材，也可作为旅游企业专业人才培训的参考用书。本套教材由教育部工商管理教学委员会委员马勇教授和田里教授担任总主编，由华侨大学郑向敏教授、重庆师范大学罗兹柏教授和上海师范大学高峻教授担任副总主编。

本套系列教材将于2006年秋季陆续出版发行，其中刘纯教授的《现代饭店督导管理》、郑向敏教授的《现代饭店经营管理》已评为教育部国家级"十一五"规划教材。在教材的编制过程中，清华大学出版社特别邀请了全国旅游教育界和企业界的知名教授和专家学者进行了严格的审定，借此机会对支持和参与本套教材编、审工作的专家、学者表示衷心的感谢。

欢迎全国旅游高等院校师生和旅游专业人士的选用，并提出宝贵意见，以利于今后本套系列教材的修订与完善。

编委会
2006年7月

第二版前言

本教材第一版问世至今已经五年了，这期间世界旅游业发生了很大的变化，特别是我国旅游业取得了举世瞩目的成绩，旅游业的地位得到了进一步的提升，具体来看：

一是随着旅游业的迅猛发展，我国旅游发展战略发生了变化，2009 年 12 月，国务院颁发第 41 号文件即《关于加快发展旅游业的意见》，明确提出要把"旅游业培育成为国民经济的战略性支柱产业和人民群众更加满意的现代服务业"。这将为我国旅游业带来新的发展机遇，也意味着旅游业以事关国计民生的经济产业定位正式进入国家战略体系。

二是我国旅游业发展方针由过去"大力发展入境旅游，规范发展出境旅游，全面提升国内旅游"的方针转变为"全面发展国内旅游、积极发展入境旅游、有序发展出境旅游"，如何积极规范地发展出入境旅游是当前我国旅游业面临的重要问题。

三是我国旅游业的发展取得了长足的进步，2011 年中国国内旅游、入境旅游和出境旅游全面繁荣，成为世界第三大入境旅游接待国和出境旅游消费国，并形成全球最大的国内旅游市场，旅游业已进入大众化、产业化发展的新阶段，我国出入境市场和国内旅游市场又有了较大的变化，因此有必要重新审视我国的旅游客源国和旅游目的地国。

此外，由于第一版教材编写质量较高，教材内容符合教育部教育教学改革人才培养的要求，使用效果良好，取得了良好的社会效益与经济效益。因此，赢得了社会及高校良好的口碑。

在编写第二版的过程中，编者力图根据教育部教育教学改革的要求，把理论与实际结合起来，紧紧围绕发展中国出入境旅游这一主题，致力于体现教学改革的最新理念，努力争取在教材结构、内容等方面有所创新，希望能给学生提出更多、更新、更系统、更富于指导的基本理论和知识，以便使学生更多、更好地了解世界主要旅游客源国和目的地国的基本情况。

第二版与第一版的不同之处：

一是第二版更符合我国旅游业发展实际，在原有教材基础上重新选择了 2010 年中国 28 个主要客源国和目的地国进行论述，突出了主要客源国和目的地国，也兼顾了极具潜力的客源国和目的地国。

二是第二版资料更为新颖，内容更为充实，力求全面介绍其地理、历史、政治、经济、文学艺术、民俗风情、旅游市场、旅游热点、世界遗产等基本情况，同时还穿插了知识窗，使内容更为丰富。

三是第二版对编写模式进行了改进，结构进行了调整，图文并茂，增加了各区域的世界遗产和各国的示意图；更注重知识性，更突出实际的运用。

第二版编写的具体分工如下：张金霞编写第一、三章，熊继红编写第二、六章，赵亮编写第四、五、七章。全书由张金霞负责编写提纲并统稿定稿。

另外，本书配有电子课件，以适应多媒体教学的需求。下载地址：www.tup.tsinghua.edu.cn

在第二版编写过程中，得到了清华大学出版社及编辑的鼎力支持和热情帮助，在此致以衷心的感谢。

鉴于编者的认识水平和能力，第二版中仍可能存在不足之处，诚恳欢迎广大读者批评指正。

编　者

第一版前言

　　旅游业已经成为世界上最大的产业，并仍以十分惊人的速度发展着。中国国内旅游和国际旅游发展之快，更是令世人感到震惊。随着中国出入境旅游的迅猛发展，人们日益迫切希望能更多地了解世界主要旅游客源国与目的地国的有关旅游发展情况，为出境旅游或招徕更多的入境游客做好充分的准备。本书正是为了满足人们的这种需要而组织编写的。

　　本书是由湖南商学院、江汉大学、湖北大学等 5 所学校的一线老师通力合作、共同编写的结果。在编写本书的过程中，编者力图根据教育部教育教学改革的要求，把理论与实际结合起来，紧紧围绕发展中国出入境旅游这一主题，致力于体现教学改革的最新理念，努力争取在教材结构、内容等方面有所创新，希望能给学生提出更多、更新、更系统、更富于指导的基本理论和知识，以便使学生更多、更好地了解世界主要旅游客源国和目的地国的基本情况。

本书特色：

- 系统性与完整性：选择了 2005 年中国 31 个主要客源国和目的地国进行论述，体现了我国旅游业"大力发展入境旅游，规范发展出境旅游，全面提升国内旅游"的方针；突出了主要客源国和目的地国，也兼顾了极具潜力的客源国和目的地国；力求全面介绍其地理、历史、政治、经济、文学艺术、民俗风情、旅游市场、旅游热点等基本情况，同时还穿插了知识窗，使内容更为丰富。

- 创新性：全书编写模式独特，电子课件图文并茂；理论联系实际，资料较齐全，并力求采用最新数据资料。

- 实用性和可操作性：每章都结合实际进行了阐述，各章均给出了与本章内容契合的案例分析或讨论题,既注重了知识性,又突出了实际的运用。

在本书编写过程中,编者吸收和借鉴了旅游学研究最新的成果和国内同类教材的编写经验,参阅了许多同志的著作、文章和消息报道,参阅了大量的统计资料(除去本书已注明的参考书目外,其他参阅的资料篇目恕不一一列出)。在此,谨向所有这些论著的作者表示真诚的谢意。

本书编写的具体分工如下:陈福义编写第二章,张金霞编写第一、三章,赵亮编写第四章,生延超编写第五章,覃业银编写第六章。全书由陈福义和张金霞负责编写提纲并统稿定稿。

本书电子课件下载地址:www.tup.com.cn

在本书编写过程中,得到了清华大学出版社及责任编辑的热情帮助。在此致以衷心的感谢。

限于编者的学识水平和实践经验,书中不妥之处在所难免,诚恳欢迎广大读者批评指正。

编　者

2006 年 12 月

目　　录

第一章 国际旅游业总论

【学习目的】

- 掌握国际旅游业发展的基本格局和基本特点。
- 熟悉国际旅游业发展的基本趋势。
- 掌握中国国际旅游业现状特征。
- 熟悉中国国际旅游市场发展前景。

【学习内容】

- 国际旅游发展的基本格局；国际旅游发展的基本特点；国际旅游业发展的基本趋势。
- 中国的入境旅游现状；中国的出境旅游现状；中国出入境旅游市场的发展前景。

第一节　国际旅游业

一、国际旅游业发展的基本格局

(一)发展历程

随着世界经济的发展和人们生活水平的提高,旅游已经成为人们休闲的主要选择方式之一,旅游业已成为世界上最大的产业。旅游业的发展不仅给许多国家提供了大量的就业机会,而且还为它们带来丰厚的外汇收入。因此,旅游业日益引起各国政府的重视。许多国家的政府通过颁布旅游组织法或旅游基本法、直接投资或减税、设立旅游发展基金、制定休假制度、实行"低门槛"入境和"低门槛"收费政策等,以保证和支持本国旅游业的健康发展。

据统计,国际跨境旅游者的数量从1950年的2 528.2万人次增加到2009年的88 000.0万人次。国际旅游业年发展速度虽然有升有降,各地区增长速度有快有慢,但是总体上增长的趋势一直未曾停止过,且一直呈指数级增长(见表1-1和表1-2)。

表1-1　世界各旅游区接待国际游者数量

单位:万人次

年份 旅游区	1950	1960	1970	1980	1990	2000	2005	2009
欧洲旅游区	1 683.9	5 035.1	11 300.0	19 600.0	28 670.8	40 250.0	44 390.0	45 970.0
美洲旅游区	748.5	1 670.5	3 664.3	5 370.3	9 357.0	12 850.0	15 620.0	13 960.0
亚太旅游区	23.7	86.0	576.2	2 224.7	8 817.7	11 530.0	13 310.0	18 050.0
非洲旅游区	52.4	75.0	240.7	707.0	1 509.0	2 720.0	3 620.0	4 790.0
中东旅游区	19.7	63.0	186.4	582.1	757.7	2 320.0	3 840.0	5 250.0
全世界	2 528.2	6 929.6	15 967.6	28 484.1	49 112.2	69670.0	80 780.0	88 000.0

资料来源:世界旅游组织(World Tourism Organization, WTO. 网址:www.world-tourism.org)。

据世界旅游组织(WTO)公布的统计数据,2009年全球国际过夜游客为8.8亿人次,同比下降4.3%;国际旅游收入为8873.6亿美元,同比下降6%;世界各大旅游区域中都呈现下降态势,只有非洲是唯一出现增长的地区(见表1-3)。

表1-2　各旅游区接待国际游客占世界比重

单位:%

年份 旅游区	1950	1960	1970	1980	1990	2000	2005	2009
欧洲旅游区	66.4	72.5	70.5	65.5	62.1	57.8	53.9	52.2
美洲旅游区	29.6	24.1	23.0	21.6	20.6	18.4	16.4	15.9

续表

年份 旅游区	1950	1960	1970	1980	1990	2000	2005	2009
亚太旅游区	1.0	1.3	3.6	8.2	12.3	16.6	20.5	20.5
非洲旅游区	2.1	1.1	1.5	2.6	3.3	3.9	4.5	5.4
中东旅游区	0.9	1.0	1.4	2.1	1.7	3.3	4.7	6.0
全世界	100	100	100	100	100	100	100	100

资料来源：世界旅游组织(World Tourism Organization, WTO.网址：　www. World-tourism.org)。

表 1-3　2009 年世界入境旅游人数、增长率和市场份额

世界和区域	接待国际旅游者人数(万人次)		国际旅游市场份额(%)
	2009 年	2009 年增长率(%)	2009 年
世界	88 000.0	−4.3	100.0
欧洲地区	45 970.0	−5.6	52.2
亚太地区	13 960.0	−1.9	15.9
美洲地区	18 050.0	−5.1	20.5
非洲地区	4 810.0	5.1	5.4
中东地区	5 250.0	−5.6	6.0

资料来源：世界旅游组织(WTO)2010 年 1 月。

但是，世界旅游业在总体增长的态势下，也经历了一系列的危机时期，例如 1991 年的海湾战争，1997 年的亚洲金融经济危机，2001 年的"9·11"恐怖袭击，"反恐战争"而造成的恐惧和不安全感，2003 年的非典型肺炎(以下简称 SARS)，2004 年和 2005 年的禽流感危机，印度尼西亚巴厘岛、突尼斯和蒙巴萨的爆炸事件，阿富汗战争，印度洋的海啸，南亚大地震，以及 2008 年以来席卷全球的金融危机，甲型 H1N1 流感的蔓延等，均使得世界形势更加具有不确定性，从而使世界旅游业深受打击，且出现区域性的负值增长。

(二)国际旅游业发展的基本格局

现代世界国际旅游市场在不断向纵深发展，与 20 世纪 50 年代相比，其格局已发生了很大变化，各大区域的旅游呈现出发展不平衡的态势。

1. 欧洲旅游市场

无论从国际旅游接待人数，还是从国际旅游收入来衡量，欧洲旅游业在国际旅游业中一直处于领先地位，欧洲是世界上接待国际旅游的中心地区，也是世界上国际旅游业最发达的地区。

随着欧盟成员国的增加和"大欧洲"态势的发展，使欧洲国际旅游人数迅速增长。但是，2008 年以来，由于受金融危机等因素影响，欧洲入境过夜游客数量下降幅度较大，出现负增长(见表 1-4)。

表 1-4　2009 年欧洲地区国际入境旅游人数增长情况

单位：%

年　份 区　域	2008	2009
欧洲地区	0.3	-5.9
北欧	-2.1	-7.7
西欧	-1.2	-4.3
中东欧	2.6	-8.2
南欧及地中海	0.6	-4.7

资料来源：UNWTO,World Tourism Barometer,Volume 8,No.1,January 2010。

2. 美洲旅游市场

美洲国际旅游业开始较早，在 20 世纪 80 年代发展尤为迅速。目前美洲国际旅游业发展水平仅次于欧洲地区，美国是美洲、也是世界头号旅游大国。然而，近年来，美洲旅游受到世界经济衰退、"9·11"危机和反恐战争等因素的影响，其旅游业发展速度减缓。2004 年后，美洲地区的旅游业克服了其低迷状况，实现了国际入境旅游人数的快速增长，2004 年增长率达 10.0%，2008 年的入境旅游增长率仍达 3.0%。但是，受到 2008 年以来全球金融危机等因素的影响，美洲入境过夜游客数量下降幅度较大，出现负增长(见表 1-5)。

表 1-5　2009 年美洲地区国际入境旅游人数增长情况

单位：%

年　份 区　域	2008	2009
美洲地区	3.0	-5.1
北美	3.2	-6.0
加勒比	1.2	-2.4
中美	7.8	-5.7
南美	5.9	-3.3

资料来源：UNWTO,World Tourism Barometer,Volume 8,No.1,January 2010。

3. 亚洲及太平洋地区旅游市场

随着世界经济贸易的重心向亚太地区的转移，加上亚太地区各国政府的重视，国际旅游业发展迅猛，亚太地区在国际旅游业中的地位越来越重要，已跃居世界第二位。2003 年，亚太地区由于受到伊拉克战争和 SARS 的叠加影响，接待国际旅游人数出现下降，2004 年以后，亚太各个国家加大了旅游业的投入，使亚太地区国际旅游迅速恢复和振兴，2004 年实现了 29.0%的高增长率，成为 2004 年世界旅游增长最快的区域。2008 年增长率为达 1.1%。但是，受到 2008 年以来全球金融危机等因素的影响，亚太地区入境过夜游客数量发展放缓，2009 年，除东南亚外，其他区域也出现负增长(见表 1-6)。

表 1-6　2009 年亚太地区国际入境旅游人数增长情况

单位：%

年 份 区 域	2008	2009
亚太地区	1.1	-1.9
东北亚	0.4	-3.3
东南亚	3.6	0.4
大洋洲	-1.5	-1.8
南亚	4.3	-2.8

资料来源：UNWTO,World Tourism Barometer,Volume 8,No.1,January 2010。

4. 非洲旅游市场

非洲现代国际旅游业兴起于 20 世纪 60 年代。20 世纪 70 年代后，非洲各国采取了一系列行之有效的措施，国际旅游业取得了长足的进展，并有明显的经济效果。由于世界政治经济形势的变化，加上区内民族的纷争、政局的不稳定、自然灾害频繁、传染病流行、社会经济及文化不发达等因素的影响，阻碍了本区国际旅游业的发展，非洲的旅游业形成了南强北弱之势。但是 2004 年以来，一改过去南强北弱的增长趋势，出现北快南缓的增长格局。2009 年，非洲成为国际旅游增长最快的区域，增长率为 5.1%，且又出现北缓南快的增长格局，其中北非为 2.9%，撒哈拉地区为 6.4%。

5. 中东旅游市场

中东是世界国际旅游业发展最不稳定的地区，但 2002 年其国际旅游业出现了猛烈反弹。2003 年后，中东接待入境旅游人数持续保持增长态势，2008 年增长率为 18.2%，但 2009 年受全球经济衰退影响，出现负增长，增长率为-5.6%。

二、国际旅游的基本特点

由于受到包括信用危机、逐渐扩大的金融危机、商品与原油价格上升、大幅的汇率波动等因素影响，从 2008 年 1 月开始，世界范围内的入境过夜游客数量变化表现为大起大落。这种态势不可避免地打击了旅游者的信心，反过来加剧了世界经济的衰退。2009 年世界旅游发展具有以下特点。

1. 世界旅游出现衰退，旅游发展格局不平衡

从表 1-3 所反映的数据可以看到，由于受到金融危机以及一系列突发事件的影响，世界旅游出现衰退，只有非洲为正增长率，达 5.1%，增幅比上年的 3.8%增加了 1.3%；其他地区都为负增长，其中欧洲地区增长-5.6%，；亚太地区增长-1.9%；美洲地区增长-5.1%；中东地区增长-5.6%。

2009 年世界各区域国际旅游市场份额基本上没有出现大的变化。欧洲占全球市场份额减少了 0.7%，亚太地区增加了 0.1%，非洲和中东地区地区增加了 0.3%。

2. 世界旅游经济总量仍很大，但呈现出负增长

2009 年世界旅游总需求达到 73 391 亿美元，其中直接用于旅游消费支出为 41 390 亿美元，包括个人旅游消费支出、商务旅游消费支出、政府旅游支出等(见表 1-7)。

2009 年世界旅游业 GDP 为 19 700 亿美元，旅游经济 GDP 为 54 740 亿美元，旅游业就业人数达 7727.6 万人，旅游经济就业达 21 981.0 万人。

2009 年，居全球旅游总需求前 10 位的国家是美国、日本、中国、德国、法国、西班牙、英国、意大利、加拿大、墨西哥(见表 1-8)。这 10 个国家占世界旅游总需求的 65.0%。其中美国占世界旅游总需求的 22.4%，日本、德国、法国和西班牙 4 国占 22.9%。

此外，世界旅游组织的数据显示，2008 年世界各国在国际入境游客人数和入境旅游收入排行榜上的位置没有大的变化。国际入境游客人数最多的五个国家是：法国、美国、西班牙、中国和意大利。入境旅游收入最高的五个国家是：美国、西班牙、法国、意大利和中国。

表 1-7　2009 年世界旅游经济主要指标与贡献

旅游经济主要指标	数　量	增长率(%)	占世界比重(%)
个人旅游消费(亿美元)	29 900	−2.9	8.6
商务旅游消费(亿美元)	7 450	−7.2	1.3
政府旅游支出(亿美元)	4 040	3.3	3.9
旅游资本投资(亿美元)	12 200	−5.3	9.4
旅游直接出口(亿美元)	10 794	−4.5	6.0
旅游相关出口(亿美元)	9 007	−5.4	5.0
旅游总需求(亿美元)	73 391	−4.0	9.6
旅游业 GDP(亿美元)	19 700	−3.5	3.2
旅游经济 GDP(亿美元)	54 740	−3.5	9.4
旅游业就业(万人)	7 727.6	−1.9	2.7
旅游经济就业(万人)	21 981.0	−2.8	7.6

资料来源：WTTC.Travel & Tourism Economic Impact.December,2009。

表 1-8　2009 年旅游经济指标前 10 位国家情况

单位：亿美元

排　序	国　家	旅游总需求	旅游经济增加值	旅游直接出口	旅游资本投入
1	美国	16 403	13 569	1 549	2 623
2	日本	5 561	4 793	130	652
3	中国	5 266	4 493	521	1 654
4	德国	4 384	2 673	476	328
5	法国	3 781	2 782	570	383
6	西班牙	3 100	2 515	663	600
7	英国	3 072	2 001	422	310

续表

排 序	国 家	旅游总需求	旅游经济增加值	旅游直接出口	旅游资本投入
8	意大利	2 810	2 125	472	393
9	加拿大	1 768	1 104	—	—
10	墨西哥	1 582	1 338	—	—
合计		47 727	35 268	4 833	6 943

资料来源：WTTC.Travel & Tourism Economic Impact.December,2009。

2009 年，居全球旅游经济增加值前 10 位的国家是美国、日本、中国、法国、德国、西班牙、意大利、英国、墨西哥、加拿大。

2009 年，居全球旅游直接出口前 8 位的国家是美国、西班牙、法国、中国、德国、意大利、英国、日本。

2009 年，居全球旅游资本投入前 8 位的国家是美国、中国、日本、西班牙、意大利、法国、德国、英国。

三、国际旅游业发展的基本趋势

国际旅游业从形成到发展，现在进入了稳定发展时期，21 世纪将是国际旅游业发展的第二个黄金时代。国际旅游业成为世界上最大的产业，旅游者将达到空前的规模，来自各个国家、各个阶层的旅游者将把他们的足迹印在世界的每一个角落。尽管各个国家的政治、经济情况以及旅游业的发展模式不同，但就整个国际旅游业来看，将出现下列发展趋势。

1. 旅游业继续保持世界上最大产业的地位

旅游业作为世界上最大的新兴产业，每年国际旅游业的交易额已超过 3 000 亿美元。旅游业已取代石油工业、汽车工业，成为世界上最大的创汇产业。早在 1992 年世界旅游与观光理事会根据总收入、就业、增值、投资及纳税等几个方面的分析，证明旅游业作为世界上最大产业的态势正在形成。因此，世界旅游与观光理事会指出：旅游业是促进经济发展的主要动力，旅游业已成为世界上最大的就业部门，共产生 1.27 亿个工作岗位，约占世界劳动力总数的 6.7%；旅游业是创造高附加值的产业，其增值额已达到 14 490亿美元；旅游是各国财政中主要的纳税产业之一，全世界的旅游企业及从业人员的纳税总额高达 3 030 亿美元。旅游业对世界经济的贡献，不仅是产生的产值和提供就业岗位的贡献，它同时还带动其他产业的发展，带来一系列的经济效益。

根据 WTO 旅游组织的预测，到 2020 年，在世界范围内将有 15.6 亿人次的国际旅游者。欧洲仍将是最受欢迎的旅游地，但是不会呈加速度增长，而且其损失的市场份额将有利于世界上其他地区分享，尤其是东亚和太平洋。东亚和太平洋将保持其在最受欢迎的观光旅游地区中世界第二的位置，而非洲、中东和南亚与东亚和太平洋相比，将以更快的速度增长。

WTO 旅游组织还作了进一步的预测，到 2020 年，世界国际旅游业的收入将从1995

年的 4 550 亿美元上升到 20 000 亿美元。这将意味着单从国际旅游业，世界每天将赚取 50 亿美元，其中还不包括国际运输。

2. 国际旅游区域的重心向东转移的速度加快

欧洲和北美是现代国际旅游业的两大传统市场。在 20 世纪 80 年代以前，它们几乎垄断了国际旅游市场，接待人数和收入都占世界总数的 90%左右。20 世纪 80 年代后，亚洲、非洲、拉丁美洲和大洋洲等地区一批旅游新兴市场的崛起，使国际旅游业在世界各个地区的市场份额出现了新的分配组合。在 21 世纪的进程中，亚太地区在国际旅游市场中的份额进一步扩大，欧洲和北美地区国际旅游市场上的份额将呈进一步缩小之势，旅游重心由传统市场向新兴市场转移的速度将会加快。随着发展中国家和地区经济的持续增长和繁荣，这些国家和地区的居民去邻国度假必定会增加，区域性国际旅游将大大发展。特别是随着全球经济重心的相应东移，亚太地区逐渐成为国际旅游业的"热点"区域。

3. 国际旅游客源市场趋向分散化

长期以来，国际旅游的主要客源市场在地区结构上一直以西欧、北欧和北美为主。这两个地区作为现代国际旅游的发源地，其出国旅游人数占国际旅游总人数的 75%左右。目前世界上最重要的旅游客源国中，除亚洲的日本、大洋洲的澳大利亚外，其余大都集中在上述两个地区，其中仅德国和美国两个国家，就占国际旅游消费总支出的 30%以上。国际旅游客源市场在地区分布上畸形集中的局面，同样也面临着严重的挑战，特别是当代世界经济正在迅速分化和重新改组，初步形成了北美、西欧、日本、以俄罗斯为主的独联体、东欧和第三世界等 6 大经济力量相抗衡的态势，直接影响了各地区国际旅游客源的产生、发展、消长和转移，从而导致客源市场分布格局由目前的集中渐渐走向分散。21 世纪初，亚洲、非洲和拉丁美洲的一些脱颖而出的新兴工业国，随着人均国民收入的增加，可能逐渐取代传统的旅游客源国，而成为国际旅游的主体市场。

4. 国际旅游方式趋向多样化

从近年来国际旅游业发展的特点看，随着世界各国经济的发展与生活水平的提高，众多旅游者越来越不满足多年一贯制的观光旅游，而希望能够在旅游中结合自己的兴趣爱好，进行积极的探索、参与和休息，人们将更加重视精神疲劳的消除，这样就要求旅游企业推出丰富多彩的旅游产品。那些单纯游山玩水的消遣观光，将逐渐为多样化的旅游方式和项目所取代。国际上传统的旅游方式分为四种，即娱乐型、观光型、疗养型和商务型，大多数旅游活动更多的是各种方式特征兼而有之。一个国家或地区的旅游方式是由其资源条件、地理位置、市场条件等多方面因素决定的，不同的旅游方式也有不同的产品、价格、市场对策等，同时旅游者也有不同的消费要求和消费特点。当今，国际旅游消费动向的重大变化是消费由"目的"变为"手段"，人们消费是为了实现自我爱好，为了自由娱乐，表现丰富的感情等。传统的观光、娱乐等旅游方式已不能满足旅游者的需求。旅游方式朝着个性化、多样化、文化化的方向发展，各种内容丰富、新颖独特的旅游方式和旅游项目将应运而生。一些国家采取以"新"、"异"取胜的战略,除一些传统旅游项目外,文化旅游、商务旅游、生态旅游和网络旅游等特色旅游,以其新颖、别致、时代性强和内容丰富多彩等特点吸引游客,取得了很好的经济效益。

5. 中远程旅游渐趋兴旺

旅游距离的远近受限于时间和经济等因素的影响,在 20 世纪上半叶,人们大都只能借助于火车和汽车进行旅游活动。当时飞机速度慢且票价昂贵,还很不安全。因此,那个时代的人一般只能作短程旅游。中、远程旅游,特别是横渡大洋的国际旅游的兴起,是二战后航空运输大发展的直接结果。目前,飞机的飞行速度越来越快,续航技术日新月异,世界正变得越来越小,距离在旅游限制因素中的作用日趋减弱,人们外出旅游将乘坐更快捷的飞机和高速火车。加之闲暇时间增多,今后将有更多的人加入到中、远程旅游的行列中来。1983 年,欧盟出国旅游者中,79.7%的人是到毗邻国作短程旅游,中、远程旅游者仅占 20.3%;到 1995 年,出国作短程旅游的人数下降到72.7%,中、远程旅游人数升至 27.3%。另据国际航空协会估计,世界航空运输中,长途航运将成为主要手段,距离在 2 400 千米以上的长途客运量可能从目前占航空客运量的 6%剧增至 40%。因此,随着更加快捷、安全、舒适、经济的新型航空客机投入运营,全球性大规模的中、远程旅游将成为可能。

6. 国际旅游对旅游安全更为重视

安全性和可靠性是所有旅游企业应该考虑的首要问题,保证游客的安全是国际旅游最重要的因素。如果存在安全隐患,应该采用有力的防范措施,提供准确信息,并对不安全地区进行隔离和明示。

世界局势的缓和,使世界避免爆发全球性毁灭的战争成为可能,但世界上局部战争和冲突时有发生。在具备闲暇时间和支付能力的条件下,唯一能使旅游者放弃旅游计划的因素就是对安全的顾虑。旅游者考虑的安全因素主要有:局部战争和冲突,恐怖主义活动,旅游目的地政局不稳定,传染性疾病流行,恶性交通事故的发生,社会治安状况恶化等。旅游者只有对各方面的安全因素确定无疑后才会启程。因此,各旅游接待国或地区都将越来越重视安全因素对旅游市场营销的影响,力求从每一个环节把好安全关。针对一些不可预测的不安全因素为游客预先代办保险,一方面可以减轻游客的后顾之忧,另一方面一旦事故发生可以将其对市场的冲击力减少到最低程度。

第二节 中国国际旅游市场

中国的历史悠久,文化灿烂,山川秀丽,民族众多,旅游资源丰富多彩而独具特色,改革开放以来经过三十余年持续、快速、健康的发展,已实现了由旅游资源大国向世界旅游大国的历史性跨越。

一、中国的入境旅游现状

(一)历史回顾

从新中国成立初期到党的十一届三中全会以前的二十多年间,由于受国际政治经济环境及国内因素的影响,中国国际旅游业的发展非常缓慢,在有些年份甚至停滞不前;旅游接待工作属于外事活动接待和统战工作的一部分,即始终是"政治接待型"的模式,国际旅游入境人数和国际旅游收入都很少,旅游业对国家的经济贡献微不足道,与世界上许多国家通过发展旅游业而促进经济社会协调发展的现实形成了强烈的反差。

党的十一届三中全会以后,在邓小平旅游经济思想的指引下,在党中央、国务院的正确领导下,中国旅游业有了长足发展,在世界旅游业中的地位不断提高,见表1-9和表1-10。

表1-9　历年来海外游客来中国内地旅游入境人数和年增长率

年　份	入境人数(万人次)	增长率(%)	年　份	入境人数(万人次)	增长率(%)	年　份	入境人数(万人次)	增长率(%)
1978	180.92		1989	2 450.14	−22.70	2000	8344.39	14.70
1979	420.39	132.36	1990	2 746.18	12.08	2001	8901.29	6.67
1980	570.25	35.65	1991	3 334.98	21.44	2002	9752.83	9.99
1981	776.71	36.20	1992	3 811.49	14.28	2003	9166.21	−6.40
1982	792.43	2.02	1993	4 152.69	8.95	2004	10800.0	18.0
1983	947.70	79.59	1994	4 368.45	5.20	2005	12029.23	10.3
1984	1 285.22	35.61	1995	4 638.65	6.19	2006	12494.21	3.9
1985	1 783.31	38.76	1996	5 112.75	10.22	2007	13187.33	5.5
1986	2 281.95	27.96	1997	5 758.79	12.64	2008	13002.74	−1.40
1987	2 690.23	17.89	1998	6 347.84	10.23	2009	12647.59	−2.7
1988	3 169.48	17.81	1999	7 279.56	14.70	2010	13376.2	5.76

资料来源:根据国家旅游局统计资料整理。

1978年,来华旅游入境人数只有180.9万人次,其中外国人23.0万人次,华侨、港澳台同胞回乡探亲旅游人数157.9万人次,旅游外汇收入只有2.63亿美元,但均创造了新中国成立以来的最高纪录,超过以往20多年的旅游接待人数的总和。

表1-10　历年来中国接待过夜旅游者人数和国际旅游收入在世界旅游市场中的排名

年　份	接待过夜旅游者人数(万人次)	排　名	国际旅游收入(亿美元)	排　名
1980	350.0	18	6.2	34
1986	900.1	12	15.3	22
1990	1 048.4	11	22.2	25

续表

年 份	接待过夜旅游者人数(万人次)	排 名	国际旅游收入(亿美元)	排 名
1995	2 003.4	8	87.3	10
1998	2 507.3	6	126.0	7
1999	2 704.7	5	141.0	7
2000	3 122.9	5	162.2	7
2001	3 316.7	5	178.0	5
2002	3 680.3	5	203.9	5
2003	3 297.1	5	174.1	7
2004	4 176.1	4	257.4	7
2005	4 680.9	4	293.0	6
2006	4991.3	4	339.5	5
2007	5 472.0	4	419.0	5
2008	5 304.9	4	408.0	5
2009	5 087.5	4	396.75	5
2010	5 566.45	3	458.14	4

资料来源：根据国家旅游局统计资料整理。

1979 年，在中国饭店基本没有增加的情况下，旅游接待人数增长 132.36%，旅游外汇收入增长 70.7%，其中来自西方国家的游客迅速增长，美国旅游者首次达 6.8 万人次，仅次于日本的来华旅游者。

1983 年至 1985 年，来华旅游人数又开始保持两位数的高速增长。1984 年，海外旅游者来华人数首次突破"千万"大关。旅游外汇收入增长速度达 10%以上。1989 年春夏之交的政治风波，使中国国际旅游业受到严重的影响，当年来华旅游人数比 1988 年下降了 22.7%，旅游外汇收入第一次出现负增长，为-17.2%。此后，中国国际旅游业迅速走出困境，1990 年旅游外汇收入和有组织接待外国旅游人数基本恢复到最好水平，这表明中国国际旅游业已具备一定规模，比以前更加成熟了。

20 世纪 90 年代以来，中国旅游业持续发展，在国民经济中所占的比重日益提高，取得多方面的经济效益、社会效益和生态效益，旅游产业定位日趋明确，国际旅游业保持稳定增长，其间国际国内政治经济形势对中国国际旅游业产生了重要影响。1996 年，旅游外汇收入第一次突破 100 亿美元大关。1997 年 7 月 1 日，香港回归祖国，香港同胞回大陆进行旅游商贸活动的人数进一步增长。1998 年高达 4694.8 万人次。1997 年下半年，东南亚爆发金融危机，包括日本、韩国、泰国等许多国家均受到打击。这些国家是中国国际旅游的主要客源国，因此亚洲市场来华游客下降较多。1999 年 12 月 20 日，澳门回归祖国，为这个市场进一步发展提供了更为有利的条件。澳门与内地的感情更加贴近，更多的人到祖国内地观光游览。1999 年澳门来内地旅游人数为 878.37 万人次，同比增长 23.24%。

2001 年的 9·11 事件，对于世界旅游业无疑产生了深刻影响，它不仅给美国的旅游业以致命的打击，也让世界各地的旅游业都笼罩了一层阴影。2003 年由于 SARS 的影响，中国入境旅游市场受到了严重冲击。在 2004 年，旅游全行业迎难而上，克服 SARS 病毒及禽流感等不利因素的影响，积极开展对旅游客源国的促销，入境旅游全面振兴并登上新的台阶，中国入境旅游全面恢复振兴并有新的突破性大发展。

2004 年以来，中国旅游业增长迅猛，入境旅游已成为中国最大的国际服务贸易领域，中国已从旅游资源大国发展成为世界旅游大国。

2007 年，我国旅游业发展势头良好，入境旅游市场保持稳定增长，入境过夜旅游人数达 5471.98 万人次，实现国际旅游外汇收入 419.19 亿美元，中国接待过夜旅游者人数和国际旅游收入在世界旅游市场中的排名继续保持第 4 名和第 5 名。

2008 年，我国旅游业连续遭受金融危机和各种突发事件、不利因素的冲击，经受了前所未有的考验，入境旅游市场出现下滑，入境过夜旅游者人数 5304.92 万人次，旅游外汇收入 408.43 亿美元，中国接待过夜旅游者人数和国际旅游收入在世界旅游市场中的排名继续保持第 4 名和第 5 名。

2009 年是我国旅游业特别是入境旅游经受严峻考验和挑战的一年，入境旅游市场继续下滑，入境过夜旅游者人数 5087.52 万人次，旅游收入 396.75 亿美元。

2010 年，中国入境旅游市场出现反弹，入境过夜旅游人数 5566 万人次；旅游收入 458 亿美元。

(二)现状特征

1. 客源构成分析

(1) 从客源看，中国海外客源市场分为两大部分，一部分是香港同胞、澳门同胞、台湾同胞及华侨，另一部分是外国人(包括已加入外国国籍的海外华人)。近 20 年来，港澳台同胞和华侨一直是中国海外客源市场的主体。2010 年，中国入境旅游人数 13 376.23 万人次，其中：香港同胞 7 932.19 万人次，澳门同胞 2 317.29 万人次，台湾同胞 514.06 万人次，外国人 2612.69 万人次。

(2) 从区域看，根据入境旅游人数，中国海外客源市场分为亚洲市场、大洋洲市场、欧洲市场、北美市场。目前，中国海外客源市场主体为亚太地区，其次为欧洲和北美市场，这种格局自 1979 年一直延续至今。

(3) 从国籍看，20 世纪 80 年代以前，客源国主要是日本、前苏联及东欧国家，而近在咫尺的我国港澳台及海外华侨华人都属于严格控制入境之列。20 世纪 80 年代以后，随着中国改革开放的不断深入，中国海外客源市场打破了过去狭窄的地域分布格局，中国客源国数量剧增，遍布世界各大洲，其中日本、美国、俄罗斯、英国、法国、德国、菲律宾、泰国、马来西亚、新加坡成为中国十大稳定的客源市场。进入 20 世纪 90 年代，世界政治经济局势进一步发生变化，中国客源市场又发生了较大变化。2010 年列入前 18 位的客源国依次为：韩国、日本、俄罗斯、美国、马来西亚、新加坡、越南、菲律宾、蒙古、加拿大、澳大利亚、泰国、德国、英国、印尼、印度、法国、缅甸。

(4) 从旅游目的看，外国旅游者来华旅游的主要目的是观光休闲、参加会议及从事商务活动。2010 年来华旅游者中，观光休闲者占 47.39%，参加会议和商务活动者占 23.72%，探亲访友者占 0.34%，服务员工占 9.4%，其他占 19.15%。

(5) 从性别看，男性旅游者仍是中国旅游客源市场的主体。2010 年来华的外国旅游者中，男性为 1678.88 万人次，占 64.26%，女性为 933.81 万人次，占 35.74%。

(6) 从年龄上看，中青年仍是中国海外旅游客源市场的主力军。2010年来华旅游的外国旅游者80%以上集中在25~64岁，其中14岁以下为109.44万人次，15~24岁为203.09万人次，25~44岁为1171.31万人次，45~64岁为965.20万人次，65岁以上为163.65万人次。

(7) 从入境方式看，乘飞机仍是主要入境方式。2010年来华的外国旅游者中，乘船舶的为503.90万人次，占3.77%；乘飞机2001.39万人次，占14.96%；乘火车为131.30万人次，占0.98%；乘汽车为3118.63万人次，占23.31%；徒步为7621.01万人次，占56.97%。

(8) 从旅游者在华消费水平看，依次为：外国人、香港同胞、台湾同胞、澳门同胞。其中，2009年外国人在华人均天花费为192.93美元，比上年减少7.5美元，下降3.7%。

(9) 从职业看，入境旅游的成分比较复杂，分布比较广泛，其中商人偏多，这也正说明前来从事商贸活动较多，是中国经济快速发展的反映。

(10) 从入境旅游停留时间看，与旅游业发达的国家相比，还较短。2009年入境旅游者人均停留7.6天，比上年增加0.6天，其中外国人、台湾同胞停留时间较长，香港同胞、澳门同胞停留时间较短。

(11) 从入境旅游月份来看，游客较多集中在8—11月，是旅游旺季，特别是10月形成旅游高峰；而1、2、12月较少，是旅游淡季。

(12) 从入境旅游者的流向看，据2002年对入境旅游者抽样调查资料显示，在入境旅游者中，只到中国"一日游游客"和以中国为最终目的地的游客居主导地位，80%的游客离境后直接返回各自的国家或地区。近程市场多数是只到中国旅游的"一日游游客"，占85%以上；欧美、大洋洲等远程市场，出境呈现多样性，超过30%的游客离境后前往其他国家旅游。

2. 客源市场分析

经过改革开放以来三十多年的发展，中国逐步形成了具有中国特色、符合旅游业持续发展需要的海外客源市场组合，2010年中国海外客源市场的基本情况见表1-11。

表1-11　2010年中国海外客源市场的基本情况(未包括港澳台地区)

地　区	入境旅游者人数(万人次)	占总数比重(%)	比上年增长(%)
合　计	2 612.69	100.00	5.76
亚　洲	1 618.87	61.96	17.49
欧　洲	299.54	11.46	20.24
美　洲	568.78	21.77	23.89
大洋洲	78.93	3.02	17.38
非　洲	46.36	1.77	15.55
其　他	0.21	0.01	-2.90

(1) 持续增长且基数大的亚洲客源地。亚洲各国是中国最重要的海外客源市场，20世纪90年代中期以来，是亚洲各国来华旅游人数的快速增长时期。除1997年、1998年亚洲金融危机的冲击外，其增长速度均在20%以上，并且形成了日本、韩国、东南亚5

国及蒙古等主要客源国。尤其是日本,近二十年来,因为其与中国隔海相望的地理位置、悠久的历史渊源和经济文化交流传统,使其一直是中国最大的客源国。进入 20 世纪 90 年代后,由于中韩两国邦交正常化,使来华旅游很快进入超常发展阶段,2010 年韩国是中国第一位的客源国。东南亚 5 国作为中国的近邻,也一直是中国传统稳定的客源国,特别是 20 世纪 90 年代以来,随着其经济的发展,旅华市场进入快速发展时期。蒙古是随着中蒙边境贸易的兴旺而逐步发展起来的一个主要客源国,其旅游者多为边境旅游者。但由于受到 1997 年东南亚、东亚的金融危机的影响,各国来华旅游不同程度地出现了负增长,受 2003 年的 SARS 和 2004 年的禽流感等因素的影响,各国来华旅游速度放慢,2005 年以来中国旅游业全面振兴,中国旅游业进入高速发展时期。2008 年和 2009 年,受国际金融危机和各种不确定因素的影响,中国旅游业经历了各种挑战,入境旅游人数和旅游外汇收入有所下降,但 2010 年又全面反弹,进入正常发展时期。

(2) 发展基本平稳的欧洲客源地。欧洲是中国仅次于亚洲的重要客源市场。作为东亚地区的重要旅游目的地,中国在欧洲游客的远程旅游中扮演着重要角色。20 世纪 90 年代中期以来,欧洲各国来华旅游人数不断增加,1997 年香港回归祖国,欧洲游客出现高速增长。此后,一直平衡增长,但是 1998 年受亚洲金融危机的影响,欧洲游客来华旅游一度出现负增长,2003 年 SARS 和 2004 年的禽流感,2008 年以来受汶川大地震、国际金融危机和甲型 H1N1 流感等的影响,使欧洲游客来华旅游受到一定影响,比例有所下降。其中,2010 年欧洲来华旅游人数为 299.54 万人次,占来华旅游者的比例 11.46%,而其他年份欧洲游客平稳增长,其旅游人数占来华旅游者的比例在 20%以上。并且形成了英、德、法、俄等主要客源国,其中英、德、法、俄是中国十大较稳定的客源国之一,特别是俄罗斯一跃成为中国第三大客源国。

(3) 持续平稳增长的美洲客源地。美洲,尤其是北美客源国是中国第三个重要的客源市场,美国和加拿大是中国在美洲的两个主要客源国,20 世纪 90 年代中期以来,它们占据了美洲市场份额的 90%左右,来华旅游呈现平稳增长。人数由 1990 年的 28.08 万人次增加到 2010 年的 568.78 万人次,特别是美国一直是中国十大稳定的客源国之一。

(4) 发展中的大洋洲与非洲客源地。对于中国海外客源市场而言,大洋洲与非洲国家属于发展中的客源市场,人数还比较少,2010 年,非洲来华旅游人数为 46.36 万人次,大洋洲为 78.93 万人次。澳大利亚是大洋洲最重要的中国海外客源国,目前澳大利亚已成为中国前 11 位的客源国。

3. 客源国特征分析

总体而言,中国海外旅游客源国主要有以下四方面的特征。

(1) 客源地分布广泛,少数重要客源国居主导地位。中国海外客源国广泛分布于亚洲、欧洲、美洲、大洋洲、非洲各地,客源地组成上具有地域多样性。但从客源国所占来华旅游市场的份额来看,少数重要的客源国提供了大部分客源,居主导地位。具体表现为亚洲居多,欧洲与美洲次之。主要客源国客源输出量累计占外国客源总数的 70%左右,其中前五大客源国占 50%以上,且近年来这一比例仍不断上升,反映出主要客源国的作用越来越明显。

这种少数重要客源国居主导地位的格局,在一定时期内还会有所强化,并维持相当一段时间。同时，重要客源国地域上的广泛性，又为中国防范区域性的危机或其他偶发事件影响旅游业提供了条件，易于促成东方不亮西方亮，此消彼长的局面，从而有利于中国旅游业健康平稳地发展。

(2) 各大洲分布不均，亚洲客源市场扮演重要角色。近几年，在中国入境旅游客源市场上，亚洲国家始终扮演重要角色，比重超过50%，呈快速上升趋势，而欧洲、美洲、大洋洲、非洲依次下降。同时，邻国市场如日本、韩国、俄罗斯、蒙古、东南亚各国均为主要客源国。

中国地处东亚，发展亚洲客源市场具有先天优势。一方面距离近，在旅游交通费用在旅游花费中占有较大比重的前提下，这种优势往往被强化；另一方面有相近的文化传统以及频繁的经济往来，国与国之间往来限制的放宽，手续的简化等。此外，日本、韩国及东南亚各国人口密集，在其经济快速发展的背景下，已成为世界上重要的客源产出国。特别是对于这些国家的大多数初访者来说，中国是一个较为理想的旅游目的地。因此，拓展亚洲客源市场，尤其是深层次拓展邻近国家客源市场，对于中国入境旅游业的发展，是一件事关全局、意义深远的事情。

(3) 客源国构成与世界主要客源产出国基本相对应。从世界旅游市场的大背景上看，世界主要客源市场依次为欧洲、亚太地区、美洲、中东及南亚地区、非洲。从主要客源国看，主要为德国、日本、美国、英国、法国、荷兰、加拿大、俄罗斯、意大利等。而对于中国海外旅游市场而言，德国、日本、美国、英国、法国、加拿大、俄罗斯等国家已是主要的客源地，荷兰、意大利来华旅游也发展相当迅速。但由于这些客源国都是远程市场，其来华旅游受到一定限制，因而日本、韩国、蒙古、新加坡、泰国等近程客源市场仍将是中国的主要客源地。显然，这种客源市场格局是符合世界旅游市场发展规律的，它将在相当长的时间内支持中国国际旅游业的持续发展。

(4) 潜在客源地发展前景乐观。受经济发展水平、距离和国民旅游习惯等多种因素的影响，南亚、中东地区、南美、非洲国家来华旅游的人数很少，但是它们是中国潜在的客源国，这些地区近年来出国旅游市场发展较快，其迅速发展的势头已引起业内人士的关注。例如，中国近邻印度是一个特别值得注意的潜在市场，11亿人口的背景和中产阶级的迅速崛起，使得出国旅游需求迅速膨胀。据预测，这种膨胀速度在今后10~20年内仍有加快趋势，而使印度成为重要的客源产出国之一。20世纪80年代末，印度来华旅游人数为1万人次左右，1995年达5.5万人次，1999年达8.43万人次。2000年达12.09万人次，跃入中国前20位客源国之列。2010年达54.93万人次，比上年增长22.36%，成为中国第16位客源国。

二、中国的出境旅游现状

近年来，中国出境旅游发展迅猛。中国旅游研究院2011年4月12日发布的数据显示，我国公民自费出境旅游目的地国家和地区达到140个，正式实施开放的旅游目的地达到110个(见表1-12)。2010年我国出境旅游人数为5739万人次，同比增长20.4%；出境旅游消费480亿美元，同比增长14%，创历史新高。中国作为世界上发展最快、潜力最大的新兴旅游客源大国的形象更加突出。

表 1-12　中国主要出境旅游目的地国家(地区)一览表

序号	国家/地区	序号	国家/地区	序号	国家/地区
1	中国香港	38	芬兰	75	巴巴多斯
2	中国澳门	39	瑞典	76	老挝
3	泰国	40	捷克	77	蒙古
4	新加坡	41	爱沙尼亚	78	汤加
5	马来西亚	42	拉脱维亚	79	格林纳达
6	菲律宾	43	立陶宛	80	巴哈马
7	澳大利亚	44	波兰	81	阿根廷
8	新西兰	45	斯洛文尼亚	82	委内瑞拉
9	韩国	46	斯洛伐克	83	乌干达
10	日本	47	塞浦路斯	84	孟加拉
11	越南	48	丹麦	85	安道尔
12	柬埔寨	49	冰岛	86	保加利亚
13	缅甸	50	爱尔兰	87	摩洛哥
14	文莱	51	挪威	88	摩纳哥
15	尼泊尔	52	罗马尼亚	89	叙利亚
16	印度尼西亚	53	瑞士	90	阿曼
17	马耳他	54	列支敦士登	91	纳米比亚
18	土耳其	55	埃塞俄比亚	92	美国
19	埃及	56	津巴布韦	93	中国台湾
20	德国	57	坦桑尼亚	94	法属波利尼西亚
21	印度	58	毛里求斯	95	以色列
22	马尔代夫	59	突尼斯	96	佛得角共和国
23	斯里兰卡	60	塞舌尔	97	圭亚那
24	南非	61	肯尼亚	98	黑山共和国
25	克罗地亚	62	赞比亚	99	加纳共和国
26	匈牙利	63	约旦	100	厄瓜多尔
27	巴基斯坦	64	北马里亚纳群岛联邦	101	多米尼克
28	古巴	65	斐济	102	阿拉伯联合酋长国
29	希腊	66	瓦努阿图	103	巴布亚新几内亚
30	法国	67	英国	104	马里共和国
31	荷兰	68	智利	105	朝鲜
32	比利时	69	牙买加	106	密克罗尼西亚
33	卢森堡	70	俄罗斯	107	乌兹别克斯坦
34	葡萄牙	71	巴西	108	黎巴嫩
35	西班牙	72	墨西哥	109	加拿大
36	意大利	73	秘鲁	110	塞尔维亚共和国
37	奥地利	74	安提瓜和巴布达		

注：上表统计截至 2009 年 5 月 13 日。

资料来源：国家旅游局网。

(一)历史回顾

20 世纪 80 年代中期，中国才开始出现出境旅游的萌芽，出境旅游真正大发展是在 20 世纪 90 年代才开始的。刺激中国国内旅游需求最为重要的因素之一，是居民可支配收入的增加，另外还有闲暇时间的增多以及生活和消费方式的转变。出境旅游的发展对扩大中国的国际影响、增长国人见识、融入国际大环境等方面具有积极作用。

1. 试探性发展阶段(1984—1989 年)

1984 年以前，中国出境旅游基本上是以外事活动为主，几乎谈不上真正意义的出境旅游，年出境人数一般都在 200 万人次以下。1983 年 11 月广东作为试点开放本省居民港澳探亲游，1984 年，国务院批准了侨办、港澳事务办、公安部联合上报的《关于拟组织归侨、侨眷和港澳台眷属赴港澳地区探亲旅行团的请示》，规定统一由中国旅行社总社委托各地中国旅行社承办归侨、侨眷和港澳台眷属赴港澳地区探亲旅行团在内地的全部组织工作，香港地区、澳门地区的中国旅行社负责当地的接待事务，内地公民港澳游扩大到全国。1987 年 11 月，国家旅游局和对外经济贸易部批准了丹东市对朝鲜新义州市的"一日游"。这个文件标志着中国边境旅游的开始。

在此试探性发展阶段，中国出境旅游人数增长非常缓慢，到 1989 年出境旅游人数仅达到 300 万人次左右。

2. 初步发展阶段(1990—1996 年)

1990 年 10 月，国家旅游局经外交、公安、侨办等部门，并经国务院批准，出台了《关于组织中国公民赴东南亚三国旅游的暂行管理办法》，它标志着中国出境旅游的真正发展。规定在由海外亲友付费、担保的情况下，允许中国公民赴新加坡、马来西亚、泰国探亲旅游目的地国家。继"新、马、泰"的开放，1992 年中国公民的旅游目的地国又增加了菲律宾。

在此阶段，中国出境旅游人数从初期的每年 300 万人次左右，迅速上升到 1996 年的 500 万人次，但是由于各种原因，因私出境旅游者仍然只有 200 万人次左右，年增长速度非常缓慢。

3. 规范发展阶段(1997—2000 年)

1997 年，由国家旅游局与公安部共同制定并经国务院批准了《中国公民自费出国旅游管理暂行办法》，同期还规定了中国公民自费出国旅游的目的地国家，明确了"出国(境)旅游"的概念，也标志着中国公民出境旅游进入了一个崭新的规范发展阶段。出境旅游目的地资格的获得采取了 ADS(Approved Destination Status)协议谈判的方式，到 2000 年底，中国正式开放的 ADS 国家和地区达到 14 个。

此阶段中国公民年出境人数从 1997 年的 532 万人次增长到 2000 年的 1 047 万人次，几乎增长了 1 倍，年均增长达到 25.31%；其中，因私出境旅游者开始真正迅速发展，从 1997 年的 244 万人次，增长到 2000 年的 563 万人次，增长了 1.3 倍，年均增长达到 32%。中国出境旅游的强劲增长势头受到国际旅游业界的关注。

4. 快速发展阶段(2001 年至今)

2001 年 12 月 11 日,中国正式成为世贸组织成员国,旅游业发展面临新的机遇和挑战。遵循 WTO 规则和中国的入世承诺,中国出境旅游管理也相应作出了重大调整。2002 年 7 月 1 日正式实施《中国公民出国旅游管理办法》,该办法的出台使得中国出境旅游管理逐渐走上了规范化的轨道。

从 2002 年开始,中国明显加快了出境旅游目的地(ADS)的开放步伐,每年开放国家均在 5 个以上,到 2011 年 4 月,中国公民出境旅游目的地国家和地区已达 140 个,正式实施开放的旅游目的地达到 110 个。中国旅游者的身影已经遍布世界各地(见表 1-12)。

在此阶段,中国公民出境人次从 2001 年的 1213 万人次增长到 2010 年 5739 万人次。2003 年中国出境旅游人数首次超过日本,成为亚洲最大的客源输出国。根据世界旅游组织和一些中国公民出境旅游目的地国进行的调查,中国公民出境旅游消费居世界前列。

(二)现状特征

1. 出境旅游人数增长迅猛,境外消费量日益增长

中国加入世界贸易组织为旅游业的发展注入了新的活力,现已成为亚洲第一大客源国、全球增长最快的新兴客源输出国(见表 1-13)。

表 1-13　中国出境旅游发展情况

年　份	出境(百万人次)	增长(%)	其中:因私(百万人次)	增长(%)
1995	4.52	21.1	2.05	25.1
1996	5.06	12	2.31	17.5
1997	5.32	5.2	2.44	1.1
1998	8.43	7.4	3.79	30.8
1999	9.23	9.6	4.27	33.7
2000	10.47	13.43	5.63	31.99
2001	12.13	15.86	6.95	23.34
2002	16.6	36.83	10.06	44.86
2003	20.22	21.79	14.81	47.2
2004	28.85	42.68	22.98	55.17
2005	31.03	7.56	25.14	9.40
2006	34.52	11.3	28.80	14.6
2007	40.95	18.6	34.92	21.3
2008	45.84	11.9	40.13	14.9
2009	47.66	4.0	42.21	5.2
2010	57.39	20.4	—	—

资料来源:根据国家旅游局网,中国旅游业统计公报整理。

2004 年是中国公民出境旅游增长最快的一年,出境旅游人数达到 2 885.28 万人次,

较上年增长 42.68%，是中国公民出境旅游目的地数量增加最多的一年。

2006—2009 年中国公民出境旅游增长速度放缓，2010 年又达到 20.4%的增长速度，出境旅游人数再创新高，达 5 739 万人次。

中国不仅是亚洲出境旅游人数最多的国家，而且也是世界上出境旅游人均消费最高的国家之一。据北京开和迪咨询有限公司等组织的"2009 年中国游客赴欧出境调查"显示，中国赴欧洲旅游的人均支出约为 2.5 万元，其中购物支出在 1.1 万元左右，另据维萨卡(VISA)和亚太旅游协会(PATA)的联合调查显示，中国内地居民出境旅游度假预算保持在 2 700 美元左右，未来会有小幅度上升。这一预算仅仅次于印度(3 040 美元)，位居亚洲地区第二，超过日本、中国香港、新加坡和韩国等国家和地区受访人员的预算。按照中国台湾提供的"大陆观光客平均每人每日消费金额为 295 美元，平均停留 7 天 6 夜"的调查资料预算，2009 年人均在中国台湾消费近 1 800 美元。显然，这样的消费水平与全球金融危机造成的经济衰退形成巨大的反差。

正是由于中国公民人均销费高，各旅游发达国家争相开发中国旅游市场。

2. 出游目的地具有地域上的广泛性，但仍以亚洲国家和地区为主

中国大陆居民从 1983 年开始可以到香港地区和澳门地区旅游，但是出境旅游一般来说以 1990 年政府允许居民自费前往新加坡、马来西亚和泰国旅游为正式开端。中国政府的出境旅游政策一直是合理地发展出境旅游市场，也就是有计划、有组织和有控制地发展出境旅游。

从 2002 年开始，中国明显加快了出境旅游目的地(ADS)的开放步伐，到 2011 年 4 月，中国公民出国旅游的目的地国家和地区已经达 140 个。

中国出境旅游的目的地的选择虽然很多，但到周边近距离国家和地区的旅游者仍然占绝大多数，并多集中在开放比较早、距离比较近的亚太地区国家和直接接壤的国家和地区。近年来，虽然发生了金融危机和一系列突发事件，但并没真正改变中国出境旅游的格局。

亚洲在中国出境旅游中约占有 85%的份额，远远超过占 9%份额排名第二的欧洲。

3. 因私旅游比例不断增大

出于私人目的旅游的(大部分为假日旅游)市场份额在不断增大。2009 年因私旅游占整个旅游量的 88.6%，这在很大程度上是由于中国政府的相关法规大大放宽了"私人目的"所涉及的范围。过去私人旅游必须得到境外朋友、亲戚或赞助人 100%的资金保证，现在允许游客本人提供资金保证了。

4. 偏爱城市假日旅游

中国人偏爱城市假日旅游。城市假日旅游约占全部出境旅游量的 40%，其次分别是阳光沙滩假日游(27%)和组团旅游(20%)。中国出境游客的年龄小于世界上大多数主要的旅游客源市场，平均年龄为 37 岁。

5. "自由行"人数增加

中国居民出境旅游的方式仍然以团队为主，其原因有二：一是囿于现有的相关政策要求，必须"团进团出"，二是处于出境旅游的初级阶段以及语言、经验等条件的限制，团队旅游更加方便。但是，越来越多的人对相对自由的旅行方式感兴趣，因此"自由行"的比重在增加。目前"自由行"还主要集中在香港和澳门两个特别行政区，不过越来越多的国家已经给中国公民发放个人签证，其数量远比人们想象的多。

三、中国出入境旅游市场的发展前景

(一)战略目标

据 WTO 预计，到 2020 年，中国将成为世界最受欢迎的旅游目的地，其国际旅游者将达到 13 000 万人次。同时，中国将成为世界第四大旅游客源市场，中国公民出境旅游数量将达到 1 亿人次，占全球出境旅游市场的 6.2%，仅次于德国、日本和美国[①]。世界旅游及旅行业理事会(WTTC)预测，未来十年间，中国旅游业将保持年均 10.4%的增长速度，其中个人旅游消费将以年均 9.8%的速度增长，企业/政府旅游的增长速度将达到 10.9%，到 2020 年，中国将成为第一大旅游目的地国和第四大客源输出国。

从国内外旅游市场发展的趋势出发，国家旅游局制定的中国旅游业总的发展指导方针是："全面发展国内旅游、积极发展入境旅游、有序发展出境旅游"。在总的发展指导方针指导下，"十二五"时期旅游业规划发展目标为：力争到 2015 年，国内旅游人数达 33 亿人次，入境过夜旅游人数达 6630 万人次，出境旅游人数达 8375 万人次，旅游总收入达到 2.3 万亿元。每年新增旅游直接就业 70 万人，到 2015 年直接就业人数达到 1700 万人[②]。到 2020 年，中国旅游业总收入将超过 3.3 万亿元人民币，达到国内生产总值的 8%[③]。

从入境市场的发展环境来看，经济和安全成为影响其发展的主要因素。中国经济的快速发展，以及作为世界最安全的旅游目的地形象，加上"2008 年奥运会"和"2010 年世博会"效应的显现，这些因素决定了未来3～5 年内中国入境旅游市场将稳定增长。而出境旅游也是衡量一个国家是否称得上世界旅游强国的标志。随着全球经济一体化的发展，特别是随着中国加入 WTO，中国经济与世界经济的联系更加紧密，因公出境旅游将进一步扩大。同时，随着中国经济的快速发展，一方面人们的收入水平将会不断提高，更多的家庭具备了出境旅游的条件；另一方面，随着公共假日放假制度的改革，特别是带薪假日的逐渐普及，因私出境旅游市场将更趋成熟。

---

① World Tourism Organization.Tourism: 2020 Vision Executive Summary [R]. 1999。

② 邵琪伟，在全国旅游工作会议上的讲话，2011 年 1 月 18 日。

③ 国家旅游局，《中国旅游业发展"十五"计划和 2015 年至 2020 年远景目标纲要》。

(二)前景展望

1. 机遇

面对新世纪，中国国际旅游业面临着前所未有的机遇。

(1) 从国际形势看。中国加入了世界贸易组织，对中国旅游业整体发展是有利的，不仅有利于引进客源，而且有利于引入与国际接轨的运营机制，加快中国旅游企业的改革开放。2008年中国第一次成功举办了奥运会，这对提升中国的国际旅游形象，吸引更多的客源无疑起到了很大的促进作用。2010年上海成功举办了世界博览会，这又为世界人民了解中国，宣传中国提供了一个良好的契机。此外，还出现很多亮点，如中国是世界上最安全的旅游目的地；"9·11"事件后，外国航空公司都想增加到中国的航班；中国近几年开辟了多个公民出国旅游目的地，许多外国航空公司已行动起来，在促进中国出境旅游的同时，必然也会带动入境旅游的发展；中国国家旅游局与国外旅游部门签订了多个双边和多边协议，并简化了入境手续，外国人到中国旅游更为方便。

(2) 从国内形势看。党中央、国务院已作出将旅游业列为战略性的支柱产业的英明决策，全国上下已形成了大力发展旅游业的宏观环境，这是中国旅游业实现向世界旅游强国跨越的最大机遇。在金融危机的恢复期结束之后，中国入出境旅游形势喜人，表现出强劲的增长势头。

2. 挑战

与此同时，中国入境旅游也面临着严峻的挑战。

(1) 生态环境的恶化问题。由于开发过度和管理不善，中国正面临严重的环境问题，生态环境的质量下降，经济环境亟待改善，为旅游的发展创造一个社会、文化、环境皆优的旅游大环境势在必行。

(2) 旅游产品比较单一，缺乏趣味性、娱乐性和参与性。旅游产品一直以观光、团体旅游为主体，难以吸引国际旅游市场上十分活跃的青年游客、女性游客、各种专项旅游者，也不能满足越来越多的商务散客和大众游客的需求。

(3) 旅游设施、旅游服务水平较低。能为外国游客提供的特殊服务较少，而且许多设施和服务远没有达到国际水准，因而影响来华客源量。同时，因国内旅行社削价竞争带来的服务人员素质、服务水平下降，接待质量差等问题也屡见不鲜。

(4) 促销缺乏力度。根据世界各地的经验是吸引一个国际旅游者大致需要3～5美元的促销费，而中国平均不足0.5美元，这种状况不符合旅游发展的特点与规律，无法适应国际竞争的需要。中国涉外旅游促销经费不足，严重制约了海外游客对中国的深入了解。

(5) 旅游业现行体制不健全。目前中国旅游业行业管理体制不健全，社会化服务、管理水平较低，特别是基础设施尚不完备的地区，行业、职能部门和企业之间协调配合能力低，旅游接待质量低下，不同部门之间的不同利益导向制约了入境旅游业的发展。

为此，旅游企业必须抓住机遇，迎接挑战。应重点做好六个方面的工作：一是要优化旅游大环境；二是要深入研究中国海外客源市场，加大旅游创新力度，不断推陈出新，改进老的旅游产品，开发新的旅游产品，推出旅游精品；三是要进一步改善旅游基础设施；四是要加大管理力度，确保旅游服务质量上档次；五是要建立与国际旅游业相适应的管理体制，它是提高中国国际市场竞争力的内在保证；六是要加大投资力度，积极开展境外旅游促销。要采取灵活的宣传促销策略和宣传方式方法，增加促销经费，积极举办各种旅游展销会和国际会议，继续开展各种旅游主题活动等。

自1992年以来，中国国家旅游局确定了一系列旅游主题活动，从1992中国友好观光年，到2011年中华文化旅游年，中国掀起了一个个旅游高潮。一系列的宣传促销工作，既宣传了中国旅游业的产业形象，也宣传了中国改革开放的形象，促进了旅游接待水平和服务水平的提高，创造了巨大的经济效益和社会效益。展望未来，中国国际旅游业前景一片光明，中国必将跻身于世界旅游强国之列。

课堂讨论题

联系实际讨论：中国与世界旅游业发达国家有哪些差距？中国如何成为世界旅游强国？

复习与思考

1. 简述国际旅游业发展的基本格局。
2. 简述国际旅游业发展的基本趋势。
3. 简要分析中国入境旅游市场的现状特征。
4. 简要分析中国出境旅游市场的现状特征。

第二章　亚洲旅游区

【学习目的】

● 　了解亚洲旅游区主要客源国与目的地国的基本概况。
● 　熟悉亚洲旅游区主要客源国与目的地国的民俗风情。
● 　掌握亚洲旅游区主要客源国与目的地国的旅游市场、著
　　名旅游城市和旅游热点的基本概况及特征。
● 　能够设计经典旅游线路。

【学习内容】

● 　日本
● 　韩国
● 　菲律宾
● 　新加坡
● 　马来西亚
● 　印度尼西亚
● 　泰国
● 　印度
● 　国情概述；民俗风情；旅游市场；旅游热点。

第一节 亚洲概况

一、区域概况

1. 地理位置及范围

亚洲旅游区位于东半球的东北部，北临北冰洋，南临印度洋，东临太平洋，西面与欧洲旅游区相连、西南与非洲旅游区毗邻(亚欧旅游区以乌拉尔山、乌拉尔河、高加索山、里海、黑海、土耳其海峡为界，亚非旅游区则以红海、苏伊士运河为界)。东部和东南部的海洋上，分布着一系列大小岛屿，从北到南主要有千岛群岛、库页岛、日本群岛、琉球群岛、台湾岛、马来群岛等。南部有三大半岛，从东到西分布有中南半岛、印度半岛和阿拉伯半岛。

亚洲旅游区面积约为 4400 万平方千米，几乎占世界陆地面积的三分之一，是世界第一大洲。亚洲旅游区有 49 个国家和地区。按地理方位，通常把亚洲旅游区分为东北亚、东南亚、南亚、中亚和西亚四个部分。

东北亚旅游区有中国、日本、朝鲜、韩国、蒙古 5 个国家。

东南亚旅游区有越南、老挝、柬埔寨、泰国、马来西亚、新加坡、菲律宾、印度尼西亚、缅甸、文莱、东帝汶 11 个国家。

南亚旅游区有尼泊尔、不丹、印度、巴基斯坦、孟加拉、斯里兰卡、马尔代夫等 8 个国家和地区。

中亚旅游区有哈萨克斯坦、乌兹别克斯坦、土库曼斯坦、吉尔吉斯斯坦、塔吉克斯坦 5 个国家。

西亚旅游区有阿富汗、伊朗、伊拉克、叙利亚、黎巴嫩、约旦、阿曼、阿拉伯联合酋长国、卡塔尔、巴林、也门、沙特阿拉伯、以色列、塞浦路斯、土耳其、阿塞拜疆、格鲁吉亚、亚美尼亚、科威特、巴勒斯坦 20 个国家和地区。

亚洲旅游区的北部是俄罗斯领土的一部分，俄罗斯属于欧洲国家，其旅游市场主要集中在属于欧洲旅游市场部分，故俄罗斯亚洲旅游区部分不在此讲述。

2. 水文地貌

亚洲旅游区山地和高原面积很广，约占全区面积的四分之三。全区平均海拔约 1000 米。地势中部高，四周低。高原和山地主要集中在中部，四周多为中低山脉、丘陵和平原。"世界屋脊"的青藏高原、帕米尔高原和喜马拉雅山脉等世界著名的大山脉及世界最高的山峰珠穆朗玛峰雄踞中部。这里峻岭逶迤，冰川广布，是世界登山、探险旅游的热点地区之一。大江大河(如长江、黄河、湄公河、恒河、印度河等)从中部呈放射状向四周分流，在上中游地区形成许多壮丽的峡谷，下游有着许多广阔的冲积平原(如中国的长江中下游平原、东北平原、华北平原，南亚的印度河平原、恒河平原，西亚的美索不达米亚平原等)。平原地区多是世界著名的文化发源地和古代文化繁荣的地区，历史文物古迹旅游资源十分丰富，是开展历史文化旅游的理想之地。亚洲旅游区东部边缘众多的岛屿多处在地壳不稳定的地带，如多火山、地震、温泉，成为著名的自然旅游资源地之一。

3. 气候特征

亚洲旅游区地域广阔，东西距离约 8000 千米，南北跨寒、温、热三带，又因地形和距离海洋远近不同，因而气候复杂多样，特征明显：一是季风气候范围广(约占全区面积的 25%)，世界上唯一典型的季风气候区分布在东北亚、东南亚和南亚旅游区；二是气候的大陆性特征比较明显；三是气候类型多样。中南半岛和印度半岛主要属于热带季风气候。马来半岛和马来群岛大部分属于热带雨林气候。东亚多属温带季风气候和亚热带季风气候。亚洲旅游区中部和西部多为干旱的温带大陆性气候。亚洲旅游区北部多属亚寒带针叶林气候。亚洲旅游区西南部多属热带沙漠气候，也有地中海气候。中部海拔较高的地区为高山气候。复杂多样的气候繁育着种类众多的动植物(亚洲旅游区是世界上最典型的大陆型动物区，动物的种类、数量都很多)，生物旅游资源十分丰富。亚洲旅游区是世界难得的四季皆宜的旅游地区，而且每个国家都有一个理想的旅游季节。

4. 民族与宗教

亚洲旅游区是世界人口最多的旅游区，人口总数已超过 41 亿，占世界人口的一半以上，居民大多数属有色人种。黄色人种是亚洲的主体种族，约占总人口的 61.3%，其次是白色人种，还有少数棕色人种。亚洲旅游区有 1000 多个民族，多数国家为多民族国家，民族民俗风情旅游资源丰富。

亚洲旅游区是现代三大宗教——基督教、伊斯兰教、佛教以及印度教、儒教、犹太教、道教等宗教的起源地和最大的传播区，宗教文化旅游资源极具特色。

二、旅游资源

亚洲旅游区是世界旅游资源最丰富的旅游区之一。自然、人文旅游多姿多彩，且具有明显的古老性、独特性和稀有性，对旅游者有着很强的吸引力。

东北亚旅游区海岸线曲折漫长，岛屿众多，有丰富的海滨和海岛旅游资源。东亚旅游区是世界上两大高山带和火山带汇合处，地形十分复杂，观光、登山探险名山和火山旅游景观众多。东亚旅游区位于世界最大的大洲——亚洲和世界最大的大洋——太平洋的交接处，海陆热力差异大，属典型的季风气候，但热量带的纬度跨度大，气候复杂，生物旅游资源多样，且具有古老性和独特性。东亚旅游区历史悠久，文化灿烂，名胜古迹众多，人文旅游资源以文物古迹、民俗风情和各种现代化建筑旅游景观为主。

东南亚旅游区特殊的地形结构造就了众多的寻幽猎奇、登山探险和休闲娱乐旅游景观。东南亚旅游区岛屿和半岛众多，形成了世界著名的海滨度假胜地和避寒胜地。东南亚属热带季风气候和热带雨林气候，热带生物旅游资源特别丰富。东南亚旅游区名胜古迹众多，佛教建筑如佛教寺庙、佛塔成为本区独具特色的人文景观。在旅游者眼中，特别是欧洲、北美、大洋洲的旅游者，他们认为东南亚旅游区的独特与神秘就像一个传奇宝盒内的秘密，是一处难以寻觅的神秘之地，充满了诱人的魅力。东南亚旅游区各国居民的语言、文化、历史、生活习俗都有各自的特点,正是这一点,成为世界各地旅游者跋涉至此寻觅的焦点。东南亚旅游区优越的区位条件为国际旅游业的发展提供了有利条件。

南亚旅游区地形多样,有名山大川。风景优美的海滩,印度半岛南部、斯里兰卡岛和马尔代夫群岛,为理想的度假和潜水运动场所。南亚旅游区气候多属热带季风气候,有丰富的热带季风雨林景观和动植物旅游资源。南亚旅游区有 8000 多年的历史和光辉灿烂的文化,是印度教和佛教的发源地,宗教建筑和名胜古迹众多。

西亚沙漠广布,干谷纵横,是开展徒步探险旅游的理想之地。西亚有迷人的地中海沿岸风光和海滨旅游度假地。西亚是人类文明的摇篮之 ,是伊斯兰教、基督教和犹太教的发源地,历史悠久,文化璀璨,历史文物古迹众多。麦加、麦地那、耶路撒冷等世界性的宗教圣地,每年都会迎来大批的教徒和旅游者,是世界宗教旅游最密集的地区。

中亚旅游区地形复杂,以温带大陆性干旱、半干旱气候为主,草原风情游和沙漠探险是本区旅游的一大特色。中亚是古丝绸之路必经之地,清真寺、古城遗址和陵墓较多。

三、旅游业

亚洲旅游区多为发展中国家,三十多年来,政治形势相对稳定,经济持续高速发展,基础设施和旅游服务设施不断完善,人民生活水平迅速提高,闲暇时间不断增加,旅游宣传促销力度日益加大,为旅游业发展奠定了良好的基础。亚洲旅游区虽然现代旅游业起步较晚,但三十多年来旅游业发展十分迅速。亚洲旅游区国内旅游接待量和国际旅游收入在全世界所占的比重的稳步增长给人留下了深刻的印象。同时,随着亚洲旅游区各国经济的迅速发展和居民收入水平的不断提高,中、短程国际旅游能力日益增强,出境旅游快速发展。

亚洲旅游区各国经济的多样性和互补性,促使该地区区域经济合作不断强化,并取得了喜人的成就。亚太经济合作组织(APEC)和东南亚国家联盟(ASEAN),对促进区域内经济、贸易、科技、文化、旅游等发展,都起到了积极的推动作用。例如东盟下设的东盟旅游协会,1988 年 3 月制定了联合发展旅游业的 5 年综合行动计划,1992 年成功地举办了"东盟旅游年",有力地促进了亚洲旅游业的发展。

随着世界经济贸易的重心向亚太地区的扩展和亚洲旅游区各国政府对旅游业发展的高度重视,亚洲旅游业发展十分迅速。目前,亚洲旅游区无论是国际旅游接待量,还是国际旅游收入,都居世界各旅游区的第二位,而且每年旅游增长的速度都超过了世界平均水平。其中,东北亚旅游区发展最快,东南亚次之。东北亚旅游区和东南亚旅游区接待国际旅游者人数和所占市场份额,在亚洲旅游区中分别居第一位和第二位。随着全球经济重心逐渐从大西洋地区转移至太平洋地区,国际旅游市场的重心也将相应东移,亚洲旅游区将成为未来国际旅游市场的热点区域。

目前,从亚洲旅游区入境旅游市场的地区分布来看,以区域内游客、欧洲游客和北美洲游客为主。中国大陆居民出境旅游就是以新加坡、马来西亚、泰国旅游为正式开始的,并以亚洲旅游区为主要出游目的地。区域内旅游目的地以中国内地、中国香港地区、中国澳门地区和东盟国家为主。亚洲旅游区各国经济的快速发展,促进了旅游资源的开发，提升了旅游服务设施水平，改善了旅游环境，加大了旅游宣传促销力度，增强了旅游市场竞争能力，国际旅游客流的重心正在向亚洲旅游区转移，亚洲将成为全球最具活力、发展最快的旅游区。在不久的将来，亚洲旅游区可望成为世界最重要的旅游客源地和旅游目的地。

第二节　日本

一、国情概述

1. 国土疆域

日本位于亚洲旅游区东北部的太平洋上，西隔日本海、朝鲜海峡、黄海、东海同俄罗斯、朝鲜、韩国、中国相望，与中国是一衣带水的邻邦。

日本国土陆地面积约 37.6 万平方千米，由北海道、本州、四国、九州四个大岛和周围 4000 多个小岛组成。海岸线长约 3.4 万平方千米，是世界上海岸线最长的国家之一。海滨具有多种旅游性能，既可以观赏海蚀崖等美景，又可以开展海水浴和各种海上运动，目前已开辟了 100 多处海滨旅游景区。

2. 人口民族

日本人口为 1.27 亿(2010 年)，是世界上人口密度最大的国家之一，也是世界上少有的单一民族国家和单一语言国家，主要民族为大和族，约占全国总人口的 99.3%。少数民族阿伊努人(原称虾夷人)，主要居住在北海道地区。日语为官方语言。居民主要信仰神道教和大乘佛教。

3. 发展简史

日本的历史可追溯到公元前 1000 年前，但是直到第四世纪大和朝廷的宣告成立，才奠定了日本的统一局面。

大和国历经了 300 多年，之后的 1000 多年中，日本是在战乱之中摇摇晃晃地向前发展的。公元 645 年发生了大化革新，确立了以天皇为绝对君主的中央集权国家体制，但武士阶级把持着实际的控制权，各武士集团里"诸侯"割据引发了全国不断的内战，皇帝逐步成了傀儡。

19 世纪末 20 世纪初，日本实施"明治维新"，从此日本由封建社会向资本主义社会过渡。1905 年后日本的军国主义开始抬头，多次发动侵略战争，但最终遭受惨败。1946年天皇正式宣布放弃神权。二战后，1945—1952 年美国军队以"同盟国占领军"的名义，对日本实行军事占领，20 世纪 60 年代末期，日本跃入世界经济强国之列。

4. 政治经济

日本行政区划分为都、道、府、县制，全国共分 1 都(东京都)、1 道(北海道)、2 府(大阪府、京都府)、43 个县。

日本首都为东京,国花为樱花,货币为日元,国家政体为议会内阁制(或称议会君主立宪制)。天皇为国家象征,无权参与国政。内阁总理大臣(首相)为政府首脑。

日本虽然国土狭小,自然资源贫乏,但经济发达,是世界上仅次于美国的第二大经济强国。对外贸易仅次于美国和德国,为世界第三大贸易国,是一个后起的高度发达的资本主义国家。日本工业高度发达,京滨、阪神、中京、北九州、北关东、千叶、濑户等是最重要的工业区。电子、汽车、钢材、船舶、家用电器、数控机床、化工产品等主要工业产品,产量多居世界首位或前列。日本农业现代化程度较高,但农业在国民经济中所占比重很小。

日本已经形成以海运为中心、公路为骨干,并与铁路、航空相配合的现代化运输网络,海、陆、空交通非常发达,具有运输线网密、衔接好、时速快和安全舒适等特点。

5. 自然风貌

日本是个多山的国家,山地、丘陵约占全国面积的 76%,平原面积狭小,分布零散,是个地形地貌奇特的群岛国家。日本第一高峰富士山位于本州中部,主峰海拔 3776 米,是一座山体呈圆锥形、山顶有终年积雪的活火山,附近温泉、瀑布较多,风景优美,日本人称之为"圣岳",是日本的象征。日本的许多山地(如富士山、阿苏火山、箱根山、日本阿尔卑斯山、大雪山、飞弹山脉的枪岳、白马岳、燕岳等)都已开辟成游览、避暑、度假旅游胜地。

日本处于亚欧板块与太平洋板块的交界处,环太平洋断裂带上,多火山和地震。有 270 多座火山(其中有活火山约 100 多座),有"火山国"、"地震国"之称。火山遗迹成为日本难得的旅游资源,建立火山公园和温泉旅游区,因地制宜地利用火山山体以及火山作用所形成的湖泊、温泉、瀑布发展旅游业,广泛开展火山观光、登山、温泉疗养、滑雪、探险旅游等。著名的箱根、别府等都已成为国际温泉旅游城市。

日本地处东亚季风区,四面环海,故温带海洋性季风气候明显,具有四季分明、温和多雨的特征。又由于国土南北相距约达 3000 千米,南北气候差异较大,拥有从寒温带、温带、亚热带的多种动植物资源,生物旅游资源丰富。

一般说来,到日本观光旅游的最好时机是春秋两季。日本春季(3 月至 5 月)的 4 月是旅游观光的好时间,以观赏樱花为主。秋季(9 月至 11 月)的 10 月是旅游观光的最适宜时间,以登高看红叶、温泉浴为主。冬季北部地区雪地冰湖,是溜冰、滑雪、泡温泉的好时机。

6. 文化艺术

日本人民在长期的劳动和生活中,创造了具有民族特色的文化艺术,拥有独特的文学形式(如诗歌形式有:"和歌"、"俳句"、"川柳"等诗歌)和艺术形式(如极富日本民族风格的古奥绘画——"大和绘"、"浮世绘"、"锦绘"、"歌舞伎"、"猿乐"、"田乐"、"能乐"等)。花道、茶道和书道是日本民间传统的文化遗产。和服是日本传统的民族服装。相扑几乎和日本有同样悠久的历史。柔道在日本深受欢迎。神道的起源很早，几乎与日本民族同时诞生。神道是日本民族祖先的生活原理，亦是日本民族的传统信念及情操。日本全国共有神社(神道的宗教建筑)近 8 万所。

二、民俗风情

日本人的姓氏大多数由四个字组成，一般子承父姓，妻从夫姓。日本人的名字常常有长幼标志。称呼日本人姓名时，往往只称姓，但在正式场合宜称全其姓名。

1. 服饰

和服是日本民族的传统服装。现在妇女穿和服都在新年、成人节、大学毕业典礼、结婚典礼等场合。日本妇女和服色彩缤纷艳丽，腰带很宽，而且种类款式多样(有婚礼和服、成人式和服、晚礼和服、宴礼和服及一般礼服)。未婚女性与已婚女性的和服在图案、色调上有差别，而且根据外出目的不同，选择不同的衣料、图案、做工、色调等。男式和服色彩比较单调，偏重黑色，款式较少，腰带细。目前，男性穿和服多限于居家休息不拘礼节的时候。

2. 饮食

日本饮食有固有的"日本料理"(也称"和餐")、从中国传去的"中国料理"和欧洲传去的"西洋料理"三种。"日本料理"是全球美食之一。日本饮食最突出的特点是"淡"，味道重在淡泊，尽量保持原味。日本人以米饭为主食，鱼和蔬菜为副食，大酱汤是主餐所不可缺少的。日本菜制作虽然比较简单，但注重色、味、形、器皿相互配合和统一。一般不吃肥猪肉，忌讳吃猪内脏，不喜欢油腻食品。宴会时不会出现猪心、猪肝等内脏。在众多的瓜菜中，日本人最爱吃茄子。吃饭采取分食制，每逢过年过节或过生日，增添赤豆饭表示吉利。忌讳客人吃饭一碗就够(象征无缘)。忌讳用餐时整理头发。

3. 婚俗

日本人多自由恋爱，但也流行一种"中介人"导见而成的婚恋方式，俗称"见合"。日本婚礼仪式较多，常见的有"人前式"、"祈神式"、"佛前式"、"基督式"等。日本人的婚姻形式有两种：一是"嫁人婚"(意指娶新娘)，这是一种在男方举行结婚仪式、新房自始至终设在男方家的婚姻；二是"赘入婚"(亦称婿娶婚，但不是娶新郎)，这是一种在女方家举行成婚仪式，新房一定期间内设在女方家的婚姻形式。

4. 礼仪

日本人注重守信、守时、重礼节。初次见面，要脱帽鞠躬，互致问候，交换名片，一般不握手。但如女性或长辈主动伸手时，男性或晚辈可迎握。交换名片时，先由晚辈给长辈递送。接过名片仔细看后，再收下，同时拿出自己的名片递给对方。日本人注重等级。如在公开场合送礼，必须每人一份，但礼品应有档次区别。收到礼品不要当面打开。在日本许多乡村，送别亲友时，女子行跪礼，男子行摇屐礼(即手持木屐在空中摇动，以示送别)。

根据传统习惯,进入日本人住宅必须脱鞋、脱大衣、摘帽,以保持清洁。进房间后要根据主人安排就座,不能随意触摸装饰品,私自从书架拿书,也不可窥视主人的厨房等。未经允许不能抽烟。访问时间不要太久(有事访问要及早结束,家庭访问最多也不宜超过两个小时)。除特意被招待吃饭外,在吃饭时间前要离去。

日本人把"和"视为一切社会交往的首要原则,"大和精神"成为日本民族的"灵魂"。日本人性格豪爽,恪守信用,谦虚礼貌,认真严谨。在公共场所,很少听到大声喧哗或吵闹。"不给别人添麻烦"成为日本人的生活守则。

5 禁忌

日本人在参加别人婚礼时,忌说"完了"、"断绝"、"破碎"、"重复"、"多次"之类的敏感词语。参加丧礼时,忌说"再来一次"、"一次又一次"、"又"之类的词语。在交谈时,忌问青年女子的年龄及婚配情况,对老年人忌用"年迈"、"老人"、"老"之类的词语。对残疾人忌说"残疾"之类的词语,应称之"身体障碍者"。相互问候时,忌问"你吃了吗"、"还没吃吧"之类的语句。参加葬礼时,严禁说笑喧哗。

在正式场合,忌穿便服或只穿衬衣、短衫。进入主人室内后,忌讳不脱外套及不脱帽。宾主均忌讳衣着不整或赤脚、光背、袒胸、露腿,忌讳卷袖而半赤膊。参加别人的婚礼时,男子宜穿黑色西服,系白色领带;女子宜穿色泽明快的服装,但艳丽程度切忌超过新娘。参加葬礼时,男子应穿黑色西服或燕尾服,系黑色领带;女子应穿黑色套装或黑色连衣裙,切忌衣着过于明快。

做客时,切忌不经礼让而直接走进主人室内、自行入座及自行吸烟。当客人光临时,主人应请客人进室,忌讳在室外或走廊与客人交谈。一切礼让均先男后女,切忌相反。

日本人最忌讳数字"4"(因为日语中"4"的发音与"死"同音),各种号码尽量避免有"4"开头或结尾。日本人也忌讳"9"(与"苦"同音)、"6"和"42"。在日常友好馈赠中,严禁用上述数字或数量的礼品。

在颜色方面,日本最忌讳绿色(认为是不祥之色),喜欢红色(象征吉祥)和黄色(视为阳光色),不喜欢紫色(认为是悲伤之色)。

在图案方面,忌讳荷花图案(因为在佛教中荷花常出现于丧事中),也讨厌狐、獾、金眼猫图案。日本人喜欢樱花、仙鹤和松、竹、梅图案。不喜欢淡黄色或白色的花卉和花卉图案。常人不得使用菊花图案(皇家专用)。忌送夕阳风景国画,不用梳子、手绢作礼品。探视病人时,忌用仙客来、山茶花为礼,忌送带根的花。备办结婚礼品时,切忌选购玻璃、陶瓷之类的易碎易破品。

日本人不轻易流露自己的感情,视恼怒和急躁的言行举止为粗野。与日本人交谈,不宜评论日本国内政治问题和男女平等问题,忌问青年妇女年龄及婚配情况。与日本人合影,不可以三人一起合影(因为中间的人被视为是受左右夹着,是不幸的预兆)。

三、旅游市场

日本的国际旅游业始于1893年的"喜宾会",已有100多年的历史。但1964年以前以入境游为主，20 世纪 60 年代中期以后出境游才超过入境游。日本的国际旅游收入在旅游经济总量中所占的比重不大，在世界排名中长期排在 30 位之后，2004 年入境旅游人数只有 614 万人次，2008 年入境旅游人数上升到 835 万人次，仍低于亚洲许多中小国家，2008 年，出境旅游人数达到 1598.7 万人次，是入境旅游人数的 1.9 倍。日本是中国最重要的客源国之一，2010 年，来华旅游人数为 373.12 万人次，比上年增长 12.47%，居第 2 位。早期日本国际旅游业的主要客源市场在欧洲，二战后来自美国和欧洲的容源平分秋色，目前亚洲已成为日本最大的客源地，北美、欧洲次之。占日本入境旅游市场份额较大的国家和地区依次是：韩国、中国台湾、美国、中国大陆、中国香港、英国、澳大利亚、加拿大、菲律宾和德国。

日本国际旅游产品丰富多样，"基础层次"、"提高层次"、"专业层次"的产品均有，但以冬季冰雪、火山温泉和樱花等日本最具代表性的观赏体验性旅游和会展旅游、购物旅游、工业博物馆观光之类的城市旅游产品成为具有较强竞争能力的国际旅游品牌。不过，日本国际旅游景点高度集中，外国游客在日本的旅游活动地域高度集中在东京、神奈川、千叶、爱知、大阪、京都等少数几个城市。

四、旅游热点

日本多山丘、溪谷、河流、湖泊，更有众多的火山、温泉等自然景观，为旅游业发展提供了极丰富的旅游资源。复杂的地形、特殊的地理环境和悠久的民族文化，更使日本成为极富自然之美和人文之美的国家，因而日本的旅游业发达，也是世界的旅游大国之一。

日本有国家公园 30 多处，都、道、府、县立公园 300 多处。日本拥有三大名园：偕乐园(茨城县水户市)、兼六园(石川县金泽市)、后乐园(冈山县冈山市)；并拥有三大绝景：松岛(位于仙台湾中部)、宫岛(位于广岛县佐伯郡)、天桥立(受宫津湾潮流和海风影响而堆积起来的银白色砂嘴)。日本拥有灿烂的历史文化，保存着许多古都、历史遗迹、古寺院、神社等建筑和日本式庭园，内有颇具日本特色的佛像、工艺美术品，人文旅游资源丰富。目前日本有国家重点文物 11 731 件(含国宝 1036 件)。日本有三大古城(奈良、京都、镰仓)，现为古都保护区，是日本三大"历史博物馆"所在地。还有著名的古城堡姬路城、名古屋城、大阪城、二条城、松本城、熊本城、犬山城等。

(一)东京

东京(原名江户，位于本州岛关东平原南端)，是日本的首都，全国政治、经济、教育、文化和交通中心，世界性的大都会。东京为日本政治中枢，国会议事堂、总理府、最高裁判所等立法、行政、司法机关都集中在此。这里有众多的著名大学、博物馆、图书馆和各类旅游胜地。银座、新宿、浅草等为繁华的商业区。从京桥到新桥的银座街是东京最繁华的地方。东京与横滨、千叶构成全国知名的京滨叶工业区。古江户城现为天皇居住的皇宫城。金碧辉煌、富丽堂皇的赤坂离宫现为国宾馆。上野公园是东京乃至日本全国有名的樱花观赏地。新宿御苑、井头公园、偶川公园、皇居等地也是东京极好的赏樱去处。浅草观音寺是东京最古老的寺院。东京塔是现代化东京的象征(塔高 333 米,有瞭望台、水族馆、蜡人馆、商场等)。东京迪斯尼乐园是继美国加利福尼亚和佛罗里达州的"迪斯尼世界"之后,第三个也是面积最大的迪斯尼游乐场,整个游乐场分为"世界市场"、"冒险世界"、"梦幻和童话世界"、"幻想乐园"、"未来世界"五个部分。东京有 100 多个博物馆,最大的是东京国立博物馆,展出日本古代历史文物和艺术珍品,如雕刻、武器、绘画等。

1. 皇宫

皇宫位于东京市区,是日本天皇的宅邸,也是皇室举行活动的场所。皇宫分内苑、外苑两部分。内苑为日式庭院设计,典雅别致。外苑为西式花园式设计,高贵而气派,现为公园。另建有纪念馆、体育馆等,为公众休闲之场所。皇宫主要部分叫新宫殿,共有 7 座殿堂。皇宫每年对外开放两次(新年和天皇诞辰日)。

2. 国会议事堂

国会议事堂始建于 1920 年,历时 16 年竣工,是一座仿欧洲式建筑。议事堂附近有总理府、首相官邸、皇宫、最高裁判所(法院)、议员会馆、国会图书馆(日本最大的图书馆)和记者会馆等。

3. 银座

银座位于东京市中心区,是日本最著名的商业区。这里集中了许多大百货公司、专业商店、夜总会、旅馆、酒吧、舞厅、剧院、画廊等,店铺林立,十分繁华,是东京的商业、文化中心,也是美食者的天堂,银座有一流的商店和一流的商品,是真正体验现代东京的地方。

4. 浅草寺

浅草寺位于东京浅草区,是这个地区最古老的寺庙。相传有渔夫捞到观音像,建庙供奉,此后便有巨大金龙降临此地,被喻为观音显圣。此庙在当时的政治、经济、文化中都极具影响力。此寺的大门"雷门",被称作是日本的"门脸"。寺内五重塔为日本第二高塔。

5. 上野公园

东京的上野公园是日本最大、最早、最有名气的公园。每年三、四月份,这里的樱花漫山遍野,花香四溢。公园内的主要景点有:西乡隆盛的铜像、旧宽永寺五重塔、国立西洋美术馆、东京国立博物馆、东照宫不忍池等。这里还有动物园,内有珍禽异兽近千种。

(二)京都

"千年古都"京都位于本州岛的中西部,邻近琵琶湖,是日本一座风光秀丽、历史悠久、集日本特色建筑与现代都市建筑于一身的观光城市,是体会原汁原味日本的最好地方。与雅典、北京、开罗齐名，是日本历史的活博物馆。京都作为日本国都先后达 1075 年之久，市内名胜古迹众多，现存有佛寺 1631 座，神社 267 座，被定为重要文物的达 1646 件，被定为国宝的有 211 件。京都被誉为日本文化的摇篮，这里集中着日本全国最丰富的文化遗产，京都市内古色古香的寺院和景色秀丽的日本式庭园与现代化建筑错落相间，组成一幅瑰丽的都市风情画。京都是来日本游览的人必到之地，每年接待游客约 4000 万人次。

京都有始建于 1100 多年前的旧皇宫、创建于公元 798 年的著名佛寺清水寺(三重塔)、三大宫殿之一的桂离宫、金碧辉煌的金阁寺、平安神宫、八坂神宫、京都御苑(皇宫)、二条城、东本愿寺、西本愿寺、鹿苑寺、万福寺、银阁寺、教王护国寺、延历寺、仁和寺、高山寺、西芳寺、天龙寺、慈照寺、龙安寺、三十三间堂、祇园、京都塔、知恩院、寂光院等名胜。离宫的建筑和庭园，堪称日本民族建筑的精华，不少人认为它是"日本之美"的代表，有"京都第一名胜"之称，是世界著名风景游览区。为了吸引游客，京都每年都要举行各种名目的祭祀活动。最有名的就是"京都"三祭："葵祭"、"祇园祭"和"时代祭"。

1. 岚山

岚山四季景色各异，尤以春天樱花和秋天红叶景色驰名。1914 年 4 月 5 日，周恩来曾游览此处，并写了《雨中岚山——日本京都》一诗。1979 年 4 月日本人民在岚山脚下的龟山公园建了周恩来诗碑，以纪念周总理为增进中日友谊所作出的杰出贡献。

2. 东寺

东寺始建于公元 794 年，因为有空海大师的文化成就，所以历经千年而不衰，现已被联合国列入《世界文化遗产名录》，内有日本最高的五重塔。

3. 平安神宫

平安神宫建于 1895 年，为庆祝京都建都 1100 周年而建造，整体布局模仿平安时代的皇宫，宫内供奉的是桓武和孝明两位天皇。宫殿华丽异常，雕刻精美，宫内包括木殿、蓝龙塔、白虎塔和庭院等。

4. 千年皇宫——京都御苑

京都御苑也称为故宫。从奈良迁都至京都的 1075 年中，这里一直是历代天皇的住所。曾多次遭遇火灾。现在的皇宫为 1855 年所建。其中的紫宸殿、清凉殿和小御所极为精美。但这里平时不开放，必须事先提出申请才可参观。

5. 金阁寺

金阁寺始建于 1397 年，位于镜湖池畔，与富士山、艺妓并列为日本三大经典。寺庙金碧辉煌，有三层阁楼。一层为"阿弥陀堂法水院"，是宫殿风格的建筑；二层为"潮音阁"的观音殿，是武士住宅风格的建筑；三层为"究竟顶"是仿唐代禅宗寺庙风格的建筑。寺顶上有一只飞舞的金凤凰，美丽异常。1950 年金阁寺毁于火灾。现存寺庙为 1955

年建造的 14 世纪建筑的复制品，1987 年又重建，整个建筑均镶有金箔贴饰，故名"金阁寺"。

6. 清水寺(三重塔)

清水寺始建于公元 780 年，重建于 1633 年。寺庙依音羽山起伏的山势而建，与大自然融为一体。有一座名为"清水之舞"的露台，用杉木搭成，仅靠 139 根木柱纵横交错支撑，未用一钉。其内三重塔在春秋之季有樱花枫叶掩映，别有一番情趣。

京都附近的比睿山是日本佛教天台宗总本山，山上有建于 785 年的名寺延历寺。

(三)富士山

富士山位于本州岛的中南部，东距东京约 80 千米，海拔 3776 米，是日本第一高峰，世界著名火山及风景游览区，日本人民视其为圣山，已成为日本的象征。富士山北麓有日本著名的风景区——富士五湖，系火山熔岩堵塞而成。每当湖畔樱花盛开时，景色极为秀美。其中美丽如画的河口是人们经常驻足的地方。

(四)奈良

奈良(又称作平城)是日本三大古都之一，是日本的佛教中心和文化发祥地，有"东方的罗马"之誉，日本人称奈良为"精神故乡"。奈良位于本州岛，距大阪约 10 千米，是日本历史的摇篮和发源地，是日本历史文化名城和国际游览城市。1950 年被定为国际文化城，是神社、佛像、雕刻、绘画等国家重要文物所在地。整个奈良可以说就是一座"历史博物馆"，寺庙、神社、佛阁、雕刻、绘画等名胜古迹随处可见，有著名的平城宫遗址、皇城和唐招提寺、东大寺、兴福寺、法隆寺、羊城京遗址和药师寺等众多寺院。其中东大寺是世界上最大的木结构佛寺建筑，唐招提寺为中国唐朝鉴真大师创建。

1. 唐招提寺

唐招提寺为日本佛教律宗总本山，寺内御影堂供奉鉴真的坐像。唐招提寺是日本著名的佛教寺院，它集中了盛唐时期的建设和造像艺术之大成，成为日本"天平文化"的建筑艺术和雕刻艺术的明珠，被定为日本国宝，每年只开放 3 天供人瞻仰。

2. 东大寺

东大寺位于奈良公园内，建成于 7 世纪中叶。它是中国唐朝高僧到日本后最初的驻地，现是日本佛教华严宗总寺院。大佛殿东西宽 57 米，南北长 50 米，高 51 米，相当于 15 层建筑物的高度，是目前世界上现存最高大的木结构佛殿，其建筑风格颇具中国大唐遗风。寺内有一座世界上第二大金铜佛像——奈良大佛，佛像高达 16.2 米，总高约 22 米(包括座高)，重 452 吨，是日本第一大佛，仅次于中国西藏扎什伦布寺的"未来佛"，为世界第二大佛，是日本的国宝。殿东的大钟楼内有日本最重的梵钟，也是日本的国宝。寺内的戒坛院系为鉴真大师传戒而建，鉴真曾在此向孝武天皇、孝谦天皇及僧侣们讲授戒律。

3. 法隆寺

法隆寺是日本佛教圣德宗总寺院。法隆寺分东、西两院。东院建于公元739年，以梦殿、传法堂为中心。梦殿是一座八角形的建筑，供奉着7世纪最有名的救世观音像。西院建于607年，以南大门、中门、四堂、金堂、五重塔、经藏、钟楼和大讲堂等建筑为主。金堂是中国天竺式建筑的遗物。金堂内供奉的三座释迦牟尼的铜佛像和如来像，是日本最古老的佛像。五重塔是日本最古老的佛塔。法隆寺对于日本建筑、雕刻、绘画、美术方面的精品杰作收藏得十分齐全，1000多年后的今天，各种艺术品仍然使人感到绚丽夺目。

(五)箱根

箱根位于神奈川县西南部，距东京约90千米，有镰仓宫、镰仓大佛，相模湾西岸的热海箱根是日本最大的温泉群，著名的温泉疗养地。箱根附近集山、湖、温泉之胜，自然风光优美，成为日本著名的风景区。它与富士山、日光齐名，是日本最有代表性的国际知名的三大观光胜地之一。箱根游览区主要有早云寺、驹岳山、大涌谷、芦湖(箱根湖)等景点。

(六)大阪

大阪位于本州西南部，北靠京都，东接奈良，西临大阪湾，是仅次于东京的重要工商业城市和水陆交通中心，素有"水都"、"桥之城"之称。由于它濒临濑户内海，自古以来就是古都奈良和京都的门户，历史上曾有几代天皇在此建都。主要的名胜古迹有天守阁(大阪历史文化的象征性建筑)、住吉大社、大阪城、四天王寺、开满宫遗址、道顿堀川、心斋桥、海游馆、梅田空中庭院等。

(七)横滨

横滨位于东京西南30千米，东京湾的西岸，是日本最大的国际贸易港口，日本的第二大城市。横滨的名胜古迹很多，有许多中国唐、宋时代建筑风格的古建筑。三溪园庭院古朴典雅，是横滨欣赏樱花最好的地方。总持寺是日本曹洞宗(佛教的一个宗派)的总本山，寺院内有多座中国唐、宋时代建筑风格的建筑物。还有彩虹桥、山下公园、古帆船、未来21世纪港、中华街、伊势山皇大神宫、弘明寺、金绎文库等名胜古迹。

(八)姬路城

姬路城位于日本本州兵库的姬路市的姬山上，是日本保存完整至今的少数几座城堡之一。1993年联合国教科文组织将姬路城作为文化遗产，列入《世界遗产名录》。

姬路城采用内曲轮、中曲轮、外曲轮三重螺旋状，结构奇特。姬路城的城楼建筑最富独创性，即使在现代，这些军事建筑的设计与建造技术也是首屈一指的。

(九)屋久岛

屋久岛位于日本南部的鹿儿岛,1993年联合国教科文组织将其作为自然遗产,列入《世界遗产名录》。

屋久岛面积约为108平方千米。这里有1000米以上的山峰30座,其中九州地区的最高峰宫之浦岳位于岛中心,山峰海拔1935米,十分陡峭。屋久岛被称为"海上的阿尔卑斯",自然环境独特。岛上有2000多株树龄超过2000年的屋久杉。不少屋久杉树龄超过3000年。绳文杉的树龄高达7200年。这里有巍峨的峭壁、高耸的杉树,奔流的瀑布和茂密的树林,景色十分迷人。

(十)严岛神社

严岛神社位于日本广岛县佐郡宫岛町。1996年联合国科教文组织将其作为文化遗产,列入《世界遗产名录》。

严岛面积为30平方千米,自古以来被日本人尊为圣地。岛上古老的神社、佛寺随处可见,严岛神社是岛上最具代表性的胜景。

严岛神社创建于6世纪下半叶,是日本最受人们敬仰的神社之一。它拥有正殿、币殿、拜殿和能殿等17栋建筑。主殿供奉三位神道教女神。神社中还有用于祷告、斋戒以及供奉的大殿和用来表演传说神道教舞蹈的舞台及两个乐池。

课堂讨论题

中国一旅游团打算去日本旅游,为期7天,希望游览东京、横滨、大阪、京都、神户、箱根、河口湖、富士山等地,委托旅行社设计最佳的旅游线路,你如果是旅行社经营人员,应该如何设计一条合理的旅游线路?

第三节 韩国

一、国情概述

1. 国土疆域

韩国(大韩民国的简称)位于亚洲旅游区东北部朝鲜半岛的南部,地处日本海与黄海之间,北与朝鲜接壤,南隔朝鲜海峡与日本相望。

韩国国土面积约9.9万平方千米,海域岛屿星罗棋布,其中最大的岛屿是济州岛,还有巨济岛、江华岛、珍岛、南海岛等。作为半岛国家海岸线较长,海岸多悬崖绝壁,港湾风光秀丽。

2. 人口民族

韩国总人口5006.2万(2009年),成为世界第25个进入5000万人口的国家,其中男性占 50.1%，女性占 49.9%。韩国已进入老龄化社会，老龄化指数已达到 35。韩国为单一民族朝鲜族(韩国称之为韩族)。通用朝鲜语(韩国称之为韩国语)，居民多信奉基督新教、佛教、天主教等。

3. 发展简史

大约公元前 2333 年，檀君王俭创建古朝鲜，之后先后建立了许多部落王国。公元前 100 年左右形成百济、高句丽、新罗三国鼎立的局面。公元 676 年，新罗统一了三国。公元 918—1392 年进入高丽时代。14 世纪末建立了朝鲜王朝。1876 年后沦为日本的殖民地。第二次世界大战后日本投降，韩国彻底摆脱日本的统治，大韩民国诞生。

4. 政治经济

韩国行政区划分为 1 个特别市(首尔市)、6 个广域市(过去称直辖市，即釜山市、大邱市、仁川市、光州市、大田市、蔚山市)、9 个道、67 个市、98 个郡(里)、88 个区、193 个邑、1241 个面、2324 个洞、班等。

韩国首都首尔，国花木槿花，货币韩元，国家政体为总统内阁制，实行三权分立原则，立法权属于国会，行政权属于以总统为首的政府，司法权属于独立的法院。

韩国近三十年来经济发展较快，被国际社会称为亚洲"新兴工业化"地区之一和亚洲"四小龙"之一。钢铁、汽车、电子、造船、化学、纺织等工业发达。韩国是世界贸易大国之一，进出口总额占国民生产总值的 50%左右。电子、纺织品、钢铁产品、化工、汽车、船舶、机械产品等出口量较大。

韩国海、陆、空交通均较发达，已形成铁路、公路、航空运输网络。铁路网稠密。高速公路可通往各大城市的旅游胜地。沿海地带有豪华旅游船，可供欣赏绮丽的海岸和岛屿景观。首尔、金浦、金海、济州等国际机场与韩国全国各地及世界各大城市之间均辟有航线，旅游交通十分便利。

5. 自然风貌

韩国地势北高南低，东高西低，山地、丘陵面积较大，名山较多。太白山脉沿半岛东部海岸延伸，受到海浪冲击，形成悬崖峭壁海滨景观。雪岳山、五台山、白华山等山势雄伟，气象万千。平原主要分布于南部和西部。南部、西部岛屿多，海岸线曲折，形成许多著名的海滨、海岛游览地。

由于受海洋暖流及东南亚潮湿季风的影响，韩国具有海洋性气候和大陆性气候的双重特征。一年四季分明，春秋短，夏冬长。南部有海洋调节，具有温带海洋性气候特征。走进韩国可以观赏到分属四季的美景，7—10 月是旅游的黄金季节，8 月是旅游最佳时间。

6. 文化艺术

韩国拥有独特的文化艺术。戏剧有假面剧、歌剧、木偶和曲艺等。民族舞蹈有宫廷舞、民俗舞、假面舞和仪式舞。其中假面具又称"假面舞"，为韩国文化象征，在韩国传统戏剧中占有极为重要的地位。音乐分宫廷音乐和民间音乐两大类。韩国的美术主要包括绘画、书法、版画、工艺、装饰等，既继承了民族传统，又吸收了外国美术的特长。

二、民俗风情

1. 服饰

朝鲜服(韩国称为韩服)是韩国的传统服装。韩国传统服装富有民族特色,男装主要有袄裤、坎肩、长袍等。女装的最大特点是袄短,紧贴身。裙子分为长裙和筒裙,婚后妇女穿长裙,婚前妇女穿筒裙。现代韩国男子多穿西服,女子着连衣裙,款式很多。

韩国妇女还喜欢戴头巾。头巾分为三角巾和四方巾,质地有丝绸、缎及化纤等。有的印花,有的绣花,年老的妇女多用方头巾。韩国民间传统的男帽式样很多,大体有宕巾、笠、冠等式样。

2. 饮食

韩国人对饮食很讲究,有"食为五福之一"的说法。韩国菜的特点是"五味五色",即由甜、酸、苦、辣、咸五味和红、白、黑、绿、黄五色调和而成。韩国人口味喜爱辣、香,酷爱吃大蒜,喜欢吃狗肉、牛肉、鸡肉和鱼,一般不爱吃羊肉、肥猪肉和鸭肉,厌恶油腻。熟菜中不喜欢放醋,也不爱吃放糖或花椒的菜肴。汤是饮食中的重要组成部分,在餐桌上用餐,以汤匙就食,只有夹菜时方用筷子,捧碗则被认为"失礼"。最受外国游客欢迎的韩国饮食主要有:韩定食(韩国式客饭)、烤牛肉、烤牛排、冷面、拌饭、参鸡汤、解肠汤、火锅等。

3. 婚俗

韩国的婚姻习俗是传统婚俗。新式婚姻和宗教婚礼并存,具有浓厚的世族风格。传统的旧式婚姻程序多,礼仪也很繁杂,大体包括议婚、纳彩、纳币、涓吉、迎亲、披露宴,再行和觐亲等程序。

4. 礼仪

韩国人十分注重礼节。礼仪方面的特点是重视地位、辈分、老幼、男女之别,对地位、辈分高的,对年长者和男性都要表示尊重,说话要用尊称,见面要先问候,同行时要让路。长幼之间、上下级之间、同辈之间的用语有严格区别。尊敬长者、孝顺父母、尊重老师是全社会风俗。上下班时必须互敬问候。见面与分手时行鞠躬礼。隆重场合或接待贵宾见面时低头行礼。对师长和有身份的人,递接物品时要用双手,并躬身。韩国人特别尊重长者(如车上给长者让座,扶长者登楼);年轻人未经许可,不得在长者面前吸烟;一般情况下身份地位低的人不能在身份高的人面前吸烟;与长者谈话时要摘去墨镜甚至一般眼镜。到韩国人家中做客最好带一些鲜花等小礼品。在正式场合不应叉腿坐。进入住宅或韩式饭店时要脱鞋。因此一定要注意穿干净的袜子,袜子不干净或有破洞是失礼行为,会被人看成没有教养。

韩国人十分好客,招待客人往往是尽其所能,将家里最好吃的都拿出来,而客人应尽量多吃多喝。韩国人宴会礼仪较多,用餐要请长辈先吃,对主人第一、二次敬菜要推让,第三次才接受。宴会上主人则要坚持敬三次菜。韩国人喜欢相互斟酒,喝交杯酒。年轻人要先向老人和长辈斟酒。女子要给男子斟酒,但不给其他女子斟酒。为人斟酒,要右手持酒瓶，左手托前臂。受酒者应举起自己的酒杯。拒喝别人的酒被视为是不礼貌的表现，如不胜酒力，可在杯中剩点酒。在吃饭时不能把菜盘中的菜吃光。韩国人饭后喜欢唱歌，被邀请唱歌时不应拒绝。

韩国人接受物品均用双手，接受礼品不应当面打开，不要用外国烟作礼品。

韩国人受儒教影响较深，重男轻女现象较严重。出门、上车时女子要让男子先行；聚会致辞以"先生们、女士们"开头；在宴会等社交场合，男女分开活动；女子发笑时要掩嘴。

5. 禁忌

韩国人最忌讳数字"4"(与死同音)，传统上认为"4"是不吉利的。当地许多楼房的编号严禁出现"4楼"、"4栋"、"4室"、"4号"之类。医院、军队绝不用"4"字编号。要注意敬酒不能敬4杯，点烟不能连点4人。

孕妇忌打破碗，担心胎儿因此而裂嘴；婚姻忌生肖相克，婚期忌单日；节日期间要说吉利话；男子不要问女子的年龄、婚姻状况；交接东西要用右手，而不能用左手。

与韩国人交谈应回避国内政治、男主人及妻子等话题。

三、旅游市场

韩国经济较发达，自然旅游资源丰富且具有特色，国内、国际旅游都较发达。入境旅游主要来自日本、中国大陆、中国台湾、中国香港及东南亚、欧洲和北美旅游区一些国家。1998年韩国就成为中国全面开放的出境旅游目的地国家，是中国居民出境旅游的主要目的地国。近几年，韩国一直是中国最大的客源国。2010年韩国公民到中国旅游的游客达407.64万人次，比上年增长27.49%，仍是中国最大的客源国。入境方式以船舶为主，飞机次之。据世界旅游组织预测，到2020年韩国将成为亚洲十大客源国和十五大旅游目的地之一。从国际旅游消费水平看，韩国已是亚洲三大国际旅游支出国之一和世界十五大国际旅游支出国之一，具有较强的中、远程国际旅游能力。

四、旅游热点

韩国不但有迷人的自然景观，而且有众多保存完好的名胜古迹，充分展示出民族发展的史实和厚重的历史文化。著名的自然旅游资源主要有：十大名山(雪岳山、智异山、五台山、伽山、汉擎山、俗离山、月岳山、德裕山、雉目岳山和鸡龙山)、三大名瀑(雪岳山大胜瀑布、济州岛正房瀑布和天帝瀑布)、三处著名溪谷(雪岳山千佛洞溪谷、土旺山溪谷、海印寺溪谷)和四个著名的海滨海岛游览地(瑞山海岸、济州岛、江华岛、巨济岛)。知名度高的人文旅游资源主要有：著名的历史遗迹(如德寿宫、昌德宫、景福宫、昌庆宫)和著名的寺院(如海印寺、松广寺、通度寺三大寺庙及佛国寺、洛山寺、华严寺、法注寺、神兴寺、月精寺等)及书院、博物馆、美术馆等。韩国尽管国土面积不大，但却充满吸引观光游客的无穷魅力。韩国是个值得用心去体味的地方。那山、那海、那人、那风俗人情，值得去畅游、去体验。

(一)首尔

首尔是韩国的首都，全国的政治、经济、文化中心。首尔始建于公元前18年，1392年朝鲜王都建于此，因历代王朝在此修建了许多宫殿，故享有"皇宫之城"之美誉。这里名胜古迹颇多，素称韩国瑰宝。主要的名胜古迹有景福宫(当年有200余栋殿阁，极尽华贵之气派，现仅存"勤政殿"、庆会楼等)、南大门(现存最典型的朝鲜王朝建筑，是首尔的象征性建设，被称为韩国头号国宝)、昌德宫(是李朝第三代国王的离宫，也是李朝王宫里保存得最完整的一座)、庆阳宫、昌庆宫、文庙、宗庙、庆熙宫、德寿宫，还有德住寺、曹溪寺等420余座寺庙。近代建筑有青瓦台(现总统府)、国立博物馆、国立民俗博物馆、世宗文化会馆、湖岩美术馆、国立中央现代美术馆、综合运动场、明洞(著名购物区)、龙仁爱宝乐园和华克山现代化综合游乐场等。首尔是一座群山围绕、高楼林立于古刹之间的千年古都，它既是一座现代化城市，又是一座历史文化古城。

1. 景福宫

景福宫位于首尔钟路区，是一座修建于公元1394年的著名古代宫殿。勤政殿是景福宫的中心建筑，宫苑的正殿，李朝的各代国王都曾在此处理国事。此外，还有思政殿、乾清殿、安康宁殿和交泰殿等。宫苑还建有一座10层高的敬天夺石塔，造型典雅，是韩国的国宝之一。

2. 昌德宫

昌德宫(又名乐宫)是韩国的"故宫"，位于首尔市院西洞，是李朝王宫中保存最完整的一座宫殿。公元1405年，李朝第三代国王在此建为离宫，壬辰之乱时被烧毁。现存的建筑为公元1611年重建的。这座宫殿作为王宫长达300年。整座宫殿为中国式的建筑，宫殿高大庄严，殿内装饰华丽，殿后王妃居住的乐善斋是一座典型的朝鲜式木质建筑，殿内陈列着王冠、王服以及墨宝、武器和其他手工艺品。

(二)庆州

庆州曾作为新罗王朝都城长达900年，是韩国历史文化及艺术文物最丰富的地方，被誉为"没有围墙的博物馆"。庆州是韩国古代文明的摇篮，新罗时代最著名的城市，该时期的佛教寺庙、王室陵墓、王宫、古堡遗址、天文台、纪念物等遗迹遍布全市。全市为国立公园，被联合国教科文组织选定为世界文化都市。郊外佛国寺(建于新罗王朝时期)是庆州地区最大、最富丽堂皇的佛教寺庙，被誉为韩国最精美的佛寺，被韩国政府定为第一号历史遗迹，已列入《世界遗产名录》。梵鱼寺为禅宗总枢，其大雄宝殿堪称建筑中的精品。南山佛像群雕、东山石窟庵(石窟内有佛、菩萨、天王、罗汉等石像数十尊)，为新罗文化的代表作，已列入《世界遗产名录》，是佛教艺术的珍品，是世界上最精美的佛教石窟。普国湖游乐区融古代建筑与现代建筑于一体，是著名的国际观光游乐区。佛国寺附近的民俗工艺村是购买韩国传统手工艺品的好场所。

(三)釜山

釜山是韩国第二大城市和最大的国际海港。主要旅游景点有：全国最大的海滨浴场海云台和松岛、多大浦、东莱温泉、龙头山公园、子城台公园、韩国唯一的禅宗寺庙、梵鱼寺、安置释迦牟尼舍利子的通度寺。

(四)海印寺

海印寺是韩国三大著名的佛寺之一，分布在四周的石塔与佛舍多达九十余座，这里是远近闻名的旅游胜地。寺内藏经板库建成于 1488 年，内藏高丽大藏经板八万多块，是世界佛教的宝贵文献。高丽大藏经板和藏经板库已列入《世界遗产名录》。

(五)雪岳山

雪岳山是韩国最著名的名山之一，山中有新兴寺、洛山寺、金刚窟等名胜古迹和千佛洞溪谷、飞龙大瀑布、六潭瀑布、大胜瀑布、水帘洞溪谷等众多溪谷瀑布等自然景观，是韩国著名的旅游胜地。

(六)珍岛分海奇观

珍岛位于朝鲜半岛西南端海中。每年 4 月 26 日下午 4 时，当海水退潮时，露出一条约 3 千米长的平坦大道，游客可步行登高。6 时 10 分左右涨潮，海水又合拢。每年这一天，当地居民举行"灵登祭"，游客多达数十万人。

(七)济州岛

济州岛是韩国最大最著名的岛屿，位于韩国最南端的北太平洋上，是个火山岛。这里古称"耽罗国"，有其独特的风俗习惯、方言和文化，有着与众不同的景观，被称为"三无"之岛(没有小偷、没有乞丐、民宅看不见一扇大门)和"三多"之岛(海女多、熔岩多和风多)。岛中央的汉拿峰是韩国的最高峰，山顶有巨大的火山口湖白鹿潭。济州岛现辟为国家公园，在岛上可以看到多尔哈鲁邦的石像，这是济州岛的象征。济州岛的主要景点有龙头岩、济州民俗村、耽罗木石苑、城山日出峰等。岛上有龙头岩 45 个火山熔岩洞窟和著名的正房瀑布，正房瀑布的两股瀑布直泻海洋，与海岸的悬崖峭壁构成壮观的瀑景。济州岛已成为韩国著名的避暑胜地，理想的旅游和垂钓胜地。在这里既可以观赏名胜古迹、欣赏自然景观，又可以登山、骑马、狩猎、冲浪和打高尔夫球等。

 小贴士

韩国经典五日游线路设计

第一天：上海——济州。
从上海出发，乘国际航班前往韩国济州岛，抵达后入住酒店休息。
第二天：济州——釜山。
早餐后游览龙头岩、城山日出峰、济州民俗村、耽罗木石苑。随后乘韩国国内航班飞往釜山，晚餐后入住酒店休息。

第三天：釜山——首尔。

早餐后游览龙头山公园、国际商店街，随后乘韩国国内航班前往首尔。抵达首尔后入住酒店，稍作休息后去乐天世界游玩。晚餐后游览市区。

第四天：在首尔游览。

早餐后游览景福宫、青瓦台、参观高丽人参公卖局，参观免税店，去东大门自由购物。晚餐后参观华克山庄，欣赏歌舞表演。

第五天：首尔——上海。

早餐后参观国立博物馆、国立民俗博物馆，随后乘国际航班返回上海。

课堂讨论题

韩国与日本旅游资源有何差异？韩国为什么能成为中国最重要的旅游客源国？

第四节　菲律宾

一、国情概述

1. 国土疆域

菲律宾位于亚洲旅游区东南部，南海与太平洋之间，北隔巴士海峡与中国的台湾省相望，南部、西南部隔苏拉威西海、巴拉巴克海峡与印度尼西亚、马来西亚相望。它由7107个大小岛屿组成，总面积29.97万平方千米，其中吕宋岛、棉兰老岛、萨马岛、民都洛岛、班乃岛、莱特岛、巴拉望岛、宿务岛等13个主要岛屿占全国总面积的96%左右。

2. 人口民族

菲律宾人口达9401万(2010年)。菲律宾目前是全球人口最多的20个国家之一，也是东南亚地区人口增长率最高的国家，人口增长率高达2.04%。菲律宾有伊洛戈、米沙鄢、他加禄、伊戈罗特、比科尔、邦板牙等民族，他们都拥有自己民族的语言文化。由他加禄族语言演变成的菲律宾语和英语是菲律宾的官方语言。90%以上的居民信奉天主教，7%左右的摩洛人信奉伊斯兰教，少数土著民族信奉原始宗教。

3. 发展简史

菲律宾在很早以前，是以吕宋、麻逸、苏禄、胡洛等地的名称闻名的。1521年，在葡萄牙航海者麦哲伦奉西班牙殖民主义者之命踏上这个群岛时，正好是天主教宗教节日，于是就为群岛起了一个有宗教意义的名称——圣拉哈鲁群岛。后来因为麦哲伦干涉岛上内政被当地人民杀戮，这个名称也就被人们遗忘。1542年，西班牙航海家洛佩兹继麦哲伦之后第二个来到这个群岛。为了在亚洲炫耀西班牙帝国的"功绩"，便按照西班牙皇太子菲律普的名字，把群岛命名为菲律宾群岛。1898 年 6 月，菲律宾人民推翻西班牙殖民者的统治，宣布独立，将国名改为菲律宾共和国。1946 年 7 月，菲律宾摆脱美国的殖民统治，宣布独立，国名仍称为菲律宾共和国。

4. 政治经济

菲律宾首都马尼拉，国花茉莉花，货币菲律宾比索，国家政体为议会总统制。

菲律宾经济以农业为主，其次是服务业、制造业、商业。自 20 世纪 60 年代后期采取经济开放和积极吸引外资的政策，经济取得较快的发展。外向型工业较发达，成衣、半导体、铜锭、椰油、香蕉等产品出口量较大。菲律宾是世界上最大的椰子生产国和出口国，亚洲最大的香蕉输出国，人称"亚洲香蕉大王"。1982 年被世界银行列为"中等收入国家"。近几年来大力发展旅游业，大有取代农业的趋势。

菲律宾公路交通发达。40 多个岛屿上设有机场。各个岛屿之间的海上运输较方便，旅游交通尚称便利。

5. 自然风貌

菲律宾是世界第三大群岛国家，素有"千岛乐园"之美誉。吕宋岛面积最大，约占全国面积的 50%，棉兰老岛是全国第二大岛。全国地形崎驱不平，丘陵、山地、高原占75%以上，平原面积狭小。全国有 50 多座大山，其中有活火山 10 余座，火山遗迹旅游资源丰富。棉兰老岛北部的阿波火山现已辟为国家公园。

菲律宾是位于赤道与北回归线之间的群岛国家，大部分地区属于热带海洋性气候，高温多雨的气候使这里拥有热带植物一万余种，其中包括红木、乌木、棒木、檀木在内的珍贵树种达 2500 多种。菲律宾有明显的旱季(3 月至 5 月)、雨季(6 月至 10 月)和凉季(11 月至次年 2 月)，全年皆宜旅游，其中，凉季是最佳的旅游季节。因气候不稳定，人们应多注意强烈的骄阳与突如其来的暴雨给旅行带来的影响。

6. 文学艺术

菲律宾的文化融合了西班牙和本土的文化，还加上美国的影响，但影响最深的还是西班牙文化。然而菲律宾人民还是有着自己独特的民族乐器和歌舞，竹笋舞在菲律宾十分流行，几乎每一个餐厅都有这种表演。民族乐器有琴、笛、锣等。菲律宾的雕刻艺术(石雕、木雕、象牙雕刻等)在东南亚享有盛誉。

二、民俗风情

1. 服饰

菲律宾男子的国服叫"巴隆他加禄"衬衣。它是外交场合、庆祝活动和宴会的正式礼服。菲律宾女子的国服叫"特尔诺"。这是一种圆领短袖连衣裙。

2. 饮食

菲律宾是一个天主教国家，长达 5 个世纪的殖民地历史，使它成为东南亚诸国中最不亚洲化的一个国家。菲律宾的菜肴受西班牙和中国菜的影响很深。菲律宾菜的特征在于无论是主菜还是汤,都喜用少量的食醋和香辣调味品。喜欢吃的名菜主要有咖喱鸡肉、虾子煮汤、肉类炖蒜、炭火烤小猪等。

菲律宾人的主食是米饭。用手指抓饭吃,虽是古老的习惯,但现在一般家庭仍然采用。不过在家庭宴会上都备有餐具。菲律宾人十分热情好客,接待客人时,一般家庭料理都按照汤—蔬菜色拉—主菜—煮鱼贝类—水果的顺序上菜。菲律宾当地的菜,除了乡土名菜外,还深受中国菜和西班牙菜的影响。在菲律宾还有许多中餐馆、日本料理店和西餐馆等,迎合人们不同口味的的需要。咀嚼槟榔的习惯在菲律宾人中非常流行。

3. 婚俗

菲律宾实行早婚制,少女十二三岁便被视为已达结婚年龄。另外在菲律宾的法律规定一个男子最多可以拥有四个妻子。"菲佣"全世界闻名遐迩。

4. 礼仪

菲律宾人在社交场合与客人相见时,无论男女都习惯以握手为礼。男人之间有时会在对方的背上拍击一下。好客的菲律宾人,在迎接宾客时,往往把茉莉花串成美丽的花环,敬献客人并挂在其脖子上,以表示他们对来访客人的一片纯真友谊。参加晚宴或其他社交集会的客人,之后要送去一件礼品或一封感谢信。宴席上,客人给主人的最大赞美是吃得津津有味。菲律宾人的家庭观念特别强烈,所以关于他们的家庭成员的谈话往往很受欢迎。

5. 禁忌

菲律宾人很忌讳"13"数。认为"13"是"凶神",是厄运和灾难的象征,是令人极为厌恶的数字。他们忌讳左手传递东西或食物。认为左手是肮脏、下贱之手,用左手是对人的极大不敬。他们一般都不愿谈论政治、宗教及本国状况和腐化问题。菲律宾人不爱吃生姜,也不喜欢吃兽类内脏和腥味大的东西,对整条鱼也不感兴趣。

三、旅游市场

菲律宾是个充满活力和魅力的国度,东西文化的融合使菲律宾这个迷人的"千岛之国"蒙上了神秘的面纱,对游客具有强烈的吸引力,旅游业发展较快,但总量仍不大,入境游客主要来自东北亚、东南亚、西欧和北美旅游区。1992年菲律宾就是中国全面开放的出境旅游目的地国家,但中国居民去菲律宾旅游的人数总的来看来仍不多。不过菲律宾多年来一直是中国十大主要客源国之一。2010年菲律宾来华旅游的游客达82.83万人次,比上年增长10.59%,居第8位。入境方式以船舶为主,飞机次之。

四、旅游热点

菲律宾是个迷人的群岛国家,不仅历史悠久,名胜丰富,而且自然风光和特产具有特色。自然景观绚丽,异国情调浓郁。清澄碧绿的海水,晶莹洁白的沙滩,亭亭玉立的椰树，蔚蓝的天空，清新的空气，充满南国情调的自然风光，令人向往。巴纳韦和波荷一览无尽的自然景色壮观又美丽，克拉克、波纳图博、苏比克和大雅台对探险情有独钟的旅游者是一处引人入胜的天堂。在历史文化浓厚的宿务这些古老城市中，可以使人重返久远的年代，到八打雁、长滩岛、甘米银、巴拉望可以让人感受到令人振奋的水上运动，在景色如诗如画的海滩上嬉戏游玩，可以享受心旷神怡的闲适。百胜滩、蓝色港湾、马荣火山、伊富高省原始梯田等以及马尼拉市、宿务市、碧瑶市和文化城奎松，都是菲律宾著名的旅游胜地。

1. 马尼拉市

马尼拉是菲律宾的首都，全国政治、经济、文化和宗教中心，有"热带花园之都"之称。马尼拉位于吕宋岛西部，临马尼拉湾，跨巴石河南北两岸，市区聚集着东方与西方、古老与现代、质朴与繁华的不同时代、各种风格的建筑物。

马尼拉市及其附近的英特拉曼斯旧城、黎刹公园、罗哈斯滨海大道(马尼拉的浪漫情趣巧妙地集中在这里)、菲律宾文化公园、圣奥古斯丁天主教堂、菲律宾文化村(被称为菲律宾缩影村)、卡思德拉尔天主教堂、拉斯皮纳斯教堂、椰子宫、马拉卡南宫(有"菲律宾白宫"之称，现在是总统的官邸)、塔加伊泰避暑胜地(以双层火山闻名于世的塔尔火山和塔尔湖)、帕古圣汗瀑布等。

2. 巴纳韦高山梯田

巴纳韦高山梯田是菲律宾著名的古代奇迹，位于吕宋岛北部伊富高省巴纳韦镇附近。这里有 2000 多年前菲律宾伊富高民族在海拔 1500 米以上的山上修建的古代水稻梯田，梯田面积最大的为 2500 平方米，最小的仅 4 平方米，用石块修成的梯田，外壁最高约达 4 米，最低的不到 1 米。据说如果把全部梯田的石崖连结起来，长度约达 1.9 万千米。整个梯田区面积约 10 万平方千米，是世界古代奇迹之一，菲律宾人骄傲地称之为"世界第八大奇迹"。

3. 宿务市

宿务市是菲律宾第二大城市，同时也是菲律宾最古老的城市。宿务市因具发达的工商业与丰富的海滨风光、完备的旅游设施，而被人们称为"南菲律宾首都"与"南菲律宾皇后"。市内分为新市区和旧市区，新市区高楼林立，现代化建筑十分壮美；旧市区仍保持特有的古风，古迹较多，如具有浓郁中国色彩的道观等。宿务市有圣佩德罗古堡、菲律宾第三任总统马赛赛的纪念碑、圣奥古斯汀教堂(保存有菲律宾最古老的宗教遗物"麦哲伦十字架"和"最后的晚餐"的木雕)等。

4. 碧瑶市

碧瑶市林壑优美，溪水清冽，屋宇怡然，山野豁朗，似乎所有一切都是经过人们精心布置的，而其美好动人又犹如自然天成，是菲律宾的避暑圣地。它位于马尼拉北部，吕宋的高山省境内，海拔 1450 米。这里气候温和，常年如秋，伯纳姆公园、曼尼斯公园、莱特公园或拥有山林之胜，或夺人工之妙，景色秀丽。这里还有总统的行宫，麦逊宫是仿白金汉宫而造的两层白色宫殿。市郊的贝尔大教堂是集佛教、天主教、道教于一体的大教堂。

5. 巴洛克式教堂群

巴洛克式教堂群位于吕宋岛的巴奥阿伊、圣玛利亚、马尼拉以及班乃岛的米亚阿戈奥等地。1993年联合国教科文组织将其作为文化遗产，列入《世界遗产名录》。

巴洛克式教堂是从16世纪开始出现的，大多是西班牙及墨西哥殖民者建立的。吕宋岛北部的巴奥阿伊的圣·奥古斯丁教堂，建于1599年，是菲律宾最古老的西班牙式天主教堂，也是菲律宾最古老的石造建筑之一，是菲律宾巴洛克式建筑的典范。努埃斯拉·塞尼约拉·德·拉·阿森西翁教堂，建于1810年，曾被作为要塞使用过。位于班乃岛的米亚河戈奥教堂，还是一座坚固的防守堡垒，建于1787年，历时10年，墙上精美的雕刻，是由从未接受过任何美术教育的当地工匠，凭借自己的想像力和对宗教的理解而制作出来的。正是这些独一无二的雕刻使其举世闻名。

6. 维干古城

维干古城遗址是联合国教科文组织评选的世界文化遗产，那里不仅是亚洲保存最完好的西班牙殖民城市，也融合了包括菲律宾本地和中国的建筑特征。它展示了西班牙富丽堂皇的建筑风格，城里保存了良好的殖民建筑结构，形成了独特的17世纪欧洲氛围。

7. 长滩岛

人间仙境长滩岛位于菲律宾第六大岛的班乃岛西北部海域，是世界上最美丽的十大海滩之一，对于喜爱阳光的旅游者来说简直就是一个天堂。这里集中了热带海岛所有独特迷人的景色：蔚蓝的天空、白色的沙滩、婆娑的棕榈树、色彩鲜艳的热带植物以及斑斓的海底世界。

课堂讨论题

菲律宾的文学艺术、民俗风情与日本有何差异？

第五节　新加坡

一、国情概述

1. 国土疆域

新加坡(新加坡共和国的简称)位于东南亚旅游区马来半岛南端，地处太平洋与印度洋两大洋、亚洲与大洋洲两个旅游区之间的航运要冲，扼马六甲海峡进出口咽喉，是东南亚最繁忙的海陆交通枢纽，素有"东方十字路口"之称。新加坡由新加坡岛及附近57个小岛组成，国土面积641平方千米，有"袖珍王国"之称。

2. 人口民族

新加坡人口达 508 万(2010 年)。新加坡是个多民族的国家，其中华裔仍是最大种族，占总人口的 76.2%；马来族占 15.1%；印度族则占 7.4%。马来语为国语，英语、华语、马来语、泰米尔语为官方语言。英语为行政用语。

新加坡有宗教信仰的居民占 85.5%左右，属多宗教国家。马来人和巴基斯坦人多信奉伊斯兰教，华人和斯里兰卡人多信奉佛教、道教、儒教，印度人大部分信奉印度教，欧洲人及欧亚混血人则大多数信奉基督教。

3. 发展简史

新加坡古称淡马锡，在公元 8 世纪之前，它还只是个无名的海岛小渔村。8 世纪建国，属印尼室利佛逝王朝。18—19 世纪是马来西亚柔佛王国的一部分。1824 年至二战前沦为英国殖民地。1942 年被日本占领。1945 年日本投降后英国恢复殖民统治。1946 年划为英属殖民地。1959 年实行内部自治，成为自治邦。1963 年脱离英国管辖加入马来西亚。1965 年 8 月 9 日在李光耀的领导下，成立了新加坡共和国，成为一个总统制的主权独立国家。现在新加坡已成为经济发达的国家。

4. 政治经济

新加坡首都新加坡市，国花胡姬花，货币新加坡元，国家政体为总统共和制，按三权分立原则组织国家机构。

新加坡国小人少，资源并不丰富，但地理位置十分优越。他们扬长避短，创建国际通商口岸、免税购物中心、国际金融中心、世界著名转口港、贸易中心、交通中心、国际会议中心和"花园式城市"，使该国成为东南亚名副其实的区域中心。

新加坡传统经济以商业为主，包括转口贸易、加工出口和航运业等。进入 20 世纪90 年代后，以服务业为发展重心，加速经济国际化、自由化和高科技化，经济得到较快发展。在保持原有的转口贸易、加工出口、航运等为主的经济特色的同时，大力发展制造业、服务业和旅游业，形成了运输、贸易、机械、旅游业和金融服务五大支柱，经济取得令世界瞩目的成就，位居亚洲四小龙之首。

新加坡海、陆、空交通运输十分活跃。新加坡海港是世界上最繁忙的港口之一，海运十分便利。新加坡樟宜国际机场是世界最繁忙的航空港之一，成为联系欧洲、美洲、大洋洲的航运中心。铁路和公路四通八达。

新加坡旅游资源并不丰富，但他们重视旅游景区(点)的建设，加大旅游投入，完善旅游服务设施，强化旅游管理，加强旅游宣传促销，营造良好的旅游发展环境，旅游业发展迅速，已成为世界重要的旅游目的地国之一，一年四季游客不断。

5. 自然风貌

新加坡地势平坦，起伏不大，平均海拔约 17 米。中部虽有一些丘陵，但最高的武吉知马山海拔也仅 170 米。新加坡岛以外的众多小岛，主要分布于北部和南部。其中较大的有大、小德光岛、乌德光岛、乌敏岛等。

新加坡离赤道仅 136.8 千米，属典型的热带雨林气候，终年温暖而潮湿，植物繁茂，终年常绿，热带植物种类繁多。这里有茂密的热带林、高大的棕榈、美丽的三叶花、世界上为数不多的大片椰林、大规模的兰花园和植物园等，是一个美丽的热带岛国。由于受海洋调节，气候不太炎热，年平均气温为 24℃～30℃，年降水量约 2500 毫米，一年四季皆宜旅游。但 5—6 月和 9—12 月是两个旅游旺季，5 月和 9 月是旅游最佳时间。

二、民俗风情

1. 服饰

新加坡的气候受海洋和纬度的影响，气温高，湿度大，因此夏季穿轻质料子的服装最为适宜。工作时人们普遍穿便服，下班后可穿 T 恤衫和细斜纹布裤，仅在正式的宴会上男士穿西装、系领带，女士则要穿晚礼服。

2. 饮食

由于新加坡大多数人口是华人，华人又大部分来自中国广东省，所以饮食习惯与中国广东人很接近。马来人按伊斯兰教的礼节待人接物，忌讳猪制品、贝壳类食品，也不饮酒。

3. 礼仪

新加坡的风俗习惯和节日因种族及宗教信仰的不同而异。华人基本上保持中国的传统习俗。马来人及伊斯兰教徒两人相见时行双手握礼，斋月时白天不进食，晚上方可吃东西，开斋时要庆贺一番。印度血统人同样保持着自己的礼仪和风俗，妇女额头上点着檀香红点，男人扎白色腰带，多数人见面时合掌致意。进门要脱鞋，社交活动和饮食只用右手。他们以牛为圣，不吃牛肉。一年一度的屠妖节十分隆重。

4. 禁忌

新加坡人视数字"4"、"6"、"7"、"13"和"69"为消极数字，尤忌讳"7"。新加坡人忌讳猪、乌龟图案，与新加坡人谈话，一般忌谈宗教与政治方面的话题。

新加坡人严禁说："恭喜发财"。他们将"发财"理解为"不义之财"。说"恭喜发财"，将被认为是对别人的侮辱和嘲骂。

当地的新加坡人对留胡须蓄长发的"鬼怪式"男人极为厌恶。众多的家长和学校严禁男青年蓄留长发，把男子的长发视为禁忌。新加坡人视黑色为倒霉、厄运之色，紫色也不受欢迎。

新加坡人忌用左手吃东西、传递物品。不可触摸别人头部，不可露出脚心和鞋底。用食指指人，用紧握的拳头打在另一只张开的掌心上，或紧握拳头，把拇指插入食指和中指之间，均被认为是极端无礼的动作。双手不要随便叉腰，因为那是生气的表示。

新年期间不扫地，不洗头，否则好运会被扫掉洗掉；不要打破屋里的东西，尤其是不要打破镜子，因为那将预示着家庭的分裂或发生其他不幸的事；不穿旧衣，不用针和剪刀，它们会带来坏运气。

三、旅游市场

著名的城市国家新加坡，是一个拥有许多赞誉的袖珍王国，誉为"海上的花园"、"富裕公寓之国"、"东方的直布罗陀"、"购物天堂"。茂密的热带雨林、高大的棕榈、美丽的三叶花，无不令人神往，会务旅游、购物旅游十分发达，年接待国际旅游者人数远远超过本国总人口数，入境游客来自世界各地，但以东北亚、东南亚、欧洲、北美旅游区的游客为主。旅游收入在国民经济中占有重要地位。

1990 年新加坡就成为中国全面开放的出境旅游目的地国家，中国大陆居民的出境旅游最早就是从新加坡、马来西亚、泰国旅游正式开始的。现在新加坡已成为中国公民出境旅游最重要的目的国之一。2010 年新加坡来华旅游人数达 100.37 万人次，比上年增长 12.83%，居第 6 位。今后中国公民去新加坡旅游的人数还将迅速增加。新加坡也一直是中国八大客源国之一。

新加坡居民收入水平高，旅游消费能力强，已是世界最主要的 40 个旅游花费国之一，具有较强的中、近程国际旅游能力，出境旅游将会有更快的发展，出游目的地将以亚洲旅游区的东南亚、东北亚旅游区和欧洲、北美洲旅游区为主。

四、旅游热点

新加坡地理位置优越，自然环境优美，既有人们喜爱的鱼尾狮像、市政广场、马里安曼印度庙、天福宫、博物馆、清真寺等一些著名游览景点，又有开放式的动物园、圣淘沙公园、白沙碧海、植物园、海洋公园、热带原始雨林等旅游资源，是人们感受自然和亲情的旅游目的地，对游人具有很大的吸引力，已经成为欧洲以东、夏威夷以西最吸引人的旅游中心。

(一)新加坡市

新加坡市是新加坡首都，马来语意为"狮子之城"，位于新加坡岛南端。新加坡市林荫道路宽阔，高层建筑林立，草坪、花坛、公园点缀其间，景色宜人，空气清新，环境整洁，花卉遍地，绿树成荫，是座名副其实的花园城市。风光无限的新加坡市内著名的旅游景点有：国家博物馆、鱼尾狮像、政府大厦、斯多福、酒店(世界最高的酒店)、文物馆、市政广场、最高法院、动物园、植物园、唐人街、天福宫、裕华园、星和园、晚晴园、双林寺、清真寺等。"花园城市"、"购物天堂"、"世界贸易中心"、"金融中心"、"海运中心"之称的新加坡市，成为"亚洲最佳会议城市"，重要的会务及会展中心。

1. 天福宫

天福宫是新加坡最古老的庙宇。宫内正殿供奉的天妃，为中国福建人敬奉的海神"妈祖"，因此又有"妈祖宫"之称。

与其他庙宇不同的是，在天福宫金碧辉煌的后殿里，不但供奉着佛祖释迦牟尼的塑像，也供奉着孔子坐像，两像遥遥相对。而且孔子像左右是观世音和弥勒佛，前面则是刘备、关羽、张飞的立像。

2. 晚晴园

晚晴园是孙中山多次路过这里并居住过的地方，故又称孙逸仙别墅。园中有孙中山的铜像，孙中山居住过的双层楼房存放着许多孙中山的革命史料。

3. 新加坡植物园

新加坡植物园是世界闻名的热带植物园之　，园内名种奇异花卉和珍贵树木多达20000多种，尤以12000万多株名贵兰花为特色。园内还收藏有大量植物标本。

4. 裕华园

裕华园的主要建筑按照中国古典园林艺术建造，水陆相间，叠山傍水，曲折幽深，门楼、牌楼、拱桥、长廊、云塔、白舫等楼阁亭台布局精巧，错落有致，独具匠心，汇集了中国古老园林的精粹，展示出海外华人对中国悠久文化与传统建筑艺术的怀念。

5. 鱼尾狮像

鱼尾狮像坐落在新加坡河畔，是新加坡的标志。这座高8米的雕像在白天与黑夜有着不同的景致，当潮水涨潮时，水会从狮嘴中喷射出来。每当夜间，洁白的石像在彩色灯光映衬下美艳无比，已成为新加坡的旅游热点。世界各地的人们来到狮城都会到这里观赏。

6. 武吉知马自然生态保护区

世界上只有两个城市拥有大片的原始雨林，新加坡市的武吉知马自然生态保护区就是其中之一。这个占地164公顷的森林保护区拥有比北美洲还要多的树木种类，是人们了解大自然的天然课堂，被誉为"新加坡最佳徒步旅行景点"。走进都市中一片横空出世的热带原始雨林，带来的新奇和震撼令人一生难忘。

7. 国家博物馆

新加坡国家博物馆内的展品十分丰富，有中国周代到清代的各种陶瓷器与铜器、东南亚地区特别是马来半岛的各种工艺美术品、民族乐器、生活器具、武器、史前时期出土文物和新加坡近一百五十多年来使用的各种钱币，还有各种动物、昆虫、矿物标本等。人们从这里可以追溯新加坡及整个东南亚的传统文化渊源。那些精致的文物、各种文献记录和艺术珍藏，同时也反映出早期华人在新加坡的生活状况。

8. 新加坡文物馆

新加坡文物馆曾是英国女王维多利亚的行宫，是新加坡最古老的建筑之一。人们在这里可以欣赏到保存完好的古典建筑和现代艺术。这里定期举办大型国际艺术展览，人们可以观赏到众多珍贵的工艺品。

9. 牛车水

牛车水是新加坡著名的唐人街，最早的华工多聚居在这里。这里有大片古老中式房屋、庙宇、挂着中文招牌的木结构小店铺以及一到夜晚临近时就飘出诱人香味的大排档，充分显示了牛车水的繁华富庶和深厚的文化内涵。牛车水还有天福宫(新加坡最古老的庙宇)和斯利玛利安曼庙(新加坡最古老的印度教寺院)等极具历史价值的古建筑物，对游客具有极大的魅力。

(二)裕廊鸟类公园

裕廊鸟类公园是世界最大的鸟类公园，在一片苍翠的林木之中，天鹅、孔雀、鹦鹉、火烈鸟、鹰、大雁等 600 多种、8000 多只鸟类自由地生活在这里，有"鸟类天堂"之称。"东南亚珍禽屋"里展示着东南亚地区稀有珍禽和濒临灭绝的鸟类。在公园中央有飞禽剧场，可观看鸟类明星大汇演。

(三)圣陶沙岛

圣陶沙岛是新加坡最佳度假地。该岛曾为英国海军基地，岛西端的西罗索古堡仍保存着 5 世纪的古炮台等军事古迹。岛上建有海事展览馆、蜡像馆、蝴蝶园和世界昆虫博物馆、珊瑚馆、艺术中心、奇石博物馆、日军投降纪念馆和亚洲文化村、海底世界等景区及各种娱乐设施。现在的圣陶沙岛是世界著名的综合性旅游度假胜地，它不仅拥有众多的旅游景点，而且拥有完备的旅游设施和众多的游乐场所，为人们提供了一个极为舒适的度假环境。

(四)双林禅寺

双林禅寺(又名锡安林姆寺)是新加坡规模最大、装饰最华丽的古佛庙。寺庙里亭台水榭楼阁毗连，佛塔高耸，均采用中国传统的建筑形式。幽深的庭院内，流水绕石而过，花木繁荣，且有古桥点缀，清幽雅逸，俨然一处僻静的世外桃源。1970 年 10 月辟为旅游胜地，1974 年 12 月正式开放，游人络绎不绝。

(五)马里安曼印度庙

马里安曼印度庙位于牛车水南桥路 244 号，是新加坡古老的印度庙，建于 1827 年，是木梁结构建筑，1980 年由印度工匠重新粉饰，庙里供奉的是马里安曼女神，庙内有很多精美的印度壁画和雕塑，香烟缭绕，庄严肃穆。

第六节　马来西亚

一、国情概述

1. 国土疆域

马来西亚领土位于东南亚旅游区，地处太平洋与印度洋的交汇处，由马来半岛南部的西马来亚(简称西马)和婆罗洲北部的沙捞越与沙巴(简称东马)三个部分组成。国土面积约 33.04 万平方千米。

2. 人口民族

马来西亚人口达 2756 万(2010 年)，平均每平方千米 83 人，其中 85%左右的人口分布在西马地区。马来西亚是个多民族的国家，有 30 多个民族。沙捞越土著居民中以伊班族为主，沙巴以卡达山族为主。主要语言有马来语、华语、泰米尔语、英语等，其中马来语为国语，英语为通用语，华语使用也较广泛。

马来西亚的宗教主要有：伊斯兰教、佛教、印度教和基督教。伊斯兰教为国教。一般说来，马来人信奉伊斯兰教，华人多信奉佛教(也有部分华人信奉基督教)，印度人信奉印度教。

3. 发展简史

公元前数百年，马来半岛就有一个叫吉打王国的国家。之后，马来半岛上的小王国一直处于分合不定的局面，不统一的分裂状态从公元 5 世纪一直延续到公元 1400 年。公元 1400 年，马来西亚的第一个封建王国马六甲王国开始出现。1511 年马来西亚沦为葡萄牙殖民地。1641 年马六甲被荷兰殖民者占领。1786 年英国人开始进行对马来半岛长达 171 年的统治。二战期间，日本对婆罗洲的沙捞越与沙巴进行了 3 年多时间的统治。1957 年 8 月 31 日正式宣布独立，1963 年 9 月 16 日马来西亚成立。

4. 政治经济

马来西亚首都吉隆坡，国花是扶桑，货币为林吉特(简称马元)，国家政体为议会君主立宪制，国家结构为联邦制。

马来西亚为亚洲新兴工业国之一。电子业、制造业、建筑业、石化、钢铁、纺织、加工业较发达。橡胶、棕油、胡椒产量均居世界第一位。锡产量长期位于世界首位，有"锡和橡胶王国"之誉。

马来西亚交通发达。公路和铁路主要干线贯穿马来半岛南北。不过西马地区交通优于东马地区。西马公路网已经形成，铁路通车里程较长，海运便利，有全国最大的国际机场。

马来西亚十分重视发展旅游业。各州均设有旅游协会，大力发展旅行社，加快建设旅馆(现拥有世界一流的"希尔顿"、"美伦"、"联邦"、"总统"等高级大型旅馆)，加速建设旅游景点，积极开展宣传促销活动，旅游业发展迅速。马来西亚所具有的历史文化与自然风物资源，加上它地处东南亚中心地带，具有便利的海洋、航空运输条件与世界各地相连，具有相应完善的旅游服务配套设施，所以旅游业出现火爆的场面。

5. 自然风貌

马来西亚西马地区地势北高南低，中部是山，向东西两侧逐渐降低，沿海为平原。沙捞越地区地势由东南向西北倾斜。沙巴地区地势由中部向东西两侧递降，克罗山峰的主峰基纳巴卢山是东南亚最高峰。马来西亚地形较复杂，自然旅游资源较丰富。沙捞越与沙巴是马来西亚热带原始雨林集中的地方，对各国旅游者具有很强的吸引力。特别是沙捞越森林覆盖面积占90%以上，显花植物达9000种之多，占全世界的三分之一左右，是极佳的旅游胜地，现已建有著名的塞波洛保护区、巫鲁山国家公园和基纳巴卢山风景区等。

马来西亚是一个地处低纬度的海洋性气候国家，全境深受海洋影响，属于典型的热带雨林气候，终年高温多雨，无四季变化，只存在旱、雨季的区别。平原、丘陵地区各月平均气温在26℃～27℃之间，山地每月平均气温不低于18℃。马来西亚全年气候稳定，四季皆宜旅游。

二、民俗风情

1. 服饰

马来西亚人普遍穿蜡染花布做的"巴迪"服，"巴迪"服被称为国服。男子穿无领长袖上衣，色彩鲜艳，质地薄而凉爽，下身围"沙笼"。女子穿"克巴亚"，即无领长袖的连衣裙。马来人的衣着习惯是在公共场合不论男女的衣着均不得露出胳膊和腿部。

2. 饮食

马来人的食物以米饭、椰浆、咖啡为主。马来风味的食物以沙嗲(烤鸡、羊肉串)尤为出名，是宴席上必备的佳肴。华人的菜肴则以"色、香、味"出众，多为广东、福建风味。马来人多数信奉伊斯兰教，肉食主要有牛肉，咖喱牛肉风行全国。马来人习惯用右手抓饭进食，用膳时用右手五指并拢抓饭，用拇指将饭填入口中。进餐时桌子上备有两杯茶水，一杯供饮用，一杯供清洁手指用。如用左手取食或餐前不洗手将被视为严重失礼。进餐时，人们不坐椅子，男子盘腿坐于地，女子屈膝斜坐。在宴席上，主要用冰水或茶水待客，而忌用任何酒类。

3. 居住

在城郊和乡村，马来人的传统房子是一种单层建筑，叫"浮脚楼"。浮脚楼的房顶用树叶(现在也有用木板)铺盖，墙和地板用木质材料建成。为防止潮湿，地板离地数尺。门口放一张固定的梯子，来客必须先脱鞋，然后爬梯而上。

4. 礼仪

抚胸鞠躬礼是男子常用的一种见面礼。屈膝鞠躬礼是女子常用的一种见面礼。拍手抚唇礼是马来西亚常用的见面礼。马来西亚人非常重视礼节。在家庭中，全家人必须尊敬和服从父母，子女在父母面前入座必须端坐。到他人家访问时，必须衣冠楚楚，进门之前，须脱鞋(穿鞋进屋被视为是对真主亵渎的行为)。宾客来访时，主人必须用马来糕、点心、菜、咖啡等招待客人，客人必须吃一点，喝一点，否则被视为对主人不敬。朋友相见时，以互相摩擦手心，然后各自双手合十，放于自己的心窝处表示问候。

马来人认为左手是不清洁的，忌用左手吃东西、传递东西。

5. 禁忌

马来人遵照《古兰经》的训诫，禁酒，禁赌，禁食猪肉、贝壳类食品和非经宰杀而死的动物。斋月期间，必须斋戒。

马来西亚男子与宾朋相见时，必须戴"宋谷"帽，以示敬意，忌任意脱去帽子。儿子见父母时不能脱帽，不能吸烟。坐在长辈面前时，忌两腿大分开，忌交脚跷起。在姑娘面前忌乱说乱动。女儿在长辈面前，忌盘腿而坐，只可屈膝斜坐。探亲访友时，忌衣冠不整，忌穿鞋进屋。当主人挽留吃饭时，客人不可任意拒绝，否则将是"失礼"。当地人严禁触摸别人头部，否则将会被认为是对别人的侮辱。同时，也忌摸别人背部，被认为会给别人带来厄运。

三、旅游市场

马来西亚是个多姿多彩的国家，独特的民族文化、迷人的热带风光、悠久的历史文化名胜、古老的伊斯兰风格建筑、现代化的双塔大楼、称誉全球的马六甲，成为游人向往的地方。马来西亚观光旅游和休闲度假旅游较发达，入境旅游的客源国与新加坡、泰国相似。

马来西亚于 1990 年成为中国全面开放的出境旅游目的地国家，是中国公民出境旅游的主要目的地国。马来西亚一直是中国五大客源国之一。2010 年来华旅游人数达124.52 万人次，比上年增长 17.58%。入境方式以飞机为主，船舶次之。今后，中国公民去马来西亚旅游的人数将会迅速增加。马来西亚已成为世界旅游消费能力最强的 40 个旅游花费国之一，中短程旅游能力较强，将成为东北亚、东南亚、南亚、西亚和欧美旅游的重要的客源国。

四、旅游热点

多姿多彩的马来西亚繁衍着永远也写不完的历史，孕育着绚丽辉煌的文化，装载着看不完的风景。它拥有丰富多彩的旅游资源，自然旅游资源以热带山水风光和热带原始雨林景观为特色，如塔曼奈加拉国家公园、巴谷国家公园、莫鲁山国家公园、尼亚国家公园、大汉山国家公园、巫鲁山国家公园、塞皮洛保护区、基纳巴卢公园、龙望瀑布、黑风洞、邦咯岛、拿律山等。人文旅游资源以独特的民族文化、悠久的历史文化名胜、神秘的宗教文化和伊斯兰风格的古老建筑为特色，如国家清真寺、国家博物馆、青云寺、扎希尔清真寺、大王宫、极乐寺、沙捞越博物馆等。马来西亚独特的民族文化、迷人的热带风光和悠久的历史文化名胜，在永恒的夏季里大放异彩，吸引着世界各地的游客纷沓而来。

(一)吉隆坡

吉隆坡是马来西亚的首都，全国的政治、经济、文化、工业、交通中心，著名的旅游城市。这里具有多民族多元文化的特色，伊斯兰色彩的清真寺、印度佛教古庙、东西文化交融的国家纪念碑和世界最高建筑——国家石油公司双塔大楼著称于世。市区建设具有浓郁的地方特色，古老和现代的建筑兼收并蓄，现代化的东西方建筑物和谐并存，马来人、华人、印度人及欧洲人不同的宗教寺庙和教堂各类兼具，四处可见。其中国家清真寺是东南亚规模最大的清真寺，国家博物馆、国家美术馆、国油大厦(双塔)、独立广场、议会大厦、高等法院、国家英雄纪念碑、国家体育馆也是著名建筑。还有王宫、滨湖公园、黑风洞、云顶高原等著名景点。繁荣的商业区、花园式的住宅区、各式古典建筑、宏伟壮观的现代化建筑、浓郁的文化气息以及艳丽的扶桑和高贵的胡姬花，都在欢迎人们的到来。

1. 国家清真寺

国家清真寺位于市中心，是东南亚地区最大的清真寺，主要建筑包括祈祷大厅、大尖塔及陵墓。大厅的屋顶由 49 个大小不一的圆拱组成，最大的圆拱直径 45 米，呈 18 条放射星芒，代表 13 州和伊斯兰教五大戒律。在整个建筑物的中央有水池和喷泉，水池中有高达 73 米的尖塔，极具特色。寺里有同时可供千人作礼拜的诵经堂，优美的造型、装饰和式样几乎与伊斯兰教圣地麦加的三大清真寺相仿。

2. 黑风洞

黑风洞位于吉隆坡北郊丛林掩映峭壁千仞的半山腰，这里是集中了多处巨大石灰岩溶洞的崖岭，以其独特诡谲的自然风光及浓郁的宗教特色取胜。这里有洞穴 20 多处，分别被辟为马来西亚有名的画廊、庙宇与博物馆等，以黑洞和光洞最有名。黑洞阴森透凉，栖息着成千上万的蝙蝠。光洞高达 50～60 米，宽 70～80 米，阳光从洞顶空穴射入，扑朔迷离。在光洞附近的一个洞中，有建于 1891 年的印度教庙宇，供奉苏巴马廉神，内有彩色雕塑和壁画，精美异常。山下的岩洞博物馆，展示包括神像壁画在内的印度神话文物。这里是马来西亚的印度教圣地，每年神诞日，信徒来此庆祝，为期三天，朝圣者可达 30 余万人。

3. 王宫

王宫坐落于吉隆坡中央车站以南，是国王的官邸。这里原为中国富商的宅院，1926年因其家道中落而售出，改建为雪兰莪苏丹的宫殿，现为国王的居所。马来西亚国王由各州世袭苏丹轮流担当，任期 5 年，每隔 5 年王宫就要迎入新国王。王宫是一座白色围墙金色圆顶的建筑，这里是国王举行花园会、接待外宾及举行授职仪式的地方。

4. 湖滨公园

湖滨公园是吉隆坡最大的公园。园内遍植热带花木，环境清幽，体现了人工与自然的完美结合，是休闲的绝佳场所。公园的南门口东侧有东南亚首屈一指的国家博物馆；公园内的小山上有国家英雄纪念碑，有一座大型的青铜雕像；公园西北的高地上是议会大厦。

(二)马六甲

马六甲建于 1403 年，曾是满剌加王国的都城，是马来西亚历史最悠久的城市，亦是马六甲州的首府，位于吉隆坡以南 150 千米。数百年来，华人、印度人、阿拉伯人以及爪哇人相继来到马六甲，长期的交流共融，使得马六甲在语言、宗教、风俗习惯等方面具有独特的多民族人文风貌。马六甲拥有许多象征中国和马来西亚友好往来的古迹。如有纪念中国明代航海家三保太监郑和的三保山、三保井和三保庙；有马来西亚最早的庙宇青云寺；东南亚旅游区最古老的荷兰建筑(原总督府)；最古老的教堂圣保罗教堂等；马六甲总督花园、马六甲博物馆、葡萄牙圣地亚哥城堡。东西文化的融合和海上丝绸之路的繁华，使马六甲成为东南亚旅游区集旖旎风光、悠久历史、灿烂文化于一身的著名旅游胜地。

1. 三保山

明朝三保太监郑和在第七次下西洋时到过马六甲，曾驻扎在三保山。为促进中马两国友谊，汉丽宝公主曾远嫁马六甲，当时居住在三保山。山麓有三保庙和三保井。三保庙建于1673 年，是具有 300 多年历史的华人庙宇、香火鼎。三保庙的后院有马六甲最古老的三保井，一说为汉丽宝公主的陪嫁人员所凿，一说为马六甲国王苏丹为汉丽宝嫁到此地命人所凿。三保山也是中国境外最大的华人墓地。

2. 葡萄牙圣地亚哥城堡

圣保罗山是满剌加国王拜里米劳拉将明成祖赠送的金龙文笺勒石树碑的地方。山下有葡萄牙人所建的圣地亚哥城堡。

城堡建成于 16 世纪，是东南亚旅游区最大最气派的城堡之一。城堡设有大炮台、两栋宏伟的官邸、一个议事大厅和五个教堂。17 世纪被荷兰人占领后，又加设了重炮。19 世纪初英国人占领了马六甲并摧毁了这座堡垒。山顶上有一座圣保罗教堂，是葡萄牙总督阿伯于1511 年建造的，也是欧洲人在东南亚旅游区建造的最古老的天主教堂。几经战乱，已成废墟，仅有一条通往圣坛的拱形门廊和一堵 1 米左右的围墙依然清晰可见。

3. 马六甲博物院

马六甲博物院位于马六甲河东岸的广场上，是一座红色的钟塔建筑，屋前有维多利亚时代建造的喷水池。广场周围都是荷兰式的红色建筑，它是其中最大、最古老的一座，建成于 17 世纪,是东南亚旅游区现存最古老的荷兰建筑之一。这里原是政府机关所在地，1980 年改为博物院，其中展出的是马六甲各个时期的历史文物和稀有的古代钱币及邮票。

(三)基纳巴卢公园

基纳巴卢公园(俗称神山公园)位于马来西亚沙巴州，是一处神秘的热带丛林。东南亚旅游区最高的基纳巴卢山，处于公园的中心。公园内拥有4000余种植物(从低海拔一直到高海拔的蕨类、阔叶林、针叶林、兰花、猪笼草等特殊植物生态都聚集在这里，在海拔600米至1219米的原始丛林中，生长着红色的大王花，盛开时直径可达2米，是世界上最大的花卉)，有数以千计的昆虫，3000多种鸟类，100多种哺乳动物，是沙巴州的生态"圣地"，一直是动、植物学者研究的对象。2000年联合国教科文组织将基纳巴卢公园作为自然遗产列入《世界遗产名录》，每年有20多万游客到这里旅游观光。

(四)莫鲁山国家公园

莫鲁山国家公园拥有世界上最大的地下溶洞群，包括青洞、风洞、鹿洞、隐谷、天堂园等20多个洞穴。其中最大的洞穴"莫鲁80"，洞穴纵深1000米，宽2000米，高约250米。"妙洞"中石灰质沉积物形态十分奇特，"红磨坊厅"中的"宝塔笋"宽底粗基、"蘑菇"星棋罗布，"珊瑚盅"独特秀巧，均为洞中奇观。此外，还有奇峭的峰峦与险峻的峡谷。

(五)槟城

槟城位于西马西北部槟榔屿的东北部，以宗教建设为主要特色，有蛇庙、泰禅寺、极乐寺、甲必丹吉宁清真寺、康沃斯城堡、圣乔治教堂、观音庙等。

1. 蛇庙(本名清水庙)

蛇庙位于槟城以南14千米处，寺内神龛、香案、香炉、花瓶、墙壁、佛台、烛台、梁柱上，到处都有许多蝮蛇盘绕缠蜷着，真不愧是蛇的世界，信徒尊之为"青龙"。蝮蛇白天受香烟迷醉，动作缓慢，并不伤人，夜间吃香客供奉的东西。这座蛇庙被称为世界独一无二的蛇庙。

2. 泰禅寺

泰禅寺(又称卧佛寺)是一座多层圆锥体形塔，现在寺内供奉长33米的洁白大卧佛，据称是世界第三大卧佛。佛座金碧辉煌，饰以大量浮雕画面，是马来西亚最著名的寺庙之一。

3. 极乐寺

极乐寺是东南亚最大的佛寺之一，是当今马来西亚最大的华人庙宇，同时也是马来西亚最雄伟和最精致的佛寺。该寺建筑历时近30年，耗费黄金179万两，最动人的地方还在于寺后的浮屠万佛塔，从缅甸风格的塔顶到暹罗式与中式相结合的塔身，可谓世上无双。

（六）云顶高原

云顶高原山峦重叠，林木苍翠，花草繁茂，空气清新，气候宜人，是东南亚旅游区最大的避暑胜地，位于吉隆坡以北50千米，海拔1700米，始建于1965年，属于华人巨商林梧桐的云顶集团。

云顶高原为东南亚最大的赌场，也是马来西亚唯一合法的赌场，内有东南亚最大的豪华酒店、室内体育馆、高尔夫球场、游泳馆、保龄球场、餐厅、超市、游乐场、人工湖等。山腰上有东南亚最长的缆车直通山顶，来此游览的游客络绎不绝。

 小贴士

新马泰经典十日游线路设计

第一天：广州——曼谷。

从广州出发，乘飞机前往曼谷，入住酒店，稍作休息后夜游市容。

第二天：曼谷——大成——曼谷。

从曼谷乘巴士去大城，游览挽芭茵夏宫、世界遗产大城古都废墟、瓦差蒙大佛寺、安娜教堂、日游湄南河、远观郑皇庙、游览大皇宫、玉佛寺等，入住曼谷酒店。

第三天：曼谷——芭堤雅。

游览鳄鱼园、蜡像馆、天地还愿池、九世皇庙、舍利国宝、东芭乐园、大象表演、民俗表演、灵猴摘椰、玻璃博物馆、泰国古式按摩，入住芭堤雅酒店。

第四天：芭堤雅。

游览珊瑚金沙岛、海上娱乐活动、金三角泰北风情、泰北民族村、坤沙历史篇、盟军俘房营、93师难民村、泰北茶艺，入住芭提雅酒店。

第五天：芭提雅——曼谷。

游览森林骑大象、坐马车、金佛寺、小金三角、泰缅市场、佛统大塔、桂河大桥、不朽洁身、民姑浮水、盟军公墓、夜游桂河等。

第六天：曼谷——新加坡。

从曼谷乘飞机前往新加坡，抵达新加坡后游览圣淘沙音乐水舞。

第七天：新加坡——马六甲——吉隆坡。

在新加坡市内游览鱼尾狮公园、市政广场、伊丽莎白公园、花芭山、牛车水、新加坡政府组屋、印度庙、珠宝店。午餐后乘巴士进入马来西亚，去马六甲，游览圣保罗山、古城门、三宝井、葡萄牙城堡、荷兰红屋、马来民居。从马六甲乘巴士前往吉隆坡入住。

第八天：吉隆坡——云顶。

在吉隆坡市内游览独立广场、英雄纪念碑、民俗纪念馆、马来首相府、水上清真寺、黑风洞、国家大清真寺、苏丹皇宫、双峰塔广场、太子行政中心、星光大道，乘缆车上云顶，环顾美丽的云顶高原，参观云顶娱乐中心和赌场。

第九天：云顶——新山。

从云顶乘巴士前往新山，沿途去马来土产店、锡器店，入住新山。

第十天：新山—— 新加坡——广州。

从新山乘巴士前往新加坡，从新加坡乘飞机返回广州。

课堂讨论题

(1) 马来西亚的旅游资源与新加坡的旅游资源有何不同？

(2) 试比较马来西亚与日本的民俗风情的差异？

第七节　印度尼西亚

一、国情概述

1. 国土疆域

印度尼西亚位于亚洲东南部，北接马来西亚、文莱，西北隔马六甲海峡与新加坡相望，东北与菲律宾隔海相邻，东面是巴布亚新几内亚和东帝汶，东南临澳大利亚，东临太平洋，西濒印度洋，是一个地跨南北半球及亚洲、大洋洲的群岛国家。印度尼西亚国土面积约190.4万平方千米，由17 000多个大小岛屿组成(其中6000多个岛屿有人居住)，号称"万岛之国"，是世界上拥有岛屿最多、岛屿面积最大的群岛国家。

2. 人口民族

印度尼西亚人口约2.376亿(2010年)，年人口增长率约为1.4%。印度尼西亚是继中国、印度、美国之后世界第四人口大国。印度尼西亚有100多个民族，主要有爪哇族、巽他族、马都拉族和马来族(爪哇人约占总人口的47%)。印尼语为国语，英语为第二语言。印尼约有90%的人信仰伊斯兰教，是世界上穆斯林人数最多的国家。巴厘岛居民多信仰印度教。

3. 发展简史

印度尼西亚是一个历史悠久的文明古国，爪哇岛是印度尼西亚文化的摇篮，在几十万年以前，印度尼西亚的祖先就在爪哇岛的梭罗河畔的原始森林里繁衍生息。公元前1世纪至公元2世纪，印尼的祖先已开始制造青铜器和铁器。公元前3世纪，古泰王国(今加里曼丹的三马林达附近)与多罗磨王国(今西爪哇岛茂物附近)相继出现。从公元7世纪室利佛逝封建王国的出现，10世纪初期三佛齐(改名后的室利佛逝)的发展壮大，到13世纪末，建立了印尼历史上最强大的麻口若巴歇王国，印尼的历史跨过了6个多世纪的辉煌。从15世纪开始，印尼先后沦为葡萄牙、西班牙、荷兰、英国、日本的殖民地，特别是荷兰对印尼的统治长达350多年。1945年8月17日，印度尼西亚共和国的成立宣告了印尼历史新时期的开始。

4. 政治经济

印度尼西亚首都雅加达，国花茉莉花，货币为盾，国家政体为总统内阁制。

印度尼西亚主要工业部门有采矿、纺织、轻工等，外向型的制造业发展较快。出口产品主要有纺织品、纸制品、橡胶等。印尼有许多具有世界意义的农业产品。胡椒、木棉等产量占世界第一位。棕油、椰干、槟榔在国际市场上享有盛誉。

印尼的海上交通运输极为便利，主要海港有爪哇的雅加达、泗水和三宝垄，苏门答腊的巨港和巴东，加里曼丹的巴厘巴板以及苏拉威西的望加锡等，公路基本成网，爪哇、苏答腊、苏拉威西等岛上都有铁路，国际机场主要集中在爪哇。从总体上看，旅游交通比较方便。

5. 自然风貌

印度尼西亚处在西太平洋和喜马拉雅——阿尔卑斯板块的交接地带，是世界上火山、地震最频繁的地区之一(全国有火山 400 多座)，也是世界上地热资源最丰富的国家之一。火山景观成为引人入胜的旅游景观。爪哇岛地势起伏较大，多山地和丘陵。有 58 座山峰海拔超过 1800 米，其中有 14 座山峰海拔超过 3000 米，自然旅游资源丰富。

印度尼西亚国土横跨赤道，大部分地区属典型的热带雨林气候，以高温、多雨、湿度大、风力小为基本特征。全年气温无多大变化，年平均气温在 25℃～27℃之间，绝大部分地区年降水量超过 2000 毫米，季节分配均匀，基本无季节变化，四季皆宜旅游。

6. 文学艺术

印度尼西亚的戏剧、舞蹈和音乐极为著名，木偶戏是印度尼西亚最佳的戏剧艺术。巴厘居民更是以舞蹈著称于世，被称为"舞之岛"。巴厘岛的舞蹈和音乐带有宗教的性质，扎根于印度教信仰，讲究手和指尖的动作，多在寺庙前表演。爪哇岛的木偶剧中，有用木头雕的玩偶剧以及真人为主角去模仿木偶动作的戏剧，对旅游者具有极强的吸引力。

二、民俗风情

1. 服饰

印尼女子的日常上衣长而宽敞，对襟长袖，无领，多配以金色大铜扣。大爪哇族和巴厘族的女性，上衣十分简单，下身是称做"沙龙"的长裙。男子穿衬衫式上衣及长裤型沙龙。现在随着时代的发展，服装也发生重大变化。

2. 饮食

印尼主食是大米、玉米或薯类。印尼制作菜肴喜欢放各种香料以及辣椒、葱、姜、蒜等，因此菜肴具有辛辣味香的特点。印尼人喜欢吃"沙爹"、"登登"、"咖喱"等，印尼人还喜欢吃凉拌什锦菜和什锦黄饭。印尼风味小吃种类很多，主要有煎香蕉、糯米团、鱼肉丸、炒米饭及各种烤制糕点。由于印尼盛产咖啡，所以印尼人喝咖啡很普遍，如同中国人喜欢茶一样。印尼人吃饭不用筷子，而是用勺和叉子，有时也喜欢用手抓饭。

3. 礼仪

印尼人注重面子，有分歧时不会公开辩论。与人谈话或进房间时要摘掉墨镜。忌用左手接触别人的身体，指点人或物。也不能用左手递送物品，忌用手碰他人头部。拒收他人礼品在当地会被视为不礼貌，但受礼后不能当面打开礼品。印尼爪哇人在社交场合接送礼物时要用右手，对长辈要用双手，切忌单用左手。

4. 禁忌

印尼人忌讳有猪、龟图案的物品，他们偏爱茉莉花，喜爱带蛇或茉莉花图案的商品。

印尼人忌食猪肉，不饮酒。一般不喜欢带骨刺菜肴。口味喜辣、酸、甜味。忌用左手吃东西、递送东西和指着对方。爪哇岛人夜间出外严禁吹口哨。

三、旅游市场

印度尼西亚古老的宗教庙宇与豪华气派的度假地的鲜明对照和石器时代生活方式与现代大都市的并存，形成了独特的景观，婆罗浮屠、巴厘岛、日惹王宫令人神往，吸引着西亚、东亚、东南亚、西欧、北美各国游客纷沓而至，旅游业得以迅速发展。2002年印度尼西亚成为中国开放的出境旅游目的地国，中国公民赴印尼旅游的人数逐年增加。印度尼西亚也一直为中国15个主要客源国之一。2010年印度尼西亚公民来华旅游人数达57.34万人次，比上年增长22.25%，居第15位。入境方式以航空为主，船舶次之。

四、旅游热点

印度尼西亚是东南亚旅游区旅游资源最具有特点的一个国家，这里曾经生活着古老的人类——爪哇人，这里也曾经诞生了东南亚历史上最伟大的帝国。作为世界上最大的伊斯兰教国家，印度尼西亚有自己灿烂的文化与独特的民俗。印度尼西亚向以"万岛之国"著称于世，众多的岛屿星罗棋布地散落在赤道碧波荡漾的太平洋中，"像一条飘荡的翡翠带"，又如一串晶莹的珍珠镶嵌在赤道带上。这里迷人的热带自然景观、悠久的历史古迹和多元的民族文化，构成了一幅幅令人向往的美丽图画。而神奇绚丽的热带风光、明媚迷人的金色海滩、建筑精美的寺庙、珍贵稀世的名胜古迹、奇特古老的风土人情是印度尼西亚旅游资源的特色。雅加达、泗水、万隆和巴厘岛是印度尼西亚著名的旅游胜地。

(一)雅加达

雅加达是印尼的首都，全国的政治、经济和文化中心，重要的旅游城市，也是东南亚最大的城市，历史文物古迹众多，有清真寺200余座，教堂100多座，佛教寺庙、道教宫观数十座。有著名的中央博物馆(是东南亚最大的历史博物馆)、独立广场、水族馆、艺保达士植物园、印尼缩影公园、"安卓尔寻梦园"等著名的旅游景点。郊外还有芝板那士避暑胜地。

印尼缩影公园是世界上第一个介绍国土知识的"缩影公园"。入口处有一个巨大的火炬纪念碑,正面刻有印尼建国的五项原则(即信仰上帝、人道主义、民族主义、民主和生活公平,简称"潘查希拉"),背面是巨大的印尼地形模型。在缩影公园内可以欣赏苏门答腊的热带风光、肃穆幽雅的白色寺庙、中爪哇岛上闻名世界的婆罗浮屠佛塔,看到古老的独木舟、用树干搭成的高层茅草棚以及椰树丛中金碧辉煌的宫殿,也可以漫游伊里安岛上的"热带原始森林"等。整个园内旅游景点包括印尼博物馆、仙人掌花园、茉莉花花园、生草药园、科莫多大蜥蜴、博物馆、赤道鸟类公园、手工艺与艺术村等,还辟有印尼五大宗教(伊斯兰教、佛教、印度教、基督教、天主教)的祈祷场所。

(二)巴厘岛

巴厘岛环境优美,风景如画,名胜古迹众多,素有"诗之岛"的美称,是印尼著名的风景游览区。巴厘岛居民以舞蹈著称于世,又有"舞之岛"之誉。巴厘岛有庙堂寺院4 000 多座,故称"千庙之岛"。柏沙基陵庙是众多神庙中最著名的一座。巴厘岛手工艺品在世界艺术史上享有独特地位。巴厘岛是东南亚旅游中心之一,人们用"诗一般的情调,画一般的美丽"来形容巴厘岛的景色。巴厘岛以金色的海滩、蔚蓝的海洋、众多的庙宇、优美的舞蹈、美丽的湖光山色、灿烂的民族文化和迷人的风土人情吸引游客。由于巴厘岛风情万种,美丽如画,它还享有花之岛、艺术之岛、神明之岛、罗曼斯岛、天堂之岛、魔幻之岛的别称。这里美丽的自然风光、宜人的海洋气候、灿烂的民族文化和迷人的风土人情,都使得它成为东南亚著名的旅游胜地。

(三)日惹

日惹所在地是古代马特兰地区的中心。1755 年日惹王国在此建都。悠久的历史孕育了日惹灿烂的文化,日惹文化、舞蹈以及雕刻使这座老城极具文化内涵,日惹被称为是爪哇文化的发源地。日惹主要旅游景点有日惹王宫、巴玛南神庙、婆罗浮屠等。

1. 日惹王宫

建于 1755 年的日惹王宫是爪哇岛最富有艺术创造的古典建筑。王宫内有一座宫殿。在"室王厅"的无壁大厅、门框与柱子上布满饰以金银的浮雕。在拥有 200 多年历史的古老王宫内,一切都通过精心周到的考虑之后再设计安排的,如有雄伟的王宫大殿、豪华的皇家园林、别致的小院落与清真寺等。在附近的棱罗有安巴尔鲁克玛宫,也十分豪华。

2. 巴玛南神庙

巴玛南神庙建于公元 856 年,庙高 47 米,庙内有 4 座巨大石像,所祭主神是湿婆。庙内有精美的浮雕,雕工精湛。巍峨与壮观、神圣与庄严的巴玛南神庙周围还建有许多小庙。建筑都很有特色。

3. 普兰班南寺庙群

普兰班南(位于爪哇岛中部日惹市)因拥有大量佛教和印度教的古建筑而闻名世界。普兰班南寺庙群由 240 多座庙宇组成。其中最著名的有三群佛教寺庙(塞伍寺庙、普劳桑沙济万姊妹寺庙和卡拉桑寺庙)和一群印度教寺庙。塞伍寺庙约建于公元 850 年，庞大的主庙围墙外，有 238 座小庙分为五层围绕排列。

印度教寺庙是罗罗章格朗寺庙群，是现今印度尼西亚境内最大、最美丽的印度教庙宇，是记录印度尼西亚人祖先灿烂文化的载体。印度教寺庙包括 6 座寺庙，3 座主寺饰有罗摩衍那史诗的浮雕，分别供奉着印度教三位主神湿婆、毗湿奴和罗摩，另 3 座寺庙供奉着主神的乘骑，即南迪(牛)、咸萨(鹅)和迦娄罗(鹰)。

普兰班南寺庙群的创建基本上是模仿了神话中描述的众神居住的马哈穆罗山，因此各种雕刻和装潢都是按照神仙境界模样完成的。在每一个庙宇中都有雕像。在寺庙群的墙壁上完美地雕刻着《罗摩衍那》的神话故事。这些著名的神话故事在寺庙后院的露天舞台上，定期以传统芭蕾舞的形式演出。

(四)婆罗浮屠

婆罗浮屠(俗称"千佛塔")是举世闻名的佛教千年古迹，位于中爪哇日惹市西北 39 千米处的克杜峡谷，是世界最大的佛塔，与中国的万里长城、埃及的金字塔、印度的泰姬陵、柬埔寨的吴哥窟齐名，被世人誉为古代东方的五大奇迹。1991 年联合国教科文组织将其作为文化遗产，列入《世界遗产名录》。

婆罗浮屠佛塔在建筑上是按照佛教"三界"之说规划的，下面的基台表示"欲界"，中间四层回廊表示"色界"，上面的圆台及塔顶则表示"无欲界"。佛塔的层次结构象征了由尘世走上极乐世界的途径。它的正方形基座周长约 500 米，一层层的回廊和回廊浮雕都表现不同的内容。婆罗浮屠佛塔有大小佛像 505 尊，有佛教故事与宗教仪式的故事浮雕 1460 幅，装饰性的浮雕 1212 幅，全部浮雕连接起来总长可达 4000 米，所有浮雕玲珑剔透，栩栩如生，堪称艺术珍品，有"石头上的画卷"之称，为世界闻名的石刻艺术宝库。婆罗浮屠佛塔不同于佛教世界中一般的佛塔寺院，这座巨石建筑使用了近 200 万块火山岩石垒砌而成，其稳如泰山的绝妙几何体如同古埃及的金字塔，具有一种肃穆的庄严感，素有"印尼的金字塔"之称。

(五)茂物

12 世纪至 16 世纪，茂物曾是巽他王国的首都。1745 年荷兰总督将总督府从雅加达迁至茂物，并修建总督行宫。茂物是爪哇西部的历史古城，这里的茂物植物园是世界最大的热带植物园之一。园内划分为莲花池、棕榈属、蔓生植物，竹林、藤类，兰花科、仙人掌科、羊齿类等种植区，栽种着从印尼各地和世界各地引进的植物 1.3 万余种，有4000 多属科，还有 50 多万种植物标本。500 多种数千株兰花，使植物园更加吸引人。

🌴 小贴士

印度尼西亚经典五日游线路设计

第一天: 广州——雅加达。

乘国际航班飞往印尼首都雅加达, 抵达后入住酒店。

第二天: 雅加达——日惹市。

在雅加达参观独立广场、民族纪念碑、印尼缩影公园等。下午乘车去日惹市, 抵达后入住酒店。

第三天: 日惹市。

游览日惹市古城和古代火山喷发中劫后余生的世界两大宗教遗址——婆罗浮屠大佛塔和普兰班南寺庙群。当天宿日惹市酒店。

第四天: 日惹市——巴厘岛。

乘车、乘轮船去巴厘岛, 游览南湾海滩度假区、海底世界、海神庙等, 观看歌舞表演, 参加水上活动等。夜宿巴厘岛酒店。

第五天: 巴厘岛——雅加达——广州。

从巴厘岛飞往雅加达, 在雅加达转国际航班返回广州。

第八节 泰国

一、国情概述

1. 国土疆域

泰国位于中南半岛中南部, 东北部与老挝为邻, 东南部与柬埔寨交界, 南部与马来西亚接壤, 西部与缅甸毗邻。国土面积约 51.3 万平方千米。

2. 人口民族

泰国人口达 6476 万(2005 年), 平均密度为每平方千米 126 人。从 1960 年起, 泰国男女性别比例失衡, 女性比例高于男性, 在泰国 6476 万总人口中, 男性为 3183 万人, 女性为 3293 万人。泰国人口呈现老年化趋势, 选择独居生活的人增多。泰国有 30 多个民族, 以傣族人(约占 50%)为主, 其次是寮族(约占 35%), 还有华人和马来人等。傣语是国语, 英语为第二通用语言。佛教是国教(居民 95%以上信奉佛教)。

3. 发展简史

泰国原名暹罗, 大约在 5000 年前泰国所在的地区就有人类居住。公元 6 世纪时, 中国南部的部分傣族人南迁至中南半岛, 定居于湄公河流域, 建立了一些小国家, 这就是今天泰国的祖先。

公元 13 世纪，傣族人建立素可泰王国之前，泰国的中部和南部就曾出现过孟族人与马来族人的国家。1238 年傣族人建立了一个独立的王朝——素可泰王朝。1350 年湄南河流域的乌通王在阿瑜陀耶建立了大城王朝。大城王朝历经 34 位君主，历时 417 年。公元 767 年大城王朝覆灭，出现了一个新的王朝——吞武里王朝。吞武里王朝只存在 15 年时间，后出现咖达纳哥王朝，迁都曼谷，又称"曼谷王朝"。泰国逐步趋向安定与发展。

4. 政治经济

泰国的首都曼谷，国花为睡莲，货币为铢，国家政体为议会君主立宪制。国王为国家元首。总理为政府首脑。

泰国原为典型农业国，经济结构单一。二十年来逐步向新兴工业国转变，主要工业部门是电子、汽车装配、建材和石化等。大米、橡胶、海产品出口量较大。

泰国旅游业发展很快，已成为亚洲重要的旅游目的地国。

泰国运输业以公路和空运为主。公路交通发达，城乡之间均有公路相通。国际国内航空以曼谷为中心，廊曼国际机场已成为东南亚重要的空中枢纽。清迈、乌塔堡、合艾等也是泰国重要的机场。铁路线主要有曼谷—呵叻线、曼谷—清迈线、曼谷—新加坡线和曼谷—亚兰线等干线。旅游交通较为便利。

5. 自然风貌

泰国的领土南北距离约 1600 千米，东西之间最宽距离为 780 千米。地势北高南低，山川纵列，平原居中。地形大体分为四部分：西北部是山区(重要林木产地，所产柚木誉满全球)，东北部是高原区(呵咖高原南部的"挽巴功"河谷因盛产红宝石、蓝宝石而闻名世界)，西南部为狭长的丘陵区(盛产橡胶、棕油、椰子等，橡胶产量、出口量居于世界前列)，中部是平原区(素有"东南亚谷仓"的称誉)。湄南河流域是泰国农耕集中区。

泰国地处热带，除克拉地峡以南少部分地区为热带雨林气候外，绝大部分地区属于热带季风气候，全年气温都比较高。全年月平均气温约为 22℃～28℃。年降水量约 1500 毫米。全年分为三季，每年 6 月至 10 月为"雨季"，11 月至次年 2 月为"凉季"，3 月至 5 月为"热季"，全年皆宜旅游。但"凉季"是最佳的旅游季节。

6. 文学艺术

泰国文化深受古代印度文化的影响。《罗摩衍那》和《摩诃婆罗多》的神和英雄，是泰国古典戏剧中的主角。傣族的民间传说和歌曲同印度古典文学紧密联系。

泰国的舞蹈被誉为世界上最具艺术性的舞蹈。泰国以优美典雅的古典舞蹈和丰富多彩的民间舞蹈著称于世。泰国舞的题材大多取自梵文神话，可分为面部舞蹈孔、音乐舞蹈沙邦和舞蹈刷拉孔三种。各种舞蹈有独特的说、唱、伴奏，舞者的每一个动作，都有特殊的意义。古典舞蹈有"宫内"和"宫外"之别。宫内舞蹈舞姿优美典雅，细腻韵味，具有严格的规范与程式，主要观众是国王和王室成员。宫外舞比较自由风趣，特点在于取乐，以老百姓为主要观众。民间舞蹈有丰收舞、长甲舞、蜡烛舞等。

泰国舞蹈可分为三种类型：孔(面部舞蹈)、沙邦(音乐舞蹈)和拉孔(舞蹈剧)。迷人的泰国舞蹈十分注重脸部表情和体态表现。

二、民俗风情

1. 宗教礼俗

泰国以佛教为国教，有"千佛之国"、"黄袍佛国"之称，故切忌对佛教、佛像、寺庙和和尚有不敬行为。路遇和尚应主动让路，乘车应主动给和尚让座，但不可施舍现金给和尚(触犯戒律)。泰国男子一般在年满20岁前都必须出家一次，时间在3天至3个月之间。这样，他们才能获得成人资格。不曾入寺修行的男子将给其子孙带来耻辱。修行期间的优秀者可以再继续3个月，并可免服兵役。泰国的佛教徒对佛、法、僧的虔诚与敬重已形成一种全社会遵循的道德观念，即使来这里观光旅游的客人，也都或多或少地受到其戒律禁忌的约束。在每年几个佛日里，不仅要忌杀生，而且还要禁止赛、赌、嫖。泰国的各种庆典活动，带有浓厚宗教色彩的音乐与舞踏等艺术形式，许多重大的节日都必须由僧人主持，泰国人的婚礼也必须由德高望重的僧人主持仪式，并赐予新人良好的祝福。

2. 服饰

泰国人通常穿用靛蓝染料染成蓝色的傣族民族服装。无论男女穿着，都由一条短裙或一长块能包缠下身的布料构成。他们通常用小块白布或轻软织物包头。头帕上饰有金色流苏或金属薄片。但现在只在小城市和农村中才能见到这种装束。

3. 饮食

泰国人的饭食通常以大米饭及四五种菜相配而成。带咖喱味的牛肉、鸡肉、虾、烤牛肉、烤鸡肉、猪肉等，是泰国菜的代表。泰国人最喜欢的食物是咖喱饭，常食鸡粥、甜包、猪油糕等。他们偏爱辛辣味和煎、炸、炒的菜肴。酸猪肉、烤肉皮、剁生牛肉是泰国人喜爱的美味，鱼露和辣椒被当作最好的调味品。他们不喝热茶，不喜欢吃酱，不爱吃红烧、甜味的菜肴。就餐时，习惯围桌而跪坐，不用筷子，而是用手抓着吃。

4. 礼仪

深受中华文化与印度文化的共同影响，性情温和的泰国人素以"礼仪之邦"著称，自古就有"微笑之邦"的美誉。泰国人热情友好，总是以微笑迎客，故享有"微笑天使"的雅号。在待人接物中，有许多约定俗成的规矩。见面和分手时，常用礼节是稍低头，行"合掌"礼，一般年轻人要先向长辈行礼，长辈还礼。政府官员、商人、知识分子也流行握手礼，但男女间不握手。男女间公开的亲昵行为被视为失礼，应该杜绝。

皇室在泰国人民心中的威望至高无上，对皇室成员要表示敬意。泰国有"佛之国"之称，有浓郁的佛教文化，人们对佛教建筑和僧侣十分敬重，参观寺院时，衣着要整齐，不可太暴露，必须穿长裤(女士要穿长裙)，进入寺庙大殿要脱鞋，对各种雕塑菩萨和僧侣要尊敬。女士如要交任何物品给僧人，必须由男士代劳或把物品放入僧人摊开的黄袍或手帕上。

5. 禁忌

泰国人严守着许多传统性的忌讳：忌讳摸他人的头部、忌讳拿东西越过他人的头顶；忌讳戴墨镜交谈；忌禁将脚伸到他人面前；严禁用脚为他人指点东西或将东西赐给别人；忌用脚踢门或脚尖指着他人；严讳盘腿而坐，女子坐时忌裸露出大腿；忌用红笔签名；购佛饰时，严禁说"购买"，必须说"求租"，以防亵渎神灵；严禁客人坐到男主人的固定座位上，上楼严禁穿鞋；严禁拒受主人敬上的茶水、水果、食品，以免"失礼"。

泰国人交谈多回避政治、王室等话题，不赞美他人的婴儿(当地习俗以免引起恶鬼注意)。交谈时忌讳双腿交叉，否则会被认为是对交谈者失礼。在社交聚会上，不要与已婚妇女谈话过久，以免冒犯其丈夫。在交谈中，公开批评他人被视为冒犯行为，私下批评也要讲究谈话艺术。

三、旅游市场

泰国有惊世的佛教建筑、神奇的历史古城、迷人的海滨景观、浓郁的民俗风情和独特的文学艺术，充满了诱人的魅力，成为世人争先寻觅的神秘之地，每天都有新的足迹出现在这里的每一个角落，西欧、东北亚、东南亚、美洲、非洲的游客蜂拥而至。

泰国早在 1988 年就成为中国全面开放的出境旅游目的地国家，是第一个成为中国开放的旅游目的地国家，现在也是中国大陆居民出境旅游的首选目的地国家。同样，泰国也是中国主要客源国之一。2010 年泰国公民来华旅游人数达 63.55 万人次，居第 12 位。入境方式以航空为主，汽车、船舶次之。

四、旅游热点

泰国以具有悠久的历史和丰富多彩的名胜古迹、辽阔的海滩和绮丽的热带风光闻名于世，素有"中南半岛上的明珠"之称，众多的旅游胜景深深地吸引着各国的游客。浓郁的佛教文化、普吉岛与芭堤雅的迷人风情、丰富独特的泰北部族生活及多姿多彩的建筑风格，都是令人动心的好去处。泰国是佛教之国，全国有 3 万多座古老的佛寺和 1.2 万多座佛塔。有曼谷、清迈、佛统、芭堤雅 4 座著名的旅游城市。有宜人的热带风光和各种热带动植物，都深受游客欢迎。

(一)曼谷

曼谷是泰国的首都，全国的政治、经济、文化、交通中心和世界著名的旅游城市，有"东方威尼斯"之称。自 1782 年泰皇拉玛一世建都于此起，曼谷就成了汇集整个泰国新与旧生活方式的万花筒，有"天使之城"和"千面风情之都"之称。曼谷的佛教历史悠久，到处是橘红色的庙宇屋顶和金碧辉煌的尖塔，佛庙林立，云集了泰国的佛教精华。市内有大小寺庙 400 多座，堪称"佛都"，其精致美丽的建筑外观、辉煌华丽的内部装饰，使其成为曼谷独特的风景。其中以大王宫、郑王庙(亚仑寺)、玉佛寺、卧佛寺、金佛寺、大埋寺、云石寺、三宝公庙等最为著名。大王宫更是曼谷最著名的古迹，建筑上史的"一绝"。

1. 大王宫

大王宫位于曼谷市中心，是曼谷王朝一世至八世的王宫(又称"故宫")，是去泰国旅游的首选之处。大王宫始建于1782年，经过历代改建和扩建，现有面积22万平方米，主要由3座宫殿(节基宫、律实宫、阿玛林宫)和1座寺院(玉佛寺)组成。在大王宫的20多座建筑中，佛塔式高耸的尖顶与衬饰着金色脊檐的鱼鳞琉璃瓦屋面，将建筑、绘画、雕刻和装璜艺术融为一体，精美壮观，被誉为"泰国艺术大全"。阿玛林宫是大王宫最早的建筑物，典型的泰国早期的建筑式样，现在这里仍是国王登基加冕时举行仪式和庆典之地。节基宫殿是大王宫最大的一座宫殿，这里是国王接受外国使节递交国书的场所。泰国式的"三顶尖"与意大利文艺复兴时的内部装饰风格完美的结合，是节基宫的别致之处。律实宫安放着举世闻名的"珍珠之母"宝座，其雕刻之精细，在泰国可谓首屈一指。

2. 玉佛寺

在大王宫三宫一寺的主要建筑中，玉佛寺是其中的一大亮点，与卧佛寺、金佛寺一同被称为泰国的三大国宝。玉佛寺(又称护国寺)，始建于18世纪末，是专供历代王室举行宗教仪式和日常礼佛的地方，是泰国最著名、最大的佛寺，寺内殿堂楼宇华丽精美，整个建筑群宏伟壮观，以尖顶装饰、建筑装饰、回廊壁画三大特色名扬天下，是泰国佛教建筑、雕刻、绘画的艺术瑰宝，与大王宫一样同是泰国的标志。这里是泰国王族供奉玉佛和举行宗教仪式的场所，金碧辉煌的殿堂，五彩斑斓的壁画，显得既富丽堂皇，又庄严肃穆。玉佛寺内有玉佛殿、先王殿、新天阁、钟楼、叻达纳大金塔、尖顶佛堂、壁画回廊和藏金堂。这些建筑坐落在白色大理石砌成的台阶上，四周环境环绕着40根四角形立柱，并镶有112个金色雕像。外墙、立柱及舍利塔的塔身，或装饰着精美的花纹，或雕刻着形象逼真的禽兽，或镶嵌着五彩缤纷的瓷片、贝壳和金银饰片，雍容华贵，令人惊叹不已。

玉佛寺充分体现了泰国古代特别是阿瑜陀耶时代的建筑风格和艺术特色。玉佛寺内供奉一尊被视为泰国国宝的形象逼真、栩栩如生的玉佛像。玉佛由一整块翡翠碧玉雕成，高66厘米，宽48厘米，放置在11米高的金制礼坛之上，是泰国的镇国之宝，亦是泰国人的守护神。玉佛周围立着多尊金佛，使玉佛显得更加庄严。国王每年热、雨、凉三季都要为其沐浴、换衣，穿上缀有不同色彩和式样宝石的金镂玉衣，并举行隆重的仪式，以保国泰民安。

3. 卧佛寺

卧佛寺是泰国历史最悠久、规模最大的寺院。佛寺中佛塔林立，其中有71座佛塔的高度在7米以上，四座佛塔的高度在41米以上，佛像多达400余尊。寺内供奉一尊长45米，高15米，铁铸纹金、镂镶宝石的巨大卧佛，堪称世界上最大的卧佛之一，卧佛寺被列为三大国宝之一。

4. 金佛寺

金佛寺中有世界上最大的一座金佛，用纯金铸成，高 3.73 米，重达 5.5 吨，金光灿烂，庄严华丽，无与伦比，被列为三大国宝之一。

5. 郑王庙

郑王庙始建于大城王朝，是泰国最高的寺庙之一。庙内有 1809 年建的婆罗式尖塔，高达 79 米，为泰国最高之塔。郑王庙的标志建筑紧靠湄南河的舍利塔群。

6. 云石寺

云石寺始建于大城王朝(公元 1350～1767 年)，是一座全部由大理石建成、屋顶用中国琉璃瓦覆盖的佛寺。该寺建筑富有较浓厚的西方色彩，寺内供奉着泰国历代各种佛像 50 尊，融合了中国、印度等佛教造型艺术风格，是 19 世纪佛教雕刻的典范。

7. 国家博物馆

国家博物馆位于玉佛寺附近，是东南亚地区最大的国家博物馆。该博物馆始建于拉玛四世时期，当时位于大王宫内，1997 年迁至今址，后经拉玛七世的扩建及 1966 年在南北两侧兴建新型建筑，国家博物馆才拥有今天的规模。从博物馆内大量考古、历史、文化及宗教珍品和泰国各个历史时期的古典艺术品(尤其珍贵的是雕刻艺术品)，可以了解到从泰国史前时期到现代的文化发展情况。

中央的古建筑物，前身曾为一个泰国王子的住地，建于 1872 年，其本身就极具有历史与艺术价值，里面所设的陈列室中主要陈列泰国各个历史时期的资料及史前时期的石器、石刻、描写佛祖生活的壁画、王室物品、木偶面具、戏剧头饰和各种邮票、勋章等。

(二)佛统

佛统是泰国最古老的历史名城，约有 3000 年历史。它是佛教最早传入泰国的地方，故为泰国佛教圣地。在泰国，很难有第二座城市能像佛统那样，古迹遍地的小城中林立的佛塔格外夺人眼目，在人们的脑海中留下一片难忘的耀眼的金色光芒。市中心的帕巴吞金塔，塔高 120 米，圆形塔底直径为 57 米，已有 2000 多年的历史，是泰国最高大、最古老、最壮丽的佛塔。塔中有 1 尊金佛和 1 尊卧佛。

(三)清迈市

清迈市是泰国第二大城市，也是泰国佛教圣地之一，有寺庙 100 多座。其中帕辛寺是清迈城内最大的佛寺；清迈寺是清迈城市的第一座寺院；斋里銮寺是座具有斯里兰卡和印度混合风格、等级最高的寺院。清迈佛寺之盛，为泰北各城市之首。清迈盛产玫瑰，有"北方玫瑰"的雅称，是避暑胜地。市郊的素贴山是全国著名的风景区，位居山腰的帕塔特素贴寺(也称双龙寺)是清迈最大、最神圣的佛教寺院。建于 13 世纪孟莱王朝时期的最古老的清门寺极为壮观。还有普拉辛普平离宫寺院(王室的夏宫)、苏特普寺院等。

(四)芭堤雅

芭堤雅是泰国的花城,气候宜人,处处鲜花,风景秀美,以阳光、海滩、珊瑚岛、人妖表演而享有盛名,已成为最负盛名的海滨旅游胜地,有"东方的夏威夷"、"海上乐园"和"亚洲度假区皇后"之誉称。这里的海滩既是著名的海水浴场,又是水上运动的理想场所,是世界闻名的避寒旅游胜地。这里最能引起外国人兴趣的旅游项目有:东芭乐园文化村(热带植物园、各种传统文艺表演)、海滩、珊瑚岛、大象表演、人妖歌舞表演、"全方位"娱乐和小人国(微缩景观)等。

(五)素可泰

素可泰位于泰国北部素可泰府,距曼谷以北约 400 千米,是泰国历史上第一个王国素可泰王朝的都城和文化艺术的主要发源地。是泰国著名的旅游胜地,也是泰国十分有名的宗教文化名城。在这里诞生了泰国文字,还诞生了泰国的第一部文学作品和第一部历史记录,被誉为"泰国文明的摇篮"。1991 年联合国教科文组织将其作为文化遗产,列入《世界遗产名录》。

素可泰是泰国著名的旅游胜地,也是泰国十分有名的宗教文化名城。素可泰古城规模宏大,现存三道围墙,长约 2.6 千米,宽约 2 千米,四面各有一座城门,古城内外原集中有 193 处佛教古迹,包括一座气势雄伟的王宫、35 座寺庙及大量古塔、佛像、碑石等,古迹繁多,现已成为素可泰历史公园。素可泰王朝时期所造的佛像、建筑物、壁画、杯盘器皿等精致美观,为全泰之冠。摩河陀院是素可泰规模最大、最庄严的寺院,寺内有巨尊佛祖像及荷花池塘,曾是素可泰皇室成员祈福作礼的神庙。诗春寺里供奉的帕河查纳大佛坐像高达 11.3 米,两边立有 50 多块素可泰王朝的石碑。

(六)北榄鳄鱼湖动物园

北榄鳄鱼湖是泰国著名的游览胜地,世界上最大的鳄鱼养殖场。园内饲养着来自世界各地的鳄鱼 20 多个品种,总数达 3 万多条。这里触目惊心的驯鳄、斗鳄表演为著名的旅游项目。

(七)普吉岛

普吉岛是泰国最大的岛屿,海岸蜿蜒曲折,海滩水清沙细,风光旖旎,素有"海山仙阁"、"泰南珍珠"之称。这里石灰岩造型地貌星罗棋布,怪石兀立,有"中国小桂林"之称。主要旅游景点有:帕通海滩、乃央海滩、卡马拉海滩、马里荷饭店海滩及攀牙湾等。

(八)大城历史名城

大城历史名城,位于泰国中部的大城府,距曼谷以北约 80 千米。1991 年联合国教科文组织将其作为文化遗产,列入《世界遗产名录》。

大城是泰国故都,是一座古老的历史名城,1350 年大城王朝乌通王建都于此。大城作为泰国政府所在地长达 417 年,先后有 34 位君主曾在这里建都。当年的大城作为王都时，曾是王宫富丽、佛塔如林、寺庙林立的神奇之城。1767 年，大城王朝灭亡，大城遭毁。大城现存众多的庙宇，其中著名的有三宝公佛寺(又名巴南清庙，佛堂内有一座庄严的坐禅佛像，外镀黄金)、蒙坤巫碧大佛塔、罗卡亚苏塔寺(寺内有一座全长为29m 的释迦牟尼卧佛)、露天大佛、三峰塔等。还有大城王朝的王宫、神圣的佛寺与大量的军事防御工程遗址。大城的皇室宗庙遗址原有很多殿堂、佛塔和珍贵的佛像，现在仅剩佛塔如林，处处断垣残壁。

(九)北碧

北碧是泰国西部北碧府的首府，地处桂诺河与桂乃河的汇合处。在这片狭长形的土地上，曾经上演着从达瓦拉无提王国、高棉时代、大城王国至第二次世界大战时期的一次次惊心动魄的故事，人们从这里遍布的战争公墓与战事博物馆中可以了解到历史留给北碧的沧桑与血泪。

在北碧城内的桂河上，人们可以看到一座铁锈斑斑的桥和桥头耸立的巨型炮弹雕塑，这就是第二次世界大战中著名的死亡铁路咽喉——桂河大桥，它与战士墓、战争博物馆一起，成为死亡铁路的历史见证。

二战中，日本海路运输因连遭盟军袭击而毁坏，为了挽救损失。日本威迫泰国修建通往缅甸的铁路，以缩短进攻缅甸、马来西亚的路程。当时 33.5 万盟军战俘和劳工被迫修铁路，1.6 万名盟军战俘与 5 万名劳工被迫在修建桂河大桥。但桂河大桥只修建到一半就被盟军发现，一次次轰炸，一次次重修，一批批战俘和劳工横尸桂河，近 20 万人丧生，直至二战结束后才修好。鲜血凝成的桂河桥与用尸体修筑起来的铁路，被人们称之为"死亡铁路"。

(十)呵叻

呵叻是泰国东北部最大的城市，这里有泰国最华丽的披迈石宫，被称为"泰国的吴哥窟"。披迈石宫由无数大小石宫组成，主体建筑是一座巨大的塔形宫殿，人们称其为"皇殿"，独特高超的建筑技术使它成为泰国石宫建筑艺术的珍品。在呵叻具有不同风格特点的寺庙众多，如萨拉罗依寺、帕那莱寺等。

(十一)洛坤

洛坤是泰国南部的古城，作为古洛坤帝国都城的老城，洛坤当时是马来半岛上历史最悠久、规模最庞大的王城，著名的佛教中心。玛哈达寺是泰国南部最著名的佛寺之一，其规模之大、建筑物之多，实属罕见。玛哈达寺内有一座已有1240 多年历史的大金塔，塔高达 76 米，金色的塔尖镶贴黄金达 800 千克之多。佛塔四周立有 200 余尊佛像。偌大的玛哈达寺中还有许多处颇值得旅游者悉心前往的地方，比如有来自古印度的老菩提树、已有 300 多年历史的古老铜钟、塑有佛祖骑马游山像的神马殿和泰国博物馆分馆等。玛哈达寺一年四季总是游人如织，特别是每年 10 月的礼佛盛会，仪式隆重，香火旺盛，盛况空前。

课堂讨论题

北京有个旅游团，打算去泰国旅游，为期五天，委托旅行社设计旅游线路，你如果是旅行社有关负责人，应该如何为他们设计一条最佳的旅游线路？

第九节　印度

一、国情概述

1. 国土疆域

印度位于南亚次大陆，北部邻中国、尼泊尔、不丹，东北接壤孟加拉、缅甸，西北与巴基斯坦毗邻，东南濒孟加拉湾，西南临阿拉伯海，南与斯里兰卡、马尔代夫隔海相望。面积328.7万平方千米，是南亚面积最大的国家和亚洲第二大国。

2. 人口民族

印度人口达11.4亿(2008年)，据联合国人口基金预测，2050年印度人口将达16.58亿人，超过中国同年的14.08亿人，成为世界人口第一大国。由于印度人口迅速增加，经济上又相对落后，因此带来巨大的人口压力，例如，印度有21%的人口、超过2亿3000万人处于营养不足状态，占全球饥饿人口27%，高居世界之首。印度号称民族、宗教和语言的博物馆。印度共有几百个民族和部落，其中印度斯坦族人数最多，约占全国人口的46.3%；次为泰卢固族、马拉地族、泰米尔族、古吉拉特族、坎纳拉族、马拉雅拉姆族、奥里亚族、旁遮普族、孟加拉族等，人口均超过1000万。全国现有语言和方言1652种，分属四大语系：印欧语系、达罗毗荼语系、汉藏语系、孟达语系。其中使用人数超过1000万的语言有15种，被宪法列为主要语言，使用人数占总人数91%的印地语为官方用语。宗教对印度社会有很深刻的影响，印度教、锡克教、佛教、耆那教都起源于此。印度教人口占全国人口80%以上。

3. 发展简史

印度是历史悠久的文明古国之一。公元前2500年至公元前800年，雅利安人来到印度河流域，创造出前所未有的文明，这个时期史称吠陀时期。公元前6世纪，印度这块大地上出现了十几个国家，进入列国纷争时期。公元前324年至公元前187年建立的孔雀王朝是印度历史上第一个统一的奴隶制国家，在阿育王统治时期臻于全盛。公元320年，摩揭陀地区的一个小国强盛起来，建立了芨多王朝，并且势力不断扩大，逐渐统一了印度。孔雀王朝和芨多王朝是印度人自己建立的王朝，它们是印度历史上的鼎盛时期。公元320年至公元606年，印度的封建制全面确立。16世纪，自称是英雄成吉思汗后裔的巴布儿打败德里的洛提王朝，宣布自己为印度斯坦大帝，建立了印度历史上的最后一个王朝——莫卧儿王朝。1757年以后印度逐步沦为英国的殖民地。1849年，英国殖民者侵占全印度。1947年6月，英国发表了《蒙巴顿方案》，实行印、巴分治。8月14日，印度人民在民族英雄甘地的领导下，经过不懈的斗争，终于成立印度自治领，从而结束了英国在印度长达190年的殖民统治。1950年1月26日，印度宣布成立共和国，但仍为英联邦成员国。

4. 政治经济

印度行政区划分28个邦和6个联合属地，邦下设专区和县、大区和区。印度首都新德里，国花莲花，货币印度卢比，国家政体为议会内阁制。

印度是世界上经济发展最快的国家之一，已经建成较完整的工业体系，纺织、食品、精密仪器、汽车、医药、钢铁、船舶、电子、航空和空间技术等部门发展迅速，棉纱及棉制品、珠宝制品、成衣、医药及化工制品、皮革及制品、机械及五金制品、铁砂石出口量较大。印度是世界上公认的最大的软件供应国之一。

印度农业和服务业是最大的经济部门。农业经过了"绿色革命"后，有了显著的发展。现已成为世界第一大产奶国，以及世界重要的产棉国和产茶国。牛、羊数量居世界第一。海产品出口量较大。

在旅游方面，印度政府采取各种积极措施，以吸引国外旅游者。如在发展宗教文化旅游、历史文化旅游、观光旅游的同时，大力开发更多的海滩旅游地和冒险旅游地，组织各种国际会议，到野生动物保护区游览，增建旅馆，改善条件，提高旅游设施标准，兼顾高档和廉价旅游市场等。在发展周边旅游市场的同时，积极吸引西欧、美国、日本、澳大利亚等国的游客。

5. 自然风貌

印度地形大致可分为三部分：北部为高山区，有喜马拉雅山脉，高峰耸立，深谷幽邃，人烟稀少，交通不便；中部为平原区，印度河——恒河平原是世界古代文明的发祥地之一，开发历史悠久，历史文物古迹丰富；南部为高原区，德干高原构成印度半岛的主体，高原西部边缘和东部边缘分别有西高止山脉和东高止山脉，但由于受河流的切割，呈断续分布，自然旅游资源众多。

印度地处低纬度，北回归线大致横贯中部，南临辽阔的热带海洋，北有高山阻挡冷空气的侵入，大部分地区属热带季风气候(仅西北部属热带干旱半干旱气候)。年均气温一般在24℃之间，全国平均降水量1170毫米。全年可分为春、夏、雨、秋、冬、凉六季，但最主要的季节是夏季(5月至6月)、雨季(7月至8月)和凉季(11月至12月)三季。春季和凉季是旅游最佳时期。

6. 文化艺术

印度文学有十分悠久的历史。公元前2500年至公元前800年，就出现了《梨俱吠陀》、《罗摩衍那》、《摩诃婆罗多》、《阿达婆吠陀》四部诗歌总集。《摩诃婆罗多》和《罗摩衍那》两大史诗对印度后来的文学产生了深远的影响，并成为世界文学宝库的两颗明珠。罗宾德拉纳特·泰戈尔是近代伟大的文学家，他一生创作了50多部诗集、12部中长篇小说、百余篇小说、20余篇戏剧和大量有关文学、哲学、政治等方面的论著，其代表诗作《吉檀迦利》是他获得诺贝尔文学奖的主要作品。

印度的舞台艺术和古典舞蹈举世闻名。舞蹈独具特色，即全是用身体的每个动作和脸部表情来表现主题，通常是由一个人单独表演(在大城市剧场里也有几个人同时演出的)。在大型的酒店餐厅内，都会有音乐演奏和舞蹈表演。印度古典音乐与西方交响乐各具风格，最常见的格仑尔音乐，用手风琴演奏，歌曲由独唱家演唱。

印度的建筑艺术富有宗教色彩，印度教、伊斯兰教、佛教建筑自成体系，各具特色。泰姬陵堪称印度古代建筑艺术的结晶，成为世界上七大建筑奇迹之一，孔雀王朝时的阿育王石柱，是印度古代雕刻珍品。印度的音乐、舞蹈、电影风格独特，享誉全球。

二、民俗风情

1. 宗教习俗

狮子和老虎是印度的国兽，受到尊崇。印度人常用狮子来形容帝王，当作王权的象征。印度有些地方只准用一些尊敬的外号来称呼老虎。象、牛、猴在印度教中都占有较高的地位。在印度教的神话中，象不仅充作一些神祇的坐骑，甚至还是一些神祇的化身；牛是大神湿婆的象征；猴子被视为圣兽。

印度有些地区，人们要以禁食一天的方式迎接新年。在过年的前五天各地都要演出印度史诗《罗摩衍那》。除夕前，家家户户门前都张贴各种精美的图画。大年初一清早，人们要提着精制的小灯，带着红粉，出门向老人和亲友拜年、道喜，并互相把红粉涂在额上表示新年吉祥、如意。

印度人把恒河视为神圣的河，印度教徒称之为恒妈，千里迢迢赶来的朝圣者，都要站在齐腰深的圣河里，双手捧起河水，虔诚地祝祷。

2. 服饰

纱丽为妇女传统服装。妇女喜欢佩戴项链、胸饰、耳环、鼻圈、戒指、脚镯等饰物。

3. 饮食

印度人饮食口味的基本特点是淡而清滑。他们所喜食的主食是印度烙饼和咖喱大米饭，所喜食的肉类是鸡鸭和鱼虾，但印度人吃素者多，食荤者少。在许多印度教徒眼中，有地位、有修养的人是不吃肉的，只有低贱者才吃肉；所喜吃的蔬菜是番茄、洋葱、土豆、白菜、茄子、菜花、洋山芋；所喜欢的饮料是红茶、咖啡、酸奶和冷开水等。无论做饭或做菜绝不用酱油或酱类调料，但总是离不开咖喱。

印度人进餐前有洗澡的习惯，喜欢沐浴。印度教徒素食者很多，不吃牛肉。印度人几乎都忌吃猪肉，戒酒几乎是全体印度人的共同习俗。印度人吃饭不用刀叉或筷子，用右手直接抓取食物进食，也只能用右手递接东西和敬茶，忌用左手进食或递接东西。严禁众人在同一食盘内取食。印度人忌吃蘑菇、木耳和笋类蔬菜。在印度朋友家中做客时，切不可进入主人的厨房。

4. 婚俗

按印度的习俗，提倡早婚，实行种姓内婚，主张寡妇殉夫和禁止寡妇再嫁。大多数婚姻是父母做主，媒妁之言。通常婚姻不仅是男女双方的结合，而且是家族、集团和财团的结合。昂贵的嫁妆是印度人婚姻中的一种传统习俗。现在虽颁布了有关法律，但仍未完全改变。

妇女多在额部靠近两眉中间涂饰一个彩色的圆点(印度人称为"贡姆贡姆"，一般译为吉祥痣)，表示喜庆，显示端庄妩媚，也表明妇女的婚姻状况。印度人的婚礼只有当新郎给新娘涂饰好吉祥痣后才算完成。

5. 礼仪

印度人与友人见面很讲礼节，通常是双手合掌，表示致意。合掌时，对长辈宜高，对平辈宜平，对晚辈则低，以分别示以尊敬、对等和关怀。迎候嘉宾则敬献花环，表示由衷的欢迎。印度人在表示赞同或同意时，往往是摇头而不是点头。印度社会重男轻女，穆斯林女子一般很少抛头露面，更不与陌生人随便交往，也不可同异性握手。

6. 禁忌

印度教的妇女严禁随意出门，严禁抛头露面，严禁不戴面纱；印度教男女之间，在公开场合严禁握手、拥抱、接吻；严禁不脱鞋就进入庙宇或主人的房间；在各种服务场所，忌用吹口哨的方式招呼侍者；许多印度人讨厌并忌用白色；印度的耆那教严行"五戒"，即戒杀生、戒妄语、戒行盗、戒淫欲、戒私财。

在印度人眼里，头是身体最神圣的部分，所以不可直接触摸他人的头部，尤其是不可拍小孩的头部，也不得用手摸小孩的头。

三、旅游市场

印度是古代四大文明古国之一，是印度教、佛教的发源地，历史文化古城、帝王宫殿和陵墓、宗教建筑遍布全国，是个充满神奇色彩和诱惑的国度。印度又是一个山水景观秀丽和民俗风情独特的国家。绚丽的名胜古迹，彪炳史籍的文化，迷人的山水风光，动人的民俗风情，使文明而古老的印度成为诱人的旅游之国。去印度旅游成为人们一生难忘之旅。来自西欧、西亚、北非、东南亚、北美的游客络绎不绝。

2003 年印度成为中国全面开放的出境旅游目的地国家，中国居民去印度旅游人员迅速增加。同时，印度也是中国 16 个主要客源国之一。2010 年印度公民来华旅游人数达54.93 万人次，比上年增长 22.36%，居第 16 位。入境方式以航空为主，船舶次之。随着中印两国经济的持续发展和人民生活水平的提高，中印两国之间的旅游人数将会迅速增加。

四、旅游热点

印度是一个充满神奇色彩和诱惑的国度，迷人的自然景色和独特的民俗风情，就像印度的梵文之意"月亮"一样，如诗似画，梦境般地动人。印度自然旅游资源和人文旅游资源都很丰富。自然旅游资源有南部海岸度假区、东部的森林公园和北部的山岳风光。人文旅游资源以历史文物古迹和宗教文化为特点，其中最著名的有泰姬陵、胡马雍陵、阿格拉古堡、比尔拉庙、克久拉霍古迹、默哈伯利布勒姆古迹群、库特卜塔及其他建筑物、法塔赫布尔西格里城遗址、阿赫陀石窟、埃洛拉石窟群、象岛石窟、桑吉佛教古迹等。新德里、加尔各答、马德拉斯、班加罗尔等城市是重要的旅游城市。

(一)德里

德里由旧德里、新德里两座风格迥然不同的城市组成，是个"过去与现在，传统与当代、新与旧融合"的城市。旧德里如同一面历史镜子，展现了印度的古代文明，新德里则是一座里程碑，让人们看到了印度迅速发展前进的步伐。

德里是印度的首都，全国的政治、经济、文化中心，享有"七朝之都"的称誉。它与斋浦尔、阿格拉构成了印度著名的旅游金三角。

约公元 1400 年，印度史诗《摩诃婆罗多》中就记载着古代印度人在这里建都的史实。此后，这里曾先后依次出现过 7 个德里城。公元前 1 世纪，印度王公拉贾·迪里重建此城，德里因而得名。在漫长的历史变迁过程中，到 12 世纪末德里又成为印度首都。19 世纪中叶英国吞并印度后，将首都迁移到加尔各答。1911 年德里再次成为首都。后在德里西南兴建新德里，1931 年迁都至新德里。德里仍保存着众多的古代建筑和许多寺院。著名的有红堡(印度最大的王宫)、贾玛清真寺、邦拉寺、拉克希米·纳拉因庙(比尔拉庙)、库特布高塔、库瓦特·乌尔·伊斯拉姆清真寺、老堡、印度最大的回教寺地迦玛、库特卜塔及其他建筑物等。新德里建筑既有古代色彩，又具现代风格，具有独特风格。东南部的胡马雍陵 1993 年被联合国教科文组织列入《世界遗产名录》。

1. 胡马雍陵

胡马雍陵是莫卧儿帝国第二代帝王胡马雍及其妃子的陵墓，建筑别致，为莫卧儿王朝陵墓之最。它标志着印度的建筑已由单调形式转入复杂形式和装饰华丽的新时期，表明印度建筑达到了登峰造极的程度。胡马雍陵是一座伊斯兰式的大型陵墓，强调和谐对称的形式，四壁有分两层排列的小拱门，中央有优雅的圆形白色大理石圆顶，圆顶中央竖立着一座黄色金属小尖塔，光芒四射。

2. 库特布塔

库特布塔(印度第一高塔)位于新德里以南，塔附近有一清真寺遗址，享有盛名的阿育王柱就竖立在寺中。库特布塔是为纪念伊斯兰的胜利而建的，既有印度教的建筑特点，又有伊斯兰教文化的特征，号称"印度七大奇迹"之一。塔高 72.56 米，共有五层，每层建有阳台可供游人观赏景色。库特布塔附近有印度伊斯兰建筑中最古老的库瓦特·乌尔·伊斯拉姆清真寺遗迹、印度最大的清真寺贾玛清真寺、一座印度教庙和 8 个穆斯林帝王陵墓等。

3. 贾玛清真寺

贾玛清真寺是印度最大的清真寺，也是目前世界上最大的清真寺，贾玛清真寺被称为"建筑奇迹"，全寺没有使用木料，地面、墙壁、顶棚都采用精工细雕的白石，用铅灌封，十分坚固。寺院所用石料选材极为严格，颜色搭配十分讲究，在通体洁白的大理石之中，又杂以黑大理石条纹，黑白相间，优美醒目。寺院四周是红色砂岩墙，更衬托出它的宏伟。

4. 红堡

旧德里最著名的建筑是红堡。红堡是印度莫卧儿王朝的皇宫，也是印度最大的王宫，是德里最著名的观光地。红堡南北长约 1000 米，东西宽约 500 米，四周城墙长约 2000 米，城墙高 30 米，城墙上有塔楼、亭阁、阳台和精雕细琢的窗户，造型别致，装饰华美。王宫内有外殿(觐见宫)和内殿。内殿有娱乐宫、枢密宫(红堡最豪华的宫殿)。红堡内还有珍珠清真寺等许多清真寺。珍珠清真寺是印度著名的古老清真寺，被称为印度穆斯林璀璨文化的代表作。

5. 拉克希米·纳拉因庙(比尔拉庙)

拉克希米·纳拉因庙是德里最大的印度教庙。它的标志是三座四方塔。庙宇庭院的地面用光洁的白色大理石铺成，在阳光的照耀下，闪闪发亮。院内有三座庙：拉克希米·纳拉因庙位居中央，庙的墙壁上镶嵌着钻石、红宝石，金碧辉煌，灿烂夺目，庙中间供奉着拉克希米(女财神)和纳拉因(护卫神)的塑像；格达宫内珍藏着许多印度教圣典，四周墙上绘着叙述《摩诃婆罗多》史诗的壁画；佛陀庙内供奉有佛陀像，墙上绘有释迦牟尼的生平和劝世奉佛的故事。

(二)阿格拉

阿格拉是印度最著名的旅游城市之一，为外国游客到印度游览的首选之地。自公元 16 世纪起，阿格拉一直是印度的首都，现在仍遗留着许多历史性的建筑物，建筑的优美为世界罕见。阿格拉著名的景点主要有蜚声世界的泰姬陵、阿格拉堡、阿克巴大帝陵等。

1. 泰姬陵

举世闻名的世界七大建筑奇迹之一——泰姬陵位于阿格拉，距新德里以南约 200 千米。泰姬陵始建于 1631 年，建成于 1654 年，整座陵园占地 17 万平方米。陵墓长 576 米，宽 293 米。整座陵墓建在一个正方形白色大理石基座上，基座四角各有一座高约 40 米的三层塔楼，与主体陵宫彼此呼应。泰姬陵继承了伊斯兰建筑左右对称、整体谐调的传统，也是莫卧儿王朝时期最有代表性的建筑之一，曾被称为"人间建筑的奇迹"。

2. 阿格拉堡

阿格拉堡距离泰姬陵约 1500 米，具有宫殿和城堡的双重功能，整个古堡有 500 多座建筑，外形雄伟壮观，气势磅礴，内部装饰极为奢华。古堡有两层城墙、两条地沟以及 16 座城堡。古堡内有觐见宫，枢密宫、观鱼院和珍珠清真寺等建筑。枢密宫最为华丽，宫顶镀着金光闪闪的黄金，宫墙贴着白色的大理石，宫柱上镶嵌着五颜六色的宝石，整座宫殿耀眼夺目，光彩照人。

(三)加尔各答

1775 年至 1931 年英国殖民当局把加尔各答定为首府。现在加尔各答是印度最大的城市和主要港口，市中心焦兰格十分繁华。焦兰格前有一根高达 50 米的大柱，底座是埃及建筑风格，柱身是叙利亚风格，顶部是土耳其风格。柱旁有一个广场，广场一边是维多利业纪念馆，馆内融汇了英国、意大利和印度的建筑风格和雕刻艺术，陈列着数十件古代艺术品和其他历史文物。加尔各答是印度的文化城，城中有全国最大的图书馆——国家图书馆，藏书 1000 多万册。加尔各答大学是印度最为著名的学府之一，在市内有 50 个附属学堂，世界大文豪泰戈尔的故居坐落在城中的中部。市内有博物馆、纪念馆、寺庙等。在扎法而汗花园里，几乎聚集了世界各地的名花品种。西瓦布尔植物园有 200 多年历史，园内有棵树龄达 200 多年的大榕树，陈列着 250 万件植物标本，每年到这里旅游的游客多达 200 万人次。

(四)加雅

加雅是印度历史上最著名的圣地之一，城南约 11 千米处的佛陀加雅，相传为释迦牟尼成道之地。加雅有一座具有 1800 多年历史的大菩提寺。佛陀加雅的毕钵罗树是闻名世界的古迹，相传释迦牟尼在此树下成道。距加雅西北约 8 千米的薄利得皮拉山上有座印度教古寺庙，庙里有一尊阎王塑像。每年过祭祖节时，成千上万来自各地的印度教徒到这里祭祖。

(五)瓦腊纳西

瓦腊纳西有数千年的历史(传说在 6000 年前由印度教三大主神之一湿婆所建)，是一座可以反映印度文明和文化的古城，也是印度教圣城。这里有印度教的古老寺庙，有释迦牟尼首次讲道的鹿野苑，是印度教徒、佛教徒认为极为神圣的地方。公元 7 世纪，中国唐代高僧玄奘曾来此地。12 世纪时为茷多王朝都城。全城有 2000 多座庙宇宫殿。这里每年有 400 多个宗教节日，前来朝拜和沐浴者多达 200～300 万人。瓦腊纳西自古即为印度的文化中心，现市内有印度教大学、梵文大学、加里大学等。瓦腊纳西出产的纱丽、槟榔和芒果闻名全印度。

(六)阿旃陀石窟

阿旃陀石窟位于马哈拉斯特拉邦奥兰加巴德城以北 106 千米处，位于一个半圆形山谷下的河流旁，开山凿石而成，是建筑、雕刻和绘画三种艺术完美结合的范例，被誉为世界艺术精粹之一。1983 年联合国教科文组织将其作为文化遗产列入《世界遗产名录》。

阿旃陀石窟开凿于公元前 3 世纪，开凿工作先后持续了将近 1000 年。随着佛教在印度的衰落，这里便逐渐荒废，湮没在泥土流沙之中将近 2000 年，19 世纪才被重新发现。中国唐代高僧玄奘于公元 638 年在印度游历取经时，曾到过此地，并在《大唐西域记》中对石窟作了生动的描述。

阿旃陀石窟共有 29 座洞窟，处在文达山麓离谷底 76 米的悬崖峭壁间，高低错落绵延约 550 米。石窟中有大量、精美绝伦的雕刻和壁画，堪称印度雕刻、壁画之冠，是举世瞩目的画廊瑰宝。

(七)埃洛拉石窟群

埃洛拉石窟群位于马拉哈斯特拉奥兰加巴德市区西北约 30 千米处，是古印度佛教、印度教和耆那教艺术的杰作，1983 年联合国教科文组织将其作为文化遗产列入《世界遗产名录》。

在全部 34 座石窟中，第 1 至 12 窟为佛教窟，第 13 至 29 窟为印度教窟，第 30 至 34 窟为耆那教窟。第 16 号窟是整个埃洛拉石窟群中最为著名的一座，把一座山凿成了一座庙宇，人称"盖拉什庙"，规模之宏大，建筑之精美居石窟之首。三教在这里异彩同放，并一直是香火不断的宗教圣地。

(八)克久拉霍古迹

克久拉霍古迹位于中央邦查普塔普尔县，是印度著名的古代宗教遗迹，尤以印度教庙宇著称。1986 年联合国教科文组织将其作为文化遗产列入《世界遗产名录》。

克久拉霍的庙群是中古时期印度教寺庙建筑与雕刻的代表，是印度教的艺术之城。公元 9～13 世纪，克久拉霍是昌德拉王朝的首都，昌德拉王朝前后历经 100 多年，曾是个繁华的都市。当年盛况空前，客商云集，85 座寺庙就是在这个时期建造的。现存 23 座，大致分为西、东、南三个庙群。西庙群保存得最好，雕像最多、最精美，也最吸引人。在众多的寺庙中，恰塔布吉的寺庙气势最为宏伟。

(九)法塔赫布尔西格里城遗址

法塔赫布尔西格里城遗址位于北方邦阿格拉城西南 40 千米处，是 16 世纪莫卧儿王朝阿克巴皇帝修建的一座皇城，建在岩石高原上，三面城墙环绕，城墙设有塔楼和 7 座城门。城内分为清真寺区和宫廷区。清真寺区以星期五清真寺(可与印度最大的星期五清真寺相媲美)为主体。宫廷区位于清真寺区的东北。皇宫宽约 1600 米，三边城垣约 3000 米，宫内有觐见宫、五层宫、土耳其苏丹宫、内宅、水池、庭院等，其建筑十分别致。

(十)桑吉佛教古迹

桑吉佛教古迹位于印度中央部首府博帕尔城东北约 45 千米处。1989 年联合国教科文组织将其作为文化遗产列入《世界遗产名录》。

桑吉是印度有名的佛塔之城，自古以来，佛教在这一带有相当的影响。悠久的历史背景给桑吉留下了许多佛教遗址，在不到 100 米高的小山丘上，有自公元前 3 世纪到 12 世纪左右的佛塔 50 多座。其中最著名的是桑吉大塔。

桑吉大塔现为印度最大的佛塔。整座大塔雄浑古朴、庄严秀丽，表现了早期印度佛教建筑的风格。桑吉大塔塔身至今仍保存着完好的古老佛教石刻。其丰富的雕刻作品是古印度佛教之精粹，在佛教史上占有重要地位。

(十一)象岛石窟

象岛位于孟买以东 6 千米的阿拉伯海上。象岛的石窟坐落在岛东南的小丘上。石窟开凿于公元 6 世纪至 9 世纪，大多由岩石外部向内部开凿，形成了一座座巧夺天工的地下神殿。雕刻的题材多与印度教有关，表现了印度教三大主神之一湿婆神的传说故事。其中最著名的 5 号石窟内有一座高约 5.5 米的湿婆神像，雕刻生动细致，十分精美。

小贴士

印度经典五日游线路设计

第一天：新德里。

游览新德里及附近地区的一些景点：印度最大的王宫红堡、最大的回教寺迦玛、库特卜塔及其他建筑物、胡马雍陵。

第二天：阿格拉。

从新德里乘车去阿格拉，游览世界七大建筑奇迹之一的泰姬陵、阿格拉古堡、克久拉霍古迹、法塔赫布尔西格里城遗址等。

第三天：博帕尔。

从阿格拉乘车到博帕尔，游览博帕尔市容、附近的桑吉佛教古迹等。

第四天：阿科拉——孟买。

从博帕尔乘车到阿科拉后，先后去游览阿旃陀石窟、埃洛拉石窟群等。游览后乘车去孟买。

第五天：孟买。

游览孟买市容、港口、电影制片厂后，乘船去象岛，游览象岛石窟。乘船返回孟买。

课堂讨论题

试比较印度与日本的民俗风情有何差异？印度与马来西亚的旅游资源有何差异？

复习与思考

1. 请说明日本与新加坡的旅游环境有何不同？

2. 请比较日本与泰国的民俗有何差异？中国居民到这两个国家旅游时应注意哪些礼节？

3. 泰国的旅游资源有何特点？与马来西亚的旅游资源有何差别？

4. 去印度旅游时应注意哪些问题？

5. 新加坡为什么能成为一个旅游业较发达的国家？

6. 印度尼西亚、土耳其、马来西亚、菲律宾有哪些著名的旅游城市和旅游景点？

7. 试比较印度尼西亚与泰国的旅游资源有何差异？

8. 亚洲旅游区哪些宗教建筑景观最值得我们去游览？

9. 亚洲旅游区哪些自然景观对你的吸引力最大，为什么？

10. 请比较印度尼西亚与韩国的旅游资源有何差异？

11. 亚洲旅游区中哪些国家最有可能成为中国居民的主要出游目的地国？为什么？

12. 亚洲旅游区中哪些国家最有可能成为中国最主要的旅游客源国？为什么？

13. 新加坡的发展旅游中有哪些经验值得中国参考借鉴？

附录：世界遗产名录(亚洲旅游区)(按照自然与文化双重遗产、自然遗产、文化遗产的顺序排列)

一、日本(14 项)

屋久岛(自，1993 年)

白神山地(自，1993 年)

知床半岛(自，2005 年)

法隆寺地区的佛教建筑(文，1993 年)

姬路城(文，1993 年)

古京都的历史遗迹(京都、宇治和大津)(文，1994 年)

白川乡与五箇山的合掌造村落(文，1995 年)

广岛和平纪念碑(原子弹爆炸圆顶屋)(文，1996 年)

严岛神社(文，1996 年)

古奈良的历史遗迹(文，1998 年)

日光的神社与寺庙(文，1999 年)

琉球国的王城遗址及相关遗迹(文，2000 年)

纪伊山地的圣地与参拜道(文，2004 年)

石见银山遗迹及其文化景观(文，2007 年)

二、韩国(10 项)

济州火山岛和熔岩洞(自，2007 年)

石窟庵与佛国寺(文，1995 年)

海印寺及八万大藏经藏经处(文，1995 年)

宗庙(首尔)(文，1995 年)

昌德宫建筑群(文，1997 年)

水原华城(文，1997 年)

庆州历史区(文，2000 年)

高敞、和顺和江华的古墓遗址(文，2000 年)

朝鲜王陵(文，2009 年)

朝鲜历史村落：河回和良洞(文，2010 年)

三、菲律宾(5 项)

图巴塔哈群礁海洋公园(自，1993 年)

普林塞萨港地下河国家公园(自，1999 年)

菲律宾的巴洛克教堂(文，1993 年)

菲律宾科迪勒拉山的水稻梯田(文，1995 年)

维甘古城(文，1999 年)

四、新加坡

无

五、马来西亚(3 项)(乔治市和马六甲是联合申遗)

神山国家公园(沙巴州)(自，2000 年)

姆禄国家公园(砂拉越州)(自，2000 年)

马六甲州首府马六甲市和槟城州首府乔治市(文，2008 年)

六、印度尼西亚(7 项)

乌戎库隆国家公园(自，1991 年)

科莫多国家公园(自，1991 年)

洛伦茨国家公园(自，1999 年)

苏门答腊热带雨林(自，2004 年)

婆罗浮屠寺庙群(文，1991 年)

巴兰班南寺庙群(文，1991 年)

桑吉兰早期人类遗址(文，1996 年)

七、泰国(6 项)

通艾一会卡肯野生生物保护区(自，1991 年)

栋巴耶延山一考爱山森林保护区(自，2005 年)

素可泰古城和邻近古城镇(文，1991 年)

大城古城和邻近古城镇(文，1991 年)

班清考古遗址(文，1992 年)

柏威夏寺(文，2008 年)

八、印度(28 项)

加济兰加国家公园(自，1985 年)

马纳斯野生生物保护区(自，1985 年)

凯奥拉德奥国家公园(自，1985 年)

孙德尔本斯国家公园(自，1987 年)

楠达德维山国家公园和花谷国家公园(自，1988 年，2005 年)：楠达德维山国家公园(1988 年)—花谷国家公园(2005 年)

阿旃陀石窟(文，1983 年)

埃洛拉石窟(文，1983 年)

阿格拉古堡(文，1983 年)

泰姬陵(文，1983 年)

科纳克太阳神庙(文，1984 年)

哈伯利布勒姆古迹群(文，1984 年)

果阿的教堂和修道院(文，1986 年)

克久拉霍古迹群(文，1986 年)

亨比古迹群(文，1986 年)

法塔赫布尔西格里(文，1986 年)

帕塔达卡尔古迹群(文，1987 年)

象岛石窟(文，1987 年)

朱罗王朝的神庙(文，1987 年，2004 年)：坦贾武尔的布里哈迪斯瓦拉神庙(1987 年)—康凯康达秋里斯瓦拉姆神庙、达拉苏拉姆的艾拉瓦德斯瓦拉神庙(2004 年)

桑吉的佛教古迹(文，1989 年)

德里的胡马雍陵(文，1993 年)

德里的顾特卜塔及其周围建筑(文，1993 年)

印度的山地铁路(文，1999 年，2005 年)：大吉岭喜马拉雅铁路(1999 年)—尼尔吉里山铁路(2005 年)

菩提伽耶的摩诃菩提寺(文，2002 年)

比莫贝卡特岩洞(文，2003 年)

尚庞—巴瓦加德考古公园(文，2004 年)

贾特拉帕蒂·希瓦吉终点站(文，2004 年)

德里红堡建筑群(文，2007 年)

斋浦尔的简塔·曼塔(文，2010 年)

第三章　欧洲旅游区

【学习目的】

- 了解欧洲旅游区主要客源国与目的地国的基本概况。
- 熟悉欧洲旅游区主要客源国与目的地国的民俗风情。
- 掌握欧洲旅游区主要客源国与目的地国的旅游市场、著名旅游城市和旅游热点的基本概况及特征。
- 能够设计经典旅游线路。

【学习内容】

- 英国
- 法国
- 德国
- 意大利
- 西班牙
- 俄罗斯
- 奥地利
- 瑞士
- 荷兰
- 国情概述；民俗风情；旅游市场；旅游热点。

第一节 欧洲概况

一、区域概况

1. 地理位置及范围

欧洲旅游区位于东半球的西北部，亚洲的西面。北临北冰洋，西濒大西洋，南隔地中海与非洲相望，东以乌拉尔山脉、乌拉尔河、大高加索山脉、博斯普鲁斯海峡、达达尼尔海峡同亚洲分界，西北隔格陵兰海、丹麦海峡与北美洲相对。面积为1016平方千米，约占世界陆地面积的6.8%，面积超过大洋洲，是世界第六大洲。

欧洲旅游区有45个国家和地区。按地理方位，通常把欧洲旅游区分为北欧、南欧、西欧、中欧和东欧五个部分，北欧旅游区指日德兰半岛、斯堪的纳维亚半岛一带。包括冰岛、法罗群岛(丹)、丹麦、挪威、瑞典和芬兰6个国家和地区。南欧旅游区指阿尔卑斯山脉以南的巴尔干半岛、亚平宁半岛、伊比利亚半岛和附近岛屿。南面和东面临大西洋的是地中海和黑海，西濒大西洋。包括斯洛文尼亚、克罗地亚、前南斯拉夫、波斯尼亚和黑塞哥维那、马其顿、罗马尼亚、保加利亚、阿尔巴尼亚、希腊、土耳其的一部分、意大利、梵蒂冈、圣马力诺、马耳他、西班牙、安道尔和葡萄牙等18个国家和地区。西欧旅游区包括英国、爱尔兰、荷兰、比利时、卢森堡、法国和摩纳哥等7个国家和地区。中欧旅游区包括的国家有波兰、捷克、斯洛伐克、匈牙利、德国、奥地利、瑞士、列支敦士登等8个国家和地区。东欧旅游区有爱沙尼亚、拉脱维亚、立陶宛、白俄罗斯、乌克兰、摩尔多瓦和俄罗斯等7个国家和地区。

欧洲旅游区的海岸线长37 900万千米，多半岛、岛屿和港湾(其中半岛面积约240万平方千米，约占欧洲总面积的24%；岛屿面积约75万平方千米，约占欧洲总面积的7%)；有许多深入大陆的内海和海湾有利于发展滨海旅游，特别是地中海沿岸和黑海之滨阳光灿烂，沙滩海水，成为世界著名的"三S"旅游区。

2. 水文地貌

欧洲旅游区地形总特点是以平原为主，冰川地貌分布较广，高山峻岭汇集于欧洲南部，海拔200米以上的高原、丘陵和山地约占全区面积的40%，其中海拔2000米以上的高山仅占约2%；海拔200米以下的平原约占全区面积的60%。欧洲平原西起大西洋岸，东至乌拉尔山，绵延数千公里，形成横贯欧洲的大平原。阿尔卑斯山脉横亘欧洲南部，是欧洲最大的山脉。东南部大高加索山脉的主峰厄尔布鲁士山，海拔5642米，为欧洲最高峰。北部斯堪的纳维亚山脉地势比较平缓，沿岸多深入内陆、两岸陡峭的峡湾。其中阿尔卑斯山系成为登山、滑雪、探险、避暑、疗养的旅游胜地，瑞士、奥地利山地旅游最为发达。

欧洲旅游区的河流分布很均匀，河网稠密，水量较充足，多短小而水量充沛的河流。河流大多发源于欧洲中部，分别流入大西洋、北冰洋、里海、黑海和地中海。欧洲最长的河流是伏尔加河，长 3690 千米。多瑙河为第二大河，长 2850 千米。欧洲是一个多小湖群的大陆，湖泊多为冰川作用形成，如芬兰素有"千湖之国"的称号，全境大小湖泊有 6 万个以上，内陆水域面积占全国总面积的 9%之多。阿尔卑斯山麓地带分布着许多较大的冰碛湖和构造湖，山地河流多流经湖泊，湖泊地区如日内瓦湖区成为著名的游览地，而伏尔加河、莱茵河、多瑙河是欧洲著名的水上旅游线。

3. 气候特征

欧洲旅游区大部分地区地处北温带，气候温和湿润。西部大西洋沿岸夏季凉爽，冬季温和，多雨雾，是典型的海洋性温带阔叶林气候。东部因远离海洋，属大陆性温带阔叶林气候。东欧平原北部属温带针叶林气候。北冰洋沿岸地区冬季严寒，夏季凉爽而短促，属寒带苔原气候。南部地中海沿岸地区冬暖多雨，夏热干燥，属亚热带地中海式气候。夏季是欧洲旅游区最佳旅游季节，但每个国家的最佳旅游时间有所不同。

4. 人口民族

欧洲旅游区现有人口 7.9 亿多，每平方公里有 70 人以上，是世界各大洲中人口密度最大的区域。欧洲旅游区绝大部分居民是白种人(欧罗巴人种)，在各大洲中，种族构成相对比较单一。全欧洲大约有 70 个民族，多数国家的民族构成也较单一。民族构成较复杂的国家有俄罗斯、瑞士等。欧洲主要语言有英语、俄语、法语、德语、意大利语、西班牙语等。居民多信奉天主教和基督教。位于意大利首都罗马市西北角的城中之国梵蒂冈，是世界天主教中心。

二、旅游业

欧洲旅游区经济发达，工业、交通商贸、金融保险、旅游等在世界上占有举足轻重的地位，是世界旅游业最发达的地区。

欧洲旅游区中的西欧地区，是世界旅游业发展最早、最快的地区。自 19 世纪中叶起，欧洲大陆的旅游活动就非常活跃，西欧的许多国家便成为主要的旅游接待国和客源输出国。法国、瑞士、奥地利和意大利等国修建起一批旅游设施并相继建立了旅行社、旅游俱乐部和旅游联合会。然而，第二次世界大战却使正在兴起的旅游活动中断了。二战后，特别是进入 20 世纪 60—70 年代，处于世界 6 大旅游区领先地位的欧洲旅游区(主要是西欧地区)，因其经济发达，国民收入高，旅游资源丰富，旅游业发展历史长，出国旅游盛行，成为全世界最大的旅游客源市场，也是世界最发达的旅游市场，平均每年有 18 000 多万人出国旅游，占全世界国际旅游人数的 70%以上，其旅游收入占世界旅游收入的 50%以上。1985 年 6 月 14 日，在卢森堡的申根城签署欧洲申根签证协议以来，申根协议国不断增加，这使欧洲各国的入出境旅游更为方便。

欧洲旅游区是世界各国最重要的客源地，也是世界各国主要的旅游目的地，其国际旅游者主要来自内部各国，约占总人数的 80%，其余多来自北美、日本；欧洲是中国主要的客源市场，其中以俄罗斯、英国、德国、法国来华人数最多，均属中国十大客源国之列，这四个国家构成欧洲旅游区客源的主体。意大利、荷兰、西班牙、瑞典、奥地利、瑞士等来华旅游人数次之，也是中国比较重要的客源市场。

目前，欧洲旅游区已成为中国重要的旅游目的地，截止 2009 年 5 月，中国已同 35 个欧洲国家签订了旅游备忘录，欧洲旅游线路日趋多样化。

◇**知识窗**◇

欧洲的世界之最

多瑙河流经 9 个国家，是世界流经国家最多的河流。

亚速海最深处 14 米，是世界最浅的海。

意大利的埃特纳火山从公元前 1500 年至今共喷发 210 次，是世界火山喷发次数最多的火山。

俄罗斯是世界领土面积最大的国家。

梵蒂冈是世界领土面积最小的国家。

俄罗斯的贝加尔湖(在亚洲)是世界淡水容量最大和最深的湖泊。

伏尔加河长 3610 千米，是世界最长的内河。

奥地利是世界石墨产量最多的国家。

西班牙是世界油橄榄种植面积最大、产量最多的国家。

保加利亚是世界玫瑰油产量最多的国家。

摩纳哥人口密度每平方公里为 15 370 人，是世界人口密度最高的国家。

◇**知识窗**◇

欧盟简介

欧洲联盟(简称欧盟，European Union，EU)，目前(截止 2010 年 10 月)有英国、法国、德国、意大利、荷兰、比利时、卢森堡、丹麦、爱尔兰、希腊、葡萄牙、西班牙、奥地利、瑞典、芬兰、马耳他、塞浦路斯、波兰、匈牙利、捷克、斯洛伐克、斯洛文尼亚、爱沙尼亚、拉脱维亚、立陶宛、罗马尼亚、保加利亚、冰岛、土耳其共 29 个成员国。欧盟是由欧洲共同体(European Communities) 发展而来的，是一个集政治实体和经济实体于一身、在世界上具有重要影响的区域一体化组织。人口 5 亿(2009 年)总部设在比利时首都布鲁塞尔。欧盟的统一货币为欧元(euro)。

◇**知识窗**◇

欧洲申根签证

欧洲申根签证(European Schengen Visa)，源于 1985 年 6 月 14 日在卢森堡申根城签署的一份国际公约。该条约由德国、法国、荷兰、比利时和卢森堡 5 国达成。协议规定了单一的签证政策，即凡外籍人士持有任何一个申根会员国核发的有效入境签证，可以多次进出其会员国，而不需另外申请签证。因此，前往西欧——德、荷、法、比、卢 5 国旅行，只需获得其中一国的签证即可。

随着欧盟国家一体化进程的发展，申根协议国成员也不断增加。截至 2007 年，申根的成员国增加到 24 个：奥地利、比利时、丹麦、芬兰、法国、德国、冰岛、意大利、希腊、卢森堡、荷兰、挪威、葡萄牙、西班牙、瑞典、匈牙利、捷克、斯洛伐克、斯洛文尼亚、波兰、爱沙尼亚、拉脱维亚、立陶宛和马耳他。

◇**知识窗**◇

中国部分欧洲各国旅游产品的特色与深度

产 品	行程天数	涉及国家和地区	主要卖点	价格(元/人)	组 团 社
芬兰冰雪之旅	8	芬兰	滑雪、极光	14 000	中青旅
圣诞老人贺北京	8	芬兰	冰雪、圣诞		中青旅
法瑞精品豪华游	8	法国、瑞士	滑雪		北京中旅
北欧四国游	8	北欧四国	滑雪、温泉		中信旅游
拉普涅滑雪之旅	7	法国	滑雪	10 000	港中旅国际
两国八天休闲游	8	法国、意大利；希腊、意大利	休闲	10 000	春秋国旅
北欧＋英国	10	北欧、英国	休闲、圣诞		广之旅
乐"德"自在	8	德国及周边	休闲		广之旅
浪漫欧洲	10	法国、意大利	风情、艺术	13 800	凯撒国旅
瑞士雪山温泉	8	瑞士	滑雪、温泉	12 900	鑫海国旅
法国希腊浪漫游	8	法国、希腊	休闲	15 888	国旅总社
四国文化之旅	8	法、瑞、意、梵	文化	13 800	中旅总社
自由巴黎我做主	6	法国	购物、休闲	7 680	凯撒国旅

注：以上材料根据各旅行社公布的资料整理，2010 年。

第二节　英国

一、国情概述

1. 国土疆域

英国是由大不列颠岛和爱尔兰岛东北部及附近许多岛屿组成的岛国，它位于欧洲旅游区西部，东濒北海，与比利时、荷兰、德国、丹麦、挪威等国毗邻，南隔英吉利海峡与法国为邻，并沿比斯开湾和大西洋与西班牙和葡萄牙相望，西邻爱尔兰共和国，横隔大西洋与美国、加拿大遥遥相对，北过大西洋可达冰岛。

英国国土面积为 24.36 万平方千米(包括内陆水域)。其中英格兰 13.04 万平方千米，苏格兰 7.88 万平方千米，威尔士 2.08 万平方千米，北爱尔兰 1.36 万平方千米。海岸线总长 11 450 千米，陆地南北最长 966 千米，东西最宽 483 千米。东南距欧洲大陆最窄处(多佛尔海峡)仅 33 千米。

2. 人口民族

英国人口约 6094.39 万(2008 年)，其中英格兰人占 80%以上。英国是一个人口稠密的国家，人口密度平均每平方公里为 229 人，但人口分布极不均匀，80%以上的人口居住在城市。

英国主要有四个民族，即英格兰人、威尔士人、苏格兰人、爱尔兰人。这些民族都带有凯尔特人的血统，融合了日耳曼人的成分。此外，还有盖尔人、奥尔斯特人、犹太人、华人等。官方语言为英语，威尔士北部还使用威尔士语，苏格兰西北高地及北爱尔兰部分地区仍使用盖尔语。居民多信奉基督教新教，主要分英格兰教会(亦称英国国教圣公会，其成员约占英成人的 60%和苏格兰教会(亦称长老会，有成年教徒 59 万)。另有天主教会及伊斯兰教、印度教、锡克教、犹太教和佛教等较大的宗教社团。

3. 发展简史

走进英国的大英博物馆，这里馆藏的 700 多万件珍品堪称世界宝库之最。公元 1 至 5 世纪，大不列颠岛东南部受罗马帝国统治。后盎格鲁、撒克逊、朱特人相继入侵。7 世纪开始形成封建制度。公元 829 年英格兰统一，史称"盎格鲁—撒克逊时代"。1066 年诺曼底公爵威廉渡海征服英格兰，建立诺曼底王朝。1536 年英格兰与威尔士合并。1640 年爆发资产阶级革命，1649 年 5 月 19 日宣布为共和国。1660 年王朝复辟。1688 年发生"光荣革命"，确定了君主立宪制。1707 年英格兰与苏格兰合并。1801 年又与爱尔兰合并。18 世纪 60 年代至 19 世纪 30 年代成为世界上第一个完成工业革命的国家。1914 年占有的殖民地比本土大 111 倍，是第一殖民大国，自称"日不落帝国"。1921 年爱尔兰南部 26 郡成立"自由邦"，北部 6 郡仍归英国。一次大战后英开始衰落，其世界霸权地位逐渐被美国取代。二次大战严重削弱了英国的经济实力。随着 1947 年印度和巴基斯坦相继独立，英殖民体系开始瓦解。目前，英在海外仍有 13 块领地。1973 年 1 月加入欧共体(今欧洲联盟)。现任执政党为工党。

4. 自然风貌

境内多低山和丘陵，海拔大都在 500 米以下。苏格兰和威尔士以丘陵为主，英格兰平原占优势，北爱尔兰属于高原和平原区。整个地势西北高、东南低。西北部主要由低高原和高地组成，海拔很少超过 1000 米，全国最高峰尼维斯山位于苏格兰喀里多尼亚运河附近，海拔仅 1343 米。奔宁山脉是大不列颠岛的中轴脊梁，长约 200 千米，海拔 400～500 米。此外，还有坎布里安山脉和格兰扁山脉等。东南部是一个波状起伏的平原，由平原、宽谷、低丘等组成。英国地貌变化多样，山峰多以奇特取胜，而其田园风光美妙绝伦！安宁、寂静如世外桃源。

英国大部位于 50°N～60°N 之间，常年受西风和北大西洋暖流的影响，属于典型的温带海洋性气候，其特点是湿润、温和，季节间的温度变化很小，多雾，日照时数少。全年雨天较多，年降水量丰富，平均达 1000 毫米左右。伦敦成为世界著名的雾都。英国绅士的特征是雨伞加帽子，这可说是"天气造成的"。英国人酷爱阳光，每到夏季，纷纷涌向地中海沿岸，享受日光浴。

英国的主要河流有泰晤士河，全长 346 千米，流经牛津、伦敦等重要城市，注入北海，它是英国风光最美丽的河流。另外一条主要河流为塞文河，长 354 千米。

英国湖泊较多，以北爱尔兰的内伊湖为最大；英格兰西北部的湖区有大小湖泊 20 多个，总面积 2243 平方千米，大部分湖泊为山谷冰川融化而成，1951 年辟为国家公园，是英国著名的风景区，也是最美的风景区。

5. 政治经济

首都为伦敦，国花为玫瑰，国鸟为红胸鸲，国石为钻石，货币为英镑。

英国实行君主立宪制。国王是世袭的国家元首、立法机关的组成部分、法院的首领、武装部队总司令和英国国教的世俗领袖。议会是英国最高立法机构，由国王和上院(贵族院)、下院(众议院)组成。首相是由每届议会大选后，由多数党领袖担任，并由英王任命。

1972 年 3 月 13 日中英两国政府签订了将两国关系升格为大使级外交关系的联合公报。30 多年来，在双方共同努力下，中英关系克服了种种困难和挑战，不断向前发展。

英国是世界经济发达国家之一，其国内生产总值在西方国家中居第五位，落后于美国、日本、德国和法国。它虽是欧盟主要成员国，但暂时还未启用欧元。英国是古老的工业发达国家，但第二次世界大战后，英国工业发展缓慢。目前的工业部门有采矿、冶金、化工、机械、电子、电子仪器、汽车、航空、食品、饮料、烟草、轻纺、造纸、印刷、出版、建筑等。生物制药、航空和国防是英国工业研发的重点，也是英国最具创新力和竞争力的行业。农业在英国不占重要地位。英国的交通十分发达，设施完备，为旅游业的发展提供了条件。

英国是近代旅游业的发源地，旅游业是英国最重要的经济部门之一。旅游业每年为英国创造 1150 亿英镑的产值，提供 10%的就业机会。2009 年，英国接待国际旅游者近3000 万人次，旅游收入达 166 亿英镑，目前英国是仅次于法国、美国、西班牙、中国和意大利的世界第 6 大旅游目的地国。

6. 文化艺术

英国的文化艺术灿若星辰，它是人类共同的财富，给旅游者以极大的想像空间。

文学：14 世纪，英国文学首推乔(CHAUCER GEOFFREY)的《坎特伯雷的故事》以及马洛礼(mALORY)的《阿瑟王》。文艺复兴时期是英国文学史相当辉煌的时代。威廉·莎士比亚是举世闻名的戏剧泰斗。他的四大悲剧：《哈姆雷特》、《奥赛罗》、《罗密欧与朱丽叶》和《麦克白斯》是他艺术天才的杰出表现。18、19 世纪文学中，狄佛被认为是现代小说的先祖。他的代表作有《鲁滨逊漂流记》和《女混混》。出现了诗人拜伦，其代表作有《哈罗尔德游记》和《唐璜》；诗人雪莱，其代表作有《卖布女王》、《自由颂》和《云雀》等；作家萨克雷，其代表作有《名利场》和《亨利·艾斯蒙德》；作家狄更斯，其代表作有《老古玩店》、《艰难时世》等；作家夏洛蒂·勃朗台，其代表作有《简·爱》。19 世纪末，英国又出现了大戏剧家、评论家萧伯纳。20 世纪 60 年代，哲学小说占了相当重要的地位。

建筑：12 世纪以前，英国的建筑多为罗马式建筑，具有庄重及力感的特色。从 12 世纪起，从欧洲大陆传来哥特式建筑风格，外形优雅，多装饰。14 世纪的英国建筑为哥特式中期，外形更加细腻，但缺乏力感。15 世纪英国的建筑为哥特式后期，最大特征为垂直的隔间和扇形屋顶。16 世纪后期就出现今日所见的英国式建筑了。

音乐：15—16 世纪，英国盛行文艺复兴时代的音乐。17 世纪音乐名家辈出，而后流行通俗的合唱。从 20 世纪起英国出现了许多优秀的音乐家。现代，音乐在英国文化生活中占有相当重要的地位，无论是古典音乐、流行音乐、民间音乐，还是爵士音乐、轻音乐、铜管音乐都很发达。

舞蹈：英国的舞蹈起源于16世纪，到17世纪形成了民族舞蹈形式的话剧。18～19世纪，在俄罗斯芭蕾舞剧的影响下建立了大型的舞蹈团体。目前，皇家芭蕾舞团和皇家歌剧团为英国著名的芭蕾舞和歌剧团体，它们在国际上享有盛誉。

二、民俗风情

1. 服饰

英国人一向注重服饰的得体与美观。在政府机关或大工商企业工作的职员，一般都穿一身"公务套服"，以灰暗的颜色为主，白衬衫，打领带；工人多穿蓝色工作服。每逢星期日，人们则穿上最好的衣服，去教堂做礼拜或访亲会友。

英国人仍然重视传统服饰。在某些特定的场合，如法院正式开庭时，法官头戴假发，身穿黑袍。教堂做礼拜时，牧师要穿上长袍；每届国会开幕，女王前往致词时，更是头戴珠光闪烁的王冠，随行的王宫侍女都身着白长裙礼服，前排面向女王的是假发黑袍的司法贵族和红袍白翻领的宗教贵族，周围侍立的身着红上衣和瘦腿过膝短裤、黄扣黄束腰、头戴高筒黑皮帽的宫廷侍卫，可谓色彩缤纷。伦敦塔楼的卫士是黑帽、黑衣，上绣红色边线。近卫骑兵是黑衣、白马裤、黑长靴、白手套，头戴银盔，上面飘着高高的红穗。而苏格兰至今仍保持着穿花格子裙的传统。他们头戴小黑呢帽，身着花格裙及短袜，手上拿着管风笛，这是苏格兰男人引以为傲的打扮。苏格兰男人爱穿花格裙，是因为不同图案的花格布代表着不同的氏族，每一个氏族都为自己设计一种代表氏族人精神及血缘关系的花格布。

2. 饮食

英国菜的特点是油少而清淡，量少而精，讲究花色，注意色、香、味、形。饮食习惯是一日三餐加茶点。英国人喜欢吃牛肉(近年因为惧怕疯牛病，少有人食)、羊肉、鸡、鸭、蛋、野味(如山鸡、水鸭)，每餐都吃水果，进餐时先喝酒，喜喝啤酒、葡萄酒和烈性酒，晚餐喜喝咖啡、吃烤面包和雪糕。英国人喝午茶的习惯是一天中很重要的一项内容，每天下午四五点钟，他们会喝一杯放糖的红茶，再吃上一块蛋糕或饼干。因此，如果找英国人办事，要避开这个时间。

英国人从19世纪就信服"人为生存而吃"的信条，因此不大讲究美食，所以他们的烹调技术在国际上无竞争力。总体而言，英国人的饮食比较简单，但是他们创造的炸鱼、土豆条和三明治等对现代快餐业的发展作出了重要贡献。

3. 婚俗

英国的婚俗与西方以信奉基督教为主的国家基本相同，但也有其独特之处。英国法律规定，婚礼一般要在女方父母常去的圣公会教堂中举行，由教堂的牧师主持。此外，还要有两个证人婚姻才能生效。其结婚的准备工作主要都是由女方负责的。婚礼仪式上，新郎穿着礼服，由男傧相陪同，站在圣坛前等候。新娘身穿白色婚纱，伴随着《结婚进行曲》，挽着她父亲的手臂，由女傧相前导，徐徐走向圣坛，后面有侍童殿后。婚礼结束后，新郎新娘走出教堂，亲友们向他们抛洒米粒或彩纸屑，祝福他们美满富裕。举行婚礼后，招待亲友，蜜月旅行。

4. 礼俗

出生礼俗：在英国，孩子出生时，首先要物色教父教母，按传统，生了女孩，要物色两个教母和一个教父；生了男孩，要物色两个教父和一个教母。孩子正式起名要与接受洗礼同时进行。洗礼也称为命名礼。洗礼是基督教的一种重要仪式。过去是把受礼者整个浸入水中，现在在孩子头上滴几滴水，象征性地表示一下。

称呼：英国人对初识的人根据不同情况采取不同的称呼方式。对地位高或年龄较长的男女，称"先生"或"夫人"，而不带姓，这是相当正式、带有疏远意味的敬意的称呼。一般情况下则带上对方的姓，称"某某先生"、"某某夫人"、"某某小姐"，这些称呼都可冠以头衔，如"议员先生"、"市长先生"、"秘书小姐"等，在正式场合一般要有全称。英国人最怕别人称自己老，所以在称呼英国老年人时，最好不要加"老"字。为了书写或称呼方便，英国人常常把长名缩写或简写；亲朋好友之间也常用昵称。

5. 禁忌

在英国，朋友相会或道别，互相握手，但不能越过另两个人拉着的手去和第四个人握手，因为这正好形成一个十字架，会带来不幸。一根火柴或一个打火机不能同时点三支烟。在吃饭时，认为果刀叉碰响了水杯而任它响个不停是不幸的。有些英国人把打碎镜子看作自己的运气就要变坏的先兆。即将做新娘的姑娘，往往在婚礼之前拒绝裁缝要她试穿结婚礼服的请求，原因是怕婚姻破裂。认为"13"这个数字是不吉利的，而"3"和"7"是吉祥的。忌用人像(包括人头像)作商品装潢，也忌"象"和"象"的图案。对待树木，特别是年代久远的树木非常小心谨慎，也不会随便折断随风飘拂的柳条。

6. 爱好与娱乐

英国人历来爱好体育，英国素有"户外运动之乡"之称，是许多近代竞技运动的发源地，其中足球在英国是最盛行、最大众化、最能聚集广大观众的有代表性的运动项目。橄榄球也是在英国诞生的，是一项很流行的体育运动。高尔夫球是苏格兰牧羊人的发明，15世纪中叶开始在苏格兰流行。板球一般被认为是英格兰的"国球"，它代表了英格兰的传统精神和待人接物的态度。网球在中世纪就是英国贵族所喜爱的一项室内运动。划船在英国非常活跃。英国还有一种很独特的竞技运动是南多尔顿赛马，在3月的第三个星期四举行。英国人喜欢在俱乐部和酒吧聚会与社交；英国人爱好音乐；英国人是个爱宠物的民族，在欧洲被称为"酷爱猫狗之国"。英国人以爱花闻名于世，大多数人都热心于园艺。英国人喜欢读书，伦敦居民尤以爱书著称。外出度假是英国人最喜欢的消闲方式。他们开着自备车，带着帐篷或拖车，渡过海峡去欧陆各国观光游览。也有的参加旅游团到更远的地方去猎奇。冬季，很多英国人热衷于到阿尔卑斯山去滑雪。

此外，英国独有的历史、地理环境孕育出英国人的鲜明民族特性。英国是典型的绅男淑女之乡，言谈举止彬彬有礼，尊重女性，女士优先是英国男士绅士风度的主要表现之一。英国人生活保守且讲传统，克制温和中饱含着固执。英国人的时间观念很强。英国人不爱交际，不喜欢将自己的事情随便告诉别人，也无意打探别人的私事，"不要管别人的闲事"已成为英国人处事的座右铭。英国人存在着大国意识，有一股傲气。英国人喜欢谈天气，这是英国人见面时最普遍的话题，也是熟人间互相致意的客套。

三、旅游市场

英国是世界旅游接待大国之一。英国的主要客源市场来自本地区，其中以法国、德国、爱尔兰三国为主，这主要反映了近距离的特点；在远程客源市场中，美国是最重要的客源国，其次为加拿大、澳大利亚、新西兰等，这主要是历史文化的渊源关系。去英国旅游的目的主要为商业旅游、探访亲友和历史文化旅游，因而所去旅游地的空间分布，高度集中于城市，特别是伦敦。伦敦一地占入境旅游者总数近一半，占英国旅游外汇收入的 2/3。

英国也是重要的国际旅游客源国。20 世纪 90 年代以来，出国旅游人数居世界第四位。近年来，英国来华旅游人数持续增长，2010 年达 57.50 万人次，比上年增长 8.70%。目前英国是西欧来华旅游的第二大客源国。英国出国旅游的目的 80%以上是为了度假。

英国的国内旅游比较发达，是重要的国民经济部门之一。每年约有 1 亿人次在国内旅游，国内旅游收入在 230 亿美元左右。国内旅游的目的地主要是海滨度假、观光和探亲访友，旅游交通方式主要是汽车和火车。

四、旅游热点

英国有宁静的湖泊、苍翠的幽谷、岩石崎岖的海岸与水流和缓的海湾，到处是未经破坏的天然景色，田园风光处处不同。英国的旅游资源以人文旅游资源最为丰富、最具特色，历史文化遗迹与建筑最具吸引力。英国历史胜迹丰富迷人，单是大英博物馆所收藏的举世珍奇就足以令人神往。

(一)伦敦

伦敦位于英格兰东南部，跨泰晤士河下游两岸，距河口 88 千米。它具有 2000 多年的历史，是世界十大都市之一，为英国的政治、经济、文化中心，伦敦也是英国最大的海港。伦敦大体包括伦敦城、内伦敦(伦敦城外的 12 个市区)、外伦敦(内伦敦以外的 20 个市区)，面积 1580 平方千米，人口 756 万(2007 年)。伦敦城是今日伦敦的发祥地，它是伦敦的"城中城"，是世界闻名的金融中心。古老的伦敦城有种种特权，一直实行自治，它有一套市政、警察、法庭等机构，每年选举伦敦城新市长，并举行新市长就职彩车游行活动。按法律规定，女王没有伦敦城市长的许可是不能入城的，只有当迎接的伦敦城市长把一把"市长宝剑"献给女王后，才能进入。

伦敦是一个红色的城市，公共汽车、电话亭、邮筒、星级酒店的侍者服装等都是红色的，伦敦人从心底里偏爱红色，在给商号、酒吧起名时，"red"这个单词最吃香，仅叫"红狮"的酒吧就有 20 多家。英国王室更是红色的表率，他们表示，红色是尊贵的象征，皇家每逢节日或重大仪式，红色一定是主色调。

伦敦的主要旅游景点有白金汉宫、威斯敏斯特宫、伦敦塔桥、大英帝国博物馆、海德公园、西敏寺等。

1. 白金汉宫

白金汉宫是英国当代的王宫，英国王室生活和工作的地方，现今女王伊丽莎白二世的一些重要的国事活动都在这里举行。它位于西伦敦的中心地区，1703 年为白金汉公爵所建，故得名。这是一座围着四方形的四条边砌成的三层建筑群，宫内有各种厅室 600 多个。王宫正门有皇家近卫队守卫着，每天上午 11 点 30 分，身穿全套古代御林军礼服的皇家卫队，都要举行一次十分庄重的换岗仪式，成为闻名的一景。

2. 威斯敏斯特宫

威斯敏斯特宫是英国议会大厦，位于白厅大街南段泰晤士河畔。它是世界上最大的哥特式建筑物，主体建筑为 3 排长达 287 米的宫廷大楼，由 7 座横楼相连。宫内共有 14 座大厅和 600 多个房间，走廊总长达 3000 米。东北角的方塔是钟楼，高 97 米，著名的"大本钟"安放于此。大本钟表盘直径达 7 米，时针和分针为 2.75 米和 4.27 米，钟摆的重量达 305 千克，而整个钟竟有 21 吨重。大钟每走一刻钟就会奏出一节优美的音乐。

西敏寺，即威斯敏斯特教堂。在国会大厦西侧不远处，是典型的哥特式建筑，与国会大厦并称为"伦敦建筑的珍珠"。自爱德华国王在 1065 年兴建这座教堂以来，每一代国王的婚礼、加冕、丧礼以及其他历史性庆典，都在这里举行。

3. 伦敦塔桥

伦敦塔桥是泰晤士河上的 28 座桥梁之一，建于 1886—1894 年，因桥身由 4 座塔形建筑连接而得名。两个桥墩是两座高耸的方塔，中间一段桥洞长 76 米，分上下两层，下层可通行车辆。海轮通过时，下层桥面会自动向上翻起。在历史上，伦敦塔桥被称为伦敦的正门，也是伦敦的特有标志，每年前来参观的游客有 300 多万人次。

4. 伦敦塔

伦敦塔坐落于伦敦城东南角的泰晤士河畔，名为塔，其实是一座规模宏伟的故宫。它建于 11 世纪，自 1140 年起，中世纪的历代英王曾在那里居住了 400 多年。伦敦塔占地 7 公顷，里面除了宫殿外，当年还有兵营、教堂、动物园、监狱、刑场等。英国史上许多失宠的王侯后妃都沦为伦敦塔的囚徒，或监禁或处死。现在伦敦塔已作为博物馆对外开放，里面专门展出各种古代兵器、盔甲和历代国王的王冠珠宝饰件等。伦敦塔由禁卫队守卫，每天晚上 9 时 45 分～10 时举行上锁仪式。

5. 唐宁街 10 号

唐宁街 10 号是乔治·唐宁爵士于 17 世纪建造的私人房产。其外观很普通,黑色木门上有个狮头铁门扣,上面是阿拉伯数目字"10",下面是锃亮的黄铜信箱口和球形捏手。特别之处是:它的临街窗口永远悬挂着窗帘,门口日夜肃立着头戴黑色高帽的守卫警察。自 1732 年以来,这里一直是英国首相官邸,震惊世界的许多重大决定都源于这座普通而神秘的楼房。

6. 大英帝国博物馆

大英帝国博物馆又称不列颠博物馆,位于城北罗素广场。它建于 18 世纪中叶,是英国最大的综合性博物馆,与纽约的大都会艺术博物馆、巴黎的卢浮宫同列为世界三大博物馆。博物馆内保存着最能代表英国艺术和文学的珍品。

7. 伦敦蜡像馆

伦敦蜡像馆位于贝克尔大街地铁入口处。它的创始人是 18 世纪一位叫玛丽的法国姑娘。蜡像馆以栩栩如生、惟妙惟肖、真假难分的蜡像造型塑造了众多的世界政治舞台上叱咤风云的政治家、社会活动家、国家元首,还有影视明星、运动员、作家以及英国皇家中历代君主和女王的形象。

8. 海德公园

海德公园位于白金汉宫的西侧,占地 250 公顷。这个公园最为出名的是东北角拱门边的"演说者之角",常常聚集着许多游人,在听演说家高谈阔论。

9. 伦敦唐人街

伦敦唐人街位于伦敦闻名的商业区——苏豪区的中心,面积约 1 平方千米。唐人街基本上以爵禄街为中心,该街全长不过百米,另外还有外侧几条窄巷构成。这里与伦敦的贵族区,如英国首相的官邸、白金汉宫和国会相距很近,还有几家高级剧院,故唐人街所在地也称"不夜城"和"戏院区"。

(二)格林威治

格林威治位于英国首都伦敦东南 8 千米处,是坐落在泰晤士河畔的小镇,人口 8 万多。它是由泰晤士河进入伦敦的必经之地,素有"伦敦咽喉"之称。早在 15 世纪初,格林威治便是英国王室养鹿、狩猎和游乐的禁地,建有豪华的宫殿。而格林威治成为世人皆知的名字,则是因为山顶建有英国原皇家天文台,为世界计算时间和经度的起点。这里已成为英国一处著名的旅游胜地,每年到这里观光游览的人络绎不绝。著名景点有:格林威治公园、格林威治天文台、国家航海博物馆、运茶帆船和环球世界的帆船等。

(三)温莎

温莎位于伦敦以西约 34 千米的温莎镇,900 多年来一直是英国王室的居住地,其范围广阔，是世界上最大的古堡。温莎城原为威廉征服英国后在此建立的城堡，爱德华二世时，将城堡拆除，重新修建，成为今日所见的温莎古堡。20世纪初，爱德华八世为忠贞于自己所选择的爱情，于1936年毅然摘下王冠，由一国之君降为温莎公爵，偕同爱妻住在温莎，使温莎古堡自此盛名远扬，平添一份罗曼蒂克的气息。主要景点有：温莎堡、莱戈缩微世界、温莎野生动物园、伊顿公学玩偶宫等。

(四)牛津大学和剑桥大学

牛津大学所在地牛津城，在伦敦西北78千米处，它是建于1168年的英国最古老的大学，没有围墙，没有统一的校园，实际上它是遍布于牛津城各地35个学院的总称。剑桥大学在伦敦城正北80千米处。剑桥的历史虽比牛津短一点，但几世纪以来，它自认为比牛津少一点保守，多一点激进。剑桥有20多个学院，三一学院是剑桥最大的学府，发现经典力学三定律的伟大物理学家牛顿就曾在这里学习过。这两所大学历史悠久，几乎是英国大学的代名词。它们是师资雄厚、英才辈出的学府。牛津大学注重人文、社会、政治等学科，战后担任首相而又进过大学的英国政治家几乎都出自牛津，仅担任首相的就有21人；剑桥大学则继承了牛顿和达尔文的传统，更侧重于自然科学的教学和研究，它的诺贝尔奖获得者人数之多为世界第一。这两处大学气氛很不相同，人们称牛津是"大学中有城市"，而称剑桥是"城市中有大学"。

(五)爱丁堡

爱丁堡是苏格兰首府，也是一个保存完好的中世纪古城，它的历史可追溯到罗马时代，处处古迹，文化气息甚浓。爱丁堡人口约50万，有新城与旧城之分。新城在北，设计合理，为乔治时代(1714—1811年)建筑风格，其杰作为夏洛特广场，有人称之为"欧洲最高贵的广场"。新城北部有皇家植物园，园内杜鹃品种之多、数量之大，号称天下第一。老城是古堡所在地，古堡因城得名，中有圣玛格丽特教堂，是爱丁堡最古老的建筑，也是全苏格兰最古老的教堂。作为一个大都会，这里经常举行国际性活动，其中世界著名的爱丁堡艺术节每年8月在这里举行，吸引了大批游客。

(六)尼斯湖

尼斯湖位于弗内斯市约8千米处，湖身呈长条形，湖水平滑如镜。湖长38.6千米，两岸平均距离则只有1.6千米，有些地方水深达274米，8条河流和多条溪水在此汇集，然后经尼斯湖出海。尼斯湖是上水湖，终年不冻，加上青山环绕，冬暖夏凉，故冬天也有游人慕名而来。当然吸引游人的还有尼斯湖水怪之谜。人们最早发现尼斯湖内有巨大生物栖息，约在公元前1世纪，从此以后，就不断传出水怪的消息，它每年吸引着无数游客前来观光游览。

课堂讨论题

2012年，英国将在伦敦举办第30届夏季奥运会和残奥会，这将给英国带来前所未有的机会，向世界展示英国独特的旅游资源和魅力。据估计，2012 年的伦敦奥运会有望为英国旅游业带来 21 亿英镑(33 亿美元)的收入，2012 年 7 月至 8 月的奥运期间预计将新增 32 万海外游客，其中将会有 15 万中国游客赴英旅游，而伦敦奥运会对旅游业的影响将持续至 2016 年或 2017 年。为此，英国政府和英国旅游业正在积极从事各项准备工作，欢迎来自世界各地的游客。英国旅游局的奥运宣传口号是 "You are invited" (英国欢迎您)。近期，英国政府和英国旅游业刚刚启动了一个全新的市场宣传计划，将投入 1 亿英镑宣传推广目的地形象。包括中国市场在内的 "金砖四国"，由于出境旅游增长很快，因此会成为重点推广目的地。英国旅游局打算借助奥运进行以下五个方面的推广：历史遗迹、文化和教育、餐饮、购物、体育。主要是进行和旅游、体育、文化、历史相关的推广，如莎士比亚主题游、英超之旅、英格兰历史遗迹游。餐饮会在奥运临近的时候推广。

根据上述阅读材料试分析：2012 年的奥运会将会对英国旅游业带来哪些影响？中国公民到英国旅游的前景如何？

第三节　法国

一、国情概述

1. 国土疆域

法国位于欧洲旅游区的最西端，整个国土形状，除科西嘉岛外，略呈六边形，地形相当丰满。其国土三面临海，三面靠陆，西濒大西洋的比斯开湾，西北隔多佛尔海峡、英吉利海峡与英国相望，东南临地中海。东、东北与摩纳哥、意大利、瑞士、德国、卢森堡、比利时相接，西南同西班牙、安道尔接壤。国土面积 5 516 000 万平方千米。国境线共长 5300 千米，海岸线长约 3120 千米。这种地理位置使其对外联系极为方便，无任何天然障碍，来往畅通无阻。同时，它处于世界大陆的中心，使其成为世界航空中心，也是众多国际组织的所在地和国际会议的开会地点。

2. 人口民族

法国现有总人数约 6380 万(2008 年)。法国是一个以法兰西民族为主体的国家，法兰西人占全国总人口的 83%，少数民族有阿尔萨斯人、布列塔尼人、科西嘉人、伊拉芒人和巴斯克人等，大约占人口总数的 7.9%，还有约 8% 的人口来自非洲和欧洲其他国家的移民。

法语属拉丁语系，是联合国工作语言之一，它以其准确、严谨、优雅、国际性，成为世界上最优美的语言，目前使用人口超过 1 亿。而阿尔萨斯人英语正在成为法国的第二语言。

法国的早期宗教信奉自然之神，山峰、河流、树木、泉水都被认为有神附着，具有超自然力量的存在而对之崇拜。现在，法国的主要宗教是天主教，据统计，约有90%的人信奉天主教，但只有 15%的人经常参加宗教活动，其他人信奉新教、东正教、伊斯兰教、佛教和犹太教。

3. 发展简史

世界最大的艺术博物馆——法国巴黎卢浮宫，已有 780 多年的历史，珍藏有无数稀世珍宝，它见证了光荣的法兰西漫长浩瀚的历史

法国古称高卢，高卢人是古代世界中最为骁勇好战的民族之一，曾经征服过中欧大部分地区，但高卢人并非一个整体，从未形成过一个国家。公元 5 世纪法兰克人移居这里，公元 843 年，法国成为独立的国家，国名也由高卢改为法兰克。1337 年英王觊觎法国王位，爆发"百年战争"，后法国人民进行反侵略战争，于 1453 年结束百年战争。15世纪末到 16 世纪初形成中央集权国家。17 世纪中叶，君主专制制度达到顶峰。随着资产阶级力量的发展，1789 年法国爆发大革命，废除君主制，并于 1792 年 9 月 22 日建立第一共和国。1799 年 11 月 9 日(雾月 18 日)，拿破仑·波拿巴夺取政权，1804 年称帝，建立第一帝国。1848 年 2 月爆发革命，建立第二共和国。1851 年路易·波拿巴总统发动政变，翌年 12 月建立第二帝国。1870 年在普法战争中战败后，于 1871 年 9 月成立第三共和国直到 1940 年 6 月法国贝当政府投降德国，至此第三共和国覆灭。1871 年 3 月 18日，巴黎人民举行武装起义，成立巴黎公社。同年 5 月底，被法国军队残酷镇压。第一次、第二次世界大战期间法国遭德国侵略。1944 年 6 月宣布成立临时政府，戴高乐担任首脑，1946 年通过宪法，成立第四共和国。1958 年 9 月通过新宪法，第五共和国成立，同年 12 月戴高乐当选总统。

4. 自然风貌

法国自然风貌多姿多彩，它以独特的魅力吸引着世界各地的旅游者。

法国的地形主要以平原和丘陵为主，全国有 80%的土地是平原和丘陵，其中海拔 200米以下的平原地带占法国总面积的 60%，海拔 250～500 米的丘陵地带占 20%，高于 500米以上的山地区域又占 20%。地势为东南高、西北低。全国分为三大地形区：一是东南部山地区。包括比利牛斯山脉、中央高原、阿尔卑斯山、汝拉山和孚日山。比利牛斯山位于法国与西班牙交界处，略成东西走向，长约 435 千米；阿尔卑斯山主峰勃朗峰海拔4 810 米，是欧洲最高峰。东南部沿岸平原狭窄，风景秀丽，是著名的旅游区。二是西北部盆地丘陵区，包括巴黎盆地、阿摩里康丘陵地和阿坤廷盆地、卢瓦尔河下游平原。三是罗纳谷地，索恩—罗纳河谷介于中央高原和阿尔卑斯山之间，南北狭长，宽仅 20～30 千米，是法国南北交通的天然走廊。

法国所处的优越的地理位置和有利的地形决定了它得天独厚的气候特点，全年适宜旅游，最佳的季节是春夏之季。1 月平均气温北部为 1～7℃，南部为 6～8℃；7 月平均气温北部为 16～18℃，南部为 20～23℃。年平均降水量为 600～1000 毫米，由西向东逐渐减少。西北沿海地区为温带海洋性气候；东北部地区为温带大陆性气候，东南部地中海沿岸地区则明显呈现亚热带地中海式气候。此外，边境山地，如阿尔卑斯山、比利牛斯山、汝拉山、孚日山以及中央高原等地区具有中山和高山气候的特色。

法国河流众多，水量丰富，其中大部分河流源于中央高原，并向西北和东南方向呈

扇形分布，分别注入大西洋和地中海。其中最著名的四大河流是卢瓦尔河、罗纳河、塞纳河、加龙河。卢瓦尔河是法国第一大河，全长1020千米，流域面积121 000平方千米，源于中央高原南部的塞文山脉，向北流经法国中部地区的肥田沃土，穿越莽莽森林区，注入比斯开湾。卢瓦尔河流域气候温和、树木茂盛，风光秀丽，河流两岸有众多的城堡、葡萄园和公园，这是最地道法国风格的地方。塞纳河是法国北部的一条大河，全长776千米，流域面积78 000平方千米，发源于法国东部的朗格勒高原，向西北横贯巴黎盆地，注入英吉利海峡。它像一条玉带，静静地流过巴黎市区，乘塞纳河的游船欣赏两岸的名胜，别有一番情趣。

法国境内点缀着大大小小的湖泊，似繁星散落，其中最大最著名的是位于瑞士与法国边界的美丽的日内瓦湖。

5. 政治经济

法国的首都为巴黎。国花为鸢尾科的香根鸢尾，与百合花极为相似。国鸟为鸡，法国人民喜爱公鸡，不仅是在于它的观赏价值和经济价值，更主要是喜欢它勇敢、顽强的性格。法国货币现为欧元。

法国是多党制半总统半议会制的共和国政体，议会是国家最高权力机构。总统为国家元首，是国家权力中心，掌握国家行政权、军事权和外交权。总理执行总统决定的对内对外政策，掌管行政机构和武装部队，并按宪法规定向议会负责。议会由国民议会和参议院组成，拥有制定法律、监督政府、通过预算、批准宣战等权力。

中法于1964年1月27日建立大使级外交关系。目前两国关系发展情况良好，双方在政治、经济、科技、文化等各个领域的合作富有成果。

法国是以工业为主导，工、农业都很发达的先进国家，也是欧洲经济联盟的主要发起国和成员国。国民生产总值仅次于美、日和德，居世界第四位。法国的工业部门齐全，以机械、冶金、电子电器、纺织、服装、化妆品和食品等部门为著名，核能、石化、海洋开发、军火、宇航事业发展迅速，位居世界前列。法国的农业十分发达，是世界著名的农产品出口大国，其中谷物、乳肉、甜菜、葡萄等均名列世界前茅。法国的交通运输是世界上最发达的国家之一，公路网是世界上最稠密、最多样化的公路网之一，其密度和质量都居资本主义世界首位。法国的铁路网密度也很高，在西欧诸国中居第一位，拥有高速火车专用轨道1268千米，保持着高速火车时速的最高纪录(每小时515千米)。法国享有空中中转站之美称，与世界上80多个国家、170多个航空公司、480多个城市建立了空中业务联系。

法国经济发达，人民生活富裕，基础设施和旅游设施完备，旅游业十分发达。旅游业是法国的重要产业，是法国营业额最高、收益最好、创造就业机会最多的行业之一，目前占法国国民生产总值的6.3%左右。

6. 文化艺术

法国以其浪漫主义影响着世界，浪漫主义使法国涌现出无数的思想家、文学家和艺术家。

在16世纪文艺复兴文学中，最能代表文艺复兴精神的是法国16世纪小说家拉伯雷和散文家蒙田。17 世纪的古典主义代表作家是莫里哀、高依、拉封登、拉辛等。18 世纪的主要代表人物是启蒙运动作家孟德斯鸠、伏尔泰、狄德罗、卢梭等人。19 世纪上半叶，以雨果为代表的浪漫主义文学兴起，以巴尔扎克为代表的现实主义文学也发展起来。19世纪后期，出现了以左拉为代表的自然主义文学。进入 20 世纪，超现实主义意识流文学发展起来。第二次世界大战后，重要作家是萨特和加谬。

艺术方面，公元 4 世纪，形成了加洛林文艺复兴的艺术，它是日耳曼精神、基督教信仰与本土文化思想的相互融合。11—12 世纪，完成了法国罗马式建筑。13—14 世纪为哥特式建筑，著名的有里姆斯圣母院。15 世纪，受意大利艺术的影响，出现了如夏宏东的《圣母戴冠》和卢浮宫的《圣母像》等。16 世纪受意大利文艺复兴的影响，法国艺术才逐渐趋向热情丰富。17 世纪，法国将巴洛克艺术发挥得淋漓尽致。18 世纪的绘画十分通俗，华都的《雅宴画》充满朝气，夏尔丹的风俗画则着重生活化。19 世纪，在法国画坛上出现了各种风格不同的流派，有德拉克洛瓦的浪漫主义，安格尔的古典主义，杜米埃的石板画，柯罗的风景画，伟大的"农民画家"米勒、库尔贝的现实主义，莫奈的印象派绘画艺术，塞尚的后印象艺术及罗丹的雕刻艺术。进入 20 世纪以后，绘画艺术主要有两种流派，即野兽派和立体派。

法国是全世界公认的电影发源地，1895 年 12 月 28 日，法国摄影师卢米埃尔兄弟俩在巴黎卡普辛路 14 号"大咖啡馆"地下室，第一次用活电影机公开放映了《工厂的大门》、《婴儿的午餐》、《火车到站》等影片，它标志着电影发明阶段的终结和电影时代的到来，同时也使电影真正开始商业化。夏纳电影节是世界著名的电影节，每年吸引着成千上万的游人前来观看。

二、民俗风情

1. 服饰

法国时装在世界上享有盛誉，选料丰富、优异，设计大胆，制作技术高超，使法国时装一直引导世界时装潮流。目前，高级时装最著名的有"吉莱热"、"巴朗夏卡"、"吉旺熙"、"夏奈尔"、"狄奥尔"、"卡丹"和"圣洛朗"。法国人每年推出 3500 多种新式时装，也追随国际流行式样和国际流行色，但更多的是根据自己的特点和爱好，有选择地穿戴适合自己的服饰，以达到突出个性的效果。在法国的大街上，你几乎看不到两个妇女穿着一模一样的服装。法国人一般很注意服装方面的鉴赏力，也接受比较便宜的而不十分讲究的仿制品。

2. 饮食

谈到饮食，东方首推中国，西方则非法国莫属。法式大菜用料讲究，花色品种繁多，其特点是香味浓厚，鲜嫩味美，讲究色、形和营养。法国最名贵的菜是鹅肝，最爱吃的菜是蜗牛和青蛙腿。法国餐的特点是：始于开胃酒，上菜的顺序第一道是浓汤，第二道是冷盘，第三道是正菜，通常为配有蔬菜的肉类或家禽、海鲜，第四道是蔬菜，第五道为各式各样的奶酪，第六道是甜点心和冷饮，第七道是时鲜水果和咖啡，最后一道是烈酒或香槟酒，作为饭后酒。法国生产 360 多种干鲜奶酪，它们是法国人午餐、晚餐必不可少的食品,每年人均奶酪消费量约 18.6 千克,居世界首位,是名副其实的"奶酪之国"。法国是香槟酒、白兰地酒的故乡,香槟酒、葡萄酒种类繁多,产量很大,质量上乘,每年人均饮用葡萄酒约 106 升,居世界首位。

3. 婚俗

男女结婚前先订婚,仪式较简单,一般由女方的家长宴请男方的家长及兄弟姐妹,也可同时邀请其他亲戚,甚至一两名好友出席。婚礼也逐渐简化,但仍不失为最隆重的家庭节日,带有庄严神圣的色彩。婚礼由市长或他的一名副手主持,习惯上是在周二、四、五、六早 9 时至下午 5 时之间。婚礼后大宴宾客。婚约中要写明未婚夫妇的全部财产、未婚妻的嫁妆和未婚夫的产业。婚龄纪念已成为一种喜庆的风俗。

4. 礼仪

法国是一个讲文明礼貌的国家。其各种礼仪与大多数欧美国家相近或相同。但许多礼仪出自法国,其中最为典型的是尊重妇女的"骑士风度"。法国是第一个公认以吻表示感情的国家。法国人的吻有严格的界限:亲友、同事间是贴贴脸或颊;长辈对小辈则是亲额头;爱人和情侣之间才是亲嘴或接吻。

5. 姓名与称呼

法国人的名字同大多数国家一样,分名和姓两部分,但一般名在前,姓在后。

法国人名的一大特点是姓很多,名有限。这主要是由于宗教传统所致。凡信教者都有一个教名,而教名多取自耶稣门徒或宗教中传说中的天使、圣徒的名字。姓大约有 25 万个,而圣徒们的名也不过三四百个,因而重名现象很多。

法国有阴阳姓之分,同一个姓名男女使用有所区别。

法国人至少有三个名字,第一个是父母起的,第二个是祖父或祖母的名字,第三个是外祖父或外祖母的名字。按法国人习惯,可将自己尊敬的亲朋好友或知名人士的名字加在孩子的名字中,还有教名。

法国人名中,既可有复名,也可有复姓。但无论名字有多长,在别人称呼或书写时,往往只用本人的名字和姓。在签署姓名时,经常将姓与名用逗号分开,且名在前,姓在后。

一般女子出嫁前使用父母的姓,出嫁后改用丈夫的姓,但现在法律有所修改,允许女子出嫁后仍可保留自己的父姓。

在正式场合称呼法国人,要称姓而不能称名。依亲密程度不同可称名或昵称。

6. 娱乐与爱好

法国最重要的大众娱乐活动是环法自行车比赛;足球是仅次于环法自行车比赛的一项最受人欢迎的体育运动。套车是一项古老的运动项目,但在今日的法国却成为一种时髦;健美、舞蹈和音乐也是法国人的最爱。在法国,人人普遍认为体形、美貌、健康比名誉、地位、钱财更重要;此外,法国人喜欢阅读连环画册;法国人偏爱一种叫做前三名独赢赛马赌博游戏(指前三名马皆赌中者为赢的一种赛马赌博游戏);法国人爱好聚会、聊天、购买汽车。现在，法国人对于登山、滑雪、网球等运动的乐趣也在不断增加。

此外，法国人的想像力丰富，思辨能力强；有无拘无束的天性，比较自由散漫，纪律性差；热情开朗，乐观爱美；自尊心强；对妇女谦恭礼让是法国人引以为自豪的传统。

三、旅游市场

法国是国际旅游业最发达的国家之一，目前是最大的世界旅游目的地国，2009年法国接待国际游客7400万人次，超过法国人口总数，国际旅游收入仅次于美国，排名世界第二。国际旅游者主要来自德国、英国和荷兰，其次是挪威、瑞典、芬兰、比利时、意大利和瑞士，均属欧洲国家，非欧洲国家前往的旅游者较少。法国的沿海旅游胜地是最受外国人喜爱的目的地，其次巴黎也深受偏爱，再次是阿尔卑斯山旅游地、地中海沿海西段和阿基坦地区。

法国人出境旅游的人数占全国度假旅游(国内和国际的)人数的17%左右。他们主要的旅游目的地国家是近邻西班牙和意大利。德国作为法国人商业旅游的目的地名列第一，其次则是英国。出境旅游绝大多数经由公路，特别是以自驾车为主，参加包价旅游和乘飞机旅行的数量很少。远距离的国外目的地，夏季多去美国、亚洲、墨西哥以及加勒比海法属岛屿和法属波利尼西亚，冬季进行阳光度假旅游也日益增长。目前法国是中国第17位客源国，2010年来华旅游人数达51.27万人次，比上年增长20.71%。

国内旅游主要为度假旅游，占全部本国度假旅游者人数的80%以上。度假旅游的高峰期十分集中，即集中于夏季的7—8月。度假旅游的交通工具高度依赖于私人汽车，法国境内的旅游者80%是驾车旅游。城市的度假旅游人口比例高于农村的比例。城市人口一般有2/3的人进行度假旅游，巴黎更高达4/5以上，而农村人口仅有2/5进行度假旅游。法国人假日旅游目的地的选择是多种多样的。在夏季旅游者中，大约1/2的人去沿海，1/4的人去乡村，不足1/5的人去山地。在冬季旅游者中，去沿海的不足2/5，去乡村的约1/4强，去山地参加冬季体育运动的占2/5。选择国外旅游目的地者很少。

四、旅游热点

法国是欧洲浪漫的中心，它的悠久历史、具有丰富文化内涵的名胜古迹及乡野风光吸引着世界各地的旅游者。风情万种的花都巴黎，美丽迷人的蓝色海岸，阿尔卑斯山的滑雪场，还有20多处被联合国列入世界文化和自然遗产的地方都是令人神往的旅游胜地。

(一)巴黎

巴黎是法国的首都，历史名城，世界著名的最繁华的大都市之一，素有"世界花都"之称。巴黎位于法国北部盆地的中央，横跨塞纳河两岸，市区面积105平方千米，包括巴黎市区及周围7个省的大巴黎区总面积达2万平方千米。人口约1083万，是世界上人口最多的大都市之一。巴黎不仅是法国，也是西欧的一个政治、经济、文化交通中心。

第一，它有2000多年的历史，是法国历代王朝的都城，也是历届资产阶级共和国的首都，是法国资产阶级革命的发源地。

第二，巴黎是法国的经济和金融中心。纺织、电器、汽车等工业都非常发达，时装、化妆品工业更是举世闻名；巴黎的金融、证券、保险业、商业十分繁荣，欧洲最大的商场——四季商场就坐落在巴黎的拉德芳斯区。

第三，巴黎是法国的文化中心。这里有众多世界闻名的大学、学院、图书馆、博物馆、展览馆、剧场、剧院，巴黎是文学家、艺术家的摇篮。

第四，巴黎是法国的交通枢纽。每天客流量达 1300 万人次。以巴黎为中心，陆路交通形成一个辐射式的交通网，通向全国各大城市乃至中南欧诸国。戴高乐机场是世界最大的国际空运枢纽之一。巴黎以下的塞纳河段可通行 1500 吨以上的船只。

第五，巴黎是世界的一个旅游中心。拥有众多全球闻名的历史遗迹和艺术建筑。艾菲尔铁塔、巴黎圣母院、凯旋门、凡尔赛宫、卢浮宫、爱丽舍宫、协和广场、国立蓬皮杜文化中心等，都是人们参观游览的胜地。巴黎共有 426 座公园，还有布洛涅森林公园、万塞纳森林公园等。

1. 卢浮宫

卢浮宫是法国美术博物馆，坐落在塞纳河畔，宫内收藏了 40 多万件艺术珍品，是世界上最著名、最大的艺术宝库之一，名副其实的万宝之宫。卢浮宫共分 6 个部分，希腊罗马艺术馆、埃及艺术馆、东方艺术馆、绘画艺术馆、雕塑馆和装饰艺术馆。其宫中之宝是雕塑"爱神维纳斯"、"胜利女神尼卡"和油画"蒙娜丽莎"。

卢浮宫位于巴黎市中心的塞纳河北岸，是巴黎的心脏。它的整体建筑呈"U"形，占地面积为 24 公顷，建筑物占地面积为 4.8 公顷，全长 680 米。它是世界上最著名、最大的艺术宝库之一，是举世瞩目的艺术殿堂和万宝之宫。同时，卢浮宫也是法国历史上最悠久的王宫。

2. 艾菲尔铁塔

艾菲尔铁塔位于巴黎市中心的塞纳河畔，是法国和巴黎的标志，它是为纪念 1789 年法国资产阶级革命 100 周年而建，并以其设计者居斯塔夫·埃菲尔的名字命名。塔高 320 米，分三层，共 1711 级台阶，分别在离地面 57 米、115 米和 276 米处建有平台。平台上设有餐厅、商店和影剧院、视听陈列馆，游客可在第三层平台上观赏巴黎全景。该塔还是法国广播电台中心，又是气象台和电视台发射台，是目前世界上最高的无线塔之一。

3. 巴黎圣母院

巴黎圣母院位于塞纳河中心"两岱"岛上，是巴黎最负盛誉的名迹之一。它最早破土动工于 1163 年，由教皇亚历山大和路易七世共同主持奠基，直到 1345 年才最后完成。它是世界上哥特式建筑中最庄严、最完美、最富丽堂皇的典型，建筑的最大特点是高而尖，且由竖直的线条构成。正面有三重哥特式拱门，门上装点着犹太和以色列的 28 位国王的全身像，院内装饰着许多精美的雕刻，栏杆上也分别饰有不同形象的魔鬼雕像，状似奇禽异兽，这就是著名的"希魅尔"。

4. 凯旋门

凯旋门坐落在著名的巴黎星辰广场中央，是拿破仑为了纪念 1805 年在奥斯特利茨战役中击溃奥俄联军的功绩于 1806 年下令动工兴建的，费时 30 年。它是建筑师夏尔格兰设计的，大约高 50 米，宽 45 米，厚 22 米，凯旋门的四周都有门，门内刻有跟随拿破仑远征的 286 名将军的名字，门上刻有 1792—1815 年间的法国战事史，其中最杰出的是右侧石柱上刻有驰名的《马赛曲》。在凯旋门的正下方，是 1920 年建的无名战士墓，墓是平的，地上嵌着红色的墓志"这里安息的是为国牺牲的法国军人"。墓前的长明灯，每晚都准时举行一项拨旺火焰的仪式。现在每年的 7 月 14 日，法国举国欢庆国庆时，法国总统都要从凯旋门通过。每当法国总统卸职的最后一天也要来此，向无名烈士墓献上一束鲜花。凯旋门内装有电梯，可直达 50 米高的拱门上，巴黎名胜尽收眼底。

5. 拉雪兹公墓

拉雪兹公墓位于巴黎东部，占地 44 公顷，是巴黎最大的公墓，公墓划分为几十个墓区，许多著名的人物都安息在这里，如《国际歌》歌词作者欧仁·鲍狄埃。著名的巴黎公社社员墙就坐落在公墓里。

6. 凡尔赛宫

凡尔赛宫坐落在巴黎西南郊 18 千米的凡尔赛镇，占地面积 110 万平方米，其中建筑面积 11 万平方米，园林面积 100 万平方米。它曾是法国的王宫，是典型的洛可可式建筑风格，被联合国教科文组织列为世界遗产的重点文物。它以东西为轴，南北对称，宫中最为富丽堂皇的殿堂是镜廊，它长 73 米，宽 10.5 米，高 12.3 米，长廊一侧是 17 扇通向花园的巨大拱形窗门；另一侧是 17 面落地镜，每面均由 483 块镜片组成。由大运河、瑞士湖和大小特里亚农宫组成的凡尔赛宫花园是典型的法国式园林艺术的体现，园内有雕像、喷泉、草坪、花坛、柱廊等。

7. 国立蓬皮杜文化中心

国立蓬皮杜文化中心位于巴黎著名的拉丁区北侧，塞纳河右岸，是根据已故法国总统蓬皮杜的倡议而建立的。它是一座新型的、现代化的知识、艺术与生活相结合的宝库。它由工业创造中心、公共参考图书馆、国家现代艺术博物馆、音乐—声学协调研究所四大部分组成，供成人参观、学习，并从事研究。中心还设有两个儿童乐园，一个是儿童图书馆，一个是儿童工作室。国立蓬皮杜文化中心不仅内部设计、装修、设备、展品等新颖、独特，具有现代水平，它的外部结构也独到、别致，颇具现代化风韵。整座大厦犹如一座被五颜六色的管道和钢筋缠绕起来的庞大的化学工厂厂房。如果说卢浮宫代表法国的古代文明，那么国立蓬皮杜文化中心则是法国现代化的象征。

(二) 戛纳

戛纳位于法国南部地中海(号称蓝色海岸)沿岸，是法国一个风景秀丽、气候宜人的重要的国际城市。每年有许多重大的国际会议及文化活动在此举行，其中最为世人瞩目的是一年一度的戛纳国际电影节，它颁发的金棕榈大奖被公认为电影界最高荣誉之一。

(三)尼斯

尼斯是位于"蓝色海岸"之滨的另一个重要旅游城市，同时也是一座具有古老历史的现代化名城。早在公元前 5 世纪，希腊人就开始在此定居，后又长期被罗马人攫为己有，最终划归法国时为 1860 年。当时，尼斯是欧洲著名的艺术之都，而今它是享有盛誉的休假游览胜地。这里有国际航空站，10 余条铁路干线和 4 条海上航线，直接连着巴黎、纽约、伦敦及其他国家的大城市，是一座名副其实的国际旅游之城。尼斯还是法国一个著名的香水产地，但其销售对象仅限于旅游者。

(四)蓝色海岸

从法国的马赛沿地中海向东延伸，一直到与意大利交界的边境城市芒东，有一条狭长的滨海地带，这就是著名的"蓝色海岸"。这里阳光明媚，环境优美，法国人把它视为人间天堂、旅游胜地。

(五)勃朗峰

勃朗峰是阿尔卑斯山脉最高峰，海拔约 4810 米，为欧洲最高峰，位于法意边境，其中 2/3 在法国境内，1/3 在意大利境内。它是久负盛名的旅游中心。一年四季均可开展旅游活动。冬季为赏雪与滑雪的好时机，夏季是不可多得的避暑胜地，春季可游泳、钓鱼、打高尔夫球等。

课堂讨论题

第一大旅游目的地国

法国经济部公布的数字显示，2010 年到法国的外国游客数量与去年同期相比增加了 10%。法国酒店在夏天的入住率比 2009 年夏天提高 5%，外国游客为法国旅游业增加的销售业绩高达 20 亿欧元。2010 年 5 月起，外国游客数量不断增长，其中 7 月东亚和中东游客增加 67%，拉美游客增加 23.6%。来自新兴经济体的游客越来越显现出其重要性，俄罗斯游客数量增长 54.3%，中国游客数量增长 48.2%；传统客源国日本和美国只分别增长 9.6%和 4.1%。而作为传统的度假旅游者，到法国宿营地的本国的度假者增加了约 3%，来自意大利和西班牙的度假者则分别增加了 26%和 13.7%。

法国旅游业已经摆脱国际金融危机的负面影响，仍是全球第一旅游目的地国家。(资料来源: http://www.gotojilin.com/)

请根据上述阅读材料分析: 作为世界第一大旅游目的地国，法国旅游业有哪些经验值得我们借鉴?

第四节 德国

一、国情概述

1. 国土疆域

德国位于欧洲的心脏地带，与 9 个国家毗邻。东部与波兰、捷克接壤；西部与荷兰、比利时、卢森堡、法国相邻；南部与奥地利、列支敦士登和瑞士为界；北临北海和波罗的海，与丹麦毗连，并和瑞典及其他北欧国家相望。边界线全长 3758 千米，海岸线长 1333 千米，南北最大直线距离为 876 千米，东西最远相距 640 千米，全国面积 35.7 万平方千米。它是东西欧之间和斯堪的纳维亚与地中海地区之间的交通枢纽，其间水、陆、空条条道路经过德国，被称为"欧洲的走廊"。

风景如画的波罗的海海滨是著名的度假胜地，这里海洋性气候温和宜人，大大小小的岛屿、潟湖、浅湾星罗棋布，它们时而陡峭，时而平缓，纵横交错，形成了变化万千的海岸风光。其中浅海湾和潟湖上巨大的芦苇在欧洲独一无二。这里有着未遭损害的自然环境，众多宁静而安逸的浴场隐蔽在原始的自然景色之中。波罗的海海滨以其特有的魅力每年都吸引着众多旅游者到此度假休闲。

2. 人口与民族

德国现有人口 8211 万(2008 年)，人口总数仅次于俄罗斯，居欧洲第二位，是世界上人口比较稠密的国家之一，人口密度为 230 人/平方千米，仅次于比利时、荷兰。城市人口占总人口的 85%以上。

德国基本上是一个单一民族的国家，德意志人(日耳曼人)占 90%以上。此外，还有少数的丹麦人、荷兰人、犹太人和吉卜赛人。另外，还有 720 万的外籍人。

德语为官方语言。它属于印欧语系中的日耳曼语族，它与丹麦语、挪威语、瑞典语、荷兰语及英语均为亲属语言。标准德语称为高地德语，北德人讲标准德语，而南德人讲施瓦本德语，与标准德语有较大的差别。世界上有 1 亿多人以德语为母语，除德国外，还有奥地利、列支敦士登、瑞士的绝大部分、意大利的南蒂罗尔等地。

大部分居民信奉基督教，其中新教和天主教两派教徒的人数各占一半左右，很小一部分人属于其他基督教派。此外还有信奉伊斯兰教(主要是土耳其人和阿拉伯人)、犹太教和佛教的。

3. 发展简史

来到德国的柏林墙遗址前，遥想东西德分割的时代，使我们不得不思考德国不平常的历史。看过《第三帝国的兴亡》一书的人都知道，德国历史上先后出现过三个帝国，弄清三个帝国的来龙去脉，也就弄清了德国历史的轮廓。

公元 962 年建立德意志民族的神圣罗马帝国。1871 年建立统一的德意志帝国。1914

年挑起第一次世界大战。1919 年建立魏玛共和国。1939 年发动第二次世界大战。战后被美、英、法、前苏联四国占领。1949 年 5 月 23 日西部颁布《基本法》，建立德意志联邦共和国。同年 10 月 7 日东部成立德意志民主共和国。1990 年 10 月 3 日，民主德国正式加入联邦德国，德国实现统一。

4. 自然风貌

德国北自北海和波罗的海沿岸，南至阿尔卑斯山，整个地势南高北低，可分为 5 个地形区：北部的北海沿岸多沙丘和沼泽，波罗的海沿岸沙地、岩石各半，沙嘴、潟湖众多；北德平原位于北海、波罗的海沿岸和中部山地之间；中德山地是北德平原以南，多瑙河以北的中部山地；西南部莱茵河断裂谷地区；南部巴伐利亚高原和阿尔卑斯山区，位于阿尔卑斯山脉的祖格峰海拔 2963 米，为德国最高峰。

阿尔卑斯山是欧洲第一大名山，一眼望去，蜿蜒起伏的山峦、白雪皑皑的山峰、郁郁葱葱的松林、波光粼粼的湖泊纵横交错、山谷中的村庄、峰巅上的古堡教堂隐现在云雾之中。其变幻莫测的迷人景色使之成为德国最著名的旅游胜地。

德国属温带气候，平均气温 1 月为-5～0℃，7 月为 14～19℃，年降水量 500～1000 毫米，山地可达 1800 毫米。但其内部还有一定差异，其中西北一带为温带海洋性气候，往东往南逐渐过渡到温带大陆性气候。总体特征是平稳温和，但各个月还有一定差异。4 月是德国气候最坏的月份，暴雨、洪水、飓风、大雪相互交替；5、6、9、10、11 月是德国人从事各种交流活动的好时机；7、8 月是德国人休假的旺季。

德国境内河流很多，主要河流有莱茵河、易北河、奥得河、多瑙河、威悉河和埃姆斯河等。除多瑙河由西向东流入黑海外，其余河流均由南向北注入北海或波罗的海。德国的河流景色优美，特别是莱茵河沿岸如诗如画的中世纪古罗马风格城镇，碧绿的葡萄园，傲然屹立的古城堡令人目不暇接。莱茵河发源于瑞士中南部的阿尔卑斯山脉北麓，为西欧最大的河流，是德国境内最大的河流，它是德国的摇篮。多瑙河发源于德国境内阿尔卑斯山北坡的黑森林，是欧洲第二大河流，也是一条国际性河流。另外，德国还有许多运河，其中著名的有基尔运河和中德运河。德国较大的湖泊有博登湖、基姆湖、阿莫尔湖等。

莱茵河是欧洲一条著名的国际性河流。莱茵河流经德国的部分长 865 千米，流域面积占德国总面积的 40%，是德国文化的摇篮。从科隆到美因茨的近 200 千米的河段是莱茵河景色最美的一段，这里河道蜿蜒曲折，河水清澈见底。人们坐在白色的游艇之上，极目远望，碧绿的葡萄园层次有序地排列在两岸，一座座以桁架建筑而引人注目的小城和 50 多座古堡、宫殿遗址点缀在青山绿水之中。一段段古老的传说，把人们的思绪带向遥远的过去，人们深深地陶醉在这充满浪漫情趣的多姿多彩的莱茵美景之中。

5. 政治经济

德国首都为柏林。国花为矢车菊。国鸟为白鹳。德国货币为欧元。

德国是一个由拥有一定立法、行政和司法自治权的各州联合组成的联邦制共和国。国家元首是总统。总统只是国家权力的象征性代表，其职权主要是礼节性的。联邦政府，即内阁为国家最高行政机构，联邦总理握有实权。

中国与德意志联邦共和国于 1972 年 10 月 11 日建交。建交后各方面关系发展顺利。

德国是高度发达的工业国。经济总量位居欧洲首位，世界第三，连续两年保持世界头号出口大国地位。同时，它还是 G-7(西方七国首脑会议)成员和 EC 盟主(欧洲联盟)。德国雄居前茅的经济实力决定了它具有举足轻重的地位，它的一举一动对欧洲乃至世界经济都具有重要影响。工业是德国的经济支柱，工业生产仅次于美、俄、日，居世界第四位。其中重工业处于支配地位，钢铁、机械、化工、电气和汽车等部门特别发达，占全部工业产值的 40%以上。采煤、造船以及战后新兴的石油加工、电子、核能利用、航天、信息技术等部门也很发达。其核电工业处于世界领先地位，世界 10 大核电站，德国就占了 6 个。奔驰股份公司是德国的第一大企业，成为仅次于可口可乐和索尼的世界第三名牌，奔驰已成为德国货的代表，为世人瞩目。德国的农业是高效率的，全国约有一半土地用于农业。农业耕地集中化程度较低，其特点是以农民经营的家庭企业为主。主要农产品为牛奶、猪肉、牛肉及谷物和甜菜，此外还有水果、蔬菜及其一些园林作物。德国交通运输业十分发达。公路、水路和航空运输全面发展。特别是公路密度为世界之冠，高速公路长度居世界第四。德国的火车以准时、方便、舒适、安全而著称。德国的航空运输业发达。法兰克福机场是世界主要航空港之一。汉莎航空公司是国际上经营最好的航空公司之一，在 83 个国家经营 166 条航线，它素以安全、准点、方便、清洁以及价格昂贵闻名于世。德国内河运输十分发达。杜伊斯堡的内河港口是世界上最大的内河港。德国的海洋运输业也很发达，在集装箱船及装船运输上居于世界领先地位。主要港口有汉堡港、不来梅港、威廉港、吕贝克和罗斯托克。

德国经济发达，旅游基础好，旅游业发达，旅游收入占国内生产总值的 8%，旅游业是仅次于汽车和电子工业的第三大行业，直接和间接创造的就业岗位达 280 万个。德国人热爱旅游，据德国旅游中心提供的数据，七成以上的德国人每年至少外出长途旅游一次，其中 65%以上是出国旅游。德国人每年用于旅游的支出平均占其总支出的 15%到 20%，而来自世界各地的游客每年在德国的总消费额也高达 200 亿欧元。正因为如此，德国的旅游服务业高度发达，同业间的竞争也十分激烈。

6. 文化艺术

德国拥有悠久的历史文化，自中世纪以来，它便被称为诗人、音乐家及思想家的国土。

在哲学上，出现了德国人本主义思想的代表人物马丁·路德和闵采尔，唯理派哲学思潮的代表人物弗利德·威廉·莱布尼茨，新兴的资产阶级哲学代表人物康德、费希特、谢林，唯心主义辩证法思想代表黑格尔和人本学唯物主义代表费尔巴哈。19 世纪 40 年代马克思和恩格斯创立了无产阶级革命的理论——马克思主义；同时，19 世纪 20 年代出现了唯意志主义，主要代表人物是叔本华和尼采。

在文学上，19 世纪 70 年代，德国文学运动中的"狂飙突进运动"影响了一个时代，这一时期出现了《少年维特之烦恼》及《浮士德》(歌德)、《阴谋与爱情》(席勒)等巨著。18 世纪末 19 世纪初，施莱格尔两兄弟成为欧洲最早的浪漫主义文学运动的先驱；格林两兄弟和蒂克对德国的童话文学作出了杰出的贡献。19 世纪中叶以海涅为代表的批判现实主义成为文学的主流。20 世纪初，反传统的文学潮流开始出现。产生了"废墟文学"。

20 世纪 60 年代，西德工人文学和纪实文学兴起，代表作有马克斯·封·德尔·格律恩的《鬼火和烈火》等。1972 年，亨利希·伯尔获诺贝尔文学奖。

德国的音乐闻名于世，它是世界上著名的音乐之乡。巴赫和亨德尔是德国 17 世纪最杰出的作曲家；海顿、莫扎特和贝多芬三人被称为维也纳最杰出的古典音乐大师；作为德国歌曲之王的舒伯特与舒曼，则是 19 世纪德国浪漫派音乐的杰出代表；19 世纪下半叶，决定德国和欧洲音乐发展道路的中心人物是瓦格纳；此外还有勃拉姆斯、勋伯格、米德米特等音乐名家，他们也为德国及世界音乐的发展作出了重要贡献。

此外，在德国历史上，杰出的科学家辈出，他们曾为人类作出了巨大的贡献。爱因斯坦是世界最伟大的科学家之一；伦琴也是著名的物理学家，他在 1895 年发现了"伦琴射线"，并在此领域进行了卓有建树的研究。

二、民俗风情

1. 服饰

德国人在服饰上的民族特征并不明显，只有在少数几个地区还保留了一些本地独特的服饰风格。如巴伐利亚地区，男人戴一种插有羽毛的小毡帽，身穿皮裤，挂着背带，脚穿长袜和翻毛皮鞋，上衣外套没有翻领，且颜色多半是黑绿色；女人多以裙装为主，上衣敞领、束腰，袖子有长短，领边、袖口镶有花边，并以白色为主。裙子的样式类似围裙，颜色各异，裙边多用刺绣、挑花来点缀，腿部再配以白色为主的长袜，还常常佩有多种多样的帽子。又如在汉堡，人们爱戴一种小便帽。此外，在德国，男人一般喜欢蓄连腮大胡子，且样式多种多样。

现代德国人对服饰最显著的特征是穿戴整齐。在不同的场合，如工作时、做客、看戏、参加婚礼、葬礼、宴会、舞会等要穿上不同的干净整洁的服装，且要佩戴不同的鞋帽、手套和手包等。德国的慕尼黑国际时装博览会是久负盛名的世界五大时装博览会之一，也是德国面向世界的时装橱窗，它在每年的春秋两季举行。

2. 饮食

德国人的饮食有自己的特色。德国人多属日耳曼族，爱好"大块吃肉，大口喝酒"，每人每年的猪肉消费量达 66 千克，居世界首位。德国人爱吃猪肉，也喜欢自己养猪。由于偏爱猪肉，大部分有名的德国菜都是猪肉制品，最有名的一道菜就是酸卷心菜上铺满各式香肠及火腿，有时用一只猪后腿代替香肠及火腿。德国的香肠估计有 1500 多种，其中仅水煮小香肠就有 780 种，最受欢迎的是润口的肉肠。德国人均面包消费量也高居世界榜首，每人每年要吃掉 80 千克面包。德国人最爱吃土豆，土豆作为烹饪的主料的地位仅次于猪肉，餐桌上少不了它。德国人喜食奶酪，其品种多达 600 多种，是德国人早餐的必备之品。

与中国的饮食习惯不同，德国人最讲究、最丰盛的不是午餐、晚餐，而是早餐。在德国百姓家，早餐的内容有饮料，包括咖啡、茶、各种果汁、牛奶等，主食为各种面包，以及与面包相配的奶油、干酪果酱，外加香肠和火腿。

德国的啤酒、葡萄酒在全世界享有盛名。它是世界饮酒大国，酒类年消耗量居世界第二位，其中啤酒的销量居世界首位。啤酒的三大产地是慕尼黑、汉堡和多特蒙德。一般来说，德国的北方人喜欢饮熟啤酒，南方人偏爱小麦啤酒、淡啤酒、黑啤酒和无苦味的啤酒。啤酒在德国人的饮食生活中占有重要地位，被称为"液体面包"。

3. 婚俗

德国在结婚的礼仪程序上与其他西方国家大体相同，都要经过结婚登记、教堂婚礼、新婚蜜月三部曲。但也有一些独特的婚俗。例如在择偶方式上就有橡树月老、棋艺定终生、白桦寄深情、电影择偶等。

4. 爱好与娱乐

德国人喜欢看戏剧。其中柏林的剧院数量居德国首位，有 150 多家，其戏剧演出已成为城市居民文化生活的重要组成部分。当然，德国人也喜欢看电视、看电影。

德国人酷爱音乐；德国人喜欢读书；德国人自古喜欢收藏；德国人喜爱体育运动，德国人最喜爱的体育项目是足球，足球成了德国的国球。此外，网球、高尔夫球、骑马、骑自行车、滑雪、游泳、徒步漫游也是深受德国人喜爱的运动项目。德国人的另一个最大爱好就是旅游。在德国，几乎每个家庭都有自己的旅游计划，财力较弱者，去国内和邻近国家旅游，富裕的家庭去遥远的东方、美洲和澳洲旅游。

此外，德国的民族性格十分鲜明，主要表现为：德国是一个讲究秩序、遵守的时间的民族；德国人严肃沉稳、不尚浮夸；德国人讲究勤劳整洁；德国是一个遵纪守法的民族。

三、旅游市场

1. 出境旅游

德国是世界上最大的旅游和旅行消费国，也是欧洲旅游客源地的核心。许多欧洲国家的旅游业都高度依赖德国客源市场。德国是中国第 13 大旅游客源国，2010 年德国公民到中国旅游的人数达 60.86 万人次，比上年增长了 17.37%。

(1) 客源特点。旅游目的地，主要在欧洲，占出国旅游总数的 85%，去欧洲以外旅游的不足 10%，最有吸引力的是北美和亚太地区。近距离主要为西班牙、意大利和奥地利，远距离主要为美国、加拿大和多米尼加共和国。

旅游动机，绝大多数是以改换环境和寻找乐趣为主要旅游动机。

旅游产出地主要有三个：一是以慕尼黑和斯图加特为主的南部地区，是尖端科学、电子工业和奔驰汽车基地，专业人员较多。二是从法兰克福到中部的鲁尔地区，工业发达，第三产业发展较快，人民生活水平较高。三是汉诺威、汉堡地区，汉诺威每年举办世界博览会，当地居民思想开放。汉堡是全国最大的港口，出国旅游人数较多。

旅游者大多数是较富裕的人，即中、高级管理人员和自由职业者，年龄结构以 20～45 岁的人为多。近些年来，老年旅游市场发展较快。

(2) 形成原因。德国是世界旅游大国，旅游密度、旅游支出和逗留时间都处于世界前列。近年来，德国出国旅游者人数和国际旅游总支出仅次于美国，列全球第二位，从而成为世界上最重要的旅游客源国之一。究其原因如下。

① 经济实力雄厚。德国是西方世界仅次于美国、日本的经济发达国家。其经济实力与经济发展水平居欧盟各国首位,雄厚的经济实力是居民出国旅游的首要重要条件。

② 旅游时间充足。德国人一般每年享有 6 周的带薪休假,是世界上国民享有假期最长的国家。除此之外,还有各种宗教节日和每周两天休息日。随着计算机的网络化,将有不少人在家里办公,从而产生一种"半休闲时间"。对于教师和学生而言,每年则有长过 5 个月的假期。退休人员则更是时间充裕,有足够的时间外出旅游。

③ 旅游欲望强烈。德国人酷爱旅游,外出旅游已成为生活的一部分。普通德国家庭用于休闲活动的费用约占家庭收入的 1/5,仅次于吃穿。据统计,55%的德国人每年进行 1 次旅游,12.8%的人两次,3.3%的人 3 次,最高达 7 次。

④ 文化水平较高。德国居民人口素质高,大学生的入学率高达 30%～32%,居世界前列。全国有科学家、工程师、技术员 1022 万,占全国总人口的 13%。全民族较高的文化水平是德国成为世界主要旅游客源国的重要因素。

⑤ 地理位置优越。德国地处中欧,与 9 个国家接壤,过境旅游非常方便。同时,德国的交通发达,特别是小汽车的广泛使用,也是德国人近距离出国旅游兴旺发达的原因之一。

⑥ 奖励旅游市场兴旺。奖励性和鼓动性的竞争策略已成为德国主要大公司经营策略中的重要组成部分。法国、西班牙、葡萄牙和奥地利是最受欢迎的奖励旅游目的地,欧洲以外是中国香港、新加坡和加勒比海地区。绝大多数奖励旅游持续 3～4 天。

⑦ 政治与法律的保证。经过两次世界大战和两德统一后的德国,其外交政策的核心是和平政策,它的目标是促进欧洲国家和人民之间共处,并创造一个稳定和平的秩序。同时进一步发展与大西洋联盟及跨大西洋的合作,此外要加强国际组织。德国的这种和平外交政策为其国际旅游业的发展提供了政治保证。

2. 入境旅游

德国,主要是德国西部,入境旅游发达。据德国联邦统计局的数据,2010 年德国创造了 6030 万来自海外游客的入住/过夜数。来德游览的旅游者主要来自荷兰、美国、英国、意大利、瑞士、法国、比利时、奥地利、丹麦、瑞典、波兰等。他们的旅游目的多种多样,平均停留时间仅 4 天,其中度假旅游者甚微,主要原因是旅游费用昂贵。访亲探友旅游者的比例极高,特别是美国人和英国人,其部分原因也许与德国驻有"北约"军队有关。较大比例的英国、法国、瑞士和日本旅游者,属于商业旅行。许多国际贸易展览会、国际会议在德国举行,商业旅游市场的发展可能比度假旅游市场要快。大约有 1/3 的斯堪的纳维亚及各国的旅游者是途经德国过境到南欧旅行,然而许多过境者在德国并不过夜。德国处于去法国、阿尔卑斯山和地中海的路径上,所以过境者极多。另外,自 1989 年以来,从东欧国家来的一日游者,特别是购物者不断增加。

3. 国内旅游

德国的国内旅游也非常发达,每年约有 1/3 的德国人在国内度假,他们大多以增进健康、回归大自然为主要旅游动机。主要的国内旅游目的地是巴伐利亚、巴登符滕堡、石勒苏益格—荷尔斯泰因、下萨克森、梅克伦堡福尔波门、萨克森、图林根等。

四、旅游热点

德国是一个令人神往的旅游之国。充满浪漫色彩的莱茵河、美茵河、摩尔泽河、内卡河、多瑙河及易北河吸引着无数游客畅游其中，乐不思蜀；巍峨雄伟的阿尔卑斯山既是登山爱好者的乐园，也是徒步旅行者涉足为快的目的地；气候宜人、美丽如画的波罗的海海滨则是人们度假的理想之地。同时，还有田园诗般的古老城市、众多历史悠久的古堡、教堂与博物馆引人注目。

德国是世界上拥有古堡建筑最多的国家。时至今日，它仍有近 15 000 座古堡。在莱茵河两岸的山头上，几乎每一个山头都屹立着一座古堡。追溯其源，在古代和中世纪，德国长期处于封建割据、四分五裂的状态，为了防御敌人的侵犯，人们纷纷筑起坚固的城堡。城堡里的主要建筑有住房、军火库、粮食库和水井，并设有瞭望塔。古城堡使人联想起德国人的传统道德：忠实、坚强、勇敢。

古老的教堂建筑是德国名胜古迹的重要组成部分。有罗曼式的、哥特式的、巴洛克式的、文艺复兴时期的、古典主义的各种风格。据不完全统计，德国的尖塔教堂高 100 米以上的就有 24 座，高 80 米以上的有 113 座。教堂已成为德国城市建筑的重要标志。游客去德国观光，教堂是必看之处。

德国有众多的博物馆，特别是反映历史风貌和民俗特色的博物馆引人入胜。如货币博物馆、报纸博物馆、光学博物馆、自行车博物馆、风车博物馆、陨石博物馆、村庄博物馆、扫帚博物馆、蜜蜂博物馆、面包博物馆、鸟蛋博物馆、玩具博物馆、扑克博物馆、纸币博物馆、梳妆博物馆、壁纸博物馆以及间谍器材博物馆等。

德国还被称为展览会的王国，每年吸引着无数旅游者前往。

◇**知识窗**◇

展览会的王国

德国举办贸易博览会的历史非常悠久，早在中世纪的早期就有了较大规模的专门从事贸易活动的集市。今日德国的博览会得到了世界各国的公认。国际上有 150 个左右的重要专业博览会，其中大约有 2/3 是在德国举办的。柏林、多特蒙德、杜塞尔多夫、埃森、法兰克福、汉堡、汉诺威、科隆、慕尼黑、纽伦堡和斯图加特已发展成为德国最重要的博览会城。每年春季举办的汉诺威博览会是世界上最大的工业博览会，其展出的工业品是其他任何一家博览会都无法比拟的。

德国推出了 100 多条精选旅游者之路，著名的有"童话之路"、"浪漫之路"、"葡萄园之路"。主要旅游热点有法兰克福、柏林、科隆、慕尼黑、波恩等。

1. 法兰克福

法兰克福位于德国中部的黑森林的美茵河畔，是德国通向世界的门户，欧洲重要的交通枢纽，德国最重要的金融中心，也是世界金融中心。法兰克福建于公元 794 年，是一座有 800 年历史的博览城，法兰克福博览会是世界上最重要的博览会之一，于每年春季和秋季举行。此外，还有一年一度的图书博览会、烹饪技术展览会和汽车展览会以及其他 9 个专业博览会.博览会的客商每年多达 1200 万.它也是一座世界闻名的文化名城,各种博物馆遍布全城,有城市艺术博物馆、古雕塑博物馆、历史博物馆、自然博物馆、手工艺博物馆和歌德之家博物馆等 17 个博物馆以及古罗马人遗迹、黑宁格尔塔、尤斯蒂努斯教堂、古剧院等古迹。主要游览点有:莱茵河、罗马堡广场、圣堡罗教堂、旧市政厅、圣巴托洛梅乌斯教堂、歌德故居、美茵河边的美术馆区等。

2. 柏林

柏林是德国首都,著名的旅游城市,有 750 年历史。现有人口 350 多万。柏林的建筑多姿多彩,蔚为壮观。古老的教堂、博物馆、剧院、宫殿以及现代流派的建筑,让人强烈感受着柏林的古典与现代、浪漫与严谨的氛围。柏林是座文化名城,全年几乎都有文化节。柏林是一个河流湖泊多、空气湿润新鲜的花园城市。全城有 1/3 的地区为河流湖泊与森林草地,市内水路长达 165 千米,人均绿地 50 平方米。主要游览点有:菩提树下大街、德国历史博物馆、勃兰登堡门、亚历山大广场、柏林大教堂、威廉一世纪念堂、国会大厦、凯旋柱碑、柏林墙等。

3. 科隆

科隆位于莱茵河畔,是一座古老又美丽的城市,它于 2000 年前由罗马人所建,至今仍保留着许多罗马帝国时代的历史遗迹。科隆是德国第四大城市,欧洲有名的商业都市,世界著名的世界贸易展示中心,几乎全年都有展示活动。主要游览点有:科隆大教堂、市厅、博物馆、罗马日耳曼博物馆、朱古力博物馆、4711 古龙水博物馆等。科隆的狂欢节远近闻名,庆祝活动规模最大,也最典型,是全德历年狂欢节的中心,每年有数十万人从国内外赶来参加。

4. 慕尼黑

慕尼黑位于德国东南部,人口 130 多万,为德国第三大城市,是一座有 800 多年历史的文化古城。慕尼黑是最具有独特风格的城市。这里是德国宗教建筑最集中的地方,名胜古迹众多。有被视为慕尼黑象征的典型的哥特式建筑圣母教堂,慕尼黑第一座洛可可式教堂圣安娜寺院教堂,文艺复兴式建筑的圣米歇尔教堂,融巴罗克式、文化复兴式、洛可可式和古典建筑风格于一体的老王宫等。慕尼黑是欧洲的一颗灿烂的明珠,同时被人们称之为"百万人口的超级村庄"。这里有四多:一是博物馆多,全市有 50 多座博物馆;二是公园、喷泉多,共有 40 个公园,2000 多个喷泉;三是雕塑多;四是啤酒多。慕尼黑人以喝啤酒著名,慕尼黑的"十月啤酒节"闻名于世,慕尼黑人那坚挺的"啤酒肚"也是世界第一、天下无双。主要游览点有:德国博物馆、王宫、新市政厅、奥林匹克公园、玩具博物馆、古画馆、新画馆等。

◇知识窗◇

德国慕尼黑啤酒节

慕尼黑啤酒节可以追溯到 1810 年。当年巴伐利亚加冕王子路德维希和特蕾瑟公主当年 10 月完婚,官方的庆祝活动持续了 5 天。人们聚集到慕尼黑城外的大草坪上,唱歌、跳舞、观看赛马和痛饮啤酒。从此，这个深受欢迎的活动便被延续下来，流传至今。

每年9月的第三个星期六至10月第一个星期日就固定成为啤酒节。历史上，除因战争和霍乱中断外，慕尼黑啤酒节已整整举办了176届了(截至2009年)。

近年，这一狂欢盛会每年吸引约600万参与者，每届啤酒节要消费约600万升啤酒、50万只鸡、100头牛，同时为慕尼黑带来8.3亿欧元的收入。

5. 波恩

波恩坐落在莱茵河中游的西岸，人口不足30万，是个风光秀丽的城市。波恩是一个历史悠久的文化古城。公元一世纪初，罗马帝国的军队到这里筑城据守，长达百年之久，至今莱茵河还有罗马时代建筑的遗迹。主要游览点有：波恩大学、贝多芬故居、集市广场、德国国会等。

课堂讨论题

旅游业一脚踢来250亿欧元——世界杯经济引爆德国

据新华社2006年2月27日报道，德国的体育用品生产商，如adidas、PUMA等将成为2006年德国世界杯足球赛中最大的商业赢家，而受益者还不仅仅是它们。其中，德国今年的旅游收入会因为世界杯而增加到250亿欧元。

德国是欧元区12国中经济实力最强大的国家。在经历了一段时间的个人消费低迷和经济停滞后，德国经济已经出现复苏迹象。2006年6月至7月举行的世界杯足球赛为德国企业带来了巨大商机。对许多德国企业来说，2006年世界杯在最需要刺激消费者购买欲望的时候到来了。

而除了体育用品生产领域之外，其他一些行业也已经从世界杯足球赛中获益。而据市场人士预测，德国的旅游业和餐饮业也将从世界杯足球赛所带来的利润中分得一杯羹。德国德累斯顿银行估计，德国今年的旅游收入会因为世界杯足球赛的举行而增加7%，达到250亿欧元。该银行认为，世界杯足球赛将为德国带来一个旅游高潮。

另据酒店预订网站的调查，在世界杯足球赛开幕之前4个月，德国酒店的价格已经提高了3倍。其中，汉堡的一些两星级酒店价格上涨了209%，法兰克福的一些三星级酒店价格上涨了134%。毫无疑问，由于广告收入的大幅提高，德国的传媒行业也将是世界杯足球赛中的一大赢家。

请根据阅读材料分析大型体育赛事对国际旅游的影响。

第五节 意大利

一、国情概述

1. 国土疆域

意大利地处欧洲南部地中海北岸，其领土包括阿尔卑斯山南麓和波河平原、亚平宁半岛、西西里岛、撒丁岛及其他小岛。亚平宁半岛南北长 1300 千米，东西宽 600 千米，它像一只巨大的长筒靴伸入蔚蓝色的地中海之中。意大利陆界北部与法国、瑞士、奥地利毗邻，东北部与克罗地亚接壤；东、西、南三面临海，东面隔亚得里亚海与斯洛文尼亚相望，东南是爱奥尼亚海，西面自北至南是利古里亚海和第勒尼海，这些内海都是地中海的组成部分，亚平宁半岛与西西里岛一起，几乎把地中海分成两个相等的部分。西西里岛南面是马耳他海峡，濒临地中海中的岛国马耳他。在意大利境内还有两个独立的国家：一个是地处东北部的圣马力诺共和国，它是欧洲最古老的共和国，也是世界最小的共和国；另一个是梵蒂冈，它位于意大利的首都罗马，是罗马天主教会的中心。意大利的国土面积为 301 318 平方千米，国境线长 9054 千米，其中海岸线长 8500 千米。

意大利充分利用海滨优势和地中海式气候，在海岸带建起了长达数百公里的海滨旅游基地，包括 6000 多个海滨浴场、150 多个旅游港口、500 多个海滨旅游中心，其游乐设施也非常齐全。

2. 人口与民族

意大利现有人口 6011.40 多万(2009 年)。人口居欧洲第五位，人口变化趋势中女性略高于男性，劳动人口比例下降，人口结构趋于老化。人口平均寿命为 77 岁。城市人口占 72%，农村人口占 28%，主要集中在现代化大城市、平原和沿海地区。意大利是世界上移民最多的国家之一。

在意大利的民族构成中，95%以上是意大利人，基本上是单一民族的国家。除意大利人以外，还有撒丁人、弗留里人、奥地利人、阿尔巴尼亚人、南斯拉夫人、法国人、犹太人、希腊人、瑞士人和加泰隆人等。

意大利的官方语言是意大利语，它属于印欧语系新拉丁语族(或称为罗曼语族)。意大利语还是圣马力诺、梵蒂冈的官方语言，也是瑞士四种正式语言之一。此外，由于历史原因，不少阿尔巴尼亚人、索马里人、埃塞俄比亚人、利比亚人和马耳他人也能讲意大利语，还有约 5000 万生活在其他国家的意大利侨民和后裔也讲意大利语。意大利语是世界上使用人口较多的语言。

意大利是一个信奉天主教的国家，90%以上的居民信奉天主教，只有少数人信仰新教、犹太教、东正教，伊斯兰教。

3. 发展简史

意大利是欧洲的文明古国，古往今来，有多少文人用最好的语言赞颂过意大利，把它描绘成"欧洲的天堂和花园"。

相传公元前 2000 年，在意大利开始出现定居居民，他们属于拉丁民族。古罗马建立于公元前 753 年，从此，拉丁人开始被称为罗马人，罗马也就成为今日意大利的一种象征。

古罗马从公元前 753 年开始，直至公元 476 年西罗马帝国灭亡，前后共 1229 年的漫长历史。公元 962 年受神圣罗马帝国统治。11 世纪诺曼人入侵意大利南部并建立王国。12～13 世纪又分裂成许多王国、公国、自治城市和小封建领地。

在 14 世纪和 15 世纪，在地中海沿岸的某些城市开始出现资本主义的最初萌芽。从

16 世纪到 18 世纪中叶，专制主义制度在意大利各城市国家确立，1861 年 3 月建立意大利王国。1870 年 9 月 20 日，意大利军队占领罗马，终于实现了统一。

意大利统一后，资本主义经济得以迅速发展，20 世纪初，进入帝国主义阶段并开始殖民扩张。1922 年墨索里尼上台，同德国、日本结成同盟，实行了长达 20 余年的法西斯统治。1946 年 6 月 2 日，废除君主制，成立意大利共和国。第二次世界大战后，意大利的天主教民主党和社会党一直居于政治的中心地位，政府更迭频繁，但政府的内外政策具有相对稳定和连续性的特点。

4. 自然风貌

意大利是一个多山的国家，自然景色优美。北部是阿尔卑斯山脉，沿着亚平宁半岛走向的是亚平宁山脉，两山交接处以东是著名的波河平原。火山是意大利重要旅游资源之一，主要分布在亚平宁半岛和西西里岛等地。维苏威火山是世界著名的活火山，也是欧洲大陆唯一的活火山，它位于那不勒斯市东南，海拔 1277 米。公元 79 年，它发生大爆发，将附近的庞贝城等埋在厚厚的火山灰和浮石之下。进入 20 世纪后它又几次喷发，分别为 1906 年、1929 年和 1944 年。埃特纳火山是欧洲最高大、最活跃的火山，位于西西里岛东北部，海拔 3279 米。最近一次爆发是在 1981 年。每当火山爆发时，火光冲天，浓烟滚滚，高可达 500 米。活火山的奇景、积雪的山峰、山坡的森林、山麓的葡萄园和橘子林等，给当地的旅游业增添了活力。斯特龙博利火山位于第勒尼安海东南的斯特龙博利岛上，该火山海拔 926 米，是世界上喷发频率最高的一座火山，它每隔 5 分钟至 15 分钟就爆发一次。

意大利南部半岛和岛屿地区是典型的地中海式气候，全年的气温变化不太明显，冬季不冷而且多雨，夏季炎热又干燥。1 月平均气温为 2℃～10℃，7 月份平均气温为 23℃～26℃，大部分地区年降雨量在 500～1000 毫米之间，但西西里岛和撒丁岛年降雨量却很少。阿尔卑斯山区是全国气温最低的地区，波河平原区属于亚热带和温带之间的过渡气候，具有大陆性气候特征。

在意大利境内海拔 2800 米以上的阿尔卑斯山山坡上约有 1000 多条冰川，有的冰川很大，如位于勃朗峰南坡的米亚杰冰川长 10 多千米。意大利最大的冰川是威德莱塔德福尼冰川。它们形成了意大利重要的冰川旅游资源。意大利的河流很多，但大多短小流急，春冬流量大，夏秋流量小。波河是意大利最大的河流，全长 652 千米，发源于阿尔卑斯山，向东流入亚得里亚海。阿迪杰河是第二大河，长 410 千米，其发源地和入海口与波河相同。此外，还有台伯河(405 千米)、亚诺河(241 千米)等。意大利湖泊众多，如面积最大的加尔达湖、湖水最深的科莫湖、风景最美的马乔列湖等。

5. 政治经济

意大利的首都为罗马。国花是雏菊，又名五月菊。货币为欧元。

意大利政体是议会共和制，实行两院制议会和内阁负责制。总统是国家元首和民族统一的象征，不拥有行政权，不设副总统。总理由总统任命，向议会负责。议会拥有立法权和决定国家重大政治问题的权利。立法权由参众两院集体行使。

1970 年 11 月 6 日中意建交。多年来，两国关系发展顺利，交往频繁。

意大利是世界上发达的资本主义国家，属于西欧四大强国和西方七大强国之列。意大利南北经济发展不平衡，北部的工农业、商业发达，人们的生活水平较高；南部的工业较落后，农业也远远赶不上北部。现在经过政府的努力，这种不平衡状态已有很大的改观。意大利的工业在国民经济中占有重要地位。由于国内自然资源贫乏，原料和能源严重依赖进口，因此意大利工业具有明显的以加工业出口为主的特点。产品的 1/3 以上供出口。其主要工业部门有机械工业、食品工业、纺织、服装、制鞋、皮革业等。意大利的原油加工能力居世界第六位，钢产量居欧洲第二位，世界第六位，拖拉机产量居世界第六位，发电量居世界第九位。意大利是军火生产大国，是世界上仅次于美、俄、法的第四大军火出口国。

意大利的农业也很发达。农业产值占国内生产总值的 3.5%，农业人口占全国的 10%。小麦是最重要的农作物，蔬菜在意大利农业生产和出口中占有重要地位，是欧洲最大园圃蔬菜生产国之一。著名水果有橄榄、葡萄、柑橘、柠檬、苹果、桃、意大利李子等。意大利号称"橄榄王国"，种植历史达 3000 年之久。意大利的葡萄和葡萄酒产量均居世界第一，出口量居世界首位。

意大利的交通运输业相当发达。自古就有条条大路通罗马之说。现今，全国民用机场 100 个，其中国际机场 30 个，主要机场有罗马的菲乌米奇诺、米兰的利纳特、马尔奔萨和都灵的卡莱塞，罗马是飞往东方和非洲的中途站。海运业非常发达，共有 40 多个海港，主要有热那亚、那不勒斯、威尼斯、的里雅斯特等。意大利铁路和公路交通十分便利。

意大利旅游资源丰富，旅游业发达，旅游收入是弥补国家收支逆差的重要来源，旅游收入占 GDP 约 6%～10%，目前是世界第 5 位的旅游大国。

6. 文化艺术

意大利是古罗马帝国的发祥地，有许多充满宗教色彩的建筑和历史古迹。意大利又是一座文艺复兴时代的艺术宝库，拥有 600 多家博物馆、珍藏着 3600 多件艺术品和历史文物。它们使意大利成为文化旅游的理想之地。

文艺复兴是 14～16 世纪欧洲文化和思想发展的一个历史时期，是欧洲历史上一次重大的新文化运动，是人类历史上一个百花齐放、硕果累累、群芳争妍、人才济济的光辉时代，文艺复兴应归功于勤奋、智慧的意大利人的天才创造，中世纪的意大利确实成为当时欧洲的文化中心。在意大利，尤以诗歌、绘画、雕刻、建筑、音乐方面的成就最为突出，主要代表人物有：但丁(1256～1321)是欧洲文艺复兴时期最伟大的诗人，也是文学大师之一。其代表作为《神曲》。列奥纳多·达·芬奇(1452～1519)，是一个知识渊博、多才多艺的人，他在绘画、音乐、医学、建筑、水利工程、物理、数学、天文、机械等方面都有惊人的建树。壁画《最后的晚餐》、肖像画《蒙娜·丽莎》和祭坛画《岩间圣母》这三幅杰作被美术史家们说成是达·芬奇最伟大的作品。米开朗基罗·波纳罗蒂(1475～1564)是意大利文艺复兴时期最著名的雕刻家、画家、建筑设计师和诗人。著名的代表作有大理石雕像《哀悼基督》(也名《母爱》)、《大卫》、《摩西》、祭坛画《最后的审判》等。拉斐尔·桑齐奥(1483～1520)是意大利文艺复兴时著名的画家、建筑家。他塑造的人物具有柔和、优雅、明朗的艺术风格，被称为文艺复兴时期的"画圣"。

他的名字与达·芬奇、米开朗基罗一起被列为文艺复兴的"三杰"。著名的代表作有大型装饰画《雅典学》、祭坛画《西斯廷圣母》等。

意大利的歌剧诞生于 17 世纪，佛罗伦萨、罗马、威尼斯和那不勒斯先后成为意大利歌剧艺术中心，涌现了许多歌剧艺术家。作为歌剧的故乡，意大利拥有许多闻名世界的歌剧院，如米兰的斯卡拉大歌剧院、那不勒斯的圣卡尔洛歌剧院、威尼斯的凤凰歌剧院、都灵的皇家歌剧院、罗马的罗马歌剧院等。

二、民俗风情

1. 服饰

意大利素以服装设计制造、皮鞋生产和首饰加工等闻名于世。意大利服装在世界上久负盛名。米兰是世界七大服装中心之一，除米兰外，还有巴黎、纽约、东京、伦敦、慕尼黑和中国香港六大城市。巴黎偏向"豪华"、"创作"，而米兰注重"实用"、"商业"，它们各有千秋。意大利服装大致可以分为民族服装、普通服装、正式服装和流行服装四类。民族服装代表着各民族的传统习惯并一直保留至今，但只是重大节日、喜庆活动或表演传统节目时，才穿上五彩缤纷的民族服装，以增添欢乐的气氛。意大利人平时都穿普通服装，男士穿各种衬衫、T 恤衫、便装夹克、牛仔裤及各种长裤，妇女穿绣花衬衣、棉麻丝绸上衣、连衣裙、短裙等。在参加重要会议、宴会或观看演出以及在政府机关或重要公共场所工作时，男士才穿西服、系领带，女士穿西服套裙。

2. 饮食

意大利的餐饮在世界上很有名气，它不仅烹调技术历史悠久，菜肴脍炙人口，而且饮食卫生，服务质量高。意大利餐与中国餐、法国餐在世界上齐名。意大利菜的特点是味浓香、软烂，以原汁原味闻名。烹调上以炒、煎、炸、红烩、红焖等办法著称，并喜欢把面条、米饭作为菜用，而不作为粮食。意大利人习惯把饭煮成六、七成熟就吃。比萨饼和意大利粉是很出名的食物。意大利人最喜欢吃比萨饼，它是一种最大众化的食品，有数不清的做法和品种，比萨饼可以说是意大利食品的代名词。最地道的比萨饼一定要用一种特殊的硬质木柴来烤制，烤出的比萨有一种特有的香味。意大利人也喜欢吃面条、饺子，而且普遍认为面条是由威尼斯人马可·波罗从中国传入意大利的；意大利北方人也爱吃一种叫"利托"的米饭。意大利人喜欢喝咖啡。咖啡有浓、淡之分，还有掺牛奶的，但当地人爱喝浓咖啡。意大利的酒吧间很多。人们最喜欢一种叫卡普奇诺的饮料，它是意大利特有的一种带泡沫的饮料，用前加点白糖，十分可口。意大利人爱喝酒，能喝酒，但他们有文明饮酒的良习，很少饮烈性酒，也很少酗酒、劝酒。

3. 婚俗

意大利人习惯把婚期定在春秋两季。婚礼主要分两种，一种是民政婚礼，另一种是教堂婚礼。妻子不干家务或不爱干家务的，丈夫可提出离婚申请。

4. 礼仪

意大利人有良好的风度，其中一点表现在称呼上。一般意大利人不会对陌生人称"你"，只有亲朋好友之间才这样称呼。对长辈、上级和初次见面的人以"您"尊称。"夫人"、"小姐"、"先生"这样的称呼使用得很普遍，已经形成传统，如对"小姐"、"夫人"搞不清楚，可从旁打听，或含糊其辞，称之为"女士"就行。如果知道您受过高等教育，会换之以"博士"、"工程师"、"医生"等称呼。意大利人的姓名通常由两部分组成，前面为名，后面为姓，一般称名而不称姓。但对长者、有地位的人或不太熟悉的人，则称呼他们的姓。意大利妇女结婚后，一般保留自己的名字而改丈夫的姓，但女演员或女作家等名人可以保留自己的姓。

此外，意大利人忌讳用一根火柴给 3 个人点烟。戴帽子的男子在路上遇到友人时，必须把帽檐向下拉低，以示尊敬。

5. 爱好与娱乐

意大利人喜欢足球运动，是国际上公认的"足球王国"；喜欢私人收藏；喜欢鲜花；喜欢垂钓；酷爱文物，意大利人对各种文物的鉴赏能力很强；喜欢野餐；意大利人还喜欢养狗、猜奖活动、玩地滚球运动等。

意大利人喜欢在 8 月外出旅游。在意大利，8 月是一个不平凡的月份，因为 8 月有一个重要的节日——八月节。八月节在意大利已有 2000 多年的历史，自古以来，人们就有在 8 月尽情欢乐的风俗，可以说，这就是意大利 8 月休假的来历。每年 8 月来临，除了交通、邮电等部分行业外，全国所有企业、机关几乎全部停止工作，人们纷纷到海滨或山间去休假。与此同时，也造成公路交通十分紧张，交通事故时有发生。除本国旅游外，意大利人出境旅游较多的国家是法国、西班牙、俄罗斯、希腊、埃及、中国、印度等国，他们感兴趣的是古国、古城、古迹，希望看"原汁原味"的东西。在旅游季节，意大利人常常开着汽车，后面还带着一个封闭式的拖车，里面装有各种齐全的设备、用具、食品，举家外出去野餐。

此外，意大利多变的地形和宜人的气候，塑造了意大利人"热情有余，严肃不足"的民族性格。他们开朗、热情、浪漫，特别值得称道的是意大利人的热心肠。

三、旅游市场

意大利是世界重要的旅游接待国。据意大利国家旅游部统计，2008 年意大利旅游业收入为 200 亿欧元，由于受到金融危机的影响，2009 年旅游收入只有 165 亿欧元。欧盟各国是它的主要客源地区，奥地利、瑞士、德国、法国和英国等为主要客源国，旅游以历史古迹旅游、海滨旅游和会议旅游为主。

意大利又是世界上重要的客源输出国。意大利人的旅游目的地以法国、西班牙、奥地利、英国为主，欧洲外的美国是主要的旅游目的地。意大利人近距离出国旅游仍以海滨旅游产品为主，近年来对精神旅游产品，对体育、探险等旅游产品的需求量显著增大。而远距离出国旅游的动机是文化旅游，去享有世界声誉的旅游地度假，去优美的自然风景区旅游。目前，意大利人于 8 月度假的习俗有所变化，开始实行多次度假。冬季、春季短期度假的次数开始增加。意大利人口老龄化问题日益严重。老年人大部分经济条件较好，有大量的自由支配时间，且身体健康，出国旅游的欲望较强，所以出国旅游者也趋向于老年人占多数。目前，意大利是中国主要旅游客源国之一，2010年来华旅游人数达22.92万人次，比上年增长19.79%。

四、旅游热点

意大利山清水秀，风光迷人，素有欧洲的花园和天堂之称。意大利最令人向往的还是人文旅游资源，特别是众多的历史文化名城、举世闻名的艺术珍品和充满宗教色彩的建筑和历史古迹，吸引着无数的国内外旅游者。

(一)罗马

罗马是意大利的政治、经济、文化的中心，是古罗马帝国的发源地、世界著名的历史文化名城，以其悠久的历史和绚丽的风光名扬天下。罗马已有2750多年的历史，是西方文明的摇篮、世界天主教圣地。罗马城位于亚平宁半岛西部的台伯河畔，建在风景秀丽的七个山丘上，又称"七丘之城"。相传罗马的创建人罗慕洛是母狼养大的，故罗马城徽图案是母狼哺育婴儿。因而意大利有"狼育之城"之称。也被称为"永恒之城"，其意一为罗马立于不败之地，二为罗马文明永存。罗马的主要景点有古罗马斗兽场、威尼斯广场、诚实之嘴广场、西班牙广场、许愿喷泉、万神殿等。

1. 古罗马斗兽场

古罗马斗兽场闻名天下，属世界八大名胜之一，也是罗马帝国的象征。因为此场曾是猛兽相斗供贵族们取乐的地方，故被称为斗兽场。斗兽场又被称为竞技场，那是因为这里曾举办过马车及文艺表演之类的竞赛。斗兽场也称之科洛塞奥，意即"巨大"，因为湖边建有高120英尺的尼禄镀金铜像，罗马人叫它巨大金像，故得名科洛塞奥。公元72年，维斯巴西安皇帝为庆祝征服耶路撒冷的胜利，强迫8万名犹太俘虏修建斗兽场，后在3世纪和5世纪重加修葺，在文艺复兴时期遭到破坏，直到19世纪，才又开始认真修整这残垣断壁。斗兽场的外观像一座庞大的碉堡，占地20 000平方米，围墙周长527米，直径188米，墙高57米，相当于一座19层现代楼房的高度，场内可容纳107 000名观众。古罗马一次著名的奴隶起义——斯巴达克起义就是从这里发起的。

2. 威尼斯广场

威尼斯广场既是罗马旧城地理位置的中心、罗马最重要的交通枢纽，又是罗马游览景点最集中之地，它本身以及它的周围都有众多的名胜古迹，罗马一切重要的庆祝活动都在这里举行。广场上有维托里奥·艾玛努埃莱二世的骑马雕像和无名烈士墓。意大利人称之为"祖国祭坛"，并视为国家独立和统一的象征。

3. 诚实之嘴广场

诚实之嘴广场是古罗马、中世纪和巴洛克风格建筑的结合，有两座公元前2世纪的神殿，它们被改建为基督教教堂。圣母玛利亚·因·科斯梅迪教堂入口左边就是诚实之嘴，广场因其得名，其实它原是一个排水口的盖子。

4. 罗马广场

罗马广场位于威尼斯广场和斗兽场之间，也叫古罗马市场。它是当年古罗马帝国的政治、经济、文化和宗教的活动中心。元老院、法庭、宫殿、庙宇及数座雄伟的凯旋门的遗址集中在此地。

5. 西班牙广场

西班牙广场一直是罗马的旅游中心，17世纪时，西班牙驻梵蒂冈大使馆坐落于此，因而得名。这里长达137级的石阶叫"三位一体山石阶"，是由德·桑蒂斯于1722年设计的。石阶下面有一个石舫喷泉，是意大利雕刻家彼得罗于1627年创作的。

6. 许愿喷泉

罗马以美妙壮观的喷泉闻名于世，全市共有各种喷泉1300多个，其中最有名气、观众最多的就是许愿喷泉了。罗马人有一个美丽的传说，只要背对喷泉将一枚硬币由左心房丢过左肩，让它以美丽的抛物线沉入水底，就可以心想事成。

7. 万神殿

现有保存最完整的古罗马帝国古迹是万神殿。这座古建筑是奉马尔科·阿格里帕总督之命于公元前27年至公元前25年为纪念奥古斯都皇帝远征埃及的战功而兴建的，它的历史比斗兽场还长100多年。万神殿是用来供奉庙宇主要神祇的寺庙。这座圆形建筑物正面高达14米的8根石柱，都是当时用大木筏从埃及运到罗马的。万神殿迄今依然是罗马城中古典建筑艺术的最杰出的代表，米开朗基罗曾赞叹万神殿是"天使的设计"，它简洁几何形体的悦目组合——一个半球体，一个带有三角形墙的长方体，独具创造性。穹顶直径为9米的天窗，这是内部唯一的光线来源，光线照射在马赛克的地板上，营造着一种庄严肃穆的气氛。公元609年，万神殿改成为天主教堂。意大利统一后，万神殿作为意大利的皇陵。

(二)佛罗伦萨

佛罗伦萨是一座美丽的文化古城，是欧洲文艺的发源地，人们称它是意大利的文化首都。它培育了大批的雕刻家、画家、建筑师、文学家和诗人，如达·芬奇、拉菲尔、提香、米开朗基罗、布鲁内莱斯基、乔托等。它古色古香，其街巷、桥梁、教堂、广场、花园都保留着文艺复兴时的风貌，整个城市弥漫着文艺复兴的气氛，它堪称是那个伟大时代留给今天独一无二的标本。主要景点有：主教堂广场、花之圣母教堂、大教堂、乔托钟楼、老桥、老宫、乌菲奇博物馆、米开朗基罗广场。

(三)威尼斯

威尼斯位于意大利东北部的亚得里亚海海滨，由118个弹丸小岛组成。大约在公元

5 世纪，威内托人为逃避战乱，渡海聚居于礁湖岛屿之上，凭借孤悬海中的地理优势，成为拥有强大海军、垄断欧洲和东方贸易的独立国家。1866 年合并于统一的意大利王国。威尼斯整个城市浮在离陆地 4000 米的海边浅水滩上，仅西北方向有狭窄的人工堤岸与大陆相连。全城有 177 条水道，总长 45 千米的运河，2300 条水巷，通过 400 座大小不一的桥梁将全城连在一起。威尼斯以河为街，以船代车，处处街巷绕碧水，家家都在画图中。它是一座世人仰慕的美丽城市，名胜古迹众多，有 40 011 座宫殿，120 座教堂，120 座钟楼，64 所修道院。每年有 500 万游客来此。主要景点有：威尼斯的两座桥，一座叫里亚尔托桥，一座叫叹息桥；圣马可广场，它是威尼斯的心脏，也是威尼斯的象征。

(四)米兰

米兰坐落在意大利北部最富裕的波河流域中心，是意大利最大的工商业都市，被人们称为意大利的经济首都。相传，米兰的建城历史可上溯到公元前 4 世纪，曾为西罗马帝国的都城。意大利文艺复兴时期最伟大的巨匠之一达·芬奇曾长期居住于此，其著名的杰作《最后的晚餐》就是米兰圣玛利亚教堂餐厅的壁画。主要景点有：杜奥莫大教堂，它位于米兰市中心最繁华地段的杜奥莫广场上，是世界排名第二的大教堂；斯卡拉歌剧院、埃玛努埃二世长廊；圣玛利亚·戴莱·格拉齐教堂；五日广场等。

课堂讨论题

比起欧洲其他旅游大国，为什么意大利没有成为中国的主要客源国？影响其来华旅游的制约因素有哪些？

第六节　西班牙

一、国情概述

1. 国土疆域

西班牙东临地中海，北濒比斯开湾，东北同法国、安道尔接壤，西部和葡萄牙紧密相连，南部的直布罗陀海峡与非洲大陆的摩洛哥隔海相望(最窄处只有 13.5 千米)，扼地中海和大西洋航路的咽喉，被称为通往欧洲、非洲、中东和拉丁美洲的"桥梁"，海岸线长约 7800 千米。

西班牙和葡萄牙一起位于欧洲西南端伊比利亚半岛上，号称"永不沉没的航船"。由于欧洲主要山脉之一的比利牛斯山脉横亘半岛与大陆之间，所以自古以来伊比利亚半岛又称为比利牛斯半岛。整个伊比利亚半岛呈五角形，面积为 55.38 万平方千米，其中西班牙占据了 4/5，达 49.246 万平方千米，除半岛部分外，西班牙的国土还包括地中海的巴利阿里群岛，其面积为 5014 平方千米；北非西海岸和大西洋中的加那利群岛，面积为 7413 平方千米；另外，西班牙还有两块领地处于摩洛哥土地上的：梅利利亚和休达，面积 32 平方千米(两地归属问题至今同摩洛哥之间还有争议)。西班牙总面积共计 505 877 平方千米,是欧洲土地面积较为广阔的国家之一,仅次于俄罗斯和法国,是欧洲第三大国,领土面积相当于欧洲全部面积的 1/20。

2. 人口民族

西班牙人口,4520.07 万人(2007 年)次于俄罗斯、德国、意大利、英国和法国,居欧洲第六位,西班牙人口城市化十分明显,95%以上的人口居住在城市,并且出现人口老年化现象。

西班牙是一个多民族的国家,主体民族是卡斯蒂利亚人,即西班牙人,占总人口的 70%,其次有加泰罗尼西人、加里西亚人、巴斯克人,另外有少量的吉卜赛人、葡萄牙人等。

西班牙语即卡斯蒂利亚语,为西班牙的官方语言。西班牙语是国际通用语言和联合国使用的六种语言之一。目前,全世界有 3 亿人口使用,仅次于汉语和英语。

西班牙是一个以天主教为主的国家,有 96%的居民信奉天主教,其圣城——圣地亚哥被称为欧洲的"朝圣之路"。

◇知识窗◇

西班牙的吉卜赛人

吉卜赛民族是一个古老的以过游荡移生活为特点的民族,吉卜赛人没有自己的国家,也没有固定的家乡,成年四处奔波,到处流浪,足迹几乎遍布世界各地。目前,这个以四海为家的民族以居住在西班牙的为最多,他们大约在 15 世纪初进入西班牙,现在人数已超过 80 万。吉卜赛人爱好自然,其艺术表现、思维方式活跃、奔放,又极具感染性。

3. 发展简史

西班牙是一个历史悠久、文明古老的国家。大约在 20 万年前,尼安德特人,即伊比利亚人就开始居住、生活和繁衍在伊比利亚半岛上了。公元前 9 世纪至公元前 8 世纪期间,居住在中欧的凯尔特人开始向本区各国,尤其是半岛移民,他们不仅带来了自己的文化和习俗,还逐渐与当地人融合、同化,其后裔称凯尔特伊比利亚人。公元前 6 世纪至公元前 5 世纪,开始形成自己的文化和文字。这就是半岛最早的文明。

公元 8 世纪起,西班牙先后遭外族入侵,西班牙人民为反对外族侵略,进行了长达 800 年的斗争,终于在 1492 年赶走了摩尔人,取得了"光复运动"的胜利,建立了统一的封建王朝。同年航海家哥伦布发现了西印度群岛,此后,西班牙逐渐成为海上强国,对外进行扩张,在欧、美、非、亚四大洲均有殖民地。1580 年西班牙征服葡萄牙,成为欧洲最大的国家。1588 年西班牙"无敌舰队"被英国击溃,西班牙开始衰落。1873 年 2 月 11 日爆发资产阶级革命,建立第一共和国。西班牙在第一次世界大战中宣布中立,这使西班牙有机会同交战双方进行贸易和劳务出口,因此大力地推动了西班牙资本主义的发展。1931 年 4 月 12 日,西班牙再次爆发革命,建立第二共和国。1936 年 7 月佛朗哥发动叛乱,并得到希特勒和墨索里尼的支持,经过 3 年内战,于 1939 年夺取政权,开始实行长达 36 年的独裁统治。1975 年 11 月 20 日，佛朗哥去世，胡安·卡洛斯继承王位。胡安·卡洛斯一世国王继位后开始走上民主改革的道路。1978 年 12 月 29 日，西班牙宣布实行议会君主立宪制。

4. 自然风貌

西班牙是一个多山的国度，坎塔布里亚山脉、比利牛斯山脉、戈列多山脉、安达卢西亚山脉、瓜达拉玛等山脉形成了西班牙复杂奇特的地形。

北部山地区，绵亘着东西走向的比利牛斯山脉和坎塔布利亚山脉，海拔达 2000 米以上，山地林木茂盛，景色迷人，其间许多宽广的河谷置于其间，湖水清澈如镜，落差不一的飞瀑不胜枚举。中部梅塞塔中央高原区，约占全国面积的 60%，平均海拔 600～800 米。这里居住着西班牙人中的 1/3 以上，历来是西班牙重要的工业、农业和旅游区。东北部是阿拉贡平原区，该区位于比利牛斯山脉东南面的坎布罗河流域，是一个大致呈三角形的波状平原。这里是西班牙的天然粮仓，也是重要的葡萄、柑橘等水果产地。地中海沿岸山地区，从东南部安达卢西亚至东北部的加泰卢尼亚，蜿蜒曲折，跨度达 1500 千米有余。安达卢西亚山脉的最高峰穆拉森山海拔 3478 米，是伊比利亚半岛的最高点，号称西班牙"民族的脊梁"。南部安达卢西亚平原，位于摩莱纳山脉和安达卢西亚山脉之间，这里一马平川，坦坦荡荡。那加利群岛是由火山喷发而成，由 13 个火山岛组成，总面积为 7273 平方千米。

西班牙本土大体上位于 36°～43°N 之间，受地中海、大西洋，以及复杂地形的影响，大部分地区属温带，同时呈现多样性，总体特征是温和少雨、干燥多风，一年四季分明。最冷月为 1—2 月，平均气温是：东部、南部为 8～13℃；北部 2～10℃。最热月是 8 月，平均气温是：东部、南部为 24～36℃；北部 16～21℃。最低气温达-25℃，最高气温可达 40℃。中部梅塞塔高原为大陆性气候，冬夏温差大。北部和西北部为温带海洋性气候，冬夏温差不大，南部和东南部为地中海式的亚热带气候，夏季酷热，冬暖多雨。大自然赋予西班牙适宜的气候，使其成为世界著名的旅游王国。

西班牙河流众多，纵横交错，萦回百折，但大多数河流水流量不很丰富，大部分河段不利于航行。主要河流有埃布罗河(全长 927 千米)、杜埃罗河(长 780 千米)、塔霍河(长 910 千米)、瓜的亚纳河(长 820 千米)和瓜达基维尔河(长 560 千米)等，这些河流分别向西、南、东三个方向注入大西洋和地中海。

5. 政治经济

西班牙首都为马德里，国花为石榴花，货币为欧元。

西班牙是以维护自由、正义、平等和政治多元化为其法律最高意义的社会民主制国家，实行两院议会君主制。国王为国家元首和武装部队最高统帅，是国家统一和存在的象征。

西班牙于 1973 年 3 月 9 日与中国建交。两国在政治、经贸、文化、科技、教育等领域的友好合作关系不断发展。近年来，中西关系继续保持良好发展的势头。

西班牙是一个中等发达的资本主义国家，国内生产总值居经济合作与发展组织第 8 位，世界第 11 位，跻身于十大经济强国之列。西班牙是一个后进的工业国，工业产值占国内生产总值的 33%左右。西班牙的工业分布很不平衡，主要集中在马德里、加泰罗尼亚、巴克斯、瓦伦西亚、安达卢西亚和卡斯蒂亚莱昂地区。造船工业在世界造船业中位居第五位，在西欧仅次于德国名列第二；汽车工业在西班牙起步较晚，但如今已处于制造业中的领先地位，成为仅次于美、日、德、法之后的世界第五大汽车生产国。西班牙的制鞋业也很发达，阿利坎被誉为"制鞋王国"，是世界产鞋中心之一。西班牙也是世界上最大的葡萄酒生产国之一，葡萄酒产量仅次于意大利和法国，居世界第三位。

西班牙是一个传统的农业国，农业产品基本自给，有些农产品还可供出口。西班牙素有"橄榄王国"之称。

西班牙的交通运输非常发达。全国有机场 47 个，主要机场有马德里巴拉哈斯机场、帕尔马·德马略卡机场和巴塞罗那机场。已开辟 23 条国际航线，通往欧洲、非洲、中东和日本。全国最大的航空公司是伊比利亚航空公司，它也是欧洲大航空公司之一。西班牙三面环海，港口体系完善，与世界各地相连接。西班牙的铁路建设较早，有 160 多年的历史。有三条过境铁路，一条通往葡萄牙，另两条经法国通往欧洲其他国家。西班牙国内运输以公路为主，公路密如蛛网，遍布全国，延伸到每一个角落。小汽车是西班牙人的主要交通工具。

西班牙号称"旅游王国"，其旅游业绩举世无双，它和法国、美国并称世界三大旅游国，联合国旅游组织总部就设在西班牙首都马德里，旅游业是西班牙经济的重要支柱和外汇的主要来源之一。

6. 文化艺术

西班牙的文化源远流长，有着 2000 多年的历史，它哺育了许多著名的文学和艺术天才，为西班牙赢得了广泛的声誉和威望，也为丰富世界文学艺术宝库作出了杰出的贡献。

伟大的文学家塞万提斯的《堂·吉诃德》举世闻名。西方人认为，人类文明最伟大的两部著作应首推《圣经》和《堂·吉诃德》。《堂·吉诃德》是西班牙人的骄傲，它在世界各地拥有无数的读者。戏剧之父维加，代表作为《羊泉村》。人民诗人加西亚·洛尔卡，是 20 世纪西班牙最著名的诗人，代表作为《伊格纳西奥·桑切斯·梅希亚挽歌》，被誉为现代西班牙文学中"最优秀的哀歌之一"。另外，近现代西班牙还有五位诺贝尔文学奖得主，他们是埃切加赖、希梅内斯、贝内文特、阿莱克桑德雷和塞拉。

弗朗西斯科·戈雅是 18 世纪西班牙最伟大的画家之一。毕加索是 20 世纪最具有创造性、影响最大的西班牙艺术巨匠。此外，当代著名艺术家还有抽象派画家米罗、意象派画家达利等。

当代西班牙是一个足以与意大利相抗衡的声乐强国。著名歌唱家多明戈和卡雷拉斯与意大利帕瓦罗蒂齐名，并称为当代"世界三大男高音"，此外，贝尔甘萨是西班牙著名女中音歌唱家，以演唱罗西尼和莫扎特歌剧中的花腔角色而闻名，被誉为"甜嗓子的女人"；还有情歌大师胡里奥·伊格莱西斯。

西班牙传统舞蹈与戏剧体现了其独特的文化内涵，最为著名的是：奔放的弗拉门戈。弗拉门戈舞和斗牛一样是西班牙的国粹，它是一种民俗舞，起源于吉卜赛人和阿拉伯人的舞蹈。它充分展示了西班牙女郎的形体美和西班牙骑士粗犷、豪放的风采，浸透了西班牙民族的艺术修养和民族情感。激越的萨苏埃拉剧是西班牙独有的说唱剧，与弗拉门戈齐名，在西班牙家喻户晓。热烈的方丹戈是西班牙的一种热烈的爱情舞蹈，伴有歌唱，这种舞蹈已有 1000 多年的历史。欢快的霍塔舞是流行于西班牙北部的一种民间舞蹈。

西班牙是世界上独一无二和名副其实的"斗牛王国"。多少世纪以来，斗牛业经久不衰，斗牛文化日益深入人心。西班牙的斗牛历史可追溯到 2000 多年前，他们先是以野牛为猎获对象，而后拿它做游戏，进而将它投入战争。18 世纪以前，斗牛活动基本上是显示勇士杀牛的剽悍勇猛，1743 年马德里兴建了第一个永久性的斗牛场，斗牛活动逐渐成为一项民族娱乐性的体育活动。目前，西班牙共有 400 多个斗牛场，以西班牙首都马德里范塔士斗牛场最具规模，古罗马式的建筑富丽堂皇，可容纳 3～4 万人。在西班牙的文艺作品中，斗牛永远是艺术家热衷表现的题材。文学家海明威说："生活与斗牛差不多，不是你战胜牛，就是牛挑死你。"此话更是寓意深远。

二、民俗风情

1. 服饰

西班牙的传统服饰主要介绍如下。

(1) 披风，也叫披肩。它是西班牙妇女特有的传统服饰。它讲究面料，且大多绣花，图案典雅美观，色调亮丽；可长可短，一般没有袖子，也没有领子，但披风左右侧有口袋。

(2) 安达卢西亚长裙。它是西班牙有民族特色的裙装，其下摆一直坠到双踝处，走起路来雅致而又飘逸。

(3) 斗牛裤，又称紧身裤，裤腿很短，是西班牙男子一种传统的裤子，古时的斗牛裤大多为黑色或深蓝色，现时的斗牛裤则带有刺绣的多色花边，做工讲究，结实耐磨，有红色、白色、蓝色等，款式很多。

现今西班牙人的衣着习惯和观念发生了重大的变化，除上班男子穿西装、女子着西装裙外，平时追求自然和舒适，青睐纯棉和纯丝，喜欢突出个性，风格各异。西班牙人在外出旅游时无不一身休闲装、运动服，富有朝气，充满青春活力。

2. 饮食

西班牙的饮食习惯和东方人一样，也是一日三餐，但其饮食结构和时间却大相径庭。早餐一般在 8 点左右，以简单快捷为主，大致是牛奶、面包、黄油、奶酪、果汁、咖啡等。午餐大约在下午 2 点，不大讲究，常常是一份饭，外加一杯饮料或啤酒。晚餐通常在晚上 10 点，比较丰盛，也比较讲究，有开胃汤、主菜和主食，还必备葡萄酒。主菜主要有牛排、猪排、烤牛肉、烤羊肉、炸鸡腿、烤鱼、焖火鸡、焖兔肉、火腿及炸虾、炸土豆等。西班牙最有特色的餐馆，第一是海鲜馆。西班牙海鲜很多，特别是巴斯克风味的"盐包烤鱼"，让人回味无穷；第二是牛肉馆。西班牙是斗牛之乡，是盛产牛肉的国家，尤其是烤牛肉四海闻名，其特点是嫩、鲜；第三是"塔巴"小吃店。西班牙有三大特色小吃，这就是"哈蒙"(生火腿)、"托尔大"(鸡蛋土豆煎饼)、"巧里索"(肉肠)，其中"哈蒙"最为出名。

3. 婚俗

西班牙的婚俗与其他欧美国家大体上相同，但也有一些鲜为人知的习俗。如用扇子吉他传情的习俗，这可称之为中世纪的美好的遗风。扇子是妇女的专利，男子如手持一把扇子，会遭人讥笑。又如，吉卜赛人的婚姻通常要由父母做主，极少与外族通婚。婚礼一般要在十月的妇女节举行，有时要割破新郎新娘的手指，让两人的血溶到一起，表示生死与共，百年同心。

4. 娱乐与爱好

西班牙人酷爱体育活动。在众多的体育活动中，西班牙人最喜爱足球、网球和摩托车，并称之为"三大迷人的运动"。此外，游泳、划船、钓鱼、骑自行车等活动也较普及。

西班牙人喜爱文娱活动。他们在精神生活方面追求"四大要素"，即阅读、看电影、听音乐和逛美术馆。此外，还参加各种文艺俱乐部，以丰富业余文化生活。西班牙人以养宠物为乐。

西班牙人具有典型的南欧人的性格，热情奔放，乐观向上，无拘无束，讲求实际，与英国人的矜持，德国人的古板，美国人的好动，日本人的认真有较大差别。

三、旅游市场

西班牙是世界旅游接待大国，据西班牙旅游部门统计，2010 年西班牙实现了游客人数和旅游收入双增长的喜人局面，全年共接待 5 300 万外国游客，比上一年增长 1.4%，旅游收入为 490 亿欧元，比 2009 年增长 2.5%。西班牙旅游的外国游客中有 80%仍来自欧洲国家，主要是英国人和德国人。欧洲游客主要是到西班牙享受海滩和阳光。据世界旅游组织预测，到 2020 年，西班牙仍将是世界第 4 大旅游目的地国。

在西班牙人生活中出国旅游，特别是近距离出国旅游越来越占有突出的位置。西班牙人出国旅游的动机主要是度假，其次是商务、探亲访友和其他私人性质的旅游。但是出境旅游市场相对较小，居世界第 20 位。出国旅游的目的地主要为欧盟国家，约占 85%，依次为法国、葡萄牙、意大利、奥地利，其次是拉丁美洲国家(约占 4%)和远东国家(约占 4%)，其余到中东、地中海地区和非洲国家。近年来，西班牙来华旅游增长较快，2010 年来华旅游人数达 13.83 万人次，比上年增长 20.76%。

西班牙国内旅游市场相对较小，但发展迅速。全国 4319.8 万人口中，不足一半人口度假旅游，且绝大多数是在国内。国内度假旅游者大多数去海岸目的地，但也有少数人到巴利阿里群岛和加那利群岛。其中阿扎哈海岸、布兰卡海岸和安达卢西亚海岸是最受欢迎的旅游目的地，西班牙的北部海岸也十分受游人喜爱。

四、旅游热点

西班牙旅游资源十分丰富，这是其旅游业发达的基础。

首先，西班牙三面环海，风景秀丽，气候宜人，尤其是阳光充足，日照时间长。漫长的海岸线上，沙软滩平，有许多优良的天然浴场，十分诱人。特别是西海滩以好、美、廉而闻名于世，其中美丽、黄金、太阳、白色和群岛五大海岸吸引着大量中、北欧和美洲的游客。

其次，西班牙的历史悠久，文化艺术丰富多彩，名胜古迹不胜枚举，有许多富丽堂皇的王宫，有数不清的古罗马和阿拉伯风格的城堡，有无数世界著名的教堂以及不计其数的雕塑。其中有 10 多个历史文物古迹被联合国教科文组织列为重点保护的文化遗产。例如，圣地亚哥市的圣马丁.皮纳里奥大教堂、马德里附近的耶斯科略修道院、阿维拉的古城墙、塞哥维亚古老的水道桥、科尔多瓦的大清真寺、格拉纳达的阿尔罕布拉宫、巴塞罗那的格尔公园和艺术家朱拉之家等，这些都是代表西班牙古文明的文化遗产。

再次，西班牙的娱乐设施多，而且条件十分优越。西班牙有 9 个国家公园，35 个狩猎场，7 个大型游乐园，48 个滑雪场，77 个跑马场和 6 个高尔夫球场，还有不计其数的剧院、舞场、赌场、俱乐部等娱乐场所，它们为西班牙旅游多元化提供了良好的条件。

西班牙素有"旅游王国"之称、阳光、沙滩和海水号称三大特色旅游项目。主要旅游区有：太阳海岸旅游区、布拉瓦环岸旅游区、巴利阿里群岛旅游区和加里群岛旅游区。著名的旅游城市和旅游景区有：马德里、巴塞罗那、塞维利亚、格拉纳达、科尔多瓦历史区等。

1. 马德里

马德里是西班牙的首都，它既是一座名胜古迹荟萃的古城，又是一座文化气息浓郁和城建环境优美的现代化城市，它是西班牙的政治、经济、金融和文化中心。主要名胜有：萨苏埃拉宫，它是国王胡安·卡洛斯一世及全家居住和办公的地方。西班牙广场，它是马德里的象征。广场中央竖立着文艺复兴时期著名作家和语言大师塞万提斯的纪念碑。普拉多画宫，它是西班牙的艺术殿堂和宝库，也是世界一流的艺术宫殿。这里展出着 12～18 世纪西班牙著名画家的主要作品 2000 余幅，素有"欧洲古典艺术宝库"之称。众议院大厦，前身是一个名叫圣灵的教堂，富有 19 世纪浓厚新古典主义风格。蒙克洛阿宫，是西班牙的首相府，也是国家重点文物博物馆。

2. 托莱多

托莱多是西班牙最负盛名的旅游古城，也是联合国教科文组织的文物保护区，至今已有 2000 多年的历史和文化。全城没有一处现代化建筑，所有的教堂、寺院、王宫、修道院、博物馆、城墙、民宅都有数百年或上千年历史，显得古色古香，质朴雅静。托莱多的两座城门很有名。比萨戈拉门建于 16 世纪中叶，为唯一进入古城的一道城门，门上刻有西班牙国王卡洛斯一世的帝徽——帝国皇鹰。城墙上有塞万提斯的题词："西班牙之荣，西班牙城市之光"。太阳门建于 13 世纪，具有典型的阿拉伯风格——高大、宏伟、挺拔。托莱多大教堂是西班牙最大的教堂之一。

3. 巴塞罗那

巴塞罗那是西班牙第二大城市，也是一座历史名城，至今已有 2000 多年的历史。这座城市的大多数建筑完美体现了欧洲民族化的风格。12～15 世纪的哥特式建筑比比皆是，尤其是古典式的利塞奥歌剧院更是闻名遐迩，在欧洲排名第二。巴塞罗那的神圣教堂是本市的象征，它由许多尖塔和楼台组成，像路标一样直指云天。教堂是由西班牙 19 世纪最有才华的建筑师安东尼•高迪设计的。教堂的中心塔有螺旋形楼梯直达塔顶，在此可鸟瞰巴塞罗那全城。此外，古色古香的美术馆、博物馆、贵族官邸等多得数不胜数。1992 年在此成功地举行了第 25 届奥运会，更使它名声大振。

4. 塞维利亚

塞维利亚位于西班牙西南部，是一座具有 2000 年历史的文化古城，在历史上有"小罗马"之称。塞维利亚以其节日的庄严仪式、款式新颖的服饰、优美的吉卜赛音乐舞蹈和热烈的斗牛著称全欧。有"金塔"之称的砖塔，耸立于河岸，呈 12 边形，建于 1220 年，因外墙涂有金粉而得名。塞维利亚又称"花园之城"，有阿拉伯式、文艺复兴式和现代式各种花园。还有罗马水道和罗马城墙遗迹等。

5. 迷人的海滩

西班牙号称是一个"出口阳光和海滩"的国家，大自然赋予它充足的日照、特别宜人的气候和漫长而细软洁净的沙滩。西班牙有长达 1930 千米的海滩，其中 120 段海滩是欧洲一流的海滩，其中最受欢迎的是：金色海岸、柑橘花海岸、瓦伦西亚海岸、白色海岸和太阳海岸等。

太阳海岸位于西班牙南部安达卢西亚地区的大西洋之滨，是世界上最著名的海滨海滩之一，也是西班牙四大旅游区之一。海岸全长 250 千米，全部是海滩和暖融融的水域，只有少许的几处稍稍被岩石峭壁隔断，海岸边一幢幢小型别墅、旅馆布满面海的山坡，建筑造型别致。这里气候温和，阳光充足，全年日照 300 多天，故称"太阳海岸"，全年适宜度假旅游。

此外，加那利群岛和巴利阿里群岛的海滩风景秀丽，也是当今欧洲最吸引旅游者的海滩之一。

课堂讨论题

据报道，西班牙的旅游业也面临着严峻挑战。这一方面来自其他地区的激烈竞争，周边同样具有地中海式气候的北非和巴尔干地区各国，工资和物价水平远低于西班牙，旅游费用低廉，挖走了不少西班牙的传统客源。另一方面，西班牙的五大海滩，尤其是太阳海岸污染日趋严重，旅游设施老化，服务人员的素质不适应高质量旅游的需求，再加上西班牙政府因财政上的困难，对旅游部门的资助减少，这些都不利于旅游业的发展。

试讨论：西班牙应如何进一步发展旅游业？对中国旅游业的发展有什么启示？

第七节　俄罗斯

一、国情概述

1. 国土疆域

俄罗斯也称俄罗斯联邦，其国名源于中世纪的罗斯。它位于欧洲的东部和亚洲的北部，领土面积 1707.54 万平方千米，占地球陆地面积的 1/8，是世界上面积最大的国家。俄罗斯东濒太平洋，西临波罗的海，西南连黑海，北靠北冰洋。俄罗斯横跨欧亚大陆，东西最长为 9000 千米，南北最宽为 4000 千米。邻国西北面有挪威、芬兰，西面有爱沙尼亚、拉脱维亚、立陶宛、波兰、白俄罗斯，西南面是乌克兰，南面有格鲁吉亚、阿塞拜疆、哈萨克斯坦，东南面有中国、蒙古和朝鲜。东面与日本和美国隔海相望。

2. 人口民族

俄罗斯人口 1.429 亿(2010 年)，居世界第 7 位。俄罗斯有 150 多个民族，其中俄罗斯人占 79.8%，主要少数民族有鞑靼、乌克兰、楚瓦什、巴什基尔、白俄罗斯、摩尔多瓦、日耳曼、乌德穆尔特、亚美尼亚、阿瓦尔、马里、哈萨克、奥塞梯、布里亚特、雅库特、卡巴尔达、犹太、科米、列兹根、库梅克、印古什、图瓦等。

俄语是俄罗斯联邦全境内的官方语言。各共合国有权规定自己的国语，并在该共合国境内与俄语一起使用。主要宗教为东正教，其次为伊斯兰教。2001 年俄权威社会调查机构抽样调查结果显示，俄居民 55%信奉宗教，其中 53%信奉东正教，5%信奉伊斯兰教，信奉天主教和犹太教的各为 1%，0.8%信奉佛教。

3. 发展简史

俄罗斯是一个古老的国家，其祖先为东斯拉夫人，早在远古时代东斯拉夫人就居住在欧洲第聂伯河和德涅斯特河流域，主要从事农业、畜牧、捕鱼和狩猎，过着氏族制度的生活。直至公元 6 世纪，一些东斯拉夫人的部落联合成立了基辅公国或"基辅罗斯"。到公元 9 世纪初，基辅罗斯联合了几乎一半的东斯拉夫部落，成立了一个大国。到 10 世纪时，封建关系在基辅逐渐建立，形成了大土地占有制，但是封建关系的加剧导致了基辅罗斯的解体，罗斯全境分成了许多独立的公国。基辅罗斯存在了 300 多年，它是古罗斯的摇篮，后来形成了俄罗斯、乌克兰和白俄罗斯三个民族。

13 世纪初，成吉思汗在统一蒙古各部落后，开始征服邻近各国，先后征服了罗斯全境、波兰和匈牙利，建立了"金帐汗国"。从 1240 年到 1480 年，蒙古鞑靼人统治罗斯各公国长达 240 年之久，使罗斯的经济、文化远远落后于西欧。

15 世纪末至 16 世纪初，以莫斯科大公国为中心，逐渐形成多民族的封建国家。1547年，伊凡四世(伊凡雷帝)改大公称号为沙皇。1721 年，彼得一世(彼得大帝)改国号为俄罗斯帝国。1861 年废除农奴制。19 世纪末至 20 世纪初成为军事封建帝国主义国家。1917

年 2 月,资产阶级革命推翻了专制制度。1917 年 11 月 7 日(俄历 10 月 25 日)十月社会主义革命,建立了世界上第一个社会主义国家政权——俄罗斯苏维埃联邦社会主义共和国。1922 年 12 月 30 日,俄罗斯联邦、外高加索联邦、乌克兰、白俄罗斯成立苏维埃社会主义共和国联盟(后扩至 15 个加盟共和国)。1990 年 6 月 12 日,俄罗斯苏维埃联邦社会主义共和国最高苏维埃发表《国家主权宣言》,宣布俄罗斯联邦在其境内拥有"绝对主权"。1991 年 8 月,苏联发生"8.19"事件。9 月 6 日,苏联国务委员会通过决议,承认爱沙尼亚、拉脱维亚、立陶宛三个加盟共和国独立。12 月 8 日,俄罗斯联邦、白俄罗斯、乌克兰三个加盟共和国的领导人在别洛韦日签署《独立国家联合体协议》,宣布组成"独立国家联合体"。12 月 21 日,除波罗的海三国和格鲁吉亚外的前苏联 11 个加盟共和国签署《阿拉木图宣言》和《独立国家联合体协议议定书》。12 月 26 日,苏联最高苏维埃举行最后一次会议,宣布苏联停止存在。至此,苏联解体,俄罗斯联邦成为完全独立的国家,并成为苏联的唯一继承国。1993 年 12 月 12 日,经过全民投票通过了俄罗斯独立后的第一部宪法,规定国家名称为"俄罗斯联邦",和"俄罗斯"意义相同。

4. 自然风貌

俄罗斯的自然风貌在世界上享有盛名,山川湖岛众多,景色优美,每年吸引着无数游人。

俄罗斯地形复杂多样,整个地形犹如阶梯,从西往东逐渐升高。西部主要是辽阔的东欧平原和西西伯利亚平原,东部是中西伯利亚高原和远东山地,南部为大高加索山脉。乌拉尔山介于东欧平原和西西伯利亚平原之间,是欧亚两洲的交界处,它北起北冰洋喀拉海岸,南至乌拉尔河,逶迤绵延 2500 千米,仿佛一条美丽的飘带。两大平原占了俄罗斯面积的 3/5,放眼望去,一马平川。中西伯利亚高原是世界著名的大高原之一,奔腾不息的河水与各具特色的谷地,形成了壮丽的高原景观。远东山地主要有维尔霍扬斯克山脉、契尔斯基山脉、米格米尔山脉、外兴安岭、萨彦岭、雅布洛诺夫山脉、锡霍特山脉等,这里无际的茂密原始森林与终年不化的皑皑白雪,垂直变化的山地景观与频繁活动的火山景观异彩纷呈。大高加索山脉是俄罗斯南部最主要的山脉,位于黑海、亚速海和里海之间。主峰厄尔布鲁士山海拔 5642 米,是一座死火山,也是俄罗斯的最高点,峰顶终年白雪皑皑。

俄罗斯地域辽阔,跨寒带、亚寒带、温带和亚热带四种气候带,各地气候千差万别。大部分地区所处纬度较高,属于温带和亚寒带大陆性气候,冬季漫长、干燥寒冷,夏季短暂、温暖,春秋两季更短。气温年差较大,降水偏少,雨量变化率大。俄罗斯大部分地区处于北温带,以大陆性气候为主,1 月份气温平均为-1～-37℃,7 月份气温平均为11～27℃,从西南向东北逐渐下降;年降水量为 150～1000 毫米,由西向东逐渐减少。山地降水量一般比平原多,降水最充沛的高加索可达 2500 毫米/年。冬季,俄罗斯全境几乎都降雪,积雪期和积雪的厚度随纬度增高而增加,冰雪旅游资源丰富。

黑海沿岸一带为地中海式气候,旅游业极为兴盛,最大的海滨疗养胜地索契就坐落在黑海之滨;西伯利亚地区十分寒冷,奥伊米亚康号称"北半球的寒极",对敢于冒险的旅游者有极大的吸引力;北冰洋沿岸为极地气候,白熊、海象,极昼、极夜的自然奇观同样对旅游者有很大的诱惑力。

俄罗斯河流众多，大约有 10 万多条，其中 1000 千米以上的河流有 58 条，最长的是西伯利亚的鄂比河，连同支流额尔齐斯河总长度为 5410 千米；其次是远东的阿穆尔河(中国称黑龙江)、西伯利亚的勒拿河和叶尼塞河。叶尼塞河是俄罗斯水量最大的河流，总长 3487 千米，年均流量每秒 19 400 立方米。伏尔加河在俄罗斯河流中名列第五，但在欧洲却名列榜首，它全长 3531 千米，流域面积 138 万平方千米，年均流量每秒 8000 立方米，它被誉为俄罗斯的"母亲河"。

俄罗斯境内多湖泊，共约 20 多万个。其中水面面积在 1000 平方千米以上的湖泊有 10 多个。位于东西伯利亚的贝加尔湖是俄罗斯最大的湖泊，也是世界上最深、蓄水量最大的淡水湖，最深处为 1620 米，贝加尔湖长为 636 千米，平均宽度为 48 千米，湖面面积 3.15 万平方千米，蓄水量为 23 万亿立方米，占地球表面淡水总容量的 20%。

星罗棋布的湖泊与顿河、涅瓦河等纵横交错的名河具有较高的旅游价值，它会使您的俄罗斯之旅充满浪漫色彩。

5. 政治经济

俄罗斯的首都为莫斯科。国花为葵花。国树为白桦树。货币为卢布。

俄罗斯为总统制的联邦国家体制。总统为俄罗斯国家元首兼武装部队最高统帅，享有国家最高行政领导权。

俄罗斯是一个工农业生产、交通运输、科学技术都比较发达的国家。俄罗斯工业发达，部门齐全，以机械、钢铁、冶金、石油、天然气、煤炭、森林工业及化工等为主，木材和木材加工业也较发达。但民用工业落后状况尚未根本改变。

俄罗斯的农业远不如工业发达，但由于土地面积大，农产品产值并不低。农牧业并重，主要农作物有小麦、大麦、燕麦、玉米、水稻和豆类；经济作物以亚麻、向日葵和甜菜为主；畜牧业主要为养牛、养羊、养猪业。

俄罗斯交通运输以铁路为主导。公路在交通中占重要地位。航空运输以客运为主，与 80 多个国家航线相通。在俄罗斯的交通工具中，最令人赞叹不已的是地铁，其运行准时、安全、宽敞。其中以莫斯科地铁最负盛名，它是举世公认的最美丽最繁华的地铁，其长度已达 243.6 千米，在世界地铁城市中居第 5 位，但其客运量多年来却雄居榜首。对来自世界各地的旅游者来说，它不仅是交通工具，更是一座座各具特色、魅力无穷的地下艺术宫殿。

俄罗斯的旅游业为新兴经济部门，近年来发展较快，但在国民经济中尚不占重要地位。俄罗斯目前吸引的外国游客不到国际游客流量的 1%，排名未进入世界前 40 名。中俄有漫长的边境线，随着中俄经济的发展，边境旅游发展很快。

6. 文化艺术

在灿烂的俄罗斯文学史上，人才辈出，群星璀璨。

18 世纪，涌现了以卡拉姆津为代表的、以描写农民田园生活为主的感伤主义文学和以冯维津为代表的批判现实主义的讽刺文学应运而生，冯维津的《纨绔少年》为其杰出代表作之一。

19 世纪是俄罗斯文学的繁荣时期，浪漫主义和现实主义文学占主导地位。亚历山大、普希金是俄罗斯现实主义文学奠基人，被称为"俄罗斯民族诗歌的太阳"，其代表作有《叶夫根尼·奥涅金》、《鲁斯兰与柳德米拉》、《鲍里斯·戈杜诺夫》、《别尔金小说集》、《上尉的女儿》等。尼古拉·果戈理是卓越的批判现实主义大师，《钦差大臣》和《死魂灵》是其代表作。伊万·屠格涅夫是一位具有自由主义倾向的大文豪，其著名作品有短篇小说集《猎人日记》、长篇小说《罗亭》、《贵族之家》、《前夜》、《父与子》、《处女地》及自传体中篇小说《初恋》。列夫·托尔斯泰是俄国历史上最伟大的作家之一，长篇巨著《战争与和平》、《安娜·卡列尼娜》、《复活》是其最出色的代表作。契柯夫在短篇小说和戏剧创作方面也取得了卓越成就。此外，还有一些著名作家，如米哈伊尔、莱蒙托夫、尼古拉·涅克拉索夫、谢尔盖·叶赛宁、伊才·克雷洛夫、萨里昂·别林斯基、尼古拉·车尔尼雪夫斯基等，真是"繁花似锦，灿若星辰"。

19世纪末20世纪初，A.m.高尔基的《海燕》、《母亲》为社会主义现实主义文学奠定了基础。

十月革命初期出现了马雅可夫斯基创作的诗歌《革命》、《向左进行曲》等。20世纪20年代出现了以歌颂列宁为题材的文学，以及描写十月革命和国内战争的小说，如富尔曼诺夫的长篇小说《恰巴耶夫》、绥拉菲莫维奇的长篇小说《铁流》、法捷耶夫的《毁灭》、阿·托尔斯泰的《保卫察里津》、《彼得大帝》、《苦难的历程》三部曲，肖洛霍夫的《静静的顿河》第一部。20世纪30年代，主要作品有肖洛霍夫的长篇小说《被开垦的处女地》、奥斯特洛夫斯基的《钢铁是怎样被炼成的》等。卫国战争期间，有吉洪诺夫的《三个共产党员的故事》、法捷耶夫的《青年近卫军》、肖洛霍夫的《他们为祖国而死》等。20世纪50年代有西蒙诺夫的《生者与死者》(三部曲)、瓦西里耶夫的《这里的黎明静悄悄》。20世纪70年代和80年代前期，前苏联文学题材更为广泛，政治小说、纪实小说、综合小说充满文坛。从1933年至1987年，共有5位俄罗斯作家获得了诺贝尔文学奖，他们是伊万·布宁、鲍里斯·帕斯捷尔纳克、米哈伊尔·肖洛霍夫、亚历山大·索尔仁尼琴、约瑟夫·布罗茨基。

俄罗斯的音乐以其鲜明的民族特点、丰富的题材和表现手法在世界上占有突出地位。

19世纪首推波·伊·柴科夫斯基，他是一位以悲歌为基调的伟大音乐家，主要作品有抒情歌剧《叶甫盖尼·奥涅金》、《黑桃皇后》，芭蕾舞曲《天鹅湖》、《睡美人》、《胡桃夹子》，交响幻想曲《罗密欧与朱丽叶》等。十月革命后著名作曲家当数季·季·肖斯塔科维奇，最著名的作品是第一、第五、第七、第十一交响曲，还有歌剧《卡捷琳娜·伊兹麦洛娃》，清唱剧《森林之火》等。

俄罗斯人性格开朗，能歌善舞。其芭蕾舞虽然于16世纪开始形成于意大利和法国等欧洲国家，在俄罗斯起步较晚，但是发展很快，而且有自己的风格。近几年来，俄罗斯芭蕾舞坛上群星璀璨，对俄罗斯和世界芭蕾舞艺术发展作出了卓越的贡献。

二、民俗风情

1. 服饰

典型的俄罗斯民族服装是男子身穿斜领粗麻布衬衫，通常在领口和下摆有绣花，着瘦腿裤，粗呢子上衣，或外罩一件长衣并系着腰带，脚穿皮靴或皮鞋，头戴呢帽或毛皮帽子，冬天穿裘皮短外套或裘皮大衣。女子也穿粗麻布衬衫，衣领上带褶，布刺绣并镶肩，南方人穿毛织裙子，北方人穿无袖长裙，称之"萨腊方"，脚穿皮靴或皮鞋，头上夏天系花头巾，秋冬戴呢帽，在冬季妇女服装改为裘皮外套。

目前，俄罗斯的穿衣时尚已经潮流化、时装化，但整体的穿衣风格是：整洁、端庄、高雅、和谐。主要穿衣特点如下。

女士穿裙。俄罗斯妇女有一年四季穿裙装的传统，尤其在交际、应酬的场合，女士都穿裙装，穿长裤被认为是对客人的不尊重。

崇尚裘皮装。裘皮衣色彩丰富，款式新颖别致，且有皮帽、皮围巾、皮手套与之匹配。

2. 饮食

在俄罗斯，主要菜系就是俄式大菜，其特点如下。

面包是主食。面包种类多，且风味俱全，形状也是各式各样，最普通的面包被称为"巴顿"，其次是黑面包。俄罗斯人喜欢黑面包胜过白面包。古往今来，俄罗斯人将面包和盐作为迎接客人的最高礼仪，以表示自己的善良慷慨，而且这种传统待客的风俗已经作为俄罗斯国家的迎宾礼。每当外国首脑来访，俄罗斯姑娘便端着新出炉的面包和盐款款走上前，请客人品尝。

"第二面包"——土豆。俄罗斯人喜爱吃土豆。据统计，每年人均土豆消费量多于100 千克，几乎与粮食制品的消费量差不多。苏联时期，土豆、圆白菜、胡萝卜和洋葱头是普通人的看家菜，一年四季不断。

一日三餐肉奶多。俄罗斯人多吃肉奶与其寒冷气候相关，肉奶中所含的卡路里高，体内脂肪可以抵御严寒。早餐比较简单，一般是面包黄油或奶酪、果酱和牛奶；午餐多为工作餐，一杯果汁，一份色拉，一碗热汤，一个热菜，几片面包，其热菜多是牛排、猪肉、炸鸡、烧牛肉块或煎鱼，配上土豆条、圆白菜或甜菜；晚餐是凉菜，有蔬菜、香肠、火腿肉和酸黄瓜，一道或二道热菜，以荤为主，配上土豆、豌豆和调味酱。

伏特加情结。俄罗斯人爱喝伏特加和啤酒，特别是对伏特加酒情有独钟。据俄专家估计，俄罗斯人每年的伏特加消费量为 24.5 亿升，人均 18 升，远远超过了"饮酒大国"瑞典和芬兰。当然，这也滋生了酗酒问题。

饮茶也是俄罗斯人的嗜好，尤其是喝红茶，但其饮茶习惯与中国人不同，茶水中一般要放糖，也有放盐的，喝茶时还配着果酱、蜂蜜、糖果和甜点心喝。另外，在饮料中最传统的是"格瓦斯"，这是一种清洁饮料，是用薄荷、面粉(有时是黑面包干)、葡萄干、浆果及其他水果加上白糖发酵而成。真正好的"格瓦斯"香醇可口，可与啤酒相媲美。

3. 婚俗

俄罗斯人的传统婚俗有自己的特点。传统的婚姻历来讲究门当户对，农村的婚龄男为 17 岁，女为 15 岁，城市的婚龄男为 21～25 岁，女为 19～25 岁。结婚一般在冬秋季节。结婚方式有两种，一是名媒正娶；二是私奔，私奔是父母不同意的结果。因地区不同,俄罗斯有三种传统的婚礼方式,即北方式、中部式、东部式(西伯利亚地区)。最流行的方式为中部式,婚前仪式包括说媒、相亲、纳采(订婚、定亲)、教堂宣布、离别晚会、送嫁妆、烤婚礼面包等;婚礼包括婚礼前仪式、婚典、婚宴;婚后仪式包括婚后次日仪式、探访新人等。现代俄罗斯人的婚礼一般在专门设置的"婚礼宫"里登记并举行仪式。在莫斯科,青年男女在婚礼后一般要去三个地方,一是列宁墓,二是无名烈士墓,三是列宁山观景台。

4. 娱乐与爱好

俄罗斯人喜爱动物,他们喜欢熊、狗、猫等动物,尤其爱狗最甚。垂钓是俄罗斯男人的一大乐趣。采蘑菇也是俄罗斯人的爱好之一,每年八、九月份是采蘑菇的季节。滑冰和滑雪成为俄罗斯人喜爱的一项娱乐活动。国际象棋在俄罗斯非常普及,下棋的水平也很高。同时,很多俄罗斯人把骑自行车当成他们的运动项目之一。

三、旅游市场

俄罗斯接待的海外旅游者 3/4 来自原独联体国家,其他主要客源国为波兰、蒙古、中国、德国、美国和英国。

俄罗斯最喜欢去的度假旅游目的地是土耳其、波兰和中国;商务旅游目的地是德国、中国和芬兰等;探亲访友等旅游目的地是芬兰、德国、意大利和土耳其。俄罗斯是中国第 3 大旅游客源国,2010 年来华旅游人数达 237.03 万人次,比上年增长 35.99%。国内旅游业占俄罗斯旅游业的相当比重,且保持平稳的发展势头。在俄罗斯人的生活中,度假旅游是不可缺少的。一般而言,俄罗斯人的度假方式有三种:一是平常度假,春夏之季的周末,俄罗斯人或去别墅,或全家带着食品外出郊游,冬天去滑雪,秋天喜欢去森林中采蘑菇;二是近距离度假,俄罗斯人把每年的 6—8 月称为度假的黄金季节;三是旅游度假,俄罗斯人可利用假期到国内的休养所和疗养院、旅游点、度假村、乡村去进行休养,也可以参加旅行团欣赏祖国的自然景观。

四、旅游热点

俄罗斯地域辽阔,历史悠久,文化浓郁,其秀丽迷人的湖光山色,丰富浓郁的民族风情,别具风格的古迹胜地,年年都吸引着无数的游人。

归纳起来,俄罗斯主要有以下几个大的旅游区。

一是欧洲中心区。有最主要的两个旅游城市,即莫斯科和圣彼得堡。

二是伏尔加地区。伏尔加河沿岸到处是疗养胜地,也是风景优美的游览区,重要城市有喀山、乌里扬诺夫斯克和伏尔加格勒等。

三是西伯利亚及远东地区。有广阔的森林、有世界最深的淡水湖贝加尔湖、全世界最高大的活火山和风景优美的海滨等。

四是自然保护区。俄罗斯几十个自然保护区分布于全国各地、各具特色,并以其独特的自然景色吸引着众多的游人。位于哈巴罗夫斯克南部、濒临阿穆尔河(黑龙江)的大赫赫齐尔自然保护区，面积达 4.5 万平方千米，是一个真正的大原始森林，这里生长着许多奇花异草，生息着许多珍禽异兽，是研究乌苏里地区生物的最好场所。

俄罗斯自然旅游资源主要集中在黑海沿岸、波罗的海沿岸、芬兰湾沿岸、贝加尔湖沿岸和高加索一带，主要是以疗养、度假、体育为主要功能的旅游胜地。人文旅游资源以历史名胜、文物古迹、各类博物馆和名人故居为主。

(一)莫斯科

莫斯科是俄罗斯的首都，既是全国最大的城市和政治、经济、金融、文化和交通中心，又是一座有山有水、树木苍郁、风景优美的园林式古城。莫斯科有两多：一是博物馆多，二是雕塑纪念碑多。名胜古迹主要有克里姆林宫、红场、列宁陵墓、列宁博物馆、莫斯科大剧院和众多的教堂。

1. 克里姆林宫

克里姆林宫是俄国历代沙皇的宫殿，俄罗斯联邦的政治中心。它坐落在莫斯科涅格林那河和莫斯科河汇合处的鲍罗维茨丘陵上，实际上是一组以教堂为主组成的建筑群。克里姆林宫以宫殿、教堂众多而著名。多棱宫由多棱形的石块组成。伊凡大帝钟楼始建于 1505 年，是为了悬挂世界钟王"沙皇钟"而建，高 81 米，是克里姆林宫最高的一座建筑。它是莫斯科的瞭望台和信号台，登上楼顶，可俯瞰莫斯科全城风光。克里姆林宫室内室外遍布绿色植物，尤以热带植物居多。浓浓的绿意，给古老的克里姆林宫带来了盎然生机。

2. 红场

红场也是莫斯科的象征。来莫斯科的游人，必到红场。红场意为"美丽的广场"，它是俄罗斯举行盛大仪式和各种重要活动的场所。经过多次修整、扩建，红场东西长 695 米，南北宽 130 米，面积超过 9 万平方米。

此外，莫斯科还有莫斯科大剧院、瓦西里·勃拉仁尼教堂、历史博物馆、新圣母公墓、工业技术博物馆、特列季亚科夫绘画陈列馆和俄罗斯国家图书馆等。

(二)圣彼得堡

圣彼得堡建于 1703 年，面积超过 570 平方千米，人口 500 余万，是俄罗斯第二大城市，素有"北方威尼斯"之称，是世界上最美丽的城市之一。主要名胜古迹有：彼得堡罗要塞，国立艾米塔日博物馆、彼得夏宫、珍宝陈列馆、缅西科夫宫、亚历山大宫、涅夫斯基大修道院、战神广场、冬宫广场等。此外，还有诺夫哥罗德、顿河-罗斯托夫、沃格格达、雅罗斯拉夫尔等古城。

(三)伏尔加格勒

伏尔加格勒是前苏联内战时期和第二次世界大战的著名战场，有"英雄城市"之称。曾三易其名：1925 年前称察里津，1925 年为纪念斯大林而改称斯大林格勒，1961 年改为现称。它坐落在伏尔加河上游平原上，为重要河港。1589 年建市，18 世纪起为军事要塞。它以 1918 年至 1919 年的察里津保卫战和 1942 年至 1943 年斯大林格勒大会战而闻名于世。察里津保卫战是斯大林和伏罗希洛夫领导的苏联红军对白卫军的战争。斯大林格勒大会战共进行了 200 个昼夜。希特勒德国集中精锐部队 40 万人大举进攻,在此发生激战,最后德军终被全歼,出现了第二次世界大战的转折点。

战后重建,一座崭新、宏伟的城市拔地而起,现为水陆交通枢纽,贸易、工业和文化中心。全长超过 100 千米的列宁运河(即伏尔加河-顿河)蜿蜒流过城市南郊,伏尔加格勒水电站横卧在伏尔加河拦河大坝下,出现了秀丽的人工湖和欢乐的水上运动场。市中心的烈士广场,有一座二战期间的无名战士墓,墓上耸立着高大的尖塔,上面燃烧着长明火炬,壮丽动人。

(四)贝加尔湖

贝加尔湖是世界上最深和蓄水量最大的淡水湖,中部最深达 1620 米,蓄水量 2.3 万立方米,约占世界淡水总量的 1/5。该湖是由于地壳断裂,陷落成湖。

贝加尔湖,中国古代称之为"北海",曾是中国古代北方民族的主要活动地区,汉代苏武牧羊即在此。湖形狭长,从东北向西南延伸,长 636 千米,平均宽 48 千米,最宽处约 79 千米,面积约 3 万平方千米。湖水澄清,含杂质极少,透明度深达 40.5 米,享有"西伯利亚明眸"之美称。贝加尔湖区气候冬暖夏凉,雨量稀少,矿泉 300 多处,是前苏联东部地区最大的疗养中心,建有旅游基地多处,每年接待数十万人。

贝加尔湖鱼产富饶,素有"富湖"之称,湖中有水生动物 1800 多种,其中 1200 多种为特有种类,如凹目白鲑、奥木尔鱼等。湖畔林地有多种动物栖息,如松鼠等。

课堂讨论题

俄罗斯是中国一个特殊的客源市场,也是近年来发展最快的客源市场之一。中俄旅游首先在两国边境活跃起来,两国相互和各自组织的一日游、三日游、五日游或更长时间的旅游,手续简便,费用不高,深受两国人民的欢迎。在旅游方式上,已经由购物游为主转变为观光旅游为主。许多俄罗斯游客入境后要到大连、北京、上海等地观光游玩,而国内许多游客到黑龙江后则赴俄观光,希望感受俄罗斯的风土人情。2009 年俄罗斯到中国旅游的人数为 174.30 万人次,下降幅度达-44.2%,而 2010 年来华旅游人数达 237.03 万人次,比上年增长 35.99%。俄罗斯已成为中国较稳定的第三大客源国。

根据上述材料中俄边境旅游快速发展的原因,你认为今后如何深度开发中俄边境旅游?

第八节　奥地利

一、国情概述

1. 国土疆域

奥地利是位于中欧南部的内陆国。东邻匈牙利,西与瑞士和列支敦士登毗邻,南连意大利和南斯拉夫，北与德国、捷克和斯洛伐克接壤。面积为 83 871 平方千米。奥地利是北欧到南欧的重要交通要道，也是进入东欧的重要门户。

2. 人口民族

奥地利 811.8 万(2006 年)，绝大多数为奥地利人，其中外国人 75.8 万人，占 9.4%。少数民族有斯洛文尼亚人、克罗地亚人和匈牙利人，约占人口的 0.52%。官方语言德语，98%的人讲德语。73%的居民信奉天主教。

3. 发展简史

提起奥地利，人们就会立即联想到历史上强盛的奥匈帝国，就会想起电影《希茜公主》与《音乐之声》，人们对这个中欧国家充满了敬意和向往。

公元前 400 年，克尔特人在此建立了诺里孔王国。公元前 15 年被罗马人占领。中世纪早期哥特人、巴伐利亚人、阿勒曼尼人入境居住，使这一地区日耳曼化和基督教化。公元 996 年，史书中第一次提及"奥地利"。12 世纪中叶在巴本贝格王族统治时期形成公国，成为独立国家。1278 年开始了哈布斯堡王朝长达 640 年的统治。18 世纪初，哈布斯堡王朝领土空前扩大。1815 年维也纳会议后成立了以奥为首的德意志邦联，1866 年在普奥战争中失败，邦联解散。1867 年与匈牙利签约，成立奥匈帝国。1918 年第一次世界大战结束后，帝国解体，成立共和国。1938 年 3 月被希特勒德国吞并。二战后被苏、美、英、法四国占领。1945 年 4 月成立第二共和国。1955 年 5 月，四个占领国同奥签订《重建独立和民主的奥地利国家条约》，宣布尊重奥的主权和独立。同年 10 月占领军撤出，奥地利重新获得独立。10 月 26 日，奥国民议会通过永久中立法，宣布不参加任何军事同盟，不允许在其领土上设立外国军事基地。自 1965 年起，10 月 26 日被定为奥国庆日。

4. 自然风貌

旅行家约翰·京特(John.Gunther)曾说："奥地利最主要的特产就是风景"。这里风景如画，有山脉、湖泊、森林和蓝色的多瑙河供人们冬季度假、春季旅行、夏季避暑、秋季赏景。

奥地利是欧洲著名的山国。境内地势西高东低。东阿尔卑斯山脉自西向东横贯全境，山地占全国面积的 60%。格罗克纳山海拔 3797 米，为全国最高峰。东北部是维也纳盆地，北部和东南部为丘陵、高原。奥地利划分为 5 个地形区域：①东阿尔卑斯山地带；②阿尔卑斯山脉和喀尔巴阡山脉山前地带；③东部滩地(属于班诺尼低地的一部分)；④维也纳盆地；⑤格拉尼特和格奈斯高原(属于波希米亚高原的一部分)。多山的地形为奥地利带来了丰富的山地旅游资源，也使奥地利成为世界著名的滑雪胜地。

奥地利的气候受大西洋影响，属于典型的中欧过渡性气候，属海洋性向大陆性过渡的温带阔叶林气候。平均气温 1 月为-2℃，7 月为 19℃。年平均降水量约 700～900 毫米。可以说奥地利冬天温和，夏天凉爽，是一个非常适宜旅游的国度。

多瑙河流经奥地利东北部境内，长约 350 千米。有与德国和瑞士共有的博登湖及奥匈边界的新锡德尔湖。

5. 政治经济

奥地利首都为维也纳，国花为火绒草，国鸟为家燕，货币为欧元。

奥地利为联邦制共和国。总统是国家元首，行使国家最高权力。总理为政府首脑。奥地利是中立国家，而且同东西欧各国有着良好的睦邻关系，可以称为"欧洲的心脏"。1971年5月28日同中国建立外交关系，建交后两国关系发展正常。

奥地利是世界重要的经济发达国家之一。奥地利工业占29.8%，主要工业有食品和消费工业、机械工业、钢铁工业、化学工业、车辆制造(特别是发动机装置)业、电气和电子工业。奥地利的工业特点是国有化程度高，国有企业控制了95%的基础工业和85%以上的动力工业。农业仅占2.4%，低于大多数经济发达国家，但农业发达，机械化程度高。农产品自给有余。奥地利地处欧洲中部，是欧洲重要的交通枢纽。

旅游业是奥地利的一个重要产业部门。每年的旅游业收入占国民生产总值的10%左右。旅游业从业人数占全国就业人数的10%左右。在旅游业最为发达的蒂罗尔州，旅游收入竟占国民生产总值的1/2，萨尔茨堡的旅游收入也占1/3。

6. 文化艺术

奥地利孕育了众多享誉世界的音乐家、画家、雕刻家、文学家和建筑师。奥地利以音乐闻名于世，素有"音乐之乡"的美誉。其中著名的音乐家有：海顿、莫扎特、舒伯特、约翰·施特劳斯，还有出生于德国但长期在奥地利生活的贝多芬等。这些音乐大师在两个多世纪中，为奥地利留下了极其丰厚的文化遗产，形成了独特的民族文化传统。奥地利萨尔斯堡音乐节是世界上历史最悠久、水平最高、规模最大的古典音乐节之一。一年一度的维也纳新年音乐会可谓世界上听众最多的音乐会。奥地利拥有世界级的音乐团、合唱团、音乐学院。建于1869年的皇家歌剧院(现名维也纳国家歌剧院)是世界上最有名的歌剧院之一，而维也纳爱乐乐团则是举世公认的世界上首屈一指的交响乐团。

二、民俗风情

1. 饮食

一个国家的文化和历史背景影响着这个国家的饮食文化，奥地利也不例外。奥地利的贵族和农家烹调，各有特点。奥匈帝国是一个多民族国家，这种民族大融合也反映在奥地利的饮食文化上。如，维也纳炸牛排来自米兰；炖牛肉源于匈牙利；一个国家内各地的差异也很大，这种差异反映在奥地利的烹饪风格上。每个州都有它们自己的风味和特产。

2. 特产

奥地利上百年的传统产品一直延续至今，并以其精湛的工艺和质量为世界所崇尚。奥地利传统工艺制作的室内装饰品如灯具，银、铜、不锈钢摆件，瓷器和银器餐具；全羊毛服装和柔软的内衣；高级手提包和装饰品；设计时髦的珠宝首饰等，都是不可多得的精品。维也纳奥卡滕手工绘制的瓷器工艺品是人们乐于馈赠亲友的礼品。此外，还有施瓦洛夫斯基的水晶产品、莫扎特巧克力、古董、葡萄酒、啤酒。

3. 礼仪

在奥地利到主人家做客或应邀赴宴，可着深色装，也可着浅色装；较正式的重要场合(例如有较重要的人物参加)应着深色装，以示庄重，参加婚礼或生日庆祝活动可着浅色装；听音乐会、看歌剧须着深色装。奥地利的餐馆以"鸽子"作为餐馆的星级标志。"鸽子"越多，餐馆越高级，最高为四星级。宴请可分为工作宴请和私人宴请两种。如系工作宴请可免礼物；私人宴请则需带礼品。

三、旅游市场

奥地利是世界上著名的旅游国家，无论是从国际旅游者接待量还是旅游外汇收入来说，它一直是世界十大国际旅游目的地之一。主要旅游点是蒂罗尔州、萨尔茨堡州、克恩顿州和维也纳市。游客主要来自德、荷、瑞(士)、英、意等国。奥地利公民到中国旅游的人数不多，2010 年为 6.73 万人次，比上年增长 19.6%。中国旅游者到奥地利的旅游人数也不多，但在远程旅游者中所占的比例不算小。

四、旅游热点

奥地利国家虽小，但是旅游资源极其丰富，迄今为止全国已有八处被联合国教科文组织命名的世界文化遗产地。奥地利悠久的历史，灿烂的文化传统，有维也纳等世界名城和萨尔茨堡、茵斯布鲁克、格拉茨等独特的历史文化古城，还有众多的天然湖泊、广阔的森林、巍峨的阿尔卑斯山、碧波荡漾的蓝色多瑙河、充满各种风格的古建筑以及由莫扎特、约翰·施特劳斯、海顿等著名音乐大师所造就的音乐圣地等，这一切无不吸引着世界各地的游客来这里观光、休闲度假。奥地利还是一个滑雪大国，全年的滑雪量占世界总量的 20%左右。

(一)维也纳

首都维也纳是统治奥地利长达 640 年之久的哈布斯堡皇朝的古都，历史悠久，并融入了许多近代和现代的建筑，新老相融，充满活力。维也纳传统的艺术珍品、杰出的建筑设计、现代艺术珍藏和举办各种展览使之成为当之无愧的艺术之都。

维也纳城市总面积 415 平方千米，分成 23 个区，人口约 160 万，是全国的政治、经济、文化中心。市区由位于多瑙河右岸的城市中心和郊区居民点逐渐融合而成，街道布局具有放射状和环状的特点。它从里到外分成内城、外城和郊区三个部分。内城又叫老城，素有"维也纳的心脏"之称，街道较窄，多政府机关、银行、商店、宫殿和教堂。外城是繁华的商业区和主要住宅区。最外围的就是郊区，一直延伸到森林里。市区的东部、南部和东北部是工业区。北部有车站、码头和游乐场、体育馆等。维也纳是世界音乐之都,从 18 世纪末到 19 世纪末,大约 100 多年间,维也纳出现过一批举世闻名的音乐大师。奥地利人海顿、莫扎特和舒伯特,以及德国人贝多芬都先后来到维也纳,在维也纳一展才华。

◇**知识窗**◇

舒伯特的《摇篮曲》

18 世纪末的一天,维也纳一家小饭馆里进来了一个年轻人,他脸色发青,手脚无力,显然是已经有几餐没有吃东西了,年轻人想在食客中找一个熟人,但他失望了。这时,他发现报纸上有一首小诗,于是,拿起报纸为诗谱了曲,向饭馆老板换取了一份土豆烧牛肉。这个穷困潦倒的年轻人叫舒伯特。舒伯特死后 30 年,他谱写的这首诗歌曲的手稿,在巴黎以 4 万法郎的高价被拍卖,这首歌曲就是著名的《摇篮曲》。

1. 维也纳国家歌剧院

维也纳国家歌剧院是世界上一流的大型歌剧院,是"音乐之都"维也纳的主要象征,素有"世界歌剧中心"之称。歌剧院建造于 1861—1869 年间,1945 年遭受战争的严重摧毁,整整花了 10 年才整修一新。1955 年在此演出了由卡尔贝姆指挥的歌剧《费德里奥》,维也纳国家歌剧院还是欧洲最古老的四大歌剧院之一。

2. 维也纳音乐厅

维也纳音乐厅是奥地利维也纳最古老也最现代化的音乐厅,是每年举行"维也纳新年音乐会"的法定场所。对于古典音乐来说,这是一个令人向往的地方。维也纳始建于 1867 年,1869 年竣工,是意大利文艺复兴式建筑。音乐厅外墙黄红两色相间,屋顶上竖立着许多音乐女神雕像,古雅别致。

3. 维也纳多瑙塔

维也纳多瑙塔位于市区北面的多瑙河公园内,于 1964 年建成。塔高 252 米,塔底直径 31 米。多瑙塔高耸入云,为维也纳市容画出一条新的空中轮廓线。游人可边品尝饮品,边领略维也纳繁华的都市风貌和城郊的田园风光。

4. 美泉宫

美泉宫位于奥地利首都维也纳西南部,是奥地利哈布斯堡王室的避暑离宫。1694 年由玛利亚·特利萨女王下令修建。整座宫殿占地 2.6 万平方米,稍逊于法国的凡尔赛宫。经过几代皇帝的建设发展成为现在拥有 1401 个房间的巴洛克式宫殿。其中 44 间是以 18 世纪欧洲流行的洛可可式建筑风格修装的,纤巧华美、优雅别致。使游客流连忘返的还有巴洛克式广阔的庭院、凯旋门、皇家御车博物馆、动物园等。

5. 维也纳森林

维也纳森林从市西部向南部绵延数十公里,因斯特劳斯谱写的《维也纳森林》乐曲

而扬名世界。森林中有许多美丽而幽静的小村,几个世纪以来,众多音乐家、诗人、画家在此度过漫长时光,产生了不少名扬世界的不朽之作。被誉为"华尔兹之王"的约翰·斯特劳斯的名曲《蓝色的多瑙河》和《维也纳森林的故事》就是在这里触景而生的。维也纳森林属阿尔卑斯山脉的前沿高地,山毛榉树挺拔秀丽,苍翠欲滴,在微风吹拂下松涛起伏,使人神往。

(二)萨尔茨堡

萨尔茨堡是奥地利西北部萨尔茨堡州首府,濒临多瑙河支流萨尔察赫河,是奥地利北部的交通、工业及旅游中心。萨尔茨堡是一座美丽的山城,是大作曲家莫扎特的出生地,素有"音乐艺术中心"之称。人口 14.4 万,每年接待来自世界各地的游客 80 多万人次。萨尔茨堡于 1077 年设市,公元 8—18 世纪为天主教大主教驻地和活动中心。1802年萨尔茨堡脱离宗教统治,1809 年,根据《舍恩布龙条约》划归巴伐利亚,维也纳会议(1814—1815 年)决定归还给奥地利。这里的建筑艺术堪与意大利的威尼斯和佛罗伦萨相媲美,有"北方罗马"之称。城市分布在萨尔察赫河两岸,偎倚在白雪皑皑的阿尔卑斯山峰之间。城市被苍郁的陡山围绕,充满魅力。河右岸南山坡的霍尔亨萨尔茨堡(建于11 世纪),历经 900 年风雨,仍巍峨挺立,是中欧地区保存最完好、规模最大的一座中世纪城堡。本尼狄克隐修道院建于 7 世纪末,长期以来是当地布道活动的中心。圣方济会教堂建于 1223 年。模仿罗马圣教堂的大教堂建于 17 世纪初,是奥地利第一座意大利式的建筑。大主教宅邸是建于 16—18 世纪的一座文艺复兴式宫殿。米拉贝尔宫原是 17世纪为萨尔茨堡大主教建造的皇宫,18 世纪又经扩建,现在是包括宫殿、教堂、花园、博物馆等在内的游览中心。城市南部是 17 世纪建造的皇家花园,以"水的游戏"著称。

(三)格拉茨

格拉茨是奥地利的第二大城,位于穆尔河畔,东阿尔卑斯山的中段,人口 24 万。格拉茨是一个古老的城市,其许多名胜古迹都十分珍贵。神圣罗马帝国皇帝斐迪南二世的陵墓及 16 世纪修建成的市议会大厦,武器库等都是有名的古迹。现在,它逐渐成为奥地利巨大的工业中心之一。

(四)因斯布鲁克

因斯布鲁克是奥地利的一座小山城,是提罗尔省的省会,"因斯布鲁克"意即"因河上的桥",它位于因河盆地中,周围被高山峻岭所包围。因斯布鲁克风景如画,每年都吸引大批旅游者到这里观光。这里夏天可避暑,冬季可滑雪。在阿尔卑斯山麓有天然的滑雪坡道,供滑雪者使用的登山缆车、滑雪跳台、滑雪旅游道和溜冰运动场等。市内有古代连环拱廊、凯旋门、官邸、教堂、宫殿和世俗博物馆等建筑,古色古香、富丽堂皇。

◇**知识窗**◇

萨尔茨堡与电影《音乐之声》

《音乐之声》是一部好莱坞影片,该影片的一段在萨尔茨堡实地拍摄,而且影片中的主人翁的原型玛丽亚当时就是在萨尔茨堡诺恩贝格修道院做见习修女。玛丽亚是一个富有传奇色彩的人物,她1905年出生在维也纳,18岁师范学校毕业,被修道院院长推荐到已退役的奥地利潜艇司令乔治·冯·特拉普男爵家当家庭老师,照看7个未成年的子女。玛丽亚用音乐赢得了孩子们的喜爱和尊敬。后来她与比她年长25岁的男爵结婚。1938年纳粹德国吞并奥地利,男爵拒绝与新政权合作,举家逃往意大利,后到美国,伯爵夫妇分别于1947年和1987年在美国去世。电影《音乐之声》是根据玛丽亚1949年出版的《特拉普家庭歌唱演员的故事》一书拍摄的。

课堂讨论题

奥地利虽然是一个小国,但它是世界十大旅游目的地之一。试分析奥地利吸引游客的原因。

第九节 瑞士

一、国情概述

1. 国土疆域

瑞士是位于中欧的内陆国。与奥地利、列支敦士登、意大利、法国和德国接壤。国土的形状东西长,最长距离为348千米;南北宽,最宽处为220千米。整个疆域像一片四边参差不齐的长方形树叶。瑞士面积为41 284平方千米。

2. 人口民族

瑞士人口770.02万(2009年),人口密度为每平方公里186.5人(2009年)。其中瑞士人占84%以上,其他还有日耳曼族人、法兰西族人和外籍人,他们共占15%左右。官方语言为德语、法语和意大利语。据统计,居民中讲德语的占63.7%,讲法语的20.4%,讲意大利语的6.5%。居民主要信奉天主教和基督教。

3. 发展简史

现今瑞士的地域,最早期是凯尔特族人的聚居之地。公元前100年,罗马人率领大军进占此地,并阻止凯尔特人南下,所以他们便逐渐为罗马的文化所同化,并享受到罗马帝国时期的昌盛繁荣。直至中世纪来临,罗马帝国崩溃。1291年8月1日,乌里、施维茨和下瓦尔登三个州在反对哈布斯堡王朝的斗争中秘密结成永久同盟,此即瑞士建国之始。1815年维也纳会议确认瑞士为永久中立国。1848年制定宪法，设立联邦委员会，成为统一的联邦制国家。在两次世界大战中均保持中立。之后，瑞士加入了一些国际组织。

4. 自然风貌

巍峨的高山、壮观的冰川、迷人的瀑布、秀丽的湖泊，以及茂密的森林和幽深的峡谷，使瑞士成为一个令人梦回萦绕的国度。

瑞士地形可概括为"六、三、一"三个字，即全部国土阿尔卑斯山区占六成，中部高原占三成，汝拉山占一成。三个地区的走向大体上都是由西偏南到东偏北。因为多山，全国地势较高，最低处也极少在海拔300米以下，大部分都在海拔900米以上。全境有多座海拔4200米以上的山峰，最高峰是与意大利接壤的罗萨山，为4634米。阿尔卑斯山系有1/5在瑞士境内，整个瑞士的南部几乎都是阿尔卑斯山区，可以说没有阿尔卑斯山便没有瑞士，它对瑞士的历史、社会、经济、政治等各方面产生了极为重要的影响。

瑞士是一个具有多种气候的国家。由于地处西欧中部，西边隔着法国便是大西洋，东面是欧亚大陆，北面有北冰洋吹来的冷风，南面有来自地中海潮湿的气流，加之地形复杂，高山峻岭，山谷沟涧，层层交错，骤起骤落，形成了许多地区性的小气候。总的看，冬季很冷，夏季不热，降水比较充沛，但分配不均，地区差异很大。其中中部高原是温带气候，年平均降水1000毫米，年平均温度为7～9℃。另外，瑞士有一种特有的"焚风"，是阿尔卑斯山北坡的低气压与南面的高温气流相汇形成的。

瑞士多山，雨雪充沛，所以水源丰富，江河湖泊众多。欧洲有3条著名的大河都与瑞士有关，它们是莱茵河、罗纳河和多瑙河。瑞士的湖泊大都出现于冰河时期。瑞士的大湖都在汝拉山脚下或中部高原上，主要有莱蒙湖、纳沙特尔、比安(比尔)湖、苏黎世湖和博登湖。在阿尔卑斯山区两侧，有一些较小的湖泊，如图恩湖、布里恩茨湖等。其中日内瓦湖、苏黎世湖和博登湖以环境优美著称于世，成为旅游胜地。

5. 政治经济

瑞士的首都为伯尔尼，国花为火绒草，货币为瑞士法郎。

瑞士为联邦制国家，采取议会制，在共同举行的联邦会议上选出7位联邦阁员及28名联邦法官，总统和副总统由联邦议会从内阁阁员中选出，组成最高的权力机构。有14个全球性组织的总部设于瑞士。

1950年9月14日，中国与瑞士建交。

瑞士是高度发达的工业国，它1/4的面积都是不适宜耕作的高山，自然资源却是世界上最富裕的国家之一。它实行自由经济政策，政府尽量减少干预。对外主张自由贸易，反对贸易保护主义政策，为欧洲贸易中心。瑞士工业高度发达，在国民经济中占主导地位。机械、化工、纺织、钟表、食品是瑞士工业的5大支柱。所产钟表驰名世界，瑞士素有"钟表王国"之称，它所生产的钟表由于计时准确、品种款式多、工艺水平高而畅销世界、闻名遐迩。瑞士所有已开发的农地都能地尽其用，畜牧业亦十分发达，主要农作物有小麦、燕麦、马铃薯和甜菜。肉类基本自给，奶制品自给有余。瑞士的交通运输以公路和铁路运输为主。铁路密度居世界前列，公路网四通八达、遍及全国，瑞士空运航线总长 513 000 千米，主要国际机场有苏黎世机场和日内瓦机场。

瑞士旅游业十分发达，是仅次于机械制造和化工医药工业的第三大创汇行业。瑞士旅游业已有 200 多年的历史，多年来瑞士每年的游客均达 6500 万人次，其中外国游客逾 1300 万人次，年均旅游收入近 130 亿瑞士法郎，位居世界旅游大国前十位，旅游竞争力一直保持世界领先地位。

◇**知识窗**◇

钟表王国

瑞士人自豪地说："我们向全世界提供了时间。"自 1587 年在日内瓦开始生产手表起，400 多年来，瑞士一直保持着在世界钟表业中的领先地位。虽然由于 20 世纪 70 年代中后期日本、中国香港生产的电子石英表异军突起，瑞士的钟表产量已退居世界第三位，但瑞士表加工精细、款式新颖、档次高、价格贵，按产值计仍达世界钟表总产值一半以上。瑞士钟表技术精湛，品种多，质量好，产品的 97%供出口，远销世界 150 多个国家和地区。如今有 7 所制表技术学院，首都伯尔尼以"表都"闻名于世。在瑞士，从繁华的都市到边远的山村，处处可见钟表厂和钟表店，成为瑞士特有的风景。

6. 文化艺术

由于多种语言的影响，瑞士文化也呈现出独特的多样性。这里有历史上著名的朝圣之路，有多处联合国教科文组织指定的世界文化和自然遗产，有历史悠久的古老城堡和众多各具特色的博物馆。

历史上，曾有众多著名的艺术家来此游览或定居于此。如卢梭、拜伦、雪莱、歌德等都曾来瑞士游览、居住，并留下脍炙人口的佳作。

瑞士本土的艺术家有阿尔贝特·安卡、阿诺尔德·波克林和费迪南德·霍德勒等。著名的现代建筑师有马利奥·波塔、赫尔佐克和迪·默龙等。著名的瑞士作家有海蒂、马克思·费里施、弗里德里希·迪伦马特等。

瑞士音乐首推岳得尔调和木制号角。瑞士传统民间乐器还有：瑞士手风琴、海克布里(扬琴的一种)及单簧口琴。

瑞士在知识及科学方面的推动有很大贡献，孕育了多个诺贝尔奖的得主：哲学家及作家 Jean-Jacques Rousseau、教师及作家 Johann Heinrich Pestalozzi、哲学家 Paracelsus、精神病学家 Carl Gustav Jung 和博爱者 Henri Dunand。

瑞士有 900 多座博物馆，是世界上博物馆密度最大的国家之一，相当于平均每 7500 人有一座博物馆。

二、民俗风情

在瑞士人的发祥地施维茨，男性一般穿过膝的长裤、袖子宽大的衬衫和短夹克；女性着丝质上衣、长裙、天鹅绒背心。瑞士的商务活动宜穿有背心的三件套保守式样西装。

瑞士的美食有各式香肠、奶油小牛肉意大利面、奶油汤以及芝士火锅。而特产主要是上好的手表、精致的首饰、美味的巧克力、迷人的八音盒以及瑞士军刀。

瑞士的天主教祭典流传至今。在祭典日，人们穿着民族服，唱歌、跳舞和祈祷。儿童节祭典又称"疯狂的祭典"，参加的人戴上假面具，把装有青豌豆的袋子绑在裤子上，互相追打。此时连神父也戴上假面具，和人们一同参加祭典。在山岳地带，村民穿上华丽的服饰，并有乐团奏乐。祭典完毕，神父还到居民家为人和牲畜的兴旺而祈祷、祝福。

瑞士人勤奋工作、埋头苦干，诚恳务实、不尚浮夸，酷爱清洁、遵守秩序，且善于理财，"没有钱便没有瑞士人"说的就是指此。

◇**知识窗**◇

奇特而有趣的国家

瑞士是一个奇特的国家，它有许多不同于别国的有趣之处：①有瑞士国无瑞士语；②有瑞士国无瑞士族；③问瑞士人："你们现在国家的领导人是谁？"十个有八个回答得不准确；④瑞士虽然是永久中立国，却有很像样的军队，国防开支居世界前列；⑤瑞士不加入联合国，却让联合国的前身——国际联盟总部设在日内瓦；⑥日内瓦不是瑞士首都，也不是最大城市，但比首都伯尔尼更知名；⑦瑞士国小，地下资源缺乏，但外汇收入颇多，人均收入名列世界各国之首。

三、旅游市场

在瑞士的旅游业中，因为有丰富而高质量的山地景观和冬季体育运动旅游资源，高山地区占优势，而其他地区的旅游水平很低。夏季和冬季是瑞士的两个旅游旺季，但全年旅游都不清淡。

瑞士入境旅游人数逐年增加，但因相对费用高，游客停留时间都很短，约2～5天。瑞士旅游对德国依赖程度较高。除此以外，还在不同程度上吸引来自欧洲北部和南欧的旅游者。据瑞士酒店协会报告，来瑞士的游客中中国人占的比重越来越大。2004年在瑞士登记住宿天数是10万人/日，占总量的0.3%。

瑞士是个经济富裕的国家，许多人非常喜欢度假旅游。国内旅游市场很大，进行国内旅游的人数约达230万人，占全国人口的1/3以上。国内旅游者大多数选择自助饮食的住宿地，如农舍小屋、野营地或公寓等。

瑞士人的出境旅游人数较多，通常每年约有620万人次到国外旅游。出境旅游者绝大多数是到欧洲地中海国家。2010年到中国旅游的人数达7.43万人次，比上年增长了18.73%。

四、旅游热点

(一)苏黎世

苏黎世是瑞士最大的城市，人口45万，位于瑞士北部，苏黎世湖的北端，已有2000多年的历史。历史上，苏黎世吸引过许多名人，如大文豪歌德、音乐家瓦格纳、小说家托马斯·曼，科学巨匠爱因斯坦、革命家列宁都曾在这里定居过。这里是瑞士最大的商业、金融中心,其银行业在国际上久负盛名,其地位超过了伦敦、巴黎,与纽约、东京等齐名。它有 120 多家银行,证券交易占西欧的 70%,黄金市场占世界第一,外汇市场占世界第三。同时苏黎世又是一个美丽的水城,利马特河从苏黎世湖流出,将苏黎世市区分为左右两半,左岸称为小市街,右岸称为大市街。街道干净整洁,空气清新,河水潺潺,清澈见底,两岸绿荫之中掩映着一座座红顶白墙的楼房,高耸的哥特式尖顶教堂和双塔的罗马教堂,透露着中世纪的安详和恬静。主要景点有圣彼得大教堂、班霍夫大街、馥劳教堂、瑞士国家博物馆。

1. 圣彼得大教堂

圣彼得大教堂是苏黎世最古老的教堂,建于公元 13 世纪,教堂的高塔有欧洲最大的时钟,直径 8.7 米。南面是门史达荷夫广场,是一处美丽的广场,广场有 15 世纪苏黎世统治者的铜像。

2. 班霍夫大街

班霍夫大街是一条全瑞士都知名的商业大街,有"瑞士华尔街"之称。因为这里云集着世界著名的银行和证券交易所。

3. 馥劳教堂

馥劳教堂是利马特河西岸最大的罗马式建筑,教堂内的圣坛及耳堂等处装饰有彩色玻璃,设计出自名家之手。"馥劳"在德语中为妇女之意。公元 853 年在这里建过一个修道院,后来改成今日的教堂。

4. 瑞士国家博物馆

瑞士国家博物馆的展品以瑞士文化、艺术、历史为主题,有古代绘画、中古宗教经文、历代武器、军服等,还有古代钟表、金银饰物……数以万计的说明瑞士文化及社会演变的展品大都是实物,有的甚至是整个房屋原封不动地照搬而来,有很高的研究价值。

此外还有莱芒湖、伯尔尼老城、卢塞恩湖与冰川公园等景点。

(二)伯尔尼

伯尔尼是瑞士的首都,自从 1848 年在这里设立了联邦政府以来,一直是瑞士的政治和文化中心。伯尔尼人口约 13 万人,是瑞士第四大城市,是个小巧的中世纪风格的城市,现代大都市的感觉不是很浓,可能是因为城市面积的 30%是树林和公园,都被绿色包围起来的缘故吧。把阿尔卑斯地区清凉的水带到这里的阿尔河,在这里慢慢地画出一条弧线,形成了这里半岛状的地形。这个半岛的最前面部分,据说早在 1154 年就有一座城堡,但真正的城市结构是在其后的 1191 年,由策林根公爵贝尔希特尔特五世建成的。从位于城市边缘小山丘上面的玫瑰园,可以眺望整个城市。时至今日仍能保留如此规模的中世纪时的样子,这在整个欧洲也是很少见的。从老城区往西走,通过各个时代的建筑物,能够感受到当时这座城市的发达程度。这个城市最具特色的是街道两旁的拱廊和许多现代建筑，在这里新和旧得到了和谐的统一。伯尔尼保留有大量美丽的中世纪城市面貌，因此被联合国教科文组织列入了世界文化遗产名录。

(三)日内瓦

日内瓦湖畔的日内瓦，人口17.5万人，是瑞士第二大城市，城市的标志是位于市中心旁边日内瓦湖面上的高大喷泉、沿岸围绕着绚丽的花园和公园。日内瓦是个重要的国际性城市，由于瑞士的中立地位和稳定的经济而成为许多国际机构的所在地(如联合国欧洲总部、国际红十字会等)，因此吸引了许多外国旅游者来此度假旅游。日内瓦市建在两座高度不同的古冰碛丘陵和冰水沉积阶地上。罗纳河横贯市中心，从日内瓦湖流出，河中的卢梭岛竖立着卢梭铜像。横跨罗纳河上的勃朗峰桥将南岸的老城与北岸的新城紧紧连接在一起。"万国宫"是许多国际机构的所在地，吸引着世界各地的游客来此游览。

(四)洛桑

洛桑是瑞士第二大讲法语的城市，它位于日内瓦湖畔，依山傍水，人口只有12.5万人。它有着浓厚的文化艺术氛围，这里有瑞士联邦法院、国际奥林匹克委员会和联邦理工学院等组织机构和学院，是瑞士文化和人才中心。

洛桑是沃州的首府。洛桑有许多私立的国际学校，这也是它出名的一个原因。世界各国的政治家、富豪、王公贵族和明星们的子女，都在这个幽雅的环境中接受着瑞士严格的教育。难怪有很多骚人墨客，如拜伦、狄更斯、伏尔泰均来这里找过灵感。

洛桑是一座山城，层层叠叠的美丽房屋，沿着湖岸向上伸展，有点儿类似中国香港的石板街，在日内瓦湖与阿尔卑斯山的烘托下，洛桑城充满法国式的浪漫。并且你只要看看遍布整个城市的葡萄园，就会知道这里也是个生产葡萄酒的地方。以洛桑为分界，从这里到日内瓦被称为拉克特地区，到对面的埃格勒被称为沃州地区，拉沃地区的葡萄酒质量非常好。从日内瓦延伸过来的平缓的斜坡，过了洛桑就变成了切入湖面的很陡的山坡。这种地形的变化给这里的景观平添了几分壮观，也给葡萄增加了几分滋润。

洛桑是一个古都，这里有瑞士联邦最高法院、洛桑大学、酒店学校、国际学校以及各种学院，文化氛围很浓。尤其是其中的酒店学校和芭蕾舞洛桑奖，都是闻名于世的。另外，大家都非常熟悉的国际奥林匹克委员会(ICO)总部也在这里。

洛桑主要景点有奥林匹克博物馆、圣母大教堂等。

1. 奥林匹克博物馆

国际奥林匹克委员会(ICO)从1917年开始设在洛桑，洛桑也因此被人们称为"奥林匹克的首都"。这个位于莱芒湖畔的博物馆，于1993年对外开放，它主要向人们展示了从古希腊到现在为止的奥林匹克运动的历史。里面运用了计算机和音像技术，解说通俗易懂，是个很值得一去的博物馆。

2. 圣母大教堂

圣母大教堂建于公元12—13世纪，是一个巨大的哥特式建筑物，被誉为瑞士最美丽的教堂，是洛桑的招牌。它位于老城区中央，而且在一片高地上，因此就好像是这个城市的主人一样很有气势地矗立在那里。教堂里面绝对不能错过的是被称为"玫瑰之窗"的彩画玻璃,它创作于 13 世纪,各种鲜艳色彩的搭配很有水平。通往钟楼的台阶共有232 级,从上面可以纵览阿尔卑斯山和莱芒湖,以及整个洛桑的景色。钟楼在报时的时候不是用钟的声音,而是用人的声音。自古以来都有上面的人大声地告知别人"现在是……点"。这个习惯,一直沿用至今。不过现在只有在 22:00 开始到凌晨 2:00 点这段时间才报时。

3. 乌契

原本为日内瓦湖畔小渔村的乌契,因为有着日内瓦湖明媚的景色环绕,现今不仅已成为洛桑地区最主要的休闲酒店集中地,也是洛桑的居民与游客最喜欢的休闲之处。

◇**知识窗**◇

洛桑酒店学校

据一项全球旅游业权威机构的统计,在世界排名前 15 位的酒店中,有 9 家由洛桑酒店学校的毕业生掌管。

成立于 1893 年的洛桑酒店学校是瑞士最早的培养酒店管理人才的特殊高等院校。百余年来,学校已培养了 3 万多名酒店经营管理人才。目前,学校有近 2000 名来自 72个国家的学生。该校的毕业生不仅成为世界各大酒店管理人员中的佼佼者,而且越来越多的金融公司、大企业、咨询公司甚至医院都到该校提前"订购"毕业生。

严格的学生管理、多样化的教学方式和注重培养实践经验的教学体制,使得该校永立潮头。特别值得一提的是,该校首创了半年学习、半年实践的教学模式,此种教学模式已为许多同类学校争相效仿。由此来看,洛桑酒店学校是获得全瑞士唯一的"特殊高等院校毕业证书"资格的酒店学校也就不足为奇了。

(五)维威

它是瑞士沃州地区葡萄酒的集散地。散布在四周的小村庄几乎都是自古以来生产葡萄酒的农家村庄。这个盛产酒的维威作为一个生产巧克力的城市也很有名。19 世纪时,和牛奶、乳制品行业一起,这里开始了巧克力的生产。作为世界第二大食品生产商的跨国公司内斯勒的总厂就在这里。当时从意大利传到这里的巧克力只有黑巧克力一种,他们通过往里面加入瑞士新鲜浓郁的牛奶而制造出了奶油巧克力,拓展了市场。面向着莱芒湖,内斯勒公司的总部大楼显得格外的现代化,非常引人注目。这就是维威今日的面貌。

课堂讨论题

瑞士旅游业发达,目前旅游年收入位居世界前 10 名。如今瑞士人在赴海外旅行花费的金钱与国外游客来瑞士旅游所消费的金额数量基本持平。试分析瑞士发展旅游业有哪些成功的经验?给我们什么启示?

第十节 荷兰

一、国情概述

1. 国土疆域

荷兰王国位于欧洲西部，东与德国为邻，南接比利时，西、北濒临北海，地处莱茵河、马斯河和斯凯尔特河三角洲，24%的面积低于海平面，1/3 的面积海拔不到 1 米。面积为 41 526 平方千米。从 13 世纪即开始围海造田，增加土地面积约 60 万公顷，海岸线总长 1075 千米。荷兰被称为"欧洲门户"。

2. 人口民族

荷兰总人口 1650.01 万(2009 年)，90%以上为荷兰族，此外还有弗里斯族。官方语言为荷兰语，弗里斯兰省讲弗里斯语。居民 31%信奉天主教，21%信奉基督教。

镌刻在荷兰国徽上的"坚持不懈"字样，恰如其分地刻画了荷兰人民的民族性格。

3. 发展简史

望着古老的风车，闻着芬芳的郁金香，人们仿佛回到遥远的中世纪。16 世纪前荷兰长期处于封建割据状态。16 世纪初受西班牙统治。1568 年爆发延续 80 年的反抗西班牙统治的战争。1581 年北部七省成立荷兰共和国(正式名称为尼德兰联合共和国)。1648 年西班牙正式承认荷兰独立。17 世纪时曾为海上殖民强国。18 世纪后，荷兰殖民体系逐渐瓦解。1795 年法军入侵。1806 年拿破仑之弟任国王，荷兰被封为王国。1810 年并入法国。1814 年脱离法国，翌年成立荷兰王国。1848 年成为君主立宪国。一战期间保持中立。二战初期宣布中立。1940 年 5 月被德国军队侵占，王室和政府迁至英国，成立流亡政府。战后放弃中立政策，加入北约和欧共体及后来的欧盟。

4. 自然风貌

荷兰地形独特，其西部沿海为低地，东部是波状平原，中部和东南部为高原。"荷兰"在日耳曼语中叫尼德兰，意为"低地之国"，因其国土有一半以上低于或几乎水平于海平面而得名。围海造田工程造就了世界上最壮观的拦海大坝，"到处都是水，无处不通船"已成为荷兰特有的景观。

◇知识窗◇

低地之国

荷兰为世界最低的国家，这话一点也不夸张。它的全国面积为 41 526 平方千米，大部分都为低洼地，1/3 的土地海拔不到 1 米，1/4 的土地低于海平面，首都阿姆斯特丹以西哈勒姆附近的有些地方,平均低于海平面4米,比最高的高潮面低8米。全国人口的60%集中居住在西部地带,为防止水淹,必须修筑堤坝,并利用风车不断地排除地面积水。由于全国的低洼地带随处都可见到这种靠常年不断的西风来推动的风车,所以风车曾是荷兰风景的标志。直到近几十年来,才用抽水机代替了它。荷兰的最高地方是国土的东南角,海拔也不过300米,为全国的"屋脊"。国内的主要河流,河床一般都比地面高,像中国的黄河那样,成为"悬河",在洪水时期,水位高出堤外地面数米,河里的船舶比屋顶还要高,必须靠堤坝来阻挡河水。

荷兰为什么如此低洼呢?这是地壳发生运动的结果。

荷兰西面靠着北海的南部。北海南部本来为一片陆地,在地球最近的历史时期第四纪,这里的地壳发生运动。地面向下沉降,又由于气候转暖,使冻结的冰川大量融化,海平面上升,淹没了这块陆地,成了大海的一部分。荷兰当时正处在这个下沉的范围内。为什么没有被海水淹没呢?这是由于荷兰人民用筑堤拦海等办法,阻挡了海水的入侵。用填海造田的办法,夺回了一部分被水淹没了的土地。

荷兰的气候属海洋性温带阔叶林气候。平均气温沿海地区夏季16℃,冬季3℃;内陆地区夏季17℃,冬季2℃。年平均降水量797毫米。湿润多雨的气候使荷兰的花卉世界闻名。5~9月是荷兰适宜旅游的季节。

境内河流纵横,池沼湖泊星罗棋布,构成了荷兰多姿多彩的水域风光。主要有莱茵河、马斯河。西北濒海处有艾瑟尔湖。

5. 政治经济

荷兰的首都为阿姆斯特丹,国花、国鸟和国石分别为郁金香、琵鹭和钻石,货币为欧元。

荷兰是世袭君主立宪王国。立法权属国王和议会,行政权属国王和内阁。枢密院为最高国务协商机构,主席为女王本人,其他成员由女王任命。

1954年11月19日中荷两国建立代办级外交关系,1972年5月18日升格为大使级。

荷兰是世界经济最发达的国家之一,西方十大经济强国之一。国内生产总值排名在世界前15位之内,据IMD公布的2000年全球国际竞争力排行榜上,荷兰居世界第四位,欧洲第一位。经济属外向型。荷兰工业发达,主要工业部门有食品加工、石油化工、冶金、机械制造、电子、钢铁、造船、印刷、钻石加工等。近20年来重视发展空间、微电子、生物工程等高技术产业。鹿特丹是欧洲最大的炼油中心。荷兰是世界主要造船国家之一。荷兰的农业也发达,农业高度集约化,已跻身于世界畜牧业最发达国家的行列,是世界第三大农产品出口国。主要农产品有马铃薯、花卉、蔬菜等,享有"欧洲花园"的美称。荷兰把美丽送到世界各个角落,花卉出口占国际花卉市场的40%~50%。

荷兰的运输(港口)、金融、保险和旅游等第三产业闻名于世。荷兰陆、海、空运输均十分发达。境内河流纵横,水路四通八达。鹿特丹港是世界第一大港。阿姆斯特丹机场是荷兰和欧洲主要航空港之一,曾多次获世界最佳机场称号。荷兰的基础设施与旅游服务设施相当完善,境内约有大大小小315个地方旅游局,标志是[VVV],为观光游客提供旅游服务，旅游业十分发达。

6. 文化艺术

画家伦勃朗(Rembrandt van Rhijn，17 世纪前半期)和梵高(Vincent van Gogh，19 世纪末叶)被世界公认为是荷兰最有名的艺术家。当然荷兰文化并不仅限于绘画艺术。像阿姆斯特丹歌剧院音乐会，深受世界古典音乐爱好者的钟爱。还有荷兰国家芭蕾舞剧团，享有国际声誉。在流行艺术方面，荷兰创造了 Dance 音乐，难怪在雅典奥林匹克开幕式上，配乐由荷兰的 DJ 铁斯托(Tiësto)负责。

二、民俗风情

风车、郁金香、奶酪和木屐被称为荷兰的四件宝。特别是遍布沿海和江河地带的大小风车，成为荷兰的象征。

◇知识窗◇

风车之国

人们常把荷兰称为"风车之国"，荷兰坐落在地球的西风带，一年四季盛吹西风。同时它濒临大西洋，又是典型的海洋性气候国家，海陆风长年不息。这就给缺乏水力、动力资源的荷兰，提供了利用风力的优厚条件。

荷兰的风车，最早从德国引进。开始时，风车仅用于磨粉之类。到了 16、17 世纪，风车对荷兰的经济有着特别重大的意义。当时，荷兰在世界的商业中，占首要地位的各种原料，从各路水道运往以风车为动力的加工厂加工，其中包括：北欧各国和波罗的海沿岸各国的木材，德国的大麻子和亚麻子，印度和东南亚的肉桂和胡椒。在荷兰的大港——鹿特丹和阿姆斯特丹的近郊，有很多以风车为动力的磨坊、锯木厂和造纸厂。

随着荷兰人民围海造陆工程的大规模开展，风车在这项艰巨的工程中发挥了巨大的作用。根据当地湿润多雨、风向多变的气候特点，他们对风车进行了改革。首先是给风车配上活动的顶篷。此外，为了能四面迎风，他们又把风车的顶篷安装在滚轮上。这种风车，被称为荷兰式风车。

荷兰式风车，最大的有好几层楼高，风翼长达 20 米。有的风车，由整块大柞木做成。18 世纪末，荷兰全国的风车约有 12 000 架，每台拥有 6000 匹马力。目前，荷兰大约有 2000 多架各式各样的风车。荷兰人很喜爱他们的风车，在民歌和谚语中常常赞美风车。每逢盛大节日，风车上围上花环，悬挂着国旗和硬纸板做的太阳和星星。

荷兰人喜爱鲜花。一年四季有花，是世界著名的花卉王国，其花卉交易额占世界总交易额的 60%以上。

◇**知识窗**◇

花卉之国

荷兰人爱花、种花，其中以郁金香、玫瑰花和杜鹃花最多。郁金香在荷兰最为名贵，最为荷兰人所钟爱，所以成为国花。每当暮春花红柳绿时，正是荷兰郁金香盛开的季节。世界上千千万万的游客涌向荷兰，只为目睹遍野如彩虹覆地一般的郁金香美景。

荷兰的郁金香产区主要集中在海牙以北的莱顿至哈阿拉姆长达 30 千米的沙土地带。据说，海牙附近的哥根霍夫公园，集中了全荷兰郁金香的精华。这里每年都要举行盛大的郁金香花展。公园占地 28 公顷，16 世纪时是港贝琳女公爵的园圃，后改成公园，每年 3 月底到 5 月底举行郁金香及其他鳞茎花卉展。据介绍，整个公园种植有郁金香 1000 多万株，花开时节，来自世界各地的游人每天有两三万人前往观赏，因而有"世界郁金香旅游中心"美称。每年 4 月的最后一个星期六是荷兰的"花卉"节，届时要举行盛大的花车游行。大型花车后面还有一个大型乐队跟随演奏，悠扬而欢快的乐声，把节日气氛推向高潮，使人们流连忘返。

荷兰人喜爱奶酪。荷兰沿海多沙质土壤，且各月降水和终年较高的空气湿度，十分有利于花草生长。整个荷兰牧场遍布，牛羊成群，畜牧业发达，奶制品自给有余，有近 1/2 奶制品供出口，奶酪是其中主要品种之一。

荷兰人喜爱木屐。由于地低土潮，荷兰人接受了法国高卢人发明的木屐，并在几百年的历史中赋予其典型的荷兰特色。其造型古朴优美，做工精巧考究，它的外观如同一只小船，尖翘的鞋尖，配着风格各异的图案和明快华丽的色彩，是一件人见人爱的艺术品。荷兰多雨，土地潮湿，而木屐底厚，不透水，不怕潮，结实耐用，因而荷兰人男女老少都喜爱穿它。

荷兰人曾经是欧洲最正统的民族，并且至今仍是讲究清洁卫生的典范。他们性格坦率，开诚布公，比较朴素，文化素养高，且很会做生意。

三、旅游市场

自 1960 年以来，荷兰旅游业发展迅猛。荷兰发展旅游业的理念是：一切为游客着想，一切从保护自然生态环境出发。民俗旅游是荷兰吸引游客的主要旅游产品。近年来，荷兰大力发展以休闲度假为主的特色旅游，如文化旅游、生态旅游和农业旅游。据荷兰中央统计局数据，2007 年荷兰旅游业营业额为 353 亿欧元，占 GDP 的 3%，其中，国内的旅游开支为 285 亿欧元，到荷兰的外国游客支出 68 亿欧元，赴荷兰的外国游客数量达到 1100 万人次。旅游业工作人员占荷兰全部劳动力的 4.1%(来源：http://news.163.com)。

荷兰人很喜欢旅游，平均每年有 300 万人次出国旅游。2010 年来华旅游人数达 18.91 万人次，比上年增长 13.33%。

荷兰国内旅游具有明显的特色，表现为度假旅游平均时间长，有设备完善的综合旅游中心和旅游目的地。近些年来，每年有 500 多万荷兰人进行国内旅游，并以夏季度假旅游为主，其平均旅游时间为 14 天。

四、旅游热点

荷兰是一个著名的旅游国度。它被称之为风车王国，花卉之国，它由风车、木屐、郁金香所串起的如织美景，带给人们无数的梦幻与想象。荷兰还是世界博物馆密度最大的国家，全国有 600 多座博物馆可供对历史或文化感兴趣的旅游者参观。

(一)阿姆斯特丹

阿姆斯特丹是荷兰的首都，位于荷兰西部须得海西南岸。它是荷兰最大的城市，全国第二大港口，又是一座具有 700 多年历史的世界名城。

阿姆斯特丹大部分城区低于海平面 1～5 米，是一座"水下城市"，全靠坚固的堤坝和抽水机，才使城市免遭海水淹没。"到处都是水，无处不通船"是阿姆斯特丹市的真实写照。据统计，阿姆斯特丹有运河 165 条，桥梁 1281 座。以中央车站为中心，城区依次有辛格、赫雷、皇帝、王子几条骨干运河。在几条运河之间还有几十条放射性的小运河相连接，它们把城市分割成众多"小岛"，"小岛"之间连接着上千座桥梁，共同构成多姿多彩的独特水城风光。主要景点有达姆广场、王宫、须德教堂、国家音乐厅、植物园、唐人街、莱克斯博物馆、伦勃朗故居、凡·高博物馆、安妮·弗兰克故居等。

1. 达姆广场

达姆广场位于市中心，是全市最热闹的地方，也是游人必去之地。它是这座古城的发轫点，全国性的庆典仪式都在此举行。广场中央矗立的战争纪念碑是为两次世界大战的牺牲者建立的，对面是富丽的皇宫。道路宽阔、树木成荫的卡尔弗大街是一家豪华的商场，它摆满了世界最时髦的商品。沿街房屋具有浓厚的北欧情调。广场是用 30 万块石头铺成的，显得非常古朴和典雅，在广场上逗鸽是一项其乐无穷的活动。

2. 王宫

王宫位于 DAM 广场，它是 1648 年为阿姆斯特丹市政府使用而兴建起来的，现为王室迎宾馆，这座宫殿是建筑史上八大奇迹之一。它建在 13 659 根树桩之上，人们曾从中取出过一根检测，发现整座建筑毫无下陷的危险，这些树桩仍然是当初打入地下的原件。王宫里有不少艺术珍品。

(二)海牙

海牙位于荷兰西海岸，面积 68.2 平方千米，人口 45.8 万。公元 13 世纪以来，海牙一直是荷兰的政治中心。19 世纪首都迁往阿姆斯特丹后，议会、首相府和中央政府各部仍设在这里，所以，阿姆斯特丹虽然是首都，但荷兰实际上的政治中心却在海牙。各国大使馆也聚集在海牙。海牙以整洁、美丽的市容和幽雅的环境闻名于世，整个城市就是一座大公园。主要景点有国会大厦、和平宫、马杜罗丹小人国等。

1. 和平宫

和平宫是国际法院所在地，位于海牙市郊。它由法国设计师设计，荷兰建筑师修改建设方案，各国捐赠的建筑和装饰材料建成。1907年奠基，1913年竣工，命名为和平宫。和平宫是一座长方形的宫殿式建筑，棕红色，两层。屋顶有3个尖顶塔楼，左边塔楼最高最大。正门是由9个大拱门组成的走廊，底层的拱顶大厅全部采用大理石修建，并饰以金色的浮雕。地面由乳白色和浅蓝色大理石组成图案。宫内有各国政府捐赠的各种礼品。和平宫的国际法图书馆是一家公共图书馆，它是世界上最大的收藏法学书籍的图书馆。

2. 马杜罗丹小人国

马杜罗丹小人国位于海牙与海滨避暑胜地斯维宁根之间，是一座面积仅1.8万平方米的微型"城市"，数以千计的"居民"都是寸把高的"小人"，建筑物按1：25的比例缩制而成，最高的也不超过2米。它是荷兰历史和文化的高度浓缩，城内汇集了国内120多座著名建筑和名胜古迹。马杜罗丹小人国建于1942年，是为纪念在第二次世界大战中牺牲的荷兰青年乔治·马杜罗丹中尉而建，并以其姓氏命名。1972年，马杜罗丹小人国被荷兰城市联盟接纳为正式成员，成为世界上最小的城市，它有自己的城徽，市长由当今荷兰女王贝娅特丽克丝担任，市议会议员由海牙30名小学生组成。

此外，鹿特丹也是荷兰重要的商业和金融中心，世界大港之一。

课堂讨论题

(1) 试设计一条以荷兰为入出境口岸的欧洲最佳旅游线路。

(2) 荷兰是中国主要客源国吗？如何进一步开拓该客源市场？

复习与思考

1. 英国、法国、德国、意大利、西班牙、俄罗斯人的民族性格各有何特色？
2. 为什么德国和奥地利被称为音乐之乡？试列举主要的音乐名人。
3. 简述法国、意大利、俄罗斯的饮食特点。
4. 为什么说意大利是文艺复兴的摇篮？试列举主要的代表人物和主要作品。

5. 为什么说俄罗斯文学艺术人才辈出，群星璀璨？

6. 法国人、德国人、俄国人各有哪些爱好与娱乐？

7. 英国和西班牙的传统服饰各有何特色？

8. 德国的会展旅游有何特色？

9. 西班牙的国粹有哪些？荷兰有哪四件宝？

10. 俄罗斯有哪几大旅游区？

11. 为什么瑞士被称为钟表王国？为什么荷兰被称为风车之国和低地之国？

12. 奥地利、瑞士有哪些主要特产？

13. 简要分析法国、德国、西班牙、英国、意大利成为世界旅游大国的原因。

14. 欧洲各国主要的旅游城市有哪些？试列举其著名的旅游景点。

15. 试设计几条欧洲经典旅游线路。

附录：世界遗产名录(欧洲旅游区)(按照自然与文化双重遗产、自然遗产、文化遗产的顺序排列)

一、英国(28 项)(其中 1 项与德国共有)

圣基尔达(自、文，1986 年，2004 年，2005 年)

巨人堤道及堤道海岸(自，1986 年)

亨德森岛(自，1988 年)

戈夫岛和伊纳克塞瑟布尔岛(自，1995 年，2004 年)

多塞特和东德文海岸(自，2001 年)

圭内斯的爱德华一世时期城堡和城墙(文，1986 年)

达勒姆城堡和座堂(文，1986 年)

铁桥峡谷(文，1986 年)

巨石阵、埃夫伯里和相关遗址(文，1986 年)

斯塔德利皇家公园，包括方廷斯修道院遗址(文，1986 年)

布莱尼姆宫(文，1987 年)

巴斯城(文，1987 年)

罗马帝国的边界(文，1987 年，2005 年)：英国的哈德良长城(1987 年)-德国的上日耳曼-雷蒂安边墙(2005 年)(与德国共有)—英国的安东尼长城(2008 年)

威斯敏斯特宫、威斯敏斯特修道院和圣玛格丽特教堂(文，1987 年)

坎特伯雷座堂、圣奥古斯丁修道院和圣马丁教堂(文，1988 年)

伦敦塔(文，1988 年)

爱丁堡的老城和新城(文，1995 年)

格林尼治(文，1997年)

奥克尼的新石器时代遗址(文，1999年)

布莱纳文工业景观(文，2000年)

圣乔治古城及相关要塞(文，2000年)

德文特河流域工厂群(文，2001年)

新拉纳克(文，2001年)

索尔泰尔(文，2001年)

皇家植物园(邱园)(文，2003年)

海上商业城市利物浦(文，2004年)

康沃尔和西德文矿区景观(文，2006年)

庞特基西斯特高架水道及运河(文，2009年)

二、法国(35项)(其中1项与西班牙共有，1项与比利时共有)

比利牛斯山脉—珀杜山(自、文，1997年，1999年)(与西班牙共有)

科西嘉的吉罗拉塔湾、波尔托湾、斯康多拉自然保护区和皮亚纳卡兰切斯(自，1983年)

留尼汪的皮通斯、环谷和环壁(自，2010年)

圣米歇尔山及其海湾(文，1979年)

沙特尔主教座堂(文，1979年)

凡尔赛的宫殿和园林(文，1979年)

韦兹莱的教堂和山丘(文，1979年)

韦泽尔峡谷的岩洞群(文，1979年)

枫丹白露的宫殿(枫丹白露宫)和园林(文，1981年)

亚眠主教座堂(文，1981年)

奥朗日的古罗马剧院和凯旋门(文，1981年)

阿尔勒的古罗马建筑和罗马式建筑(文，1981年)

丰特奈的熙笃会修道院(文，1981年)

阿尔克—塞南的皇家盐场(文，1982年)

南锡的斯坦尼斯拉斯广场、卡里耶尔广场和阿利扬斯广场(文，1983年)

加尔唐普河畔圣萨万的教堂(文，1983年)

加尔桥(古罗马水槽)(文，1985年)

斯特拉斯堡—大岛(文，1988年)

巴黎的塞纳河畔(文，1991年)

兰斯的圣母主教座堂、圣雷米修道院和塔乌宫(文，1991年)

布尔日主教座堂(文，1992年)

阿维尼翁历史中心(文，1995年)

南运河(文，1996年)

卡尔卡森设防城(文，1997年)

法国境内的通往圣地亚哥—德孔波斯特拉之路(文，1998年)

里昂的历史古迹(文，1998年)

圣艾米伦区(文，1999年)

比利时和法国的钟楼(文，1999年，2005年)：比利时佛兰德地区和瓦隆地区的钟楼(共30处)(1999年)—法国北部的钟楼(共23处)、比利时让布卢的钟楼(2005年)(与比利时共有)

叙利到沙洛讷间的卢瓦尔河流域(文，2000年)

普罗万中世纪集镇(文，2001年)

奥古斯特·佩雷重建的勒阿弗尔城(文，2005年)

波尔多月亮港(文，2007年)

佛邦要塞(文，2008年)

新喀里多尼亚潟湖(文，2008年)

阿尔比主教城(文，2010年)

三、德国(33项) (其中1项与英国共有，1项与波兰共有，1项与荷兰共有)

梅塞尔坑化石遗址(自，1995年)

瓦登海(自，2009年)(与荷兰共有)

亚琛主教座堂(文，1978年)

施派尔主教座堂(文，1981年)

维尔茨堡宫的宫殿、花园和广场(文，1981年)

维斯圣地教堂(文，1983年)

布吕尔的奥古斯都堡与猎趣园(文，1984年)

希尔德斯海姆的圣玛丽亚主教座堂和圣米夏埃尔教堂(文，1985年)

特里尔的古罗马建筑、圣伯多禄主教座堂和圣母教堂(文，1986年)

汉萨同盟城市吕贝克(文，1987年)

罗马帝国的边界(文，1987年，2005年)：英国的哈德良长城(1987年)—德国的上日耳曼—雷蒂安边墙(2005年)(与英国共有)

波茨坦(无忧宫)和柏林的宫殿和公园(文，1990年，1992年，1999年)

洛尔施修道院和教堂(文，1991年)

拉默尔斯贝格矿和戈斯拉尔古城(文，1992年)

毛尔布龙修道院建筑群(文，1993年)

班堡城(文，1993年)

奎德林堡的牧师会教堂、城堡和古城(文，1994年)

弗尔克林根钢铁厂(文，1994年)

科隆主教座堂(文，1996年)

魏玛和德绍的包豪斯遗址(文，1996年)

艾斯莱本和维滕贝格的马丁·路德纪念地(文，1996年)

古典魏玛(文，1998年)

柏林的博物馆岛(文，1999年)

瓦尔特城堡(文，1999年)

德绍—沃利茨园林王国(文，2000年)

修道院之岛赖兴瑙岛(文,2000 年)

埃森的关税同盟煤矿工业区(文,2001 年)

莱茵河中上游流域(文,2002 年)

施特拉尔松德历史中心和维斯马历史中心(文,2002 年)

不来梅的市政厅和罗兰像(文,2004 年)

马斯科夫公园/马扎科斯基公园(文,2004 年)(与波兰共有)

雷根斯堡古城(文,2006 年)

柏林的柏林现代住宅群落(文,2008 年)

德累斯顿易北河谷(2004 年登录,2009 年除名)

四、意大利(43 项)(其中 1 项与梵蒂冈共有,1 项与瑞士共有)

伊奥利亚群岛(自,2000 年)

多洛米蒂山 (自,2009 年)

瓦尔卡莫尼卡岩画(文,1979 年)

圣母感恩教堂和多明我会修道院以及列奥纳多·达·芬奇的《最后的晚餐》(文,1980 年)

罗马历史中心、罗马城中享有治外法权的梵蒂冈管辖建筑和城外圣保禄大殿(文,1980 年,1990 年):意大利的罗马历史中心(1980 年)—梵蒂冈管辖的罗马城中享有治外法权的建筑和城外圣保禄大殿(1990 年)(与梵蒂冈共有)

佛罗伦萨历史中心(文,1982 年)

比萨主教座堂广场(文,1987 年)

威尼斯及其潟湖(文,1987 年)

圣吉米亚诺历史中心(文,1990 年)

马泰拉的岩洞民居(文,1993 年)

维琴察城和威尼托地区的帕拉第奥风格别墅(文,1994 年,1996 年)

阿达的克雷斯皮(文,1995 年)

文艺复兴城市费拉拉及其波河三角洲(文,1995 年,1999 年)

那不勒斯历史中心(文,1995 年)

锡耶纳历史中心(文,1995 年)

蒙特堡(文,1996 年)

拉韦纳的早期基督教建筑(文,1996 年)

皮恩扎城历史中心(文,1996 年)

阿尔贝罗贝洛的楚利建筑(文,1996 年)

卡塞塔的 18 世纪皇宫以及园林、万维泰利水道和圣莱乌乔建筑群(文,1997 年)

阿格里真托考古区(文,1997 年)

庞贝考古区、赫库兰尼姆考古区和托雷安农齐亚塔考古区(文,1997 年)帕多瓦植物园(文,1997 年)

摩德纳的主教座堂、市民塔和大广场(文,1997 年)

阿马尔菲海岸景观(文,1997 年)

韦内雷港、五乡地和群岛(文,1997 年)

萨伏依皇家建筑(文，1997 年)

巴鲁米尼的苏努拉西石头建筑(文，1997 年)

卡萨尔的罗马别墅(文，1997 年)

阿奎莱亚的考古区和主教座堂(文，1998 年)

奇伦托和迪亚诺河谷国家公园及帕埃斯图姆考古遗址和韦利亚考古遗址以及切尔托萨—迪帕杜拉(文，1998 年)

乌尔比诺历史中心(文，1998 年)

蒂沃利的哈德良别庄(文，1999 年)

阿西西的圣方济各教堂和其他方济各会建筑(文，2000 年)

维罗纳城(文，2000 年)

蒂沃利的伊斯特别墅(文，2001 年)

东南西西里诺托谷地的晚期巴洛克风格城镇(文，2002 年)

皮埃蒙特和伦巴第的圣山(文，2003 年)

切尔维特里和塔尔奎尼亚的伊特鲁里亚墓地(文，2004 年)

瓦尔道尔契亚(文，2004 年)

锡拉库萨和潘塔立克石墓群(文，2005 年)

热那亚的新街和罗利宫殿体系(文，2006 年)

雷塔恩铁路(与瑞士共有)(文，2008 年)

曼图亚和萨比奥内塔(文，2008 年)

五、西班牙(42 项)(其中 1 项与法国共有)

比利牛斯山脉—珀杜山(自、文，1997 年，1999 年)(与法国共有)

伊维萨岛的生物多样性和文化(自、文，1999 年)

加拉霍艾国家公园(自，1986 年)(位于加那利群岛)

多尼亚纳国家公园(自，1994 年)

泰德国家公园(自，2007 年)

格拉纳达的阿兰布拉、赫内拉利费和阿尔贝辛(文，1984 年，1994 年)

布尔戈斯主教座堂(文，1984 年)

科尔多瓦历史中心(文，1984 年，1994 年)

马德里省的埃斯科里亚尔修道院(文，1984 年)

安东尼·高迪的建筑作品(文，1984 年，2005 年)：古尔公园、古尔宫和米拉公寓(1984年)—文森公寓、圣家圣殿的耶稣降生正面及地下室、巴特洛公寓和古尔住宅区教堂地下室(2005 年)

阿尔塔米拉洞窟(文，1985 年)和西班牙北部旧石器时代洞窟艺术(文，2008 年)

奥维耶多和阿斯图里亚斯王国的建筑群(文，1985 年，1998 年)

阿维拉古城及其城外教堂(文，1985 年)

塞哥维亚古城及其水道(文，1985 年)

圣地亚哥—德孔波斯特拉古城(文，1985 年)

托莱多古城(文，1986 年)

阿拉贡的穆德哈尔式建筑(文，1986 年，2001 年)

卡塞雷斯古城(文，1986 年)

塞维利亚的主教座堂、城堡和西印度群岛档案馆(文，1987 年)

萨拉曼卡古城(文，1988 年)

波夫莱特修道院(文，1991 年)

梅里达的考古遗址群(文，1993 年)

通往圣地亚哥—德孔波斯特拉之路(文，1993 年)

瓜达卢佩的圣玛利亚皇家修道院(文，1993 年)

昆卡古城(文，1996 年)

巴伦西亚的丝绸交易厅(文，1996 年)

拉斯梅德拉斯(文，1997 年)

尤索和素索的圣米兰修道院(文，1997 年)

巴塞罗那的加泰罗尼亚音乐宫和神圣和平医院(文，1997 年)

伊比利亚半岛上地中海盆地的岩画(文，1998 年)

埃纳雷斯堡的大学和历史区(文，1998 年)

拉拉古纳的圣克里斯托瓦尔(文，1999 年)(位于加那利群岛)

塔拉戈纳的考古遗址群(文，2000 年)

阿塔普埃尔卡的考古遗址(文，2000 年)

博伊谷地的加泰罗尼亚罗马式教堂(文，2000 年)

埃尔切的椰枣种植园(文，2000 年)

卢戈的古罗马城墙(文，2000 年)

阿兰胡埃斯文化景观(文，2001 年)

乌韦达和巴埃萨的文艺复兴建筑群(文，2003 年)

比斯卡亚桥(文，2006 年)

赫拉克勒斯塔(文，2009 年)

科阿谷和谢加贝尔德的史前岩石艺术地点群(文，1998 年，2010 年)

六、俄罗斯(24 项)(其中 1 项与立陶宛共有，1 项与蒙古共有，1 项与白俄罗斯、爱沙尼亚、芬兰、拉脱维亚、立陶宛、挪威、摩尔多瓦、瑞典、乌克兰共有)

科米原始森林(自，1995 年)

贝加尔湖(自，1996 年)

堪察加火山群(自，1996 年，2001 年)

阿尔泰“金山”(自，1998 年)

西高加索山(自，1999 年)

中锡霍特山脉(自，2001 年)

乌布苏盆地(自，2003 年)(与蒙古共有)

弗兰格尔岛自然保护区(自，2004 年)

普托拉纳高原(自，2010 年)

圣彼得堡历史中心及相关建筑群(文，1990 年)

基日岛的教堂(文，1990 年)

莫斯科的克里姆林宫和红场(文，1990 年)

索洛韦茨基群岛的文化历史建筑群(文，1992 年)

诺夫哥罗德和周边地区的历史古迹(文，1992 年)

弗拉基米尔和苏兹达尔的白色建筑群(文，1992 年)

谢尔吉耶夫镇的三位一体修道院建筑群(文，1993 年)

科罗缅斯克的耶稣升天教堂(文，1994 年)

库尔斯沙嘴(文，2000 年)(与立陶宛共有)

喀山城堡历史建筑群(文，2000 年)

费拉蓬特修道院建筑群(文，2000 年)

杰尔宾特的古城和城堡建筑(文，2003 年)

新圣母修道院建筑群(文，2004 年)

雅罗斯拉夫尔城历史中心(文，2005 年)

斯特鲁维地质测量地点(文，2005 年)(与白俄罗斯、爱沙尼亚、芬兰、拉脱维亚、立陶宛、挪威、摩尔多瓦、瑞典、乌克兰共有)

七、奥地利(8 项)(其中 1 项与匈牙利共有)

萨尔茨堡城历史中心(文，1996 年)

美泉宫和花园(文，1996 年)

哈尔施塔特—达赫施泰因/萨尔茨卡默古特文化景观(文，1997 年)

塞默灵铁路(文，1998 年)

格拉茨城——历史中心(文，1999 年)

瓦豪文化景观(文，2000 年)

维也纳历史中心(文，2001 年)

费尔特湖/新锡德尔湖文化景观(文，2001 年)(与匈牙利共有)

八、瑞士(10 项)

圣乔治山(自，2003 年)

少女峰—阿莱奇冰川—比奇峰(自，2001 年，2007 年)

萨多纳环形地质结构(自，2008 年)

米施泰尔的圣约翰本笃会女修道院(文，1983 年)

圣加仑女修道院(文，1983 年)

伯尔尼古城(文，1983 年)

贝林佐纳的三座城堡、防御墙和集镇要塞(文，2000 年)

拉沃葡萄园梯田(文，2007 年)

阿尔布拉—贝尔尼纳的利西亚阿尔卑斯山铁路(文，2008 年)

拉绍德封/力洛克钟表城(文，2009 年)

九、荷兰(9 项)(其中 1 项与德国共有)

瓦登海(自，2009 年)(与德国共有)

斯霍克兰及周围地区(文，1995 年)

阿姆斯特丹的防线(文，1996 年)

威廉斯塔德历史区、内城和港口(文，1997 年)

小孩堤防—埃尔斯豪特风车群(文，1997 年)

沃达蒸汽泵站(文，1998 年)

比姆斯特尔圩田(文，1999 年)

里特维尔德的施罗德住宅(文，2000 年)

辛厄尔运河内侧的阿姆斯特丹十七世纪运河环形区域(文，2010 年)

第四章　非洲旅游区

【学习目的】

● 了解埃及、南非、摩洛哥的旅游环境及旅游环境与旅游
　的关系。
● 熟悉埃及、南非、摩洛哥的民俗风情。
● 掌握埃及、南非、摩洛哥的旅游市场及著名的旅游城市
　和旅游景点的基本特征。

【学习内容】

● 埃及
● 南非
● 摩洛哥
● 国情概述；民俗风情；旅游市场；旅游热点。

第一节　非洲概况

一、区域概况

1. 地理位置及范围

非洲是"阿非利加洲"的简称，位于东半球的西南部，地跨赤道南北，非洲西北部的部分地区伸入西半球。东濒印度洋，西临大西洋，北隔地中海和直布罗陀海峡与欧洲相望，东北隅以狭长的红海与苏伊士运河紧邻亚洲。面积约 3020 万平方千米(包括附近岛屿)。约占世界陆地总面积的 20.2%，仅次于亚洲，为世界第二大洲。

非洲目前有 53 个国家和 6 个地区。在地理上，习惯将非洲分为北非、东非、西非、中非和南非五个地区。

北非通常包括埃及、苏丹、南苏丹、利比亚、突尼斯、阿尔及利亚、摩洛哥、亚速尔群岛、马德拉群岛。

东非通常包括埃塞俄比亚、厄立特里亚、索马里、吉布提、肯尼亚、坦桑尼亚、乌干达、卢旺达、布隆迪和塞舌尔。

西非通常包括毛里塔尼亚、西撒哈拉、塞内加尔、冈比亚、马里、布基纳法索、几内亚、几内亚比绍、佛得角、塞拉利昂、利比里亚、科特迪瓦、加纳、多哥、贝宁、尼日尔、尼日利亚和加那利群岛。

中非通常包括乍得、中非、喀麦隆、赤道几内亚、加蓬、刚果、刚果民主共和国、圣多美和普林西比。

南非通常包括赞比亚、安哥拉、津巴布韦、马拉维、莫桑比克、博茨瓦纳、纳米比亚、南非、斯威士兰、莱索托、马达加斯加、科摩罗、毛里求斯、留尼汪、圣赫勒拿等。

2. 水文地貌

非洲大陆海岸线全长 30 500 千米，海岸比较平直，缺少海湾与半岛。非洲是世界各洲中岛屿数量最少的一个洲。除马达加斯加岛(世界第四大岛)外，其余多为小岛。岛屿总面积约 62 万平方千米，占全洲总面积不到 3%。非洲全境为一高原型大陆，平均海拔 750 米。大致以刚果河(扎伊尔称扎伊尔河)河口至埃塞俄比亚高原北部边缘为界，东南半部多海拔 1000 米以上的高原，称高非洲；西北半部大多在海拔 500 米以下，称低非洲。乞力马扎罗山是一座活火山，海拔 5895 米，为非洲最高峰，山岳景观秀丽。非洲东部的大裂谷是世界上最长的裂谷带，是非洲地震最频繁、最强烈的地区，也是非洲自然旅游资源最丰富的地区。它南起希雷河口，北至西亚的死海北部，长约 6400 千米。裂谷中有不少狭长的湖泊，水深岸陡。埃塞俄比亚高原东侧的阿萨勒湖湖面在海平面以下 153 米，是非洲大陆的最低点，非洲的大河流受到地质构造和其他自然因素的影响，水系较复杂，多急流、瀑布，按长度依次为尼罗河(全长 6671 千米，世界最长河)、刚果河(扎伊尔称扎伊尔河)、尼日尔河、赞比西河、乌班吉河、开赛河、奥兰治河等。湖泊多分布在东非裂谷带。按面积大小依次为维多利亚湖、坦噶尼喀湖、马拉维湖、乍得湖等。

3. 气候特征

在希腊文中"阿非利加"是阳光灼热的意思。赤道横贯非洲的中部，非洲 75%的土地受到太阳的垂直照射，年平均气温在 20℃以上的热带占全洲的 95%，其中有一半以上地区终年炎热，故有"热带大陆"之称。境内降水较少，仅刚果盆地和几内亚湾沿岸一带年平均降水量在 1500 毫米以上，年平均降水量在 500 毫米以下的地区占全洲面积的50%。刚果盆地和几内亚湾沿岸一带属热带雨林气候。地中海沿岸一带夏热干燥，冬暖多雨，属亚热带地中海式气候。北非撒哈拉沙漠、南非高原西部雨量极少，属热带沙漠气候。其他广大地区夏季多雨，冬季干旱，多属热带草原气候。马达加斯加岛东部属热带雨林气候，西部属热带草原气候。

4. 人口与民族

非洲总人口约 9.24 亿(2007 年)，占世界人口总数的 14.76%，仅次于亚洲，居世界第二位，但人口分布极不均衡：尼罗河沿岸及三角洲地区，每平方公里约 1000 人；撒哈拉、纳米布、卡拉哈迪等沙漠和一些干旱草原、半沙漠地带每平方公里不到 1 人，还有大片的无人区。

非洲是世界上民族成分最复杂的地区。非洲大多数民族属于黑种人，其余属白种人和黄种人。非洲语言约有 800 种，一般分为 4 个语系，大多数居民略懂英语。非洲居民多信奉原始宗教和伊斯兰教，少数人信奉天主教和基督教。

5. 经济概况

历史上非洲各国的经济曾长期遭受西方发达国家的控制，使得非洲是世界上经济发展水平最低的洲，大多数国家经济落后。农业人口约占全洲总人口的 2/3，许多经济作物的产量在世界上占有重要地位；咖啡、花生各占世界总产量的 25%左右，可可、丁香、棕榈油、棕榈仁的产量分别占 50%～80%。采矿业和轻工业是非洲的主要工业。非洲是世界交通运输业比较落后的一个洲，还没有形成完整的交通运输体系。交通运输以公路为主，海运业占一定地位。航空业发展较快。

二、旅游资源

对于大多数旅游者来说，非洲是古老神秘的，又是年轻的。说它古老，是由于非洲是人类的发源地之一，非洲人民创造了灿烂的古代文明。在 200 万年以前，南部非洲和东非的"南猿"即开始使用石器工具。不少地区纪元前就建立了治理完好的奴隶制国家。在尼罗河流域孕育了举世瞩目的古代四大文明之一的古埃及文明。纪元后，绝大多数地区都相继建立部族国家。可从近代开始,非洲国家一个个被欧洲殖民者征服,丧失了自己的独立地位,这种状态持续了一个多世纪。绝大多数非洲国家都是在1960年之后独立的,建国还不到40年。从这一意义上讲,非洲又是一个年轻的大陆。

非洲的动植物物种丰富,很多都是世界上绝无仅有的。如:犀牛、河马、非洲狮、斑马等。目前非洲各国已开发了大量的国家森林公园和自然保护区供旅游者探险和观光。此外,非洲还有世界上存留最多的人类原始部落,据最保守的数字统计也有250个。每个部族有自己传统的"领地",都有各自的特征,包括风俗习惯。这些都为非洲大陆添加了一种神秘的色彩。

非洲地域辽阔,历史悠久,给旅游者提供了众多的自然景观和人文景观。旅游者可以在观光欣赏的同时,领略到大自然造物主的神奇和人类的伟大。

非洲大陆幅员辽阔、历史悠久、文化独特。拥有丰富的历史文化遗迹、秀丽的自然风光和奇异的野生动植物形态,具有发展旅游业的巨大潜力。公元15世纪以来,由于长期遭受西方殖民主义的侵略与掠夺,现已全部独立的53个国家都属于发展中国家,经济相对比较落后,旅游基础接待设施不完善。一些国家和地区甚至长期社会动荡、战乱频繁、自然灾害严重,影响着旅游业的发展。

最近20年来,非洲许多国家开始重视旅游开发,充分利用本地独有的自然风光和民俗风情,针对游客的猎奇心理,大力开展各种专项旅游活动,如特色风光游、沙漠探险游、历史考古游等,吸引着来自世界各地的游客。近年来,旅游业发展较快的国家有埃及、摩洛哥、突尼斯、南非、肯尼亚、乌干达、毛里求斯和塞舌尔等。

三、旅游业

根据世界旅游组织公布的数据,2006年,全球旅游总人数约为8.42亿,而非洲接待的来自世界各地的旅游人数达4030万人,较上年增加了300万人,其中北部非洲各国接待的总人数为1470万人,撒哈拉以南地区各国接待的总人数为2560万人;分别比上年增长了6%和9%。受经济危机的影响,2009年非洲旅游业将仅比2008年缓慢增长2%~3%,据估计,到2020年,非洲旅游业的发展速度将超过世界其他一些地区,平均增长5.5%。

摩洛哥是非洲北部地区旅游业发展最迅速的国家之一,特别是在摩洛哥实施了对航空业更宽松的管理措施后,来自欧洲国家的旅游人数剧增,2006年旅游人数实现了9%的增长。同期,北非的另一个国家突尼斯的增长率为2.7%。

撒哈拉以南地区各国,尤其是莫桑比克、肯尼亚和南非的旅游业发展迅速,成效卓著。据统计,莫桑比克在上半年的增长高达37%,南非前9个月的增长为14.5%,而肯尼亚前10个月的增长为14%,此外,塞舌尔的增长为9%,毛里求斯的增长为4%。

第二节　埃及

一、国情概述

1. 国土疆域

埃及地跨亚、非两洲，大部分位于非洲东北部，只有苏伊士运河以东的西奈半岛位于亚洲西南角。北濒地中海，西连利比亚，南接苏丹，东临红海并与巴勒斯坦、以色列接壤，地处亚、非、欧三洲交通要冲，面积约 100.2 万平方千米。

2. 人口与民族

埃及人口 7522 万(2008 年)，全国家庭总数为 1790 万。阿拉伯人(穆斯林)约占 87%，科普特人(信奉东正教)约占 11.8%，此外还有努比亚人和贝都因人。全国 94%的人口集中在尼罗河两岸、苏伊士地峡区和沙漠中的少数绿洲上。伊斯兰教为国教，信徒主要是逊尼派，占总人口的 84%。科普特基督徒和其他信徒约占 16%。官方语言为阿拉伯语，通用英语和法语。

3. 发展简史

埃及是世界四大文明古国之一，具有悠久的历史和文化。公元前 3200 年，美尼斯统一埃及建立了第一个奴隶制国家，经历了早王国、古王国、中王国、新王国和后王朝时期，共 30 个王朝。当时的埃及国王称"法老"，古王国时期法老开始大规模兴建金字塔并出现大量"木乃伊"。中王国时期经济发展迅速、文艺复兴。新王国时期生产力显著提高，开始对外扩张，一度成为当时地中海流域的军事强国。后王朝时期，内乱频繁，外患不断，国力日衰。公元前 525 年被波斯人征服。公元前 30 年罗马执政屋大维出兵侵入埃及，从此被罗马帝国统治长达 600 余年，使埃及成为当时主要的基督教国家之一。公元 640 年左右，阿拉伯人入侵，建立了阿拉伯国家，至 9 世纪中叶，埃及人的阿拉伯化过程大体完成。1517 年沦为奥斯曼土耳其帝国的一个行省。1798 年被法军占领。1882年成为英国殖民地。1914 年成为英国的"保护国"。1922 年 2 月 28 日，英国宣布埃及为独立国家，但保留对国防、外交、少数民族等问题的处置权。1952 年 7 月 23 日，以纳赛尔为首的自由军官组织推翻法鲁克王朝，成立革命指导委员会，掌握国家政权。1953年 6 月 18 日宣布成立埃及共和国。1958 年 2 月同叙利亚合并成立阿拉伯联合共和国(简称阿联)。1961 年叙利亚发生政变，退出"阿联"。1971 年 9 月 1 日改名为阿拉伯埃及共和国。

4. 政治经济

埃及的首都为开罗，国花为莲花，货币埃及镑。总统是国家元首兼武装部队最高统帅，由人民议会提名，公民投票选出，任期 6 年。由总统任命副总统、总理及内阁部长，并有权解散人民议会，在特殊时期总统可采取紧急措施；在人民议会闭会期间，还可通过颁布法令进行统治。1980年5月22日经公民投票修改宪法，规定政治制度"建立在多党制基础上"，"总统可多次连选连任"，并增加了"建立协商会议"的条文。

人民议会是最高立法机关。议员由普选产生，任期5年。议会的主要职能是：提名总统候选人，主持制定和修改宪法，决定国家总政策，批准经济和社会发展计划及国家预算、决算，并对政府工作进行监督。协商会议是萨达特总统于1979年提出建立并写入宪法。1980年11月1日，协商会议正式成立。下设主席、副主席、委员共210名，其中2/3由各阶层、机构和派别选举产生，其中一半应是工人和农民，1/3由总统任命。根据宪法规定，协商会议是与人民议会并立存在但无立法权和监督权的咨询机构。每届任期6年，三年改选一半委员，可连选连任，亦可再次任命。

埃及仍为以农业为主的国家。纺织和食品为传统工业部门。近年成衣及皮制品、石油、建材、水泥、肥料、药品等工业部门发展较快。主要出口原油、石油产品、纺织品、棉花等。侨汇、旅游业、苏伊士运河过境服务、石油出口是主要外汇收入来源。旅游收入是第一大外汇收入来源。

5. 自然条件

埃及海岸线长约2900千米，全境95%为沙漠。最高峰沙伊卜巴纳特山海拔2187米。世界最长河流尼罗河从南到北流贯全境，境内长1350千米，两岸形成宽约3～16千米的狭长河谷，在首都开罗以北形成2.4万平方千米的三角洲，全国99%的人口聚居在这仅为国土面积4%的河谷和三角洲地带。苏伊士运河是连接亚、非、欧三洲的交通要道。主要湖泊有大苦湖和提姆萨赫湖，以及阿斯旺高坝形成的非洲最大的人工湖——纳赛尔水库。

埃及全境约96%的地区属热带干旱气候，终年炎热干燥。尼罗河三角洲和北部沿海地区属地中海型气候，1月平均气温12℃，7月平均气温26℃；年平均降水量50～200毫米。沙漠地区气温可达40℃，年平均降水量不足30毫米。每年4、5月间常有来自撒哈拉沙漠干热的"五旬风"，夹带沙石，使地方农作物受害。

埃及的矿物资源主要有石油、天然气、铁、锰、磷酸盐等。2003—2004年埃及石油和天然气产量超过5850万桶。阿斯旺水坝是世界七大水坝之一，全年发电量超过100亿度。2004年，用电普及率达到人口的98.7%。目前已探明的有：石油储量约为37.8亿桶(2004年4月)，主要产在西奈半岛的阿布鲁代斯、苏德尔、阿塞勒和红海西岸的拉斯加里卜、古尔代盖等地；天然气储量为16万亿立方米(2004年12月)；铁矿6000万吨，分布在南部阿斯旺、西部沙漠的拜哈利耶绿洲和红海岸的古赛尔地区；磷酸盐约70亿吨，分布在红海西岸的塞法杰、古赛尔和尼罗河沿岸的锡巴伊耶等地。尼罗河三角洲地区也蕴藏有天然气。此外，埃及的矿藏还有钛、汞、铬、铅、锌、金和盐等。

6. 文化艺术

埃及是人类古代文明的发祥地之一，有着悠久、灿烂的文明和历史。埃及的文化是众多文化遗产经过了数千年传承之后的积累和沉淀，但与其他文化并不相同，它是埃及历史上许多不同的文化、种族和人民共同创造了一个融合了多种元素的文化及社会的混合体。而现代埃及社会，则成功地创造出了一个巨大而古老的文明，像一个巨大熔炉将各种文化和文明纳入其中。

在古代，埃及人就已经精通自然科学、文学和绘画雕塑艺术，并且开始了写作，他们也是最早使用纸莎草造纸来编纂书籍的人类。埃及作家所创造的伟大雕像就有力地证明了作家这个职业在法老时期的埃及就已经存在，也证明了埃及文明是当时惟一留下书面历史记载的文明。而古埃及语言(象形文字)，作为埃及法老时期历史的重要参考资料，一直是个难解之谜。直到法国考古学家商博良于 20 世纪初揭开了这些符号的象征意义，并出版了著作《埃及介绍》。古埃及文明之后，阿拉伯伊斯兰文明来到了埃及，并为埃及文化增添了新的内容。

绘画、雕塑和石砌建筑是古埃及艺术的精华和瑰宝。规模宏大、气势非凡的金字塔、庙宇、狮身人面像、石刻雕像等，令几千年后的子孙叹为观止。宫殿用品工艺精湛，制作精良，无一不体现埃及人的智慧与才干。

埃及音乐历史源远流长。《阿依达》是埃及饮誉世界的史诗般的著名歌剧。埃及是阿拉伯文学的沃土。从古代的神话、寓言、诗歌，到今天的长短篇小说和戏剧，埃及一直都是阿拉伯世界的执牛耳者。

二、民俗风情

1. 饮食

埃及人注重讲究菜肴的香、脆，注重菜品的质量和花色。偏爱煎、烤、炸等烹调方法制作的菜肴。口味一般偏浓重，喜麻辣味道。主食以面为主，有时也吃米饭。副食爱吃牛肉、羊肉、鸡、鸭、鸽及蛋品，喜欢生菜、豌豆、洋葱、黄瓜、茄子、西红柿、卷心菜等蔬菜，常用调料有盐、胡椒、辣椒、豆蔻、咖喱和番茄酱等。在埃及，最普遍的食物是一种类似薄饼，中间夹着番茄、青瓜、洋葱、扁豆酱的面食，串烤全羊、烤全羊是他们的佳肴。埃及人十分喜爱中国的鲁菜、京菜、川菜、粤菜。

埃及人忌讳饮酒，但不戒啤酒，喜欢喝酸牛奶、咖啡、红茶、果子汁、矿泉水、凉开水等饮料。对苹果、桃、橘子、荔枝、哈密瓜、西瓜以及香蕉等都喜欢品尝，干果爱吃腰果等。并且埃及人喜欢吃甜食，正式宴会或富有家庭正餐的最后一道菜都是上甜食，著名甜食有"库纳法"和"盖塔伊夫"。他们习惯用自制的甜点招待客人，客人如果是谢绝，一点也不吃，会让主人失望也失敬于人。

埃及人一般都遵守伊斯兰教教规，喜欢喝红茶，有饭后洗手，饮茶聊天的习惯。忌吃猪、狗肉，也忌谈猪、狗。不吃虾、蟹等海味、动物内脏(除肝外)、鳝鱼、甲鱼等怪状的鱼。

2. 婚俗

埃及人办喜事时喜欢大摆筵席，除了邀请贵宾亲友之外，有些平时与主人无甚交往者也可光临，同样也会受到热情款待。习惯上是先摆出巧克力和水果，然后诵《古兰经》，吃肉汤泡馍、米饭与煮肉。最后上点心和小吃。埃及人请客，坐席也讲究身份及等级，主人还习惯用发誓的方式劝客人多吃，自始至终非常热情。菜肴越多越好，哪怕是原封未动地端上米又端下去，宾主都十分高兴，因为这是慷慨好客的标志之一。埃及农村婚礼复杂，场面奢侈，历时可持续 30 天左右。西部的锡瓦绿洲有奇异的婚俗，姑娘 8 岁定亲，14 岁完婚，嫁妆为 100 条袍裙。女子自出生起，家庭就着手为其缝制袍裙。

3. 习俗

埃及人正直、爽朗、宽容、好客、讲义气、重承诺。性格一般内向、敏感，常以幽默的心情来应付严酷的现实生活。埃及人对绿色和白色都有很深的感情，一般人都厚爱这两种颜色，有把绿色喻为吉祥之色，把白色视为"快乐"之色的说法。他们对生活中经常遇到的数字也有喜厌之分。一般人都比较喜欢数字"5"和"7"。埃及人认为数字"5"会给人们带来"吉祥"，认为数字"7"是个受人崇敬的完整数字，这是因为伊斯兰教的真主"安拉"创造世界用了 6 天的时间，在第 7 天休息，所以人们办一些重要的事情总习惯采用数字"7"。例如：有很多咒语、祷告要说 7 遍；朝觐者回来后，第 7 天请客；婴儿出生后，第 7 天宴请；还有纪念婚后第 7 日，纪念去世后第 7 日的风俗等。

每个星期五是埃及的"主麻日聚礼"，当清真寺内传出悠扬的唤礼声，伊斯兰教徒便纷纷涌向附近的清真寺，做集体礼拜。在埃及有为数众多的教徒仍然虔诚地信守每日 5 次礼拜的教规：即晨礼、晌礼、哺礼、昏礼、宵礼。每逢宗教节日，电视还播放总统及政府首脑去清真寺礼拜的镜头。

埃及人有把葱视为真理标志的习惯。他们非常喜爱仙鹤，认为仙鹤是一种吉祥鸟，它美丽又华贵，象征着喜庆和长寿。

埃及人视狮子为神兽，并非常宠爱猫、敬猫如神，喻猫为神圣的精灵。在埃及人的心目中，猫是女神在人间的象征，是幸运的吉祥物，是受人崇敬的国兽。

埃及人非常喜爱舞蹈和球类运动，"肚皮舞"和"转裙舞"全国风靡，足球、地掷球和马球是全国普及的球类运动。

4. 礼仪

在埃及，"针"为其特有的忌讳物与忌讳语，农村妇女通常用该语进行对骂。每天到了下午 3 至 5 点之后，人们大都忌讳针。商人决不卖针，人们也不买针，即使有人愿出 10 倍的价钱买针，店主也会婉言谢绝，绝不出售。

在埃及人面前，不能把两手的食指碰在一起，他们认为这个手势是不雅的。按伊斯兰教义，妇女的"迷人之处"是不能让丈夫以外人的窥见的。即使是同性之间，也不应相互观看对方的私处，因此，短、薄、透、露的服装是禁止的。哪怕是婴儿的身体也不应无掩无盖，街上也不见公共澡堂。男士不要主动和妇女攀谈、不要夸人身材苗条、不要称道埃及人家里的东西，否则会认为你在向他索要；最好不要和埃及人谈论宗教纠纷、中东政局及男女关系。

埃及人见面一般是"亲吻礼"，埃及人称亲吻为"布斯"，即拥抱并亲吻对方左右面颊的一种礼节。嘴对嘴的接吻局限于情人和夫妇之间，而且在公开场合是禁止的。埃及人喜欢在日落以后和家人一起共享晚餐，所以在这段时间内，有约会是失礼的。埃及伊斯兰教徒有个绝不可少的习惯：一天之内祈祷数次。

5. 禁忌

在埃及，进伊斯兰教清真寺时，务必脱鞋。埃及人爱绿色、红色、橙色，忌蓝色和黄色，认为蓝色是恶魔，黄色是不幸的象征，遇丧事都穿黄衣服。也忌熊猫，因它的形体近似肥猪。喜欢金字塔形莲花图案。禁穿有星星图案的衣服，除了衣服，有星星图案的包装纸也不受欢迎，更忌讳出现猪、狗、猫、熊等动物图案。3、5、7、9是人们喜爱的数字，忌讳13，认为它是消极的。吃饭时要用右手抓食，不能用左手。不论送给别人礼物，或是接受别人礼物时，要用双手或者右手，千万别用左手。

埃及人信奉伊斯兰教，在饮食上严格遵守伊斯兰教规，在每年一度的斋月里，人们白天不吃饭，不喝水，不吸烟，只有到太阳落下后才能吃饭。正式用餐时忌讳交谈，否则会被认为是对神的亵渎行为。喝汤或饮料时不能发出声响，食物一经入口不得复出。

三、旅游市场

埃及历史悠久，名胜古迹很多，具有发展旅游业的良好条件。埃及政府历来十分重视旅游业，国家专设旅游部主管旅游事项，并制定全国长远的旅游战略规划，以便推动旅游业向前发展，为国家创造更多的外汇收入。旅游业是埃及支柱产业之一，是埃及最主要的外汇来源，创造了埃及11%的国内生产总值和1/8的就业机会。2010年埃及境内旅游者为1 270万人次，收入达130亿美元，占国内生产总值的11.3%。埃及接待的海外游客70%来自欧洲，其中输出游客最多的10个国家依次为俄罗斯、德国、英国、意大利、法国、波兰、乌克兰、利比亚、沙特和美国，这些国家游客总数占到访埃及外国游客总数的63.8%。

埃及出境游游客人数达到200万人次，主要旅游目的地国家在欧洲和地中海沿岸各国。其中，前往中国的埃及旅游者人数在逐年增加。随着两国之间经贸往来的进一步加深，到2008年，埃及成为中国在非洲及中东地区的第一大旅游目的地国。

四、旅游热点

埃及旅游资源十分丰富，拥有大量的历史遗迹，包括法老时期的遗迹、古希腊罗马的历史遗迹、埃及科普特人以及伊斯兰时代的历史遗迹等。其中有不少被列入《世界人类文化遗产目录》，令世人神往。此外，还有风光旖旎的尼罗河、国际水道苏伊士运河、风景绮丽的地中海海滨、阳光明媚与柔沙遍布的西奈半岛、奇妙的红海海底世界等。由于埃及终年阳光普照，国内外交通十分便利，为埃及发展旅游业创造了得天独厚的有利条件，成为中东和非洲最重要的旅游国家。

(一)开罗

开罗是非洲最大的城市，位于尼罗河三角洲的南端，由开罗、吉萨、盖勒尤比3个区组成。它是世界上人口排名前10位的城市，也是阿拉伯和非洲国家人口最多的城市，同时还是非洲及阿拉伯国家的文化中心。城市中心区人口776.5万(2004年12月)，大开罗人口约1665万(2003年1月)。

开罗的历史可以追溯到公元前 3200 年，当时上埃及国王统一上、下埃及，在尼罗河三角洲顶端建立了首都孟菲斯城，古埃及许多代王朝都以此为统治中心，并在附近修建金字塔和大批陵墓。该城距现在的开罗市区约 30 千米。公元 696 年，法蒂玛王朝征服埃及，在该城附近建立新城，命名为开罗，即"征服者"、"胜利者"之城的意思。1805 年，穆罕默德·阿里成为埃及的统治者，开罗成为埃及的政治中心。开罗的主要景点有如下几个。

1. 埃及博物馆

埃及博物馆坐落在开罗市中心的解放广场，1902 年建成开馆，是世界上最著名、规模最大的古埃及文物博物馆。该馆收藏了 5000 年前古埃及法老时代至公元 6 世纪的历史文物 25 万件，其中大多数展品年代超过 3000 年。博物馆分为二层，展品按年代顺序分别陈列在几十间展室中。该馆中的许多文物，如举世闻名的法老金面像、巨大的法老王石象、纯金制作的宫廷御用珍品、大量的木乃伊、重 242 磅的图坦卡蒙纯金面具和棺椁，其做工之精细令人赞叹。

2. 金字塔

金字塔是古埃及国王为自己修建的陵墓。埃及共发现金字塔 96 座，最大的是开罗郊区吉萨的三座金字塔。大金字塔是第四王朝第二个国王胡夫的陵墓，建于公元前 2690 年左右，原高 146.5 米，因年久风化，顶端剥落 10 米，现高 136.5 米；底座每边长 230 米多，三角面斜度为 51°，塔底面积为 5.29 万平方米，塔身由 230 万块石头砌成，每块石头平均重 2.5 吨。据考证，当时 10 万人用了 20 年的时间才完成该塔。现在金字塔内部的通道已对外开放，通道设计精巧，计算精密，令人赞叹。

第二座金字塔是胡夫的儿子哈佛拉国王的陵墓，建于公元前 2650 年，比前者低 3 米，但建筑形式更加完美壮观，塔前建有庙宇等附属建筑和著名的斯芬克司狮身人面像。

◇**知识窗**◇

斯芬克司狮身人面像

古埃及人很崇拜狮子，他们认为狮子是力量的化身，因此许多古埃及的法老把狮身人面像放在他们的墓穴外面作为守护神。现存惟一的狮身人面像又叫"斯芬克司"，阿拉伯语的意思是"恐怖之父"，现位于开罗市西的吉萨区，在哈扶拉金字塔的南面，距胡夫金字塔约 350 米。它身长 73 米，高有 22 米，脸部就有 5 米宽。它的头是按照哈佛拉法老的样子雕刻而成的。整个雕像除狮爪外，全部由一块天然岩石雕成。在经历了 4000 多年的沧桑岁月之后，整个雕像虽然风化严重，但仍然栩栩如生，威严庄重，已成为整个埃及历史文化的活"名片"。

第三座金字塔属胡夫的孙子门卡乌拉国王，建于公元前 2600 年左右。当时正是第四王朝衰落时期，金字塔的建筑也开始衰落。门卡乌拉金字塔的高度突然降低到 66 米，内部结构纷乱。胡夫金字塔南侧有著名的太阳船博物馆，胡夫的儿子当年用太阳船把胡夫的木乃伊运到金字塔安葬，然后将船拆开埋于地下。该馆是在出土太阳船的原址上修建的。船体为纯木结构，用绳索捆绑而成。

3. 尼罗河

尼罗河发源于埃塞俄比亚高原，流经布隆迪、卢旺达、坦桑尼亚、乌干达、肯尼亚、扎伊尔、苏丹和埃及九国，全长 6671 千米，是非洲第一大河，也是世界第一长的河流，可航行水道长约 3000 千米。尼罗河有两条上源河流，向西源自布隆迪群山，经非洲最大的湖——维多利亚湖向北流，被称为白尼罗河；向东源自埃塞俄比亚高原的塔纳湖，称为青尼罗河。青、白尼罗河在苏丹的喀土穆汇合，然后流入埃及。尼罗河谷和尼罗河三角洲是埃及文化的摇篮，也是世界文明的发源地之一。尼罗河在埃及境内长度为 1530 千米，两岸形成 3～16 千米宽的河谷，到开罗后分成两条支流，注入地中海。这两条支流冲积形成尼罗河三角洲，面积 2.4 万平方千米，是埃及人口最稠密、最富饶的地区，人口占全国总数的 96%，可耕地占全国耕地面积的 2/3。埃及水源几乎全部来自尼罗河。根据尼罗河流域九国签订的协议，埃及享有河水的份额为每年 555 亿立方米。开罗的尼罗河上有许多游船，其中仿法老时期船只修造的又名法老船，泛舟河上，两岸风光旖旎，景点、名胜众多，还可观赏船上著名的东方舞表演。世界著名电影《尼罗河惨案》的拍摄地就源于此。

4. 萨卡拉金字塔

萨卡拉金字塔位于开罗南郊 30 千米，尼罗河西河谷绿洲边缘外的沙漠上，由多个金字塔组成。其中最著名的是阶梯金字塔，为古埃及第三王朝国王左塞尔的陵墓，约建于公元前 2700 年。该金字塔是埃及现有金字塔中年代最早的，也是世界上最早用石块修建的陵墓。金字塔外观呈 6 层阶梯塔状，高约 60 米。附近还分布着许多贵族和大臣的陵墓，其中大量的精美浮雕壁画，栩栩如生地描绘了古代埃及人工作和生活的情景。另外，附近的神牛墓也非常有名。

5. 古城堡

建于公元 1176 年的古城堡，是当年阿尤布王朝国王萨拉丁为抵御十字军，保护开罗而建。城内建有著名的穆罕默德·阿里清真寺。古城堡内有埃及军事博物馆，展示埃及各历史时期军队的武器、装备、服装、著名战例、工事和城堡的实物、仿制品、模型、图画等。

穆罕默德·阿里清真寺建于公元 1830 年，整个建筑具有阿拔斯王朝时期的建筑风格(穆罕默德·阿里(1769—1849)，阿尔巴尼亚人，1805 年成为埃及统治者)。

阿里清真寺外形巍峨、雄伟，建在开罗以北的山顶上，礼拜殿呈正方形，上有高耸的圆顶为殿中心，四面环有四个半圆殿与正殿相应，还有四根高柱居其中。清真寺西侧正中有一盥洗室，是供穆斯林礼拜时做小净用的。盥洗室四面有四根铁链环绕。清真寺正中盥洗室内，外墙壁是用雪花石瓷砖镶嵌的，所以又被称为雪花石清真寺。

6. 汗·哈利里市场

汗·哈利里市场位于开罗市中心地带的老城区，由分布在几十条小街巷里的几千家个体小店组成，许多店铺可追溯到公元 14 世纪。市场道路狭窄，街道两旁挤满了小店铺，主要出售金银首饰、铜盘、石雕、皮货及其他埃及传统手工艺品，素以店面古朴、货物齐全深受外国游客的喜爱。市场所在地原是法特梅三朝后裔的墓地，公元 14 世纪，当时埃及的统治者汗·哈利里以法特梅是叛教者无权建墓地为由下令拆毁墓地，并出资在此建起一个市场，即汗·哈利里市场。现在，它已成为开罗古老文化和东方伊斯兰色彩的一个象征，吸引着世界各地的游客。汗·哈利里市场旁边还有著名的艾兹哈尔清真寺和侯赛因清真寺。

7. 法老村

法老村位于开罗市内尼罗河的一个小岛上，是埃及首任驻华大使哈桑·拉贾布博士在发现失传一千年的纸莎草造纸工艺后于 1984 年集资修建的。村内种植了大量的纸莎草，有以传统方法制造纸莎草纸和绘制草纸画的作坊。法老村内建有模拟法老时代的神庙、庄园、农户等建筑，有专人着古装演示当时生产、家居及举行宗教仪式的场景，展现几千年前古埃及人的经济和社会生活画面。村中有著名的法老图坦阿蒙墓的模型和金字塔建筑方法的模型展示，还有照相馆、餐厅和商店。

(二)亚历山大

亚历山大位于尼罗河三角洲西部，濒临地中海，人口 305 万，是埃及和非洲的第二大城市，也是埃及和东地中海最大的港口。该城建于公元前 332 年，因希腊马其顿国王亚历山大大帝占领埃及而得名，是古代和中世纪名城，曾是地中海沿海政治、经济、文化和东西方贸易的中心，有诸多名胜古迹。亚历山大风景优美，气候宜人，是埃及的"夏都"和避暑胜地，被誉为"地中海新娘"。其主要景点有如下几个。

1. 夏宫

夏宫也叫蒙塔扎宫，坐落在该市东部，是一个独具特色的花园。赫迪夫·阿拔斯二世在世纪之交所建的这座土耳其和佛罗伦萨式的建筑物，在 1952 年以前一直是皇室家族的消夏避暑地，现院内海滨已向游人和垂钓者开放。园内有法鲁克国王行宫(现为埃及国宾馆)。王宫不对公众开放，看其外观一定要注意频频出现的主题字母 F。

相传有一个报喜人告诉福阿德王，字母 F 将给他的家庭带来好运，从此他给他的子孙命名都以 F 开头。1951 年法鲁克与娜瑞曼结婚，却没有更改她的名字，1952 年 1 月他们的儿子诞生，他为他取名阿赫迈德·福阿德，字母 F 被放在第二位，6 个月后法鲁克即被废黜。

2. 卡特巴城堡

卡特巴城堡前身为古代世界七大奇迹之一的亚历山大灯塔。灯塔建于公元前 280 年，塔高约 135 米，经数次地震，于 1435 年完全毁坏。1480 年用其原有石块在原址修筑城堡，以国王卡特巴的名字命名。1966 年改为埃及航海博物馆，展出模型、壁画、油画等，介绍自一万年前从草船开始的埃及造船和航海史。它与开罗古城堡并称为埃及两大中世纪古城堡。

3. "自由"号游艇

"自由"号游艇是目前世界上仍能使用的最古老的皇家游艇，由英国造船公司于1865年修建。该艇原为埃及王室私用，1868年曾到欧洲接载欧洲国家元首来参加苏伊士运河国际通航典礼，是第一艘从北面进入苏伊士运河的船只。1952年更名为"自由号"，现为埃及海军拥有，埃海军以此展示其舰船维修保养水平。

4. 珍宝馆

珍宝馆位于亚历山大市内，原为古代法特梅公主住宅，1986年改为穆罕默德·阿里王朝珍宝馆，展出近代君王的王冠和珠宝首饰等。

5. 孔姆地卡遗址

孔姆地卡遗址位于亚历山大市中心火车站对面，在此考古遗址中，人们发现了一座用于音乐表演的罗马歌剧院和一个大型的3世纪罗马浴室。托勒密时代的街道和商店随之逐步发掘出土，石柱和拱门露出地面。观看遗址可以让人们充分了解2000多年以前埃及人的生活面貌，是外国游客必去的景点之一。

(三)卢克索

卢克索位于尼罗河上游，距开罗670千米，是古埃及帝国首都底比斯的一部分。公元前1570年左右，底比斯人赶走了西克索人，以此为中心重新统一了埃及，建立了一个更加强大的帝国，领土南接苏丹，北达叙利亚。这个帝国维持了1500多年，期间在此建造了众多宏伟壮观的神殿及王家陵墓，因此成为古埃及人文遗迹的宝库，是探访埃及古文明不可或缺的地方。主要景点有如下几个。

1. 卢克索神庙

卢克索神庙是底比斯主神阿蒙的妻子穆特的神庙，规模仅次于卡尔纳克神庙。这里大部分工程是由第十八朝法老阿蒙诺菲斯三世完成的，后来的拉美西斯二世又增建了大门和庭院，并在门口竖立了六尊他的塑像，现存三尊。庙内原来有两座尖方碑，其中一座被穆罕默德·阿里送给了法国，现在巴黎协和广场。卢克索神庙具有令人惊叹的雄伟气势，每一根柱子都代表了法老的威严，置身于其中会使人暂时忘却时间的流逝，思绪万千。

2. 卡尔纳克神庙

卡尔纳克神庙位于卢克索以北5千米处，是古埃及帝国遗留的最壮观的神庙，因其浩大的规模而闻名世界。整个建筑群中，包括大小神殿20余座。院内有高44米，宽131米的塔门。阿蒙神庙是卡尔纳克神庙的主体部分，这里供奉的是底比斯主神——太阳神阿蒙，始建于3000多年前的十七王朝，在此后的1300多年中不断增修扩建，共有十座巍峨的门楼、三座雄伟的大殿。其中神庙的石柱大厅最为著名，石柱大厅宽102米，深53米，其中共有134根巨型石柱，最大的12根高23米，周长15米，气势宏伟，令人震撼。在石柱之上足可容纳50个人站立。这些石柱历经3000多年无一倾倒，令人赞叹。

庙内的柱壁和墙垣上都刻有精美的浮雕和鲜艳的彩绘，它们记载着古埃及的神话传说和当时人们的日常生活。每天晚上神庙内都有声光表演节目，五彩变幻的灯光映照着遗址，配有解说词和埃及传统音乐，向游客们叙述着古埃及人民的生活情景。它是古埃及强大历史文明的见证，也是古埃及旅游迷们心驰神往的地方。此外，庙内还有闻名遐迩的方尖碑和法老及后妃们的塑像。

3. 孟农巨像

孟农巨像是矗立在尼罗河西岸和国王谷之间原野上的两座岩石巨像，高 20 米，原来是新王国时代鼎盛时期阿蒙荷太普三世建造的葬祭殿前的雕像。后来的法老们拆了他的神殿，作为他们自己的建筑物的石料，到了托勒密王朝时代，葬祭殿已经破完全被坏了，仅存雕像于此。由于巨像风化严重，面部已不可辨识。埃及人普遍认为巨像是希腊神话中的释伽门农的雕像，就给石像取名为门农像。罗马统治时期的地震使雕像出现了裂缝。每当起风的时候，门农像就像在唱歌一样，十分神奇。后来经过修补之后，门农像就再也没有唱过歌。

4. 国王谷

在与卢克索城相对的尼罗河西岸的一条山谷中，集中了许多国王和王室成员的陵墓，这就是著名的国王谷。这里埋葬着第 17 王朝到第 20 王朝期间的 64 位法老，其中只有 17 座开放。最大的一座是第 19 王朝沙提一世之墓，从入口到最后的墓室，水平距离210 米，垂直下降的距离是 45 米，巨大的岩石洞被挖成地下宫殿，墙壁和天花板布满壁画，装饰华丽，令人难以想像。墓穴入口往往开在半山腰，有细小通道通向墓穴深处，通道两壁的图案和象形文字至今仍十分清晰。

5. 王后谷

在国王谷的西方集中着历代王妃墓，被称作"王后谷"。这里墓的规模不及国王墓，内部壁画与国王墓完全不同，表现得自由奔放，反映了当时埃及人的生活习俗。其中最著名的是第十八王朝法老图特摩斯一世的女儿哈采普苏特的陵庙，她是埃及历史上除克娄巴底拉以外另一位成为法老的女性。陵庙位于底比斯卫城的最北端的峭壁上，以一种优雅的效果显示其统治的长治久安。陵庙分为三层，刻有许多富含深义的浮雕。哈采普苏特是埃及的第一位女王，她在其丈夫图特摩斯二世死后，作为太后为年幼的图特摩斯三世处理朝政，之后自立为女王。她注重贸易，通过和现在的索马里地区的贸易往来，来获取香料。这些场面也反映在葬祭殿的壁画上。作为女法老，哈采普苏特以强硬的政治手腕，与其养子、后来的图特摩斯三世一直暗中争权。在她去世后，图特摩斯三世采取了报复行动，将陵庙中有她形象的地方都毁掉了。目前陵庙上层在修复之中。

(四)阿斯旺

阿斯旺在科普特语里即"市场"的意思，它位于东南部尼罗河"第一瀑布"下游的东岸，距开罗 900 千米，是阿斯旺省首府，有全埃及街道最清洁、最漂亮的城市之称。它是埃及与非洲其他国家进行贸易的重镇，也是通往苏丹的门户。历史上阿斯旺是埃及南部通往努比亚的门户，水运和骆驼商队的交汇点，埃及与苏丹、埃塞俄比亚进行贸易的中心。现在是省行政和工商业中心。阿斯旺市区不大，冬季干燥温暖，是疗养和游览胜地。市内保留有大量寺庙和陵墓，如著名的菲莱神庙、阿布辛贝勒神庙等。城南有 2 座水坝，其中 1970 年 7 月竣工的阿斯旺高坝举世闻名，每年可提供 740 亿立方米稳定可靠的灌溉用水，年发电 100 亿度，通过 2 条 500 千伏高压输电线输往开罗和下埃及，并供应本地。其主要景点有如下几个。

1. 菲莱神庙

菲莱神庙位于阿斯旺以南 15 千米尼罗河中的菲莱岛上，是以辉煌而奇特的建筑、宏伟而生动的石雕及石壁浮雕上的神话故事而闻名于世，被称为"古埃及国王宝座上的明珠"的埃及古神庙群。其中一座最古老的尼克塔尼布二世国王神庙，建于公元 4 世纪初，最大的一座神庙叫艾齐斯神庙，系托勒密二世费拉底尤斯国王所建。1902 年阿斯旺低坝拦截尼罗河水时，菲莱岛部分被淹没。20 世纪 60 年代在岛的南面筑起高坝后，神庙几乎全部被淹没。为了保护这些珍贵文物不受毁损，从 1972 年开始，埃及政府在神庙四周筑起围堰，将堰中河水抽干，然后将这组庙宇拆成 45 000 多块石块和 100 多根石雕柱，于 1979 年 8 月在离菲莱岛约 1 千米处的阿吉勒基亚岛上，按照原样重建。1980 年 3 月 10 日，菲莱神庙在新址上正式对外开放。

2. 古采石场

古埃及采石场遗址距阿斯旺市区仅 2 千米。采石场沿尼罗河而建，约有 6 千米长。进入采石场，就仿佛进入了花岗岩的世界。阿斯旺地区的石质好，颜色多为有小黑点的玛瑙红，石体光滑润泽，即使在现代也是很奢侈的建筑装饰材料。在采石场遗址上，如果细心，可以看到岩壁上有切割出的沟槽。据考证，古埃及的石料大都从阿斯旺开采，通过水路运输以满足尼罗河两岸的建设需要。采石场遗址中有一个著名的景点——未完成的方尖碑。这个巨大的方尖碑横卧在采石场中，长 41 米，重达 1267 吨，原本是女王哈特舍普苏特修建的。如果将这个方尖碑竖立起来，则是全埃及最大的方尖碑。景点设置了梯子，游人可登上碑身，在此冥想方尖碑为何没有运走之谜。

3. 阿布辛贝勒神庙

阿布辛贝勒神庙是阿斯旺的旅游重心，位于阿斯旺城以南 280 千米处，建于公元前 1300—公元前 1233 年，由古埃及最伟大的法老拉美西斯二世所建，也是后来法老王时代最受保护的遗迹。庙高 30 米，宽 36 米，纵深 60 米，门前 4 座巨型石质拉美西斯坐像，每尊高 20 米，像旁有其母、妻、子女的小雕像，无不栩栩如生，经过逾 3000 年的风蚀仍完好无损。最值得令人称叹的是神庙的设计，只有在拉美西斯二世的生日(2 月 21 日)和奠基日(10 月 21 日)，旭日的霞光金辉才能从神庙大门射入，穿过 60 米深的庙廊，挥撒在神庙尽头的拉美西斯二世石雕巨像的全身上下，而左右的其他巨型石雕都享受不到太阳神赐予的这种厚爱，人们把这一奇观发生的时日称作太阳节。在此地参观时，游客会深刻感受到古埃及文明的伟大与神奇，赞叹人类智慧的这一创举。20 世纪 60 年代，当阿斯旺高坝开始动工修建时，附近努比亚的历史古迹面临着永沉湖底的厄运。联合国教科文组织向世界各国发出拯救努比亚的呼吁,51 个国家作出了反应。从 1960 年至 1980 年,专家们进行了 40 多次大规模的挽救古迹活动:由 24 个国家的考古学者组成的考察团实地勘察了受湖水威胁的地域;22 座庙宇经过测定方位和计算,拆散后化整为零地转移到安全地带,然后以其旧貌重建。为了保留太阳节的奇观,联合国教科文组织发起募捐,派出当今国际第一流的科学技术人员,运用最先进的科技测算手段,将阿布辛贝勒神庙原样向上移位 60 米,以确保神庙不会被水淹没。尽管煞费心机,竭尽一切努力,太阳节的时辰还是被错位而挪后了一天。

其他著名的寺庙分别重建在 4 个精心挑选的地点:罗马时代的卡拉布舍寺、卡塔西亭和饰有反映非洲黑人生活浮雕的贝瓦里寺现已耸立在阿斯旺高坝附近;达克卡寺、马拉拉加寺和瓦蒂塞布阿寺被集中建在瓦蒂塞布阿;建于公元前 15 世纪图特摩斯三世和阿美诺菲斯二世执政时的努比亚地区最古老的寺庙马达寺庙群和彭努特小陵墓现移至阿马达;阿布·奥达祭台和普萨墓龛被送到阿布辛贝勒的尼罗河对岸。

(五)苏伊士运河

苏伊士运河位于埃及东北部,扼守欧、亚、非三大洲的交通要冲,连通着红海和地中海、大西洋和印度洋,是人工开凿的第一条通海运河。运河于 1859—1869 年由法国人投资开挖,先后有 10 万埃及民工因此而丧生,具有重要的战略意义和经济意义。后来英国购买了运河公司 40%的股票,英法共同掌握运河的经营权,掠走巨额收益。1956 年,埃纳赛尔总统宣布运河国有化,随即爆发了英、法、以三国的侵埃战争。1967—1975 年因阿以战争,运河封闭停航达 8 年之久。1976—1985 年,埃政府耗资约 20 亿美元进行大规模的运河扩建工程,使运河的通航能力显著增加。扩建后运河长度为 195 千米,最大宽度为 365 米,最大吃水深度 16 米,能通过 15 万吨的满载油轮。近年,通过苏伊士运河的船只日平均约 60 艘,运河年收入近 20 亿美元。

(六)巴列夫防线

1956 年中东战争中以色列占领埃及西奈半岛后,埃及于 1969 年在苏伊士运河东岸沿河建成一条以当时军事参谋长巴列夫的名字命名的防线。防线北起弗阿德港,南至苏伊士湾,全长 175 千米,纵深 30~35 千米,总面积 5000 平方千米,耗资 2.38 亿美元。该防线由三条平行防线组成:第一线为苏伊士运河及河东岸,河堤下埋设了油管,战争期间点燃,可将运河变成一片火海。沿河筑有 20 米厚的沙堤,堤后筑有 30 多个前沿支撑点,支撑点前为铁丝网和地雷区。第二、三线分距运河 10~20 千米,筑有 11 个核心堡。核心堡一般为半地下的多层建筑,以钢筋水泥作骨架,顶部由铁轨和装在铁网内的石块砌成,厚 4~5 米,可经受重磅炮弹和炸弹的直接攻击。核心堡由若干个碉堡组成,其中一个为旅指挥所,有的为重炮阵地,有的为弹药和后勤物资仓库,堡内有住房、指挥室、瞭望哨和射击阵地,储有可供一个月以上的粮食和弹药,碉堡间有堑壕相连,战斗中可互相支援。目前在原巴列夫防线的一些地段,仍保留着当时的一些工事供人们参观游览。特别是在距伊斯梅利亚 10 千米处的夏杰拉高地,那里曾是巴列夫防线中段的前线指挥所,现已改为战争博物馆,供人们参观。今天的旅游者可以在那里感受到战争对人类生活的影响。

课堂讨论题

纵观埃及的人文旅游资源，请设计一条为时 7 天的埃及文化之旅的旅游线路。

第三节 南非

一、国情概述

1. 国土疆域

南非位于非洲大陆最南端，在南纬 22 度至 35 度、东经 17 度至 33 度之间，北邻纳米比亚、博茨瓦纳、津巴布韦、莫桑比克和斯威士兰，东、南、西三面濒印度洋和大西洋。由于地处两大洋间的航运要冲，地理位置十分重要。其西南端的好望角航线，历来是世界上最繁忙的海上通道之一，有"西方海上生命线"之称。国土面积约为 122 万平方千米。

2. 人口民族

南非人口约为 4932 万(2009 年)，其中黑人人口为 3914 万,占总人口的 79%，白人人口为 447 万，其他有色人种为 571 万；从性别来看,女性人口为 2545 万,约占总数的 52%。黑人主要有祖鲁、科萨、斯威士、茨瓦纳、北索托、南索托、聪加、文达、恩德贝莱 9 个部族，主要使用班图语。白人主要是荷兰血统的阿非利卡人(约占 57%)和英国血统的白人(约占 39%)，语言为阿非利卡语和英语。有色人是殖民时期白人、土著人和奴隶的混血人后裔，主要使用阿非利卡语。亚洲人主要是印度人(约占 99%)和华人。有 11 种官方语言，英语和阿非利卡语(南非荷兰语)为通用语言。白人、大多数有色人和 60%的黑人信奉基督教新教或天主教，亚洲人约 60%信奉印度教，20%信奉伊斯兰教，部分黑人信奉原始宗教。

3. 发展简史

南非历史上最早的原住民是桑人、科伊人及后来南迁的班图人。17 世纪后，荷兰人、英国人相继入侵并不断将殖民地向内地推进。19 世纪中叶，白人统治者建立起四个政治实体：两个英国殖民地，即开普、纳塔尔殖民地；两个布尔人共和国，即德兰士瓦南非共和国和奥兰治自由邦。1867 年和 1886 年南非发现钻石和黄金后，大批欧洲移民蜂拥而至。英国人通过"英布战争"(1899—1902)，吞并了"奥兰治自由邦"和德兰士瓦共和国。1910 年 5 月英国将开普省、德兰士瓦省、纳塔尔省和奥兰治自由邦合并成"南非联邦"，成为英国的自治领地。南非当局长期在国内以立法和行政手段推行种族歧视和种族隔离政策。1948 年国民党执政后，全面推行种族隔离制度，镇压南非人民的反抗斗争，遭到国际社会的谴责和制裁。1961 年 5 月 31 日退出英联邦，成立南非共和国。1989 年，德克勒克出任国民党领袖和总统后，推行政治改革，取消对黑人解放组织的禁令并释放曼德拉等人。1991 年，非国大、南非政府、国民党等 19 方就政治解决南非问题举行多党谈判，并于 1993 年就政治过渡安排达成协议。1994 年 4—5 月，南非举行首次不分种族的大选，以非国大为首的非国大、南非共产党、南非工会大会三方联盟以 62.65%的多数获胜，曼德拉出任南非首任黑人总统，非国大、国民党、因卡塔自由党组成民族团结政府，从而结束了南非种族歧视的历史。

4. 政治经济

南非有三个首都：比勒陀利亚为行政首都，开普敦为立法首都，布隆方丹为司法首都。国花为帝王花，货币为兰特，政体为总统内阁制。

根据新宪法，南非总统是国家元首和政府首脑，由国民议会选举产生，任期不得超过两任。在议会中拥有至少 80 席的政党有权提名一名副总统。议会可以通过不信任案罢免或弹劾总统。宪法规定，南非议会为两院制，由国民议会和全国省级事务委员会组成。国民议会有 400 名议员，200 名通过大选产生，另 200 名由各省选举产生。全国省级事务委员会(前身为参议院)共设 90 个议席，由 9 个省议会间接选举产生，每省 10 个议席。新宪法规定实行总统内阁制。内阁由总统、副总统及总统任命的 27 名部长组成。总统和内阁成员共同行使行政权。新宪法还规定，法院由宪法法院、最高法院、高级法院、地方法院组成。宪法法院为解释宪法的最高机构，由主席、常务副主席和 9 名法官组成，有权撤销国会通过建立的立法机关。最高法院为除宪法事务外的最高司法机构，由首席法官、上诉庭法官和省庭法官组成。地方法院上诉的案件提交最高法院的省庭裁决，省庭上诉则提交最高法院的上诉庭裁决。

南非是非洲经济最发达的国家。农业、矿业、制造业为三大经济支柱，旅游业发展迅速。制造业门类齐全，钢铁工业为制造业的支柱；是世界最大的黄金生产和出口国，有世界最大的钻石生产和销售公司，它控制着世界粗钻石贸易的 60%左右；农业较发达，葡萄酒等农副产品在国际上享有较高声誉。

5. 自然风貌

南非的地形以高原为主，全境大部分为海拔 600 米以上的高原。德拉肯斯山脉绵亘东南，卡斯金峰高达 3660 米，为全国最高点。西北部为沙漠，是卡拉哈里盆地的一部分。北部、中部和西南部为高原。沿海是狭窄平原，奥兰治河和林波波河为两大主要河流。

全国大部分地区属热带草原气候，东部沿海为热带季风气候，南部沿海为地中海式气候，西北部沙漠地带干旱炎热。全年降水量由东部的 1000 毫米逐渐减少到西部的 60 毫米，平均 450 毫米。由于南非地处南半球，所以气候季节与北半球恰好相反，全境气候分为春夏秋冬四季。一年四季都是晴空万里，所以全年均适于旅游。

6. 文化艺术

南非是个多种族的国家，有着变化无穷及多彩多姿的文化，这一特色使其有"彩虹之国"的美誉。南非的文化遗产历来就十分丰厚，人类学家发现此地有迄今为止全球出土的最古老的人类化石及艺术品。本地 Can 族人遗留在洞岩内的岩石艺术创作是世界上最珍贵的艺术遗迹之一。随着欧洲移民，马来族奴隶及印度人的到来，文化内涵的表现形式呈现多元化倾向。

近年来拥有 11 种不同语言的南非本土文化在官方的积极推动下而苏醒，再加上东西方文化与非洲文化的调和与融入，烘托出了一个全新的文化艺术氛围。南非本地的各种艺术形式，尤其是爵士乐、烹饪、艺术、建筑、文学及戏剧都营造出了南非本土的模式。如南非的建筑文化是欧洲、非洲及亚洲建筑特色的大熔炉：有壮观的英国维多利亚式建筑、雅典的荷兰开普式建筑、回教清真寺及现代房屋建筑等等；南非剧院、博物馆、艺术馆、土著部落及早期移民时期的欧式房屋都反映出南非足以傲世的文化面。还有南非的多样化美食在大多数的餐厅里都可以享受到，在全国各地都可以欣赏到欧洲古典音乐、歌剧芭蕾舞、非洲土著歌、亚洲土著歌舞、亚洲印度舞蹈以及现代爵士摇滚舞曲等。

南非每年都定期举办各类大大小小的艺术节，加上一些非定期的和临时性的，南非的艺术节可谓不胜枚举，就连官方也无确切的统计数字。据初步统计，南非有各类艺术节近百个，遍布全国 9 个省，从年初持续到年底。艺术节已成为南非人日常生活中不可或缺的一部分。例如南非荷兰语音乐表演节、国家合唱节、花园大道节、樱花节、摇滚与民间音乐节、赏花节和观鲸节等等。南非人已把艺术节当成展示多元文化、宣泄情感、提高当地知名度、吸引游客、增加就业机会和促进经济增长的良好方式和手段。最著名的是每年一度的"格拉汉姆斯敦国家艺术节"。

◇知识窗◇

南非和解日

1838 年 12 月 16 日，来自荷兰的布尔人与南非祖鲁人发生了一次对南非历史有着非同寻常意义的战斗，3000 多名祖鲁族勇士战死疆场，鲜血染红了恩科姆河。从此以后恩科姆河被人们叫做"血河"，这场战役也被称为"血河之役"。此后，这场战斗就被黑白两大种族以各自不同的意义纪念着：黑人以祖鲁首领的名字将它命名为"丁干日"，以纪念为保卫土地而流血牺牲的战士；白人则将其命名为"起誓日"，因为战前他们曾向上帝发誓，如能战胜黑人，将在此立碑永志纪念。种族隔离制度时期，白人种族主义政权把该日看作"最神圣的日子"，并规定为全国公共假日。1994 年新南非诞生后保留了这一节日并将其更名为"种族和解日"，旨在促进种族和解与团结、消除种族歧视与偏见，并在该日举行不同形式的纪念活动。

二、民俗风情

1. 服饰

在城市里，南非人的穿着打扮基本西化。大凡正式场合，他们都讲究着装端庄、严谨。因此进行官方交往或商务交往时，最好穿样式保守、色彩偏深的套装或裙装，不然就会被对方视做失礼。另外，南非黑人通常有穿着本民族服装的习惯。不同部族的黑人在着装上往往会有自己不同的特色。

2. 饮食

南非的餐饮丰富多彩，风格多样。有中餐、英式西餐、法式西餐、意大利餐、日本料理、烧烤、印度餐等。南非当地白人平日以吃西餐为主，经常吃牛肉、鸡肉、鸡蛋和面包，爱喝咖啡与红茶。南非黑人的主食是玉米面，他们把玉米面烹制成一种糊状物，叫"粑粑"，放在碗里用手抓来吃。南非黑人还喜欢吃牛肉、羊肉，不喜欢吃生食，爱吃熟食。南非著名的饮料是如宝茶。在南非黑人家做客，主人一般送上刚挤出的牛奶或羊奶，有时是自制的啤酒。客人一定要多喝，最好一饮而尽。

随着欧洲移民，马来族奴隶及印度人的到来，南非形成了多样融合的烹饪艺术，尤其以芳香浓郁的咖喱料理、慢炖拼盘、传统非洲佳肴及本土烧烤最为脍炙人口。著名的菜肴有炖西红柿和菜豆、咖喱肉沫和米饭、咖喱肉馅饼和素馅饼、南瓜肉桂油炸面团、姜饼、南非牛排等等。南非的鸵鸟内排是其特色风味，另外还有草原特色菜以及可与意大利美食相媲美的玉米食品。

由于南非三面临海，海鲜食品也备受当地人青睐，如淡水龙虾、"line-fish"(当日鲜鱼)、特殊风味的 Kingship、章鱼、生蚝和鲍鱼等等。而作为开胃小吃的杖鱼和咸鱼干更是全国风靡。南非人爱吃烧烤，很多小商店都出售可供游客品尝的烧烤肉类。

中国的一些饮食文化也在影响着南非人，如中国茶就在南非很流行，一项市场调查表明，通过当地超级市场销售的传统中国红茶，10 年间销量增加了一倍。喝中国红茶、品味茶文化正成为南非中产阶级的时尚。

3. 婚俗

南非黑人的婚俗很有特色，在各部族中流行裸浴相亲的习俗。当女孩子在父母带领下在河中裸浴时，男子从中发现了理想对象后，即登门求婚，一旦被女方看中，女方父亲便在次日送一头小牛给男方的父亲，就算是定亲。由于南非黑人中盛行一夫多妻制，只要有钱就可以多娶妻子。兄弟死了，其多个遗孀可由兄弟们均分。祖鲁人在举行婚礼时，要把新娘从头到脚都用油脂涂抹得油亮发光，脖颈上戴着新郎在订婚时送的红、兰、白三色珠链。婚礼上新郎拉着新娘的手一起跑进丛林，几小时后走出，新郎把新娘依次介绍给来宾后，他们就算正式夫妻了。

4. 习俗

南非的黑人部族非常多，不同的部族保留着不同的生活习俗。如布须曼部族男人的饰物是将猎得鸟类的头割下，直立地安放在自己的头上；可马洛洛部族妇女都戴唇饰，即在嘴唇上穿个孔，戴上叫"呸来来"的铁环或竹制的唇饰，没戴"呸来来"的妇女要被人看不起。

波波族做妻子的要把头发留起来，直到丈夫回家后，才把头发剪短，这表达对丈夫的忠贞的思念；祖鲁人常用的项链是由五光十色的玻璃珠粒、谷粒、植物的叶子和茎串联而成的，这些"材料"是表情达意的"字母"。如白色的链珠表示纯洁朴实和忠诚可靠，红色表示思念，浅蓝色意味着幸福，黄色象征着美好，绿色表示患病，黑色表示忧愁和不幸等。

南非人热爱体育运动，运动场以网球场、橄榄球场、曲棍球场和高尔夫球场为最多。而板球是南非人最喜爱的体育运动之一，也是南非的国球。南非人饮食生活中不可缺少的就是烧烤了，每到假日或是周末，全家人或是亲朋好友都会聚集在家中的花园里或是水边，吃着烧烤喝着葡萄酒，一起聊天，而年轻人更是喜欢开着汽车音响，边吃边唱歌跳舞。

5. 礼仪

南非人热情、友好、乐于助人。对待外国客人，不管与你是否相识他们都会主动与你打招呼，而你要是不识路，他们也会主动带你去找。去朋友家做客时更是热情，主人会带你参观家中的各个房间。尤其是在招待中国客人时，主人会习惯性地用中国茶来以礼相待。

南非的社交礼仪分为白人的英式礼仪和黑人的传统礼仪，两者之间以英式礼仪为社会主导。在社交场合，南非人所采用的普遍见面礼节是握手礼，他们对交往对象的称呼则主要是"先生"、"小姐"、或"夫人"。在黑人部族中，尤其是在广大农村，南非黑人往往会表现出与社会主流不同的风格。比如，他们习惯以鸵鸟毛或孔雀毛赠予贵宾，客人此刻得体的做法是将这些珍贵的羽毛插在自己的帽子上或头发上。

6. 禁忌

信仰基督教的南非人，和西方人一样忌讳数字 13 和星期五。南非黑人非常敬仰自己的祖先，他们特别忌讳外人对自己的祖先言行失敬。跟南非人交谈，最忌讳为白人评功摆好，也不要评论不同黑人部族或派别之间的关系及矛盾，更不要非议黑人的古老习惯，最好不要为对方生了男孩表示祝贺。

三、旅游市场

南非的自然风光绮丽多姿，人文景观丰富灿烂，素有"游览一国如同环游世界"的美誉。南非的旅游接待设施十分完善，现有 700 多家大饭店，2800 多家大小宾馆、旅馆及 10 000 多家饭馆。南非官方公布的统计数字显示，在南非每 9 个就业机会中就有 1 个与旅游业相关。旅游业是南非第三大外汇收入来源和重要经济支柱，产值占国内生产总值的 8%，就业人数 120 万。2008 年，南非国内旅游收入达 258 亿兰特(约合 32.25 亿美元)，比 2007 年增长了 17%。据南非旅游观光局统计，南非本国的旅游业目前的年增长速度为 6%，是世界上发展最快的旅游目的地之一。生态旅游与民俗旅游是南非旅游业两大最主要的增长点。

按国际游客人数排列，南非 15 个最著名的景点是：开普敦维多利亚及艾尔夫雷德海湾综合商业游览区、桌山、好望角、西开普葡萄酒园大道风景区、科斯腾博什植物园、花园大道景区、欧德肖恩鸵鸟园、克鲁格国家公园、德班海滩、罗宾岛、刚果洞、布莱德河谷、比勒陀利亚市容、德拉肯斯堡山区胜地、朝圣者休息地。

南非旅游部的数据显示，由于南非世界杯的举办，2010 年来南非旅游人数为 807.4 万人，涨幅 15.1%，来南非旅游者中地区依次是中东地区占 13.9%；亚太地区占 12.6%；美洲地区占 7.7%；非洲及欧洲地区分别占 6.4%和 3.2%。英国、美国、德国、荷兰和法国仍然是南非五大主要客源市场。随着南非当局的大力推广以及中国出境游人数激增，2010 年，中国成为南非旅游重要客源市场之一。

四、旅游热点

素有"彩虹之国"美誉的南非,一向以景色多样而闻名于世。从南到北,从东到西,人们可以观赏到海岸裸岩、山丘、河川、湖泊、沼泽、沙漠、灌丛、草原和高原、台地。非凡的自然景观,蕴藏了极为丰富的各类动植物。据统计,南非在生物种类数量上排名世界第二,其中陆地哺乳类动物种类约 290 种,鸟类 800 多种,占世界所知鸟类的 1/10。南非的有花类植物则高达 24 000 种。现有 16 个国家公园和国家湖,300 个省级自然保护区。其中克鲁格(Rubber)国家公园是世界著名的野生动物禁猎区之一,已有百年历史。

南非的旅游热点主要集中于东北部和东、南沿海地区。主要介绍如下。

(一)南非美丽象征——开普敦

开普敦是南非立法首都所在地,南非第二大城市和南非文明发祥地,城市周围被山脉与海洋环抱,也被称做母亲城。人口约 300 万,有色人种居多。开普敦的雏形是 1652 年欧洲殖民者建造的荷兰东印度公司的供给基地。这座 300 多年历史的名城数度易主,历经荷、英、德、法等欧洲各国的殖民统治,因而成为南非的文化古都。这里集欧洲和非洲人文、自然景观特色于一身,被称为世界最美丽的都市,也是南非最受欢迎的观光都市。

开普敦地区拥有众多世界级景观或设施,市区内殖民时代的古宅和欧洲古典风格的商业高楼比邻鼎立,多种便利的购物休闲中心随处可见。登上该市的桌山,可以鸟瞰这座美丽城市的芳颜,市区内还可以参观国会大厦、旧城堡、市政厅等建筑精典。游客在这里能够悠闲地体会欧洲风格的港湾风情,到非洲规模第一的海洋水族馆观赏珍贵的印度洋和大西洋水生物。主要景点有:

1. 桌山

桌山是开普敦最著名的景点,被誉为南非之美的典型代表,其风光令人惊艳。桌山顶宽 1066 米,高约 356 米。每当山顶上覆有白云,开普敦人认为那是上帝在餐桌上铺上"桌巾"准备用餐。搭乘缆车上桌山山顶,乘客可以 360 度回旋上山,视野角度的变换将美丽的桌湾、开普敦市区和开普半岛的蔚蓝海岸线一览无遗。

2. 信号山夜景

信号山位于桌山一侧,海拔 350 米,因正午时鸣炮而得名。其有一端因外形象狮子头,又被称为狮头山。信号山是晚上观赏被誉为世界三大夜景之一的开普敦夜景的最佳地点。在山上有多个角度欣赏美妙的景色,光彩夺目、晶莹剔透、一望无际的连绵几十公里的火树银花令人叹为观止、流连忘返。

3. 维多利亚港区与购物中心

维多利亚与阿佛烈德港区是开普敦的主要休闲、商业、娱乐区。区内有一大片欧洲古典建筑,美丽宁静的港湾泊有各种游艇、帆船和游轮。区内海滨有包括中餐在内的各种风味餐厅、咖啡馆。另外还有南非海洋博物馆、港区酒厂、两家五星级宾馆和一座剧院。游客可乘坐古董蒸汽拖船和帆船游览港湾。区内的 Water Front 是开普敦最大的购物中心，每天有无数的人前往消费。Water Front 里有各种专卖店、超市、书店、CD 店、纪念品店、餐厅、咖啡店以及和好莱钨同步上映最新电影的 8 家影院。

4. 好望角自然保护区

开普半岛最南端的好望角自然保护区，是迎接南非春天脚步的最佳迎春地。在开普敦 40 千米长的海岸线中，孕育着超过 1500 种以上的各类植物，著名的有雏菊、帝王花、爱莉卡、百合、鸢尾花和兰花。其中帝王花是南非的国花，也是最具盛名的花种。在南非有超过 350 种以上的帝王花，其中超过一半以上的品种生长在好望角的花卉王国中。除此之外，区内还有许多鸟类和爬虫类及小型动物，如鸵鸟、羚羊、狒狒等。

5. 南非博物馆

南非博物馆是南非国内最古老的博物馆，有很多的哺乳类、爬虫类、鸟类、鱼类和昆虫的化石和资料。其中鲸鱼馆、与真人一般大小的布什曼人模型、两万年前画在岩石上的岩画尤其值得一看。此外博物馆还有天文分馆。

6. 市政厅和阅兵场

市政厅建于 1905 年，是意大利文艺复兴时期与英国殖民地风格混合的建筑物，因其高贵庄严的风格而被作为阅兵场，这里也是开普敦图书馆和开普敦交响乐团所在地。市政厅每逢星期三和星期六有跳蚤集市，每日有花市。星期四与星期六有交响音乐会。

7. 荷属东印度公司花园

该花园建于 1652 年，是一座属于原荷属东印度公司菜园的植物园，现在这里种植着各种珍贵树木和植物。两旁长满古老橡树的政府大道穿过花园，花园里有餐厅和咖啡店。

8. 文化历史博物馆

文化历史博物馆原是 1679 年建造的原荷属东印度公司的奴隶宿舍。博物馆展厅分为两层，包括古罗马、古希腊、埃及和中国的各种文物，还有 17—19 世纪开普敦人的生活用品。主要有陶瓷、家具、玻璃制品、硬币、邮票、枪械及 19 世纪医药品等。

9. 南非国家美术馆

南非国家美术馆收集有南非及荷兰、英国、法国等国家的绘画与雕刻作品，长期展出南非本地的国际性艺术作品，比较特别的是 18 和 19 世纪的英国体育摄影作品。

10. 尼科马兰歌剧院

尼科马兰歌剧院是开普敦艺术管理局的所在地，有定期的歌剧、芭蕾、戏剧及音乐会推出。

11. 海角区

坐落于小小半岛上面临蔚蓝大西洋海滨的海角区是开普敦的高级住宅区，在街区美丽的海滨公路旁，坐落着众多古典的维多利亚式建筑、各种欧式别墅和现代化住宅楼。查尔斯王子和天皇巨星麦克尔·杰克逊的别墅也在其中。这里最能代表开普敦的美丽和魅力，也是开普敦房产最昂贵的地方。

12. 波–卡普区

波-卡普区位于以玫瑰、威尔、启亚皮与短市街为界的马来人居住区域，以其独特风格的众多清真寺建筑著称。区内的波-卡普博物馆是开普敦最古老的建筑之一，介绍了19世纪马来伊斯兰教徒在开普敦的生活、文化。

(二)黄金城——约翰内斯堡

约翰内斯堡是南非最大的城市和工商、金融、交通中心，有600万人口，其规模不仅在南非首屈一指，在整个非洲也位居首位。约翰内斯堡地处海拔约600米的内陆高原上，昼夜温差大，气候温和。1886年由于此地发现了黄金，淘金热潮使得该市从一片荒原摇身变为非洲最大的都市。约翰内斯堡是名副其实的花园城市，全市的公园和绿地占总面积的10%以上，除了相对面积极小的老市中心和贫民区，所有住宅、办公楼的周围都种满了树木和鲜花，整个城市是一片绿色的海洋，空气极为清新。主要景点有如下几个。

1. 黄金城

黄金城在约翰内斯堡南部，是在金矿旧址上建立的主题公园，也是约翰内斯堡最出名的旅游点。园内逼真地重现了18世纪后期到19世纪初期淘金热潮时黄金城的建筑，有反映当时繁荣的银行、邮局、警察局、餐厅、酒吧等。乘着老式蒸气火车，浏览着这些古老建筑，来访的游客仿佛回到了18世纪。黄金城的矿井曾挖到地下3200米深处，现在游客最多可下到地下220米处参观当时开采黄金的实际作业状况。还可以参观黄金的实际融解和浇铸金币的过程。黄金城内还有多种游乐设施供游客娱乐，一架类似"海盗船"的大型空中转车特别受青少年游客的欢迎。

2. 山顿区

山顿区是约翰内斯堡发展的新象征。许多因为治安恶化而从老市中心撤出的大公司都搬到这里办公。这里集中了多家银行、文化设施、餐饮、商场和饭店，其中 Abandon City 是南非最大最豪华的购物中心之一，里面包括有五星级酒店、银行、书店、名牌服装专卖店、艺术品店、珠宝店、各种风格的餐厅、咖啡店等，可谓是集食、住、行、游、购、娱于一体。Abandon City 设施齐全，游客可以在里面转上一整天也不会觉得累。Abandon City 的广场边还有约翰内斯堡图书馆，图书藏量丰富，内容广泛，可免费阅读。广场中有很多可爱的鸽子，一点也不怕人，仿佛在欢迎各位远方游客的到来。

3. 露丝班克(Rose Bank)

露丝班克是约翰内斯堡最有格调、最美丽的地区之一。美丽优雅、风格各异的豪华花园别墅半掩在浓密的法国梧桐和绿树鲜花中，在别墅区的幽静街道上只有风吹树叶的沙沙声和花香鸟语。露丝班克也有一个大型购物中心，除了购物、餐饮、娱乐外，特点是有许多风格高雅的艺术作品、纪念品出售。周末有一些自发的乐队在街边演唱优美的歌曲，其演唱的多声部重唱令人难忘。每周六在四楼的露天广场有跳蚤市场，每周四晚会有一群围棋爱好者在购物中心的咖啡店内切磋棋艺，这里除了以中国人为主的亚洲人外，还有很多白人爱好者参与。

(三)花园城市——比勒陀利亚

比勒陀利亚是南非行政首都和政治中心，也是南非的交通枢纽，南半球空中交通的必经之路，面积 600 平方千米。人口中白人、黑人各占一半。距离约翰内斯堡约 45 分钟的车程。该市建于 1855 年，市名是以布尔人(南非荷兰人)领袖比勒陀利乌斯名字命名的，市内立有他们父子的塑像。市中心的教堂广场上还有川斯华(南非)共和国的首任总统保罗·克鲁格的雕像，其旧居已改为国家纪念馆。俯瞰全城的小山上坐落着中央政府所在地——联邦议会大厦。联邦议会大厦旁是著名的使馆街，中国驻南非大使馆就设在这里。

市内公园众多，其中以国家动物园和文宁公园最为有名。每年 10 月至 11 月间，市内的 55 000 棵紫葳树紫花盛开，全城弥漫着幽雅的清香，成为一片艳丽的紫色花海，美丽景色令人陶醉。市郊的喷泉山谷、旺德布姆自然保护区和野生动物保护区也都是旅游胜地。此外市内还有多家各类博物馆，从多种角度展示南非的文化历史。主要景点有如下几个。

1. 联邦议会大厦

联邦议会大厦南非政府及总统府所在地，由赫伯·贝克爵士设计，是一座气势雄伟的花岗岩建筑。大厦坐落在比勒陀利亚一座俯瞰全城的小山上，大厦前面是整齐、优美的花园，园中立有不同的纪念碑和雕像。大厦后面有大片的丛林和灌木区，里面有很多鸟类栖息。

2. 开拓者纪念堂

开拓者纪念堂是为纪念 1838 年逃避英国管辖、建立自己独立的国家而赶着牛车远离开普半岛的布尔人祖先而建。这座宏伟的建筑是比勒陀利亚的一景，纪念堂内的英雄厅雕有精美的壁雕，描述了这次大迁徙的情景。纪念堂边的博物馆有大迁徙时期的文物展示。

3. 市政厅

市政厅是极具特色的欧式建筑，古色古香，充满人文气息。市政厅的巨型圆顶钟塔有独特的共 32 个钟的钟琴，还有拥有 6800 枝风管的巨大管风琴。市政厅前有纪念比勒陀利亚创始人比勒陀利乌斯父子的雕像。

4. 国家剧院

国家剧院是南非规模最大的综合艺术剧院，共有 5 个厅分别演出歌剧、芭蕾、戏剧、合唱与交响乐。莎拉·布莱特蔓和三大男高音帕瓦罗蒂、多明戈、卡雷拉斯等众多世界级巨星都在此有过精彩演出。周六上午在剧院前面还有音乐跳蚤市场开放，游客在这里还会有意想不到的收获。

5. 教堂广场

教堂广场是南非最有名的广场，位于比勒陀利亚市中心。广场中央有川斯华(南非)共和国的首任总统保罗·克鲁格的雕像，这里是市民休闲、散步的好去处。广场周围的邮政博物馆是一座仿制的古老邮局建筑。馆内展示了南非邮政发展史，并收藏有 75 000 枚左右的珍贵邮票。其附近不远处的克鲁格博物馆是由南非第一任总统保罗·克鲁格的官邸改建而成，里面有克鲁格的个人用品和文物展出。

6. 国家动物园

国家动物园，共有 3500 种以上的动物，是世界最大的动物园之一。动物园内有缆车供游客游览区内各个景点。其中水族馆展示的各种淡水、海水鱼类，爬虫馆内品种繁多的爬虫类与甲壳类颇具特色。如果仔细观赏这些动物至少需要一天的时间。

(四) "南非夏威夷"——德班

德班是南非第三大城市，也是夸祖鲁纳塔尔省最大的商业文化中心，人口 300 多万。德班面临印度洋，是一座美丽的港口城市，德班的纳塔尔港是南非乃至非洲最大的港口，名列世界第九位。德班港口历史悠久，1497 年 12 月 25 日发现好望角的著名航海家达·伽马在此停泊，因此有了纳塔尔(葡萄牙语圣诞节的意思)这个名字。在布尔战争期间，港口得到快速的发展。1854 年，德班被批准为自治区，1886 年特兰士瓦省金矿和敦提煤矿的发现，促进了铁路的建设，也提升了德班作为一重要港口的地位。

德班是南非最著名的度假胜地之一，有"南非夏威夷"之称。这里气候温暖，每年夏天最热的 1 月份平均气温在 27℃，而最寒冷的 7 月份气温也在 22℃。由于面临一望无际的印度洋，且有大片美丽的沙滩，德班是帆船、冲浪和潜水运动爱好者以及钓鱼爱好者的天堂。从约翰内斯堡驾车到德班约 5 小时，每年夏天(11 月至次年 1 月)这里都有很多从约翰内斯堡及南非各地来此享受白色沙滩、湛蓝海水的游客。在冬季(6~9 月份)游客较少，饭店也便宜，此时游览更佳。

来德班的观光游客大多数都住在面临印度洋的 Beach Front 区，这里有三家假日饭店和其他一些高级饭店，还有多家包括中餐厅在内的各种风格的餐馆。Beach Front 前面是被称为"黄金海滩"的大沙滩，全长有 6 千米。由于海面上没有小岛、海湾的阻挡，因此这一带海滩的海浪很高，有很多冲浪爱好者在此表演。也有很多钓鱼爱好者在沙滩的栈桥上一试身手。

与海岸线平行的 Marine Parade 是海滨人行道的主要街道。路边是露天市场，有祖鲁族妇女在出售各种非洲手工艺品和旅游纪念品，有各种石雕、木雕、祖鲁盾牌、羚羊皮等出售，游客可以一边散步一边讨价还价。海滩一侧从海洋世界开始，依次为迷你城、菲兹斯摩恩斯蛇公园、大型游乐园、游泳池等娱乐设施。另外饭店前还有漂亮的充满非洲风格装饰的人力车——始源于殖民地时期白人政府为没有职业的黑人推出的游览工具，现在仍深受游客的欢迎。

市内主要景点有如下几个。

1. 海洋世界

海洋世界有超过 1000 种的海洋生物，每天固定时间有精彩的海豚表演和企鹅、海豹表演。园内丰富多彩的热带鱼、吃人鲨、大海龟及各种贝类动物种类繁多，值得一看。

2. 迷你城

迷你城是将德班各主要著名建筑物、野生动物园、机场和火车站等精确缩小后所做成的模型展览。其中飞机、火车还可以移动。

3. 菲兹西蒙斯蛇公园

这是具有热带雨林风格的专业动物园。其拥有品种及规模为南非第一。有世界各地的 60 种以上的蛇类，还有鳄鱼、蜥蜴等爬行类动物。

4. 植物园

该园建于 1849 年。除各种植物外，园内还有一些珍贵树种，最有名的是园内收集了 3000 种以上的兰花，每到春夏之际，百花盛开，鲜艳夺目，是游客们必去的景点之一。

5. 市政厅

市政厅是建于 1910 年的欧式建筑。一楼为办公场所。二楼是自然博物馆，有一只霸王龙的模型和其他动、植物的标本。三楼是美术馆，收藏有南非艺术家的作品及部分世界顶级绘画大师的珍贵名作。

(五)非洲拉斯维加斯——太阳城

太阳城是南非的著名旅游胜地，位于约翰内斯堡西北 250 千米处，有"世外桃源"的美誉。太阳城并非是一座城市，而是一个青山绿水的超豪华度假村。人们在原有自然美景的基础上，建造出一个令人叹为观止的度假胜地。这里有创意独特的人造海滩浴场、惟妙惟肖的人造地震桥、优美的高尔夫球场和人工鳄鱼湖，有南非最大规模之一的赌博城及由南非籍的世界级设计师所设计的两个高尔夫球场。

太阳城的重要核心景点是"失落的城市"。传说在南非古老的丛林中，曾经有个类似古罗马的文明度极高的城市，后来因为地震和火山爆发而消失得无影无踪。太阳城中就重建了这座"失落的城市"。由于传说中的城市是位于波之谷的丛林中，因此太阳城为了要重现一座波之谷丛林，总共移植了 120 万株各种树木和植物，建造出一座规模庞大的人工雨林和沼泽区，里面有清澈的小溪和河流，茂密的雨林和植物，称得上是世界最大的人造雨林公园。太阳城的另一出名之处就是赌场，太阳城有南非最大的赌场，每年都定期举办各类博采大奖赛。所有参赛者都可以免费享用太阳城内的宾馆及其他服务设施。太阳城里面还有歌舞表演、演艺厅、梦幻电影院、游乐场、快餐厅、咖啡店、饭店等,游客可以在这里享受和都市一样的豪华生活。

(六)玫瑰城——布隆方丹

布隆方丹位于南非中部,是南非的司法首都,人口约 50 万。该城有"玫瑰城"之称,"国王玫瑰花园"于 1925 年正式对外开放,由英国的威尔士王子前来剪彩,公园内有 4000 多株玫瑰树。市内的很多民居小巧玲珑,门口多是绿色草坪和玫瑰及其他花卉,为这个城市增添了不少温馨。

布隆方丹第一议会大厦建于 1849 年,是该市保护最完善的现存古老建筑,目前仍然是自由省的议会所在地。市内的妇女纪念碑高 36.5 米,是为了纪念南非英布战争期间在集中营死难的妇女儿童而修建的。建于 1885 年的总统故居,曾经是奥兰治自由共和国三任总统的官邸。布隆方丹还有其他称号,如"中心城"(南非地理中心),"大会城"(许多党派的发源地)"好客城"(当地人热情好客)等。

(七)花园大道

从玛塞尔港到斯托姆河连续 255 千米的一级海滨公路被称为花园大道,也是南非最著名的风景区之一。花园大道与湖泊、山脉、黄金海滩、悬崖峭壁和茂密原始森林丛生的海岸线平行,沿途可见清澈的河流自欧坦尼科与齐齐卡马山脉流入蔚蓝的大海。从途中的关口要道眺望连绵群山,景色十分壮美。

花园大道冬季的平均气温在 13℃左右;夏季温度在 25℃以上的的时间也很少,气候温暖。一年当中都可以进行游泳、赛艇、帆船、划水、冲浪、鸟类观察,以及高尔夫、网球、骑车旅行等大部分陆上、水上运动。此外,欣赏花园大道最浪漫的方法是乘坐蒸汽机车通过这个地区最美的地带。主要景点有如下几个。

1. 玛塞尔港

玛塞尔港是一个欧洲风格的海滨城镇,距开普敦 6 小时车程,著名的旅游度假胜地。玛塞尔港在航海史上历史悠久,1488 年,葡萄牙探险家所罗门·狄亚斯最先在此登陆。现镇内的广场有数座海事博物馆,存有大量历史文物、海洋记事及贝壳等展品,另外还有仿制的老式帆船和海洋生物模型。镇上有沿着海边悬崖建成的长 13.5 千米的步行游览通道,可以看到著名的邮政树。港口有旅游船到附近海豹岛参观,岛上有逾 2000 余只的海豹和鸬鹚、塘鹅等野生动物,景象颇为壮观。

2. 乔治镇

乔治镇位于欧坦尼科山脚下,是一个面临蔚蓝大海、风景明媚的小镇。镇里的乔治博物馆是座维多利亚时期的老式建筑,其中的小古玩收藏颇丰。精华之旅是乘坐欧坦尼科·丘卓号观光火车往返于乔治镇和尼斯纳之间。此外还有欧坦尼科和蒙他古山径两条风景幽美的步行游览道连接乔治镇与内陆地区。

3. 原野国家公园

从乔治镇出发向东 15 千米，就来到南非原野国家公园。这里是赏鸟者的天堂，共有 5 个河流与湖泊、两个入海口，总长 28 千米的海岸线。迷人的湖泊、如诗如画的小村庄、海水和淡水交汇形成的沼泽以及各种各样的鸟类、野生动物和植物是原野国家公园的特色。

4. 克尼斯纳

克尼斯纳由英国国王乔治三世之子乔治雷克斯所建，是南非闻名遐迩的度假胜地。在小山坡上，有各种各样的类似童话世界里的欧式别墅点缀在青山绿水中。克尼斯纳也是花园大道最为华丽的城市。克尼斯纳有美丽的环礁湖，入海口有两座岬角。乘坐豪华轮周游环礁湖是最精彩的观光节目之一。另外的精彩节目是在悠闲岛自然保护区观光，品尝生蚝，米尔伍德博物馆也值得前往。在克尼斯纳周围还有茂密的森林区。

5. 普利登堡湾

普利登堡湾距克尼斯纳约 25 千米，是一座拥有三个幽美海滩的古老小城。小城沙滩上建有一座外形非常有特色的"空中酒店"。小城的自然保护区以种类齐全的海洋植物，海豚和鸟类著称。普利登堡湾也是著名的垂钓场所，是钓鱼爱好者的乐园。

6. 自然谷

自然谷是一座以拥有众多私人度假别墅而出名的小村，小村坐落在青山绿水间，风光秀丽，安静祥和。小村四周为美丽的沙滩所环绕。此外小村还有步行游览道通往暴风雨河，观光公路通往齐齐卡马山的景区。

7. 齐齐卡马国家公园

齐齐卡马国家公园以齐齐卡马山为中心，有 100 千米长的海岸线。岸边是原始的荒野，奇特岩石的悬崖峭壁和狭长孤立的美丽海滩。茂密的原始森林沿着河谷生长为其主要特色。有一条徒步游览的小路从暴风雨河开始至自然谷为止，途中穿越海滩、悬崖、荒野和原始森林，有绝美的风景可观赏。在日出日落的时候景色美得让人落泪。该路线需在途中露营过夜，在暴风雨河口有小木屋和露营设施供过夜用。另外还有一条水中线路为游泳好手、潜水爱好者所喜爱。

8. 圣法兰西斯湾

圣法兰西斯湾位于辽阔的海湾上，有数座很受欢迎的海滨度假中心：圣法兰西斯角、天堂海滩和亚斯顿湾等。所有度假中心均面临未经破坏的天然海滩，景色宜人。席克欧埃河自然保护区位于亚斯顿湾，有种类繁多的大型水鸟，而圣法兰西斯角海洋自然保护区则有南非海洋矶鹬栖息。港湾景色天人合一，美不胜收。

(八)克鲁格国家公园

克鲁格国家公园位于姆普马兰加省、北方省和莫桑比克交界的地带，它是南非最大的野生动物保护区。克鲁格国家公园南北纵贯 400 千米，东西横跨 70 千米，面积大小相当于英国的威尔士，总面积达 20 000 平方千米。克鲁格国家公园背靠雄伟的山峰，面临一望无际的大草原，区内还零散分布着这个地方特有的森林和灌木。

该公园创建于 1898 年，由当时布耳共和国最后一任总督保尔·克鲁格所创立。当时为了阻止日趋严重的偷猎现象，保护萨贝尔河沿岸的野生动物，保尔·克鲁格宣布将该地区划为动物保护区。随着保护区范围的不断扩大，完美地保持了这一地区的自然环境和生态平衡，克鲁格是世界上自然环境保持最好的、动物品种最多的野生动物保护区。

克鲁格国家公园有品种繁多的野生动物，其种类和数量在世界上首屈一指。据最新资料统计，克鲁格国家公园内有 147 种哺乳类动物、114 种爬行类动物、507 种鸟、49 种鱼和 336 种植物。其中羚羊数量超过 14 万只，在非洲名列第一。还有野牛 2 万头、斑马 2 万匹、非洲象 7000 头、非洲狮 1200 只、犀牛 2500 头。园内还有数量众多的花豹、长颈鹿、鳄鱼、河马、鸵鸟。在克鲁格国家公园西侧的平原地区，还分布着大大小小的私营动物保护区。克鲁格国家公园是南非旅游的精华之一。

(九)布莱德河峡谷

位于克鲁格国家公园西边的布莱德河峡谷自然保护区，是姆普马兰加省仅次于克鲁格国家公园的观光景点。布莱德河意为"欢乐的河流"，沿着 R532 公路和 R534 公路(又称为帕诺拉马路线)可以观赏到布莱德河与海拔 1000 米高的大峡谷交织在一起的壮观景色。沿途还可见各种大小不同、景色各异的瀑布。帕诺拉马路线也是不可多得的绝佳自驾车游览线路。在这里你可以体会远古以来的纯自然景观，荒凉、浩瀚、辽阔、雄伟，充满了野性美。也只有在南非才能体会到这种感受。布莱德河峡谷被评为南非最受欢迎的景点之一。

课堂讨论题

针对南非目前的旅游资源和中国游客的特点，请设计一条经典的南非七日游观光旅游线路。

第四节 摩洛哥

一、国情概述

1. 国土疆域

摩洛哥王国(The Kingdom of Morocco)位于非洲西北端。东部、东南部接壤阿尔及利亚，南邻西撒哈拉，西濒大西洋，北隔直布罗陀海峡与西班牙相望，扼守大西洋进入地中海的门户。国土面积 45.9 万平方千米(不包括西撒哈拉)。

2. 人口民族

摩洛哥的人口约为 3400 万(2009 年)，其中阿拉伯人约占 80%，柏柏尔人约占 20%。阿拉伯语为国语，通用法语。国民中绝大多数人信奉伊斯兰教，少数人信奉天主教和犹太教。

3. 发展简史

摩洛哥是非洲最古老的国家之一。最早居住在这里的居民是柏柏尔人。公元前 15 世纪起受腓尼基人支配。公元前 2 世纪至公元 5 世纪受罗马帝国统治，6 世纪被拜占庭帝国占领。公元 7 世纪阿拉伯人进入。公元 788 年建立了摩洛哥历史上第一个阿拉伯帝国。此后经过多次王朝更替，在此期间，1660 年柏柏尔人建立的阿尔摩拉维德王朝最为强盛。从 15 世纪起，西方列强先后入侵。1904 年 10 月法国和西班牙签订瓜分在摩洛哥势力范围的协定。1912 年 3 月 30 日沦为法国的"保护国"，同年 11 月 27 日，法国同西班牙签订《马德里条约》，导致北部狭长地区和南部伊夫尼等地区划为西班牙保护地。1921 年 2 月，北部里夫地区爆发大规模农民起义，1924 年成立"里夫部落联邦共和国"，后遭法、西联军的残酷镇压。1947 年当时的摩洛哥苏丹(即国王)穆罕默德五世要求独立，改变保护制度。1953 年 8 月法国废黜穆罕默德五世，另立阿拉法为苏丹。1955 年 11 月法国被迫同意穆罕默德五世复位。1956 年 3 月 2 日法国承认摩洛哥独立，同年 4 月 7 日西班牙也承认摩洛哥独立，放弃它在摩洛哥的保护地。1957 年 8 月 14 日正式定国名为摩洛哥王国，苏丹改称国王。1961 年 2 月穆罕默德五世逝世，3 月其子穆莱·哈桑王储继位，称哈桑二世。哈桑二世在平息了 1971 年和 1972 年的两次政变后，经过与各党派的多次对话和协商，于 1977 年通过选举组成由主要政党参加的议会(代表院)和政府，近年来摩国内政局比较平稳。1999 年 7 月 23 日哈桑二世因病去世，他的长子西迪·穆罕默德继承王位，称穆罕默德六世，是摩洛哥王朝的第 22 位君主。

4. 政治经济

摩洛哥首都为拉巴特，国花为月季，货币为迪拉姆。宪法规定，摩洛哥是君主立宪制的伊斯兰国家，王位世袭，在国王未成年期间，由摄政委员会行使除修改宪法以外的国王职权，摄政委员会由最高法院院长任主席。国王是国家元首、宗教领袖、武装部队最高统帅，国王拥有最高决定权，有权任免首相和内阁大臣并领导内阁，国王有权主动或根据政府辞呈解散政府，有权颁布议会通过的法令，解散议会和宣布紧急状态。议会由众议院和参议院两院组成。众议院议员全部由直接选举产生，共 325 名，任期五年；参议院议员，由地方行政机构、各行业协会和薪俸阶层代表选出，原则上任期九年，每三年改选三分之一。穆罕默德六世即位后，坚持君主立宪制、多党制、轮流执政、经济自由化等既定政策，同时大刀阔斧地采取了一系列改革措施，注重发展经济，优先解决贫困、文盲、青年就业等社会问题，深化政治改革，更加强调依法治国。

摩洛哥以农矿业为主。矿业是支柱产业，矿产品出口占全部出口的 30%。工业企业主要部门有：农业食品加工、化工医药、纺织皮革、采矿和机电冶金工业。手工业在国民经济中占重要地位，主要产品有毛毯、皮革制品、金属加工品、陶瓷和木制家具。农业是国民经济主要部门。柑橘、橄榄和蔬菜大量向欧洲和阿拉伯国家出口，为国家赚取大量外汇。农业在国内生产总值中占20%，占出口收入的30%。主要出口产品有食品、矿产品、服装和皮革制品等；主要进口产品有粮、糖、奶制品、茶、食油、机械设备、电子产品和半产品等。摩洛哥是一个文明古国，旅游业资源十分丰富，旅游业发达，是国家外汇收入的重要来源，旅游收入目前占其国内生产总值的9%。

5. 自然条件

摩洛哥地形复杂，以山地和高原为主，中部和北部为峻峭的阿特拉斯山脉，东部和南部是上高原和前撒哈拉高原，仅西北沿海一带为狭长低缓的平原。最高峰图卜加勒山脉海拔4165米，乌姆赖比阿河是第一大河，长556千米，德拉河是最大的间歇河，长1150千米。主要河流还有木卢亚河、塞布河等。

摩洛哥西北部为亚热带地中海式气候，夏季炎热干燥，冬季温和湿润，1月份平均气温12℃，7月22～24℃。降水量为300～800毫米。中部属亚热带山地气候，温和湿润，气温随海拔高度而变化，山麓地区年平均气温约20℃。降水量从300到1400毫米不等。东部、南部为热带干旱气候，年平均气温约20℃。年降水量在250毫米以下，南部不足100毫米。夏季常有干燥炎热的"西洛可风"。由于斜贯全境的阿特拉斯山挡住了南部撒哈拉沙漠的热浪的侵袭，加之濒临大西洋和地中海的地理位置，使摩洛哥气候温和宜人，四季花木繁茂，赢得"烈日下的清凉国土"的美誉。摩洛哥是个风景如画的国家，还享有"北非花园"的美称。

二、民俗风情

1. 饮食

摩洛哥人讲究菜肴的香、脆，喜爱微辣味道，注重菜肴的丰盛。以面食为主，喜食摩洛哥式面包。喜欢牛肉、羊肉、鱼、虾等；喜欢黄瓜、西红柿、洋葱、土豆等蔬菜；爱用橄榄油等调料。对烤、煎、炸等烹调方法制作的菜肴偏爱。很欣赏冷拼盘、番茄牛肉、烤鸭、烤羊肉串、煎牛肉扒、炒里脊丁、糖醋鱼、炒什锦、香酥鸡、烤全羊等风味菜肴。喜爱中国的鲁菜、川菜、粤菜。

摩洛哥经典的传统食品有两个，一个是大酥饼(外面是一层极薄而酥脆的面皮，上撒一层糖粉，里面包有鸽子肉、鸡蛋、巴旦杏、蔬菜等。大饼直径约66厘米、厚约6.6厘米，可供七八人同桌而食)，另一个是斋月汤(是一种糊糊汤，里面有肉丁、大米、鹰醉豆及各种香料，吃的时候再往里挤一些鲜柠檬汁)。

摩洛哥人款待宾客的佳肴还有：用小麦粉加上清水、橄榄油、肉汤、牛羊肉、蔬菜等做成的家乡风味"古斯古斯"；鲜美的"烤全羊"、"烤鱼"、"烤虾"等；用盐腌渍橄榄果，味道别有风味。

摩洛哥人不饮酒，爱喝茶，尤为爱喝中国绿茶。此外，还喜喝酸牛奶、咖啡、橘子汁等。爱吃西瓜、香蕉、桃等水果，干果爱吃花生米等。摩洛哥人除在公共场合有时使用刀叉为餐具外，一般都习惯于用手抓饭吃。

2. 婚俗

摩洛哥各民族的婚俗很有特色。艾特—哈迪杜的柏柏尔部族的"新娘集市"，又叫穆塞姆节，于每年的 9 月举行，为期三天。它既是求偶盛会，也是一个贸易集市。在这个"集市"上，离过婚的妇女和寡妇最受欢迎，人们认为这样的妇女最会持家。在柏柏尔族居住区的一些部族还流行一种"抢新娘"的习俗。在双方举行婚礼时，村里的小伙子们会设法把新娘子抢走，并占有一段时间。波科脱人举行婚礼时，新郎首先要演唱歌曲《最好的牛》，因为牛不仅是他的主要聘金，更重要的是因为他们以耕作和畜牧为主。非斯市人在新婚之夜，新娘要坐在圆桌面上，妇女们围着她边转边喊："新婚是抵押品"，意在向新郎新娘的双方家属要礼钱，扔的钱直到妇女们基本满意为止。摩尔族人举行婚礼的第二天清早，新郎要将沾有血渍的手帕抛到窗外去，以此对家人证明新娘子是贞洁的。

摩洛哥男女老少爱泡澡堂远近闻名。甚至有人说，摩洛哥女子之所以美丽曼妙，其秘诀就在于她们爱泡澡堂。在过去，摩洛哥澡堂曾是男人们谈生意、做买卖的地方，也曾是他们议论政局、群情激昂、集结力量抵抗殖民主义的场所。而对于澡堂的女客来说，这里曾是她们谈婚论嫁、决定终身大事的场所。现在的"摩洛哥式"澡堂已经不再是商贸交易、商讨国事与红娘做媒的场所，却依然是人们结识朋友、巩固友谊的好去处。

3. 习俗

在摩洛哥各种传统节日中献羊节是摩洛哥历史最长、最具特色的传统节日。每年 1 月 23 日，城镇乡村到处设有临时的羊市，家家户户都要张罗买羊，摆设羊宴，竞相邀请亲友邻里来家赴宴，即使对素昧平生的人也热情款待。节日期间，不仅家庭邻里不许发生口角和纠纷，即使平素敌对的部族村落，也不得相互格斗和冲突。因此，献羊节又叫"和平节"。

摩洛哥妇女有文身的习俗，而且比较普遍。大多数妇女是在前额和下颌刺有对称的蓝黑色花纹，也有的将花纹刺在胸部、肚脐和腿等隐蔽部位。

古都梅克内斯的赛马节是全国最盛大的节日。在每年的 5 月举行，为期 5 天，全国出类拔萃的骑士赶来参加，获得胜利的人会被当作英雄来对待。赛马节期间还举办各种集市交易活动。每年的回教历 9 月是禁食月，摩洛哥回教徒从日出到日落，都不能进食任何东西。

摩洛哥人还有一个独特的生活习惯，即一日三餐不离茶。饮茶对于人们生活的重要性仅次于吃饭而居第二位。清早起床的第一件事，就是冲一杯清香的绿茶，人们喝完茶才开始吃早餐。中餐和晚餐也要喝煮好的清茶，饭后有时还要喝三道茶，而且喝茶的量很大。摩洛哥人在招待亲朋好友时，把奉上一杯飘着薄荷香味的清茶，看作是很高的礼节，这种薄荷甜茶在节日宴会和社交活动时可以代酒。

说来有趣，摩洛哥盛行饮茶之道，却并不产茶，全国两千多万人口每年消费的茶叶均需进口，95%来自中国。"中国绿茶"与每一个摩洛哥人的生活息息相关，已成为摩洛哥文化的一部分。

4. 礼仪

摩洛哥因受西方社会的影响，其社交礼仪表现出欧洲风格与阿拉伯情调的交织。摩洛哥人与客人约会时总乐于迟到，认为这是一种社交风度。与客人相见和告别时，一般都惯施拥抱礼，握手礼也较为普及。摩洛哥女人与宾客见面时往往施屈膝礼。男士在大街上见到妇女时不能打招呼，更不能盯着看或拍照。

摩洛哥人把茶视为迎宾待客的佳品。若给你敬上一杯薄荷绿茶，那是表示对你尊敬的传统礼节。

摩洛哥人相互串门拜访时，客人应主动脱鞋，在进入清真寺时则必须脱鞋。摩洛哥人如果邀请你去家中做客，会大摆筵席，持续吃上好几个小时，前后要上茶三次，以示礼貌。客人到这里则应"入乡随俗"，否则，便会被认为不礼貌。最好不要对主人的某件所有物大加赞美，他可能会感到按社交惯例不得不把它奉赠给你。

5. 禁忌

摩洛哥绝大多数人信奉伊斯兰教，因此一般都不饮酒，也很少有人吸烟。他们对数字"13"有反感，认为"13"是个消极的数字。另外，摩洛哥的妇女只能偷偷地吃鸡蛋，如果当着丈夫的面吃鸡蛋，会被认为干了一件败坏风俗的丑事而遭到谴责。摩洛哥人禁食猪肉，也忌讳食用和使用猪制品。他们一般不爱吃红烩和带汁的菜肴。

摩洛哥人视绿色为春天和美好的象征，喜欢红色和黑色，忌讳白色，认为白色象征着贫穷，白色衣服最令人厌弃。忌讳六角星和猫头鹰图案。他们对"3"、"5"、"7"、"40"等数字较为喜欢，认为这些数字都带有积极的意义。

三、旅游市场

摩洛哥是一个文明古国，也是世界上自然风光最美丽的国家之一，旅游资源十分丰富，风光旖旎、历史悠久。休闲旅游是摩洛哥旅游的基本特色。摩洛哥旅游业是仅次于埃及的非洲第二旅游大国。旅游业已成为本国第二大外汇来源，占国家外汇总收入的13%。摩洛哥国家旅游局在国外设有 17 个代表处。主要旅游城市有：拉巴特、马拉喀什、卡萨布兰卡、非斯、阿加迪尔、丹吉尔等。主要客源国依次为法国、西班牙、英国、德国等国。2007 年，摩洛哥接待境外旅游者 770 万人次，旅游收入约 73 亿美元。受金融危机冲击，2008 年摩洛哥旅游业收入降至 69 亿美元，2009 年旅游收入 64 亿美元。根据摩洛哥政府制定旅游发展规划，到 2020 年摩洛哥吸引外国游客有望达到 2000 万人次，旅游收入将达到 1400 亿迪拉姆(1 美元约合 8.2 迪拉姆)。

旅游是摩洛哥国民经济发展的支柱产业，具有许多发展的有利条件：首先是政治长期稳定；其次是地理位置好，距游客资源丰富的欧洲仅数十公里之遥，是欧洲游客的优选地；最后是具有较丰富的人文景观，像马拉喀什、非斯等城市是北非的历史名城，而散发着现代气息的商业大都会卡萨布兰卡以及古代与现代巧妙结合的首都拉巴特，也各具特色。另外，东南部一望无垠的大沙漠，既是汽车和摩托车拉力赛爱好者驰骋的疆场，又是沙漠探险者的好去处。最令人神往的是大西洋沿岸数千公里的海岸线，柔软的细沙和喜人的阳光令人流连忘返，即便是寒冷的冬季，摩洛哥南方依然骄阳如火，让欧洲人一年四季都可以享受地中海的阳光。主要旅游点有：拉巴特、马拉喀什、卡萨布兰卡、非斯、阿加迪尔、丹吉尔等。

四、旅游热点

屹立在非洲西北角的摩洛哥王国山川秀丽，风景如画，享有"北非花园"的美称。由于斜贯全境的阿特拉斯山阻挡了南部撒哈拉沙漠热浪的侵袭，摩洛哥长年气候宜人，四季鲜花盛开，并赢得"烈日下的清凉国土"的美誉。在首都拉巴特有公元一至五世纪时期罗马人建筑的乌达亚城堡，还有著名的哈桑清真寺遗址，有举世闻名的阿拉伯古城——非斯、马拉喀什。古都非斯是摩洛哥第一个王朝的开国之都，城内雄伟的城堡、富丽的王宫、华丽的清真寺，千年古迹举目可见。这里的田园风光、原始生态、充沛的阳光和清新的空气，吸引了大批国际游客尤其是欧洲游客。主要旅游景点有如下几个。

1. 历史名城——拉巴特

摩洛哥首都拉巴特位于西北部的布雷格雷格河口，濒临大西洋，是摩洛哥全国政治、文化中心和交通枢纽，面积 2100 平方千米，人口 62.8 万(2005 年)。主要工业有棉毛织品、皮革制品和地毯业，拉巴特的地毯闻名于世。公路、铁路和国际航空业均很畅通。拉巴特空气清新，一尘不染，即使很远很远的景物，也能清晰地观其轮廓。市区房屋整齐洁净，街道宽阔笔直，市南大西洋岸畔，海滩平坦细软，是夏季旅游胜地。傍晚时分，漫步在大西洋岸畔的海滨大道上，望着落日西坠，聆听浪涛呼啸，别有一番情趣。

12 世纪穆瓦希德王朝创始者阿卜杜勒·穆明为了出海远征，在河口左岸的海角建立军事要塞，取名里巴特—法特赫，简称里巴特。在阿拉伯语中，里巴特—法特赫有"出征之地"的含意。12 世纪 90 年代，当时的君主雅各布·曼苏尔下令在此建城，后又多次扩建，逐渐把这个军事要塞改建成城池。形成现在的"拉巴特"，1956 年定为首都，拉巴特由两个紧连的姐妹城组成，即拉巴特新城和萨勒旧城。进入新城，西式楼房和阿拉伯民族风格的精巧住宅掩映在花树丛中。街道两旁，绿树成荫，街心花园，比比皆是。王宫、政府机关、全国高等学府都坐落在这里。旧城萨勒围以红色城墙，城内多古老阿拉伯建筑和清真寺，市面繁荣，后街小巷是一些手工艺品作坊，居民的生活和生产方式依然存留着浓厚的中世纪风采。城中多古迹，哈桑清真寺原是北非最大的清真寺，建于 12 世纪，长 183 米，宽 139 米，四周有 16 道门，据说毁于 15 世纪一次大地震，从残存的一片高低不等的石柱中，还能辨认出当时建筑规模的宏伟，耸立于寺正面的哈桑塔(宣礼塔)却完整无损，用玫瑰色石块砌成的高塔占地 16 平方米，高 44 米，加上塔顶，共高 69 米，是拉巴特引人注目的古迹。海角上的军事要塞遗址，即乌达亚城堡，其城墙、主殿已不复存在，城门、瞭望岗楼仍屹立如故，城堡中间是一花园，多奇花异草。附近的加斯巴，是当年陈兵的地方。新城东南的萨拉废墟，传说是穆瓦希德王朝时期建造的皇陵，周围建有城堡。现在废墟上还保存着门楼、墓碑、清真寺、放生池、花园等。

拉巴特王宫建于 1785 年，也叫梅舒阿尔王宫，占地 2 平方千米，是一座典型的阿拉伯宫殿建筑，大门上用黄铜雕成图案，绿玻璃瓦屋顶，宫内式样各异的宫殿，其中哈桑二世用于接见宾客的里亚德宫尤为宏丽，还有哈桑二世的父王穆罕默德五世的陵墓。

拉巴特有公元859年创办的卡拉威英大学和1917年创建的古物博物馆。

2. 南方明珠——马拉喀什

位于古都非斯西南方的马拉喀什是摩洛哥古都之一和著名的旅游胜地，由于它拥有众多的名胜古迹和幽美的园林而享有"南方明珠"的美誉。马拉喀什是摩洛哥第二大城市，国内南部内陆的贸易中心，曾是历史上的南方之都。有长达7千米由红砖砌成的古城，城堡上还筑有200座高塔。马拉喀什的夜市热闹非凡，有"不夜城"之称。城堡高达66米，墙壁香气四溢，是最吸引游人的地方。马拉喀什的主要工业有食品加工，农业机械，皮革和毛毯业等。

马拉喀什建于撒哈拉沙漠的边缘，周围既没有树木也没有河流，但城内却呈现出一派浓郁的热带沙漠的绿洲风光。柑橘树、橄榄树、棕榈树和其他种的果树等郁郁葱葱，接翠连茵迸发出勃勃生机。由于这里气候温和，环境优美，哈桑二世国王常在此过冬。

马拉喀什有北非最优美的建筑之一的库图比亚清真寺的尖塔。尖塔坐落在离城约30千米处的马拉喀什最古老的清真寺内，据说是公元119年由奴隶们建造的。塔高67米，外面装饰得富丽堂皇，塔尖上的圆球据说是纯金的。古塔的独特之处在于它特有的香味，这在世界"塔林"之中是无与伦比的。只要一跨进寺门，阵阵馥郁的清香沁人心脾。据史料记载，在建塔时，大约把960多袋名贵的麝香粉末掺入了泥浆和涂料中，于是便有了800多年的清香。马拉喀什是摩洛哥的文化首府，而"库图比亚"在阿拉伯语中就是"书店"的意思。

3. 白色之城——达尔贝达(卡萨布兰卡)

在摩洛哥的旅游热点中达尔贝达最为著名。该城位于摩洛哥国境西南约80千米处的大西洋畔，东北距首都拉巴特88千米，是摩洛哥最大的港口城市，全国的经济和交通中心，人口290万。达尔贝达拥有全国70%的现代工业，市区和郊区有1000多座工厂，新兴的工业有纺织、炼铁、水泥、烟草和罐头等。金融、商业也十分发达，素有"摩洛哥肺叶"的称号。城市临海，树木常青，气候宜人，风光秀丽，是非洲著名的旅游城市。达尔贝达港口是世界著名的人工港，港口设备相当现代化，占摩洛哥出口贸易的75%，是非洲第二大商港。达尔贝达还以一年一度的国际博览会而举世闻名。

达尔贝达城历史悠久。据记载，公元7世纪这里是罗马古城安法，意为"高地"。安法古城于1438年被葡萄牙殖民者肆意破坏。公元15世纪下半叶，葡萄牙殖民者占领这里，更名为卡萨布兰卡。18世纪中叶，摩洛哥国王穆罕默德·阿卜达拉赫下令在原安法古城的旧址上兴建一座新的城市，定名为达尔贝达。在阿拉伯语里，"达尔贝达"意为"白色的房子"。有趣的是，如同城市的名称一样，整座城市的建筑大多数为白颜色，就连许多阿拉伯渔民的住宅也是在褐色峭壁的背景下呈现白颜色，与辽阔蔚蓝的大西洋交相辉映，构成一幅淡雅多姿的景象。18世纪末，当西班牙人得到这座城市港口贸易的特权后，将城市称为"卡萨布兰卡"。在西班牙语里，"卡萨布兰卡"也是"白色的房子"的意思。20世纪初，法国占领这座城市。摩洛哥独立后，为维护民族尊严，清除殖民主义残余，将城市名称由"卡萨布兰卡"恢复为"达尔贝达"，但许多人仍习惯地称它为卡萨布兰卡。

在北非达尔贝达的空气里，弥漫的是阿拉伯、法国、葡萄牙和西班牙的混合味道。它的浪漫起源于好莱坞电影《北非谍影》中难分难舍的爱情。这部作品的巨大成功，也造就了一个浪漫、写意、传奇的旅游城市——萨布兰卡，随即成为全世界爱侣与游客梦想的旅游胜地。

今天的达尔贝达依然保持着自己的独特风格，以特殊的魅力吸引着世界各地的游客。一幢幢白色的建筑掩映在绿树鲜花丛中，一座座阿拉伯建筑风格的清真寺，古香古色，雄浑壮观，其中以哈桑二世清真寺最为有名。

◇**知识窗**◇

哈桑二世清真寺

1993 年 8 月落成的哈桑二世清真寺是卡萨布兰卡的标志。清真寺直接建在大西洋里，有 1/3 的面积建在海上，其余部分与陆地相连。它通体使用白色大理石砌成，宣礼塔高达 200 米，是仅次于麦加清真寺和埃及的阿兹哈尔清真寺的世界第三大清真寺，设备之先进在伊斯兰世界首屈一指。从达尔贝达的海滨大道上远远地望去，哈桑二世清真寺就像一艘泊在岸边、即将起锚的帆船，正迎着大西洋的波涛昂首向前。而清真寺的宣礼塔，就像是矗立在海洋里的灯塔。

此外，古老的王宫、西迪布·斯迈拉陵墓、摩洛哥艺术博物馆、水族馆、梅迪耶区手工艺品市场等，都是游客云集的地方。达尔贝达城的建筑风格最突出的特点是，市区各主要的繁华街道均从市中心广场辐射伸展开来，街道宽阔，市面繁华，为游客服务的游览车也大多是从广场附近出发。广场附近还有一座雄伟的天主教堂，教堂恬静的环境同大街上喧闹的气氛形成鲜明的对照。城市的老城区则呈现出古老的情景，街道狭窄，房屋低矮，店铺成片，作坊毗连，商摊密密麻麻，叫卖声、吆喝声、讨价声此起彼伏，偶尔有人骑着骆驼从街上走过，仿佛是一个中世纪的阿拉伯街市。

城北 20 千米处的穆罕默德海滩也是令游客向往的地方。这里海滩沙子洁白，海水澄碧，海风轻拂，阳光充足，是游泳、划船、钓鱼、日光浴、沙浴的理想场所。海滩一带环境幽静，沿岸的宾馆、饭店以及各种娱乐设施掩映在一排排整齐而高大的棕榈树和橘子树下，以绮丽独特的风采吸引游客。海滩附近有一座公园，那些高尔夫球、网球爱好者们能够在这里如愿以偿。达尔贝达大西洋畔海岸景色也是十分迷人的。达尔贝达的海滨，在多数情况下，海水幽静得像淑女。阳光下，金沙细浪泛起片片白沫，轻轻地抚摸着岸边的沙滩、岩石。每到傍晚，人们可以在此欣赏大西洋日落的景象，犹如置身于神话中的仙境之中。

4. 历史名都——非斯

有 2800 多年历史的非斯位于摩洛哥北部，坐落在中阿特拉斯山北麓海拔 410 米的高地上，西距首都拉巴特 190 千米，居摩洛哥东、西、北部地区交通要冲，是摩洛哥国土上最早建立的阿拉伯城市，一直是摩洛哥历代王朝的都城和伊斯兰教圣地。非斯是摩洛哥北部重要的农牧产品集散地，其皮革制品、毛丝织品、陶器和地毯等十分出名。非斯人口约 42 万，郊外多果园和油橄榄树，满目翠绿，景色迷人。

非斯城始建于公元前 808 年,据说伊斯兰教创始人穆罕默德的曾孙——摩洛哥第一个王朝国王伊德里斯二世于公元 8 世纪在汪达尔人毁坏的城址上重新修建。非斯这个名称是由"法斯"演变来的。在阿拉伯语里,"法斯"意为"金色的斧子",据说伊德里斯二世当年主持该城破土奠基时,在面向麦加圣城的方向发现一把金色的巨斧,伊德里斯二世感到这是吉祥的征兆,当即给城市定名为"法斯",后来"法斯"变成了"非斯",并一直沿用到今天。当城市建成后,伊德里斯二世将它定为摩洛哥第一个伊斯兰王朝——伊德里斯王朝的都城。

非斯城素以精湛的伊斯兰建筑艺术著称于世界。古城占地 300 公顷,街道狭窄弯曲,两旁店面、作坊毗邻连片,有些商品直接摆在店外,街区只能步行,有时相互让道还须跨进店门,机动车是无法通行的,主要运输工具是马、驴或平板车。城区的建筑风格、居民的风俗习惯和生活方式仍表现出浓厚的中世纪的风貌。古城里历史古迹到处都是,而且这些古迹都保护和维修得很好。据记载,公元 12 世纪伊斯兰教全盛时期,城内共有清真寺 785 座,现在保存下来的仍有 360 多座,其中以拥有 270 根圆柱的卡拉万纳清真寺和摩洛哥最古老的寺院之一——昂达吕西昂清真寺最为著名。其他反映伊斯兰建筑艺术特色的古城堡、宫殿、博物馆等,也比比皆是。城内的卡鲁因大学是专门从事伊斯兰教学习和研究的高等学府,建于公元 859 年,图书馆藏有各类伊斯兰教书籍几十万册,其中珍贵的手抄本 8000 多册,是世界上最古老的高等学府,比英国的牛津大学早 390 年,比法国巴黎大学早 291 年。这座著名的大学最初是一座清真寺,最早的教学方式是学者向教徒们讲解《古兰经》。另外,非斯城的创建者伊德里斯二世国王的陵墓,对来自世界各地的游客具有极大的吸引力。非斯城内处处可以见到泉水,这些泉水被视为"圣水"。

非斯新城区建于 1276 年,这里突出欧式建筑风格,同老城区形成两种迥然不同的情景。新城区街道宽阔笔直,浓荫覆盖,花草争艳,两旁高层建筑鳞次栉比,酒店、超级市场、写字楼、银行等建筑雄伟壮观。市区车水马龙,热闹而繁华。

非斯周围的名胜古迹很多,南面和北面山坡上的两座城堡,修建于公元 16 世纪的萨阿德王朝时期,迄今依然保存完好,高高耸立,引人注目。北面山坡上的城堡已改建成兵器博物馆,馆内陈列着摩洛哥历朝历代制造和外国赠送的宝剑、马刀、枪炮等,其中有一把宝剑上刻有汉字,传说是古代中国皇帝赠送给摩洛哥国王的礼物,说明中国人民和摩洛哥人民友好交往的历史十分悠久。

5. 海滨胜地——阿加迪尔

阿加迪尔在阿拉伯方言中是"谷仓"的意思。该市位于摩洛哥西南部,濒临大西洋,扼苏斯河口是摩洛哥著名的风景旅游城市,也是摩洛哥继卡萨布兰卡之后的第二大经济发展中心,摩洛哥最大的渔港和苏斯河谷的农户品集散中心。该市总人口为 50 万,由阿加迪尔、安扎、迪科汶和本萨皋等四个城镇组成。其主要经济支柱为旅游业、捕鱼业和农产品加工。主要工业有造船业、包装业、农渔产品加工业。由于濒临大西洋,因而该市远洋渔业相当发达,渔产品大多数出口至欧洲市场。

阿加迪尔是摩洛哥最大的日光浴和海滨度假胜地。由于城市南部有阿特拉斯山脉挡住了撒哈拉大沙漠的滚滚热浪,每年最冷的 12 月平均气温 8℃,最热的 7 月平均气温 27℃,冬天比欧洲暖和,夏天比欧洲凉爽,是欧洲人心目中的疗养胜地。目前每年有近 30 万外国游客光临,是摩洛哥旅游收入最多的城市。全城近 2 万人从事旅游服务业,几乎每个家庭都与旅游业有关系。

1960 年 2 月 29 日,一场持续仅 15 秒钟的大地震把这座城市彻底摧毁。劫后余生的阿加迪尔人在国内外的支持下,重建了更加美好的家园。20 多年来,兴建了比旧城扩大好几倍的新城,人口增加了十几万。沿着长 9 千米的海岸,高层大厦和别墅小楼错落有致,崭新的阿拉伯式和欧式风格建筑比比皆是,组成了新兴的旅游疗养区。全市共有 34 家饭店、20 所度假村,约 15 000 间客房,可以同时接待 2 万名旅客。

6. 夏都——丹吉尔

摩洛哥北部古城、海港丹吉尔,位于非洲大陆西北角进入直布罗陀海峡的入口处,同欧洲大陆隔海相望,坐落在世界交通的十字路口,战略地位十分重要,历来为兵家争夺之处。丹吉尔城沿海滨山坡而建,风和日丽,一年四季气候温和,白色住宅、绿色山野和蔚蓝大海交相辉映,是一座风光明媚的海滨山城和理想避暑胜地,因而有"夏都"的美誉。每年到访的游客均超过 100 万人次。

丹吉尔是一座历史悠久的古城。据考古学家研究证实,丹吉尔是公元前 2 世纪由腓尼基人所建造,是世界上最古老的城市之一,比意大利的罗马建城还早。丹吉尔过去称为丁吉斯,阿拉伯语称为丹杰,意为"辽阔的海湾"。公元 7 世纪到 15 世纪阿拉伯人来到这里,1471 年葡萄牙占领了这座城市,公元 16 世纪西班牙人挤走了葡萄牙人,100 年后英国人又挤出了西班牙人。到公元 17 世纪末,摩洛哥恢复了自己对丹吉尔的统治。1912 年法国将摩洛哥变为"保护国",在 1923 年变为国际共管区,成为"国际自由城市"。1956 年摩洛哥获得独立,1956 年丹吉尔归入摩洛哥版图,"国际共管"状态被取消,丹吉尔成为摩洛哥领土不可分割的一部分。1962 年,摩洛哥宣布丹吉尔为自由港,1965 年建立自由贸易区。

丹吉尔分为新城和旧城两部分。新城多是欧式建筑,高楼大厦林立,街道宽阔笔直,豪华的宾馆和别致典雅的民宅格外引人注目。条条街道花木争艳,街心公园随处可见,整座城市宛如一片绿色的海洋。旧城区如《一千零一夜》里所描绘的景象:房屋密集,式样千姿百态,街巷交错,满目是店铺、摊点和手工作坊,一天到晚人山人海,喧哗热闹,如果是初访这里,简直如同进入迷宫一般,辨不清东南西北,找不着出口入口。旧城区最繁华的地方是大索科广场,这里历来就是商业广场。广场四周,咖啡馆里散发着浓郁的薄荷香茶的味道,杂货铺里货物琳琅满目,服装店和绸布店更是显得五彩缤纷。

丹吉尔可供游客参观游览的景点很多。坐落在旧城大索科广场附近的西迪·布阿比德清真寺,顶部采用彩色陶瓷砌盖,端庄朴素,宏伟壮观。雄踞在旧城和海港之间的卡斯巴城堡遗址,保存有古代的迎宾厅、清真寺、法庭、苏丹王宫和国库等,是游客必去的地方。苏丹王宫已改建成博物馆,陈列着摩洛哥历代珍贵的艺术品和文物,当年的御座大厅和豪华客厅依然保存完好,富有珍贵的历史文化价值。从海角向南,大西洋海滩绵延 10 多千米,靠近市中心的海湾以及沿海峡南岸往东,游泳场比比皆是。斯帕特尔海角灯塔面对辽阔浩茫的大西洋,塔身高耸,隔很远还能清晰可见,夜间塔顶灯光透亮,来往船只都要据此调整航向,游客也总是以灯塔为背景摄影留念。

课堂讨论题

根据摩洛哥人目前的生活习俗,你认为在接待该国游客时应注意哪些细节?

附录:世界遗产名录(非洲旅游区)(按照自然与文化双重遗产、自然遗产、文化遗产的顺序排列)

一、埃及(7项)

鲸鱼谷(自,2005年)

阿布米奈(文,1979年)

底比斯古城及其墓地(文,1979年)

开罗伊斯兰老城(文,1979年)

孟菲斯及其墓地(文,1979年)

从阿布·辛拜勒到菲莱的努比亚遗址(文,1979年)

圣凯瑟琳地区(文,2002年)

二、南非(8项)

德拉肯斯山脉公园(自文,2000年)

大圣卢西亚湿地公园(自,1999年)

开普植物保护区(自,2004年)

弗里德堡陨石坑(自,2005年)

斯泰克方丹、斯瓦特克朗、克罗姆德拉伊和周围地区的古人类化石遗址(文,1999年,2005年)

罗本岛(文,1999年)

马蓬古布韦文化景观(文,2003年)

里希特斯韦特文化和植物景观(文,2007年)

三、摩洛哥(8项)

非斯的麦地那老城区(文,1981年)

马拉喀什的麦地那老城区(文,1985年)

阿伊特本哈杜筑垒村(文,1987年)

梅克内斯古城(文，1996年)

沃吕比利斯考古遗址(文，1997年)

得土安的麦地那老城区(文，1997年)

索维拉的麦地那老城区(文，2001年)

马扎甘葡萄牙城(杰迪代)(文，2004年)

第五章　北美洲旅游区

【学习目的】

● 了解美国、加拿大、墨西哥的旅游环境及旅游环境与旅游的关系。
● 熟悉美国、加拿大、墨西哥的民俗风情。
● 掌握美国、加拿大、墨西哥著名的旅游城市和旅游景点的基本特征。
● 能够设计经典旅游线路。

【学习内容】

● 美国
● 加拿大
● 墨西哥
● 国情概述；民俗风情；旅游市场；旅游热点。

第一节　北美洲概况

北美旅游区位于西半球大陆北部,北濒北冰洋,东西分别面临辽阔的大西洋和太平洋,南以巴拿马运河同南美旅游区分界。包括加拿大、美国、墨西哥以及中美洲、西印度群岛上的国家,总面积 2422.8 万平方千米。

北美旅游区地形呈明显的三个南北纵列带。西部是高大的科迪勒拉山系(包括东部中山带、中部山间高原带、西部太平洋边缘山地三个部分),国家公园、大峡谷多,山水旅游景观丰富;东部为低缓的山地、高原(包括古老的阿巴拉契亚山地和拉布拉多高原等),自然旅游资源和人文旅游资源兼备。中部是起伏平缓的低高原、平原带,自然旅游资源众多。中美洲和加勒比海地区海岸线漫长曲折,热带海岛多,阳光明媚,碧海银滩,景色迷人,是游泳、日光浴和泛舟的理想之地,是世界上最受欢迎的海滨旅游度假胜地之一。

北美旅游区气候类型多样,拥有从热带到寒带和从大陆东岸到西岸的各种气候类型。由于大部分地区位于温带,气候具有显著的大陆性,以温带大陆性气候为主,生物旅游资源丰富。南部终年适合旅游。北部现代冰川分布广,冰雪旅游景观丰富,是冰雪旅游和探险旅游的最佳去处。

北美旅游区人口约 4.63 亿,但分布很不均衡,绝大部分人口分布在大陆东南部地区,其中以美国大西洋沿岸、五大湖周围、太平洋沿岸和墨西哥城周围,人口密度最大。广大的北部地区和内陆地区人口稀少,有的地方甚至无人居住。民族成分复杂,主要以欧裔白种人为主。土著居民主要是印地安人和因纽特人。

北美旅游区是现代世界资本主义的主要中心之一,是世界经济发展水平最高的地区。北美旅游资源比较丰富,又由于其雄厚的经济基础、完备的旅游基础设施和服务设施。旅游业发达。长期以来,无论是接待国际游客量,还是国际旅游收入,均在世界各旅游区居第二位。美国、加拿大、墨西哥均是 15 大国际旅游接待国和国际旅游收入国之一。美国、加拿大均为 15 个最大国际旅游消费支出国之一。

第二节　美国

一、国情概述

1. 国土疆域

美国(全称美利坚合众国)位于北美旅游区中部,还包括北美旅游区西北端的阿拉斯加和太平洋中部的夏威夷群岛。北与加拿大相邻,南接墨西哥,西濒太平洋,东临大西洋,总面积 937.26 万平方千米,仅次于俄罗斯、加拿大和中国,居世界第 4 位。

2. 人口民族

美国的人口约 3 亿人(2009 年)。美国是移民国家，居民绝大部分是欧洲白色人种移民的后裔，有色人种有黑人、印第安人，此外华人、华侨也较多。美国是个民族成分多元化的国家，素有"民族熔炉"之美称，100 多个民族的人来到美国共同生活，形成了特有的美利坚民族。不同民族不同信仰的居民在友好共处中，又各自保留着自己的传统，使美国的人文景观更加丰富多彩。其中白人约占 84%；黑人约占 13%；亚裔约占 3.3%，其中华人约 164.5 万。印第安人是北美旅游区最早的居民，目前美国有印第安人约 136 万，他们绝大部分都居住在保留地中。官方语言为英语。居民普遍信仰宗教，其中约有 57%的居民信奉基督教新教，28%信奉天主教，2%信奉犹太教，信奉其他宗教的占 4%，不属于任何宗教的占 9%。

3. 发展简史

早在欧洲殖民者踏上美洲大陆之前，印第安人世代繁衍生息在这块土地上。1492 年哥伦布到达美洲后，欧洲殖民主义国家开始不断向北美移民。1733 年，英国在北美东部相继建立了 13 个殖民地。1775 年，这些殖民地的人民发动了反对英国殖民统治的独立战争。1776 年 7 月通过美国宪法，成立联邦共和国。乔治·华盛顿当选为第一任总统。

独立后，美国北方资本主义经济获得了迅速发展，而南方保持了奴隶制农业经济。1861 年反对黑奴制度的林肯就任美国总统，南部发动了叛乱，爆发了南北战争。1865 年战争以北方胜利而告终，从而为资本主义在全国的迅速发展扫清了道路。之后美国资本主义经济得到迅速发展。

美国虽然只有 200 多年的历史，但美国却是一个重视历史、尊重文化遗产的国度，有关历史的遗迹都被精心地保护起来，不但众多的历史文物古迹保存完好，而且建有许多国家历史、文化、艺术、美术、科技博物馆，为旅游业的发展提供了十分有利的条件。

4. 政治经济

美国的首都为华盛顿，国花为玫瑰花，货币为美元。国家政体为联邦总统制，实行立法、司法和行政三权分立，即立法权、行政权和司法权分别由国会、总统和联邦最高法院行使。三个部门行使权力时，彼此互相牵制，以达到权力平衡。国会有立法权，总统对国会通过的法案有权否决，国会又有权在一定条件下推翻总统的否决；总统有权任命高级官员，但须经国会认可，国会有权依法弹劾总统和高级文官；最高法院法官由总统任命并经国会认可，最高法院又可对国会通过的法律以违宪为由宣布无效。总统执掌行政权，既是国家元首，又是政府首脑；总统不对国会负责，直接对选民负责。

美国是一个经济高度发达的国家，国民生产总值长期居世界第一位。美国是世界最大的工业国，具有庞大完整的工业体系，生产能力和出口量都很大。农业高度发达，机械化程度高，粮食总产量约占世界的五分之一，出口量居世界前列。美国拥有完整而便捷的交通运输网络，旅游基础设施完备，旅游业相当发达。

5. 自然风貌

美国本土地形大致可分为东部低山高原区、西部高山高原区和中部平原区。东部低山高原区有古老的拉布拉多高原和阿拉契亚、阿马拉契亚山地，植被茂密，环境清幽；北段为游览和避暑胜地；南段多溶洞景观和急流瀑布风景水体景观，佛罗里达半岛的大沼泽地国家公园里是著名的风景名胜。西部高山高原区，落基山脉、内华达山脉及科罗拉多高原、哥伦比亚高原，山峰高峻、怪石嶙峋、风光壮丽，充满神奇色彩，黄石国家公园、科罗拉多大峡谷等许多举世闻名的旅游胜地分布在这里。西部的太平洋沿岸，海岸曲折萦回，阳光明媚，为理想的观光旅游胜地。中部平原区自然、人文景观丰富。五大湖区风景水体旅游景观丰富，著名的尼亚加拉瀑布每年吸引大量的旅游者。

美国地域广阔，地形复杂，气候类型多样，生物旅游资源丰富，各地的旅游景观各具特色，国家公园分布广，游客可选择的旅游目的地多，全年适宜旅游的时间长。

6. 文化艺术

美国的文学几乎是与美国自由资本主义同时出现的，较少受到封建贵族文化的束缚。美国人民富于民主自由精神，个人主义、个性解放的观念较为强烈，这在文学中有突出的反映。美国又是一个多民族的国家，移民的不断涌入，各自带来了本民族的文化，这决定了美国文学风格的多样性和庞杂性。美国文学发展的过程就是不断吸取、融化各民族文学特点的过程。

美国的美术早期受法国影响很深，没有自己的独立体系。直到20世纪30年代，美国抽象派的出现才产生了美国的独立画派体系。20世纪60年代，"流行艺术"画派风行美国。70年代，"超现实主义"成为美国画坛的主导。进入20世纪80年代，美国画坛各创流派，自成一体，表现的是一幅异彩纷呈的图画。现在美国有570多所艺术院校，上百万专业和业余画家，几乎每一个城市都设有美术馆，其中最著名的是国立美术馆。

美国的音乐是在各种民族音乐的影响下形成和发展的。第二次世界大战后，美国音乐真正进入繁荣时期。目前，美国约有1400个交响乐团，会演奏乐器的人占人口总数的21%，达到5400万人。

美国是世界电影事业的摇篮，也是世界上最著名的电影王国。自19世纪末爱迪生发明摄影机和放映机后，美国就成了电影事业的发祥地之一。好莱坞是美国电影业的中心。20世纪50年代是美国电影的鼎盛时期，平均每年生产电影300部左右。

◇**知识窗**◇

哥伦布日

哥伦布日为每年的10月12日或10月的第二个星期一，以纪念哥伦布首次登上美洲大陆。

克里斯托弗·哥伦布出生于意大利的热那亚。他从小便立志要当一个航海家，作环球航行。19岁时，哥伦布随兄在里斯本定居。当时葡萄牙正试图绕过非洲去印度，但哥伦布认为不必绕过非洲，只要一直向西航行便可到达印度。

1492年8月，年已41岁的哥伦布终于获得西班牙女王伊丽莎白的支持，带领120人分乘三只船离开西班牙，开始向西环球航行。1492年10月12日，经过30多天的航行，他们终于登上了北美巴哈马群岛中的圣萨尔瓦多岛。此后，哥伦布又先后三次航行到美洲沿岸，进行了实地考察。哥伦布成为西方第一个发现美洲新大陆的人。但他至死都把美洲误认作印度，西印度群岛的名称就是由此而来。

哥伦布日是美国于1792年首先发起纪念的。当时正是哥伦布到达美洲300周年纪念日，纽约市坦慕尼协会发起并举办了纪念活动。

1893年，芝加哥举办哥伦布展览会，再次举行了盛大的纪念活动。从此，每年的这一天，美国大多数州都要举行庆祝游行、教堂礼拜和学校活动，以纪念这个具有历史意义的节日。

二、民俗风情

1. 服饰

美国人平时穿着打扮随便，追求舒适，但也讲究礼仪，一般不能穿着背心进入公共场所，更不能穿睡衣出门。

美国人在正式社交场合十分注重穿着。如在政府部门和公司工作的上班族每天均衣冠楚楚，男士西服革履，女士是各式裙装配以淡妆。参加宴会、舞会等社交活动，一定要根据请柬上的服装要求选择好着装，以免失礼。

2. 饮食

美国人用餐一般不求精细，但求快速和方便，因而汉堡包、热狗、馅饼、炸面包圈和肯德基炸鸡等快餐风靡全国，深受美国人喜爱。主食是肉、鱼、菜类，副食是面包、面条、米饭。口味喜清淡、不腻、咸中带甜；不爱吃蒜和过辣食品；不爱吃肥肉、清蒸食品和红烧食品；忌食动物内脏；不喜欢吃蛇一类异常食物。主要饮料是咖啡，其次是茶、可乐、各种果汁等，喝饮料时大都喜欢放冰块。美国人还喜欢喝啤酒、葡萄酒或其他酒类饮品。

美国经典的特色民族风味菜肴有东北部的蛤肉杂烩、宾夕法尼亚州的飞禽肉馅饼、西南部的烤肉排骨、南部的烤玉米粒和夏威夷的"波伊"等。

3. 礼仪

美国人注重社交礼仪。在正式社交场合十分讲究礼节，初次见面，要把客人介绍给主人，把年轻人介绍给长者，把男士介绍给女士，把下级介绍给上级。介绍宾客时，美国人喜欢别人直接叫自己的名字，并视为这是亲切友好的表示，不要在称呼中冠以"先生"、"小姐"、"太太"，也不要用正式的头衔来称呼别人。正式头衔一般只用于法官、军官、医生、教授、宗教界领袖等人物。

介绍之后行握手礼时，应该年长者、女士、上级、主人先伸手。男子同女子握手不可太用力，如女士无握手之意，则男子以点头、鞠躬致意。在握手时要摘下手套并注视对方。与别人握手要依次进行，不可多人交叉握手。

美国人讲究"个人空间"，所以与美国人交谈时不要靠得太近，以50厘米以上为宜。美国人在交谈中不喜欢涉及个人私生活的问题，不要询问对方年龄、家庭状况、婚姻状况、收入、宗教信仰，及对方所买、所用物品的价格和女士体重等。忌称呼长者加"老"；忌说别人"白"、"胖"(美国流行"富黑瘦、穷白胖"的价值观)等。

美国人在公共场合十分注意使用礼貌用语,甚至家庭成员之间也常使用"请""谢谢""对不起"之类的礼貌用语。交谈时举止要文雅,不可以边交谈边抠鼻孔、挖耳朵、随地吐痰等。当不小心与人碰撞时,要说声"Sorry"、"Pardon",以示歉意;在给别人添麻烦或要求别人让道时,说"Excuse me";在别人家中做客时,问候主人的同时也要问候小主人,因为在美国很讲究大人小孩一律平等;在路上、电梯内,与人迎面相遇,美国人的习惯是用目光致意,不可将视线移开,佯做不见,因为美国人只有对他所看不起的人或不顺眼的人才这样做。

在美国,购物、购票、乘车等要自觉排队等候。在社交场合,美国人十分注意"女士优先"原则。入座时应请女士先坐下;进门时,男士应为女士开门;进餐时应请女士先点菜;与女士打招呼时,男士必须起立;告辞时应女士先起身,男士随后。公共场合禁止吸烟,忌大声喧哗。美国人不喜欢随便送礼,只有在朋友生日、结婚时才送上一份具有纪念意义的礼品。没有目的的送礼会使受礼人感到莫名其妙。过节、过生日时通常送贺卡、蛋糕、点心、巧克力、画册等。送礼讲究单数(但不要 3 和 13),以图吉利。送礼讲究包装,受礼者要当场打开,并当面夸奖,表示感谢。

无论约会、做客都要事先安排。做客要准时,既不要迟到,也不要早到,敲门得到主人允许后方可进门。进门后要摘去帽子,先向女主人问好,再向男主人问好。在主人家就餐要格外注意餐桌上的礼节,正确使用餐具。在餐桌上,女主人动手开始就餐后,客人才能用餐。受款待后,要给主人打电话或寄短束,以表谢意。

4. 婚俗

按照传统的婚俗,在正式举行婚礼之前,要举行订婚仪式。在订婚仪式上,男女双方交换订婚戒指,象征双方相互承担的义务和牢不可破的感情。

婚礼仪式一般在教堂举行,但也可以安排在家中或者旅馆的舞厅里。在教堂举行婚礼时,新娘身披雪白的长裙,头戴洁白的面纱。宾客们分别坐在教堂走廊的两侧,女宾坐右侧,男宾坐左侧,女宾前面是新郎的父母,男宾前面是新娘的父母。婚礼开始时,新娘挽着其父的手臂,缓缓通过走廊向圣坛走去。新娘的父亲把新娘带上圣坛,便把她交给着深色礼服的新郎。接着,新郎在左,新娘在右,面对牧师站好,由牧师为其举行传统的仪式。牧师将结婚戒指戴在新娘的左手无名指上,并郑重宣布俩人结为夫妻。仪式结束,新郎新娘手挽手在音乐声中步出教堂,参加婚礼的人们纷纷向他们抛撒玫瑰花瓣和五彩纸屑,向他们祝福。

婚礼结束后,按照习惯,婚宴由女方家里举办,其丰盛程度,取决于女方家庭的经济状况。婚宴的高潮是切蛋糕。新郎新娘共握一把刀把蛋糕切开,二人先各吃一片,然后再分给所有的来宾。有时还要给没来的朋友留下几块蛋糕。婚宴结束时,人们欢送新郎新娘去度蜜月。

5. 禁忌

美国人忌讳数字 3 和 13,"13 日星期五"也被认为是不吉利的日子;忌讳黑色,黑猫图案、蝙蝠图案;送礼忌讳双数;忌讳打破镜子,认为打破镜子预兆大病和死亡;忌讳走路时踏得啪啪作响,此举被认为是在诅咒自己的母亲;忌讳用一根火柴为 3 个人点烟。

三、旅游市场

美国经济实力雄厚，科学技术先进，旅游交通便利，服务设施完善，管理水平较高，旅游资源丰富，客源市场稳定，旅游业发达。

美国旅游资源丰富多样。自然旅游资源千姿百态，黄石公园、大峡谷、猛犸洞穴、夏威夷火山国家公园和尼亚加拉瀑布、华基基海滩等迷人的山色、湖光、悬崖、峡谷、瀑布、海滩，可为人们提供观光、度假、疗养等各种旅游活动。人文旅游资源丰富多彩，古今名胜、文化艺术、游乐园、博物馆、繁华都市遍布全国。纽约自由女神像的庄严、大都会艺术博物馆的豪华、影城好莱坞的浪漫、迪尼斯的欢乐、纽约的繁华和少数民族的民俗风情等深深地吸引着游人。美国已成为世界最发达的旅游国，是世界最大的国际旅游客源地和接待地，在全部旅游收入中，有约 70%来自国内旅游，国内旅游仍是旅游业的主要收入来源。国际旅游收入、国际旅游接待量和国际旅游消费水平均居世界前列。美国公民主要旅游目的国是加拿大、墨西哥及西欧、东北亚、东南亚、北非一些国家，主要旅游客源国是加拿大、墨西哥、日本、法国、德国、英国、西班牙、葡萄牙、意大利、荷兰、韩国、澳大利亚等。美国是中国第四大客源国。2010 年，美国公民来华旅游人数达 200.96 万人，同比增长 17.53%，是我国第四位客源国。

入境方式以飞机为主。中国公民赴美国旅游的人数也在逐年增加。美国已形成以下三大都市旅游带的发展格局：以纽约为中心的波士顿—华盛顿大都市旅游带(分布于美国东北部大西洋沿岸平原)、以芝加哥为中心的芝加哥—匹滋堡都市旅游带(分布于美国中部五大湖沿岸地区)、以洛杉矶为中心的圣地亚哥—旧金山城市群(分布于美国西南部太平洋沿岸)。三大都市旅游带具有发展国际间联系的区位优势，具有发达的区域性基础设施网络，一般都拥有大的港口，沿长轴呈带状拓展。

2008 年共接待国际游客 2530 万人次，旅游收入居世界第一。

四、旅游热点

美国的自然、人文旅游资源丰富，有 40 多处国家公园、80 多处国家名胜和 10 多个著名的旅游城市。险峻奇绝的壮丽峡谷、绚丽多姿的文化艺术、明媚秀丽的银色海滩、美妙绝伦的现代建筑和古朴典雅的名胜古迹，无一不具有难以抗拒的诱惑力，吸引着世界各地的旅游者慕名而来。

(一)华盛顿

华盛顿哥伦比亚特区(Washington，District of Columnar)是美国的首都，是政治、文化、教育中心，是世界上少有的专门为政府驻地和国际会议所建的首都城市之一。有各种纪念堂、纪念碑、圣像等 300 多处。以华盛顿纪念塔、林肯和杰弗逊纪念堂、华盛顿国家教堂等最著名。还有国会图书馆、国立博物馆、国立美术馆、国会大厦、白宫、五角大楼、乔治·华盛顿大学和乔治敦大学等，乔治华盛顿的博物馆之多堪称世界之最，不过华盛顿最多的建筑还是教堂。华盛顿是一座精美绝伦的建筑和艺术宝库，被称为"建筑艺术博物馆"。

1. 华盛顿纪念碑

华盛顿纪念碑位于华盛顿市中心的中央大草坪，在国会大厦、林肯纪念堂的轴线上，是一座大理石方尖碑，高169米。华盛顿特区有明文规定，特区内任何建筑都不得超过它的高度。华盛顿纪念碑是为纪念美国首任总统乔治·华盛顿而建造的。

2. 国会大厦

国会大厦是美国参、众两院构成的国会举行会议的地方，坐落在华盛顿市中心东部隆起的丘陵上，通称国会山。它是一座乳白色的巨大建筑，正前方有华盛顿的塑像，中部为圆穹形大屋顶，圆顶上竖立自由神像；南北两翼的副楼与圆顶主楼相连，南翼是众议院，北翼是参议院。国会大厦内天花板与墙壁上绘满了以建国史为题材的壁画。国会大厦现已成为华盛顿的象征。

3. 白宫

白宫是美国总统府所在地，坐落在首都华盛顿中心区宾夕法尼亚大街1600号。这是一栋别具匠心的建筑，始建于1792年，建成于1800年。它是根据18世纪末英国乡间别墅风格设计的，全部采用石灰石建成，外涂白色油漆，故称白宫。占地面积7.3万平方米，主楼高26米，宽52米，共计3层，有东西翼楼，共有130多个厅室。主楼包括总统家庭住房、外交接待大厅、图书馆、地图室、国家宴会厅、家庭餐厅、东大厅、绿厅、蓝厅、红厅。两翼为办公区，椭圆形办公室在西翼。白宫里收藏着大量精美的金银器和瓷器。

白宫是世界上唯一定期向公众开放的国家元首的官邸，因而吸引了大批的游客，每年来此参观的人数达200万人次。

(二)纽约

纽约是美国最大最繁华的城市，也是最大的经济、金融、商业、文化中心和联合国总部所在地。位于美国东北部，哈得逊河注入大西洋的河口处。全市由曼哈顿、布朗克斯、布鲁克林、昆斯和里士满5个区组成，还包括自由岛、埃利斯岛、加弗纳斯岛、罗斯福岛等小岛。

纽约市旅游资源丰富，有高耸入云的摩天大楼，众多的博物馆、公园、游乐场、海滩疗养地、剧院、歌剧院、音乐厅、画廊等。其中著名的景点有自由女神像、金融王国华尔街、美国最大的大都会艺术博物馆、林肯现代艺术表演中心、联合国总部、中央公园、大都会歌剧院、大都会艺术博物馆、时代广场等。

1. 自由女神像

自由女神像耸立在美国纽约港入口处的自由岛上，是法国人民在美国建国100周年之际，作为赠送美国的一件隆重礼物。自由女神像的外观设计令人叫绝。女神像高46

米，底座高 45 米，是当时世界上独一无二的、最高的人造纪念性建筑。女神头戴金光四射的皇冠，右手高举着象征自由的火炬，左臂弯曲抱着一本象征法律的书板，上面刻着美国《独立宣言》发表的日期 1776 年 7 月 4 日，女神脚下散落着被挣断的锁链。她那冷峻逼视的目光十分夺人，尽显巾帼英雄的气概，而她那丰盈潇洒的体态又十分动人，再现了古希腊美女的贤淑。内部设计也别具匠心，观光者可以从纪念碑内部乘电梯直达基座顶端，然后从女神像内部的环形旋梯攀登而上，经过 171 个阶梯后到达铜像顶端皇冠的观景台，四面开有 25 个小窗口，凭窗可以远眺纽约城。夜间在灯光照射下的自由女神像，更加壮美，令人难忘。

女神像的正式名称是"照耀世界的自由女神"，她历来被认为是美利坚民族的标志和美国千百万移民的希望与新生活的象征。在雕像的基座上铸刻着犹太女诗人拉扎鲁斯的十四行诗《新巨人》的诗句："把这些无家可归、流离颠沛的人交给我，我在这金色的大门口高举着明灯。"这是美国人民长期向往的美好目标。

2. 中央公园

中央公园号称美国纽约的"后花园"，是纽约市一块完全人造的景观，每天有数以千计的市民与游客在此从事各项活动。1857 年纽约市的决策者就为这座城市预留了公众使用的绿地，为工作忙碌紧张的居民提供一个悠闲的场所。公园四季皆美，春天嫣红嫩绿，夏天阳光璀璨，秋天枫红似火，冬天银白萧索。

（三）洛杉矶

洛杉矶位于加利福尼亚州西南部，太平洋东侧的圣佩德罗湾和圣莫尼卡湾沿岸，为美国第二大城市。市区以其地形及区域特性，分为城中区、好莱坞区、戏曲区、海岸区以及谷地区等五大地区，这五个不同的地区与自然、人文景观组成了洛杉矶多元化的文化风貌特色。洛杉矶有加利福尼亚大学洛杉矶分校、南加利福尼亚大学和加利福尼亚理工学院等著名高等学府。洛杉矶公共图书馆藏书量居全国第三位。大型体育场有可容纳9.2 万名观众，1984 年第 23 届奥运会在此举行。市内有 210 个公园和众多的游乐休息场所。

洛杉矶不仅是美国西部的文化教育中心，也是旅游中心。这里有美国最大的城市公园格里菲斯公园、世界闻名的迪斯尼游乐中心、世界闻名的好莱坞环球影城和阳光明媚的海滩等旅游景点，全年皆适宜旅游，夏天为最佳旅游时节。

1. 格里菲斯公园

格里菲斯公园是全美最大的城市公园，也是洛杉矶地区最大的公园。位于好莱坞以北，面积 1600 万平方米。园内山上的好莱坞巨型英文标牌，每个标牌有五层楼高，世界著名。园内还有高尔夫球场及网球场、骑马道、格里菲斯、天文台、希腊剧院、动物园等。

2. 迪斯尼乐园

迪斯尼乐园位于洛杉矶市区东南部，是世界上最大的综合游乐场，被誉为"现代游乐场所的奇迹"、"儿童心目中的天堂"。1955 年，美国动画片大师沃尔特·迪斯尼在洛杉矶附近创办了第一座迪斯尼游乐园。

迪斯尼乐园是一座主题游乐公园，主要有美国大道、冒险乐园、新奥尔良广场、动物王国、拓荒乐园、米奇卡通城、梦幻乐团、未来世界八个主题公园。从几千年前的古代社会直到人类所能想像的未来世界，应有尽有。天上海中，国内域外，远古未来，任游客选择，不管游客走到哪里，都有身临其境的感觉。童话故事中的米老鼠、唐老鸭、白雪公主活灵活现，引人入胜。中央大街上有优雅的老式马车、古色古香的店铺和餐厅茶室等；走在迪斯尼世界中，还经常会碰到一些演员扮成的米老鼠、唐老鸭、白雪公主和七个小矮人。游客来此还可以到附近的海滩游泳、滑冰、驾帆船，到深海捕鱼，乘气球升空，或是参观附近的名胜古迹。

3. 好莱坞环球影城

好莱坞环球影城位于市区西北郊。20 世纪初，电影制片商在此发现理想的拍片自然环境，便陆续集中到此，使这一块土地逐渐成为世界闻名的影城。影城内分 3 个区，分别为电车之旅、影城中心、娱乐中心。区内名胜有"好莱坞碗"(天然圆形剧场)、"朝圣者"圆形剧场、希腊剧院、中国剧院、加利福尼亚艺术俱乐部等。许多新、老影星居住在附近的贝弗利山上。

(四)大峡谷国家公园

美国大峡谷是一个举世闻名的自然奇观，位于西部亚利桑那州西北部。由于科罗拉多河穿流其中，故又名科罗拉多大峡谷。1919 年建立大峡谷国家公园，1979 年被联合国教科文组织列入《世界遗产名录》。

科罗拉多大峡谷的形状极不规则，大致呈东西走向，总长 349 千米，蜿蜒曲折，像一条桀骜不驯的巨蟒，匍伏于凯巴布高原之上。大峡谷大致上可分为三个区：南缘(South Rim)、北缘(North Rim)和谷底(Inner Gorge)。峡谷两岸北高南低，平均谷深 1600 米，谷底宽度 762 米，最窄处仅约 100 米。科罗拉多河在谷底汹涌向前，形成两山壁立，一水中流的壮观。峡谷两岸悬崖峭壁，岩层嶙峋，十分壮观，为世界奇观之一。大峡谷的岩石包括砂岩、页岩、石灰岩、板岩和火山岩。这些岩石质地不一，因太阳光线的强弱不同，在不同的时间会呈现出紫、蓝、橙、红不同的色彩，为神奇的大峡谷增添了神秘的色彩。

大峡谷不仅景色奇异，而且野生动物十分丰富，有 200 多种鸟禽、60 种哺乳动物和15 种爬行动物及两栖动物在此生息。1903 年美国总统西奥多·罗斯福来此游览时，曾感叹地说："大峡谷使我充满了敬畏，它无可比拟，无法形容，在这辽阔的世界上，绝无仅有。"

大峡谷国家公园每年接待 300 多万名游客。游人可步行或骑上驴子，循小径深入谷底寻幽探险，或乘坐皮筏在科罗拉多河的急流险滩上亲历惊险的乐趣，或者坐上观景航班飞机，从空中俯瞰大峡谷的雄姿。

(五)黄石国家公园

黄石国家公园地处怀俄明州西北角,并延伸至爱达荷与蒙大拿两个州,公园长约 168 千米,宽 142 千米,面积达 9000 多平方千米。园内的几个重要游览区由一条长达 390 千米的环山公路连接起来。要想饱览此园风光,需耗时 1 个月,即使走马观花也得 1 周时间。黄石公园建于 1872 年,是美国第一个、也是世界上第一个由政府主持开辟的国家公园。1978 年被列入《世界遗产目录》,1995 年被列入《受到威胁的世界遗产名录》。

黄石国家公园自然景观丰富多样,富有山色、湖光、悬崖、峡谷、喷泉、瀑布及各种各样的野生动植物,构成大自然的奇特景观,在公园里人们可以感受到多姿多彩的奇美景色和人与大自然之间的和谐关系。公园里有黄石大峡谷、化石森林、黄石湖、黄石大瀑布、众多的间歇泉的和温泉等等。其中最使游客感兴趣的是 300 多处的温泉、喷泉和一座座泥火山构成的享誉世界的独特地热奇观。山谷里,温热的泉水喷涌而出,时疾时息,极富特色,形成自然界中的一大奇观。在数不胜数的大小喷泉中,以老忠实喷泉最为著名。它每隔 61～67 分钟喷出一次,每次历时约 4 分钟。温泉中,最驰名的要数曼摩斯温泉。它日夜不息地涌流,温度高达 71℃。它的沉淀物冷却后形成白色的结晶体,像大理石一样晶莹洁净。

黄石国家公园还有一个引人注目的地方,那就是位于公园中心的黄石湖。它是美国最大的山湖,又是密西西比河的发源地。黄石湖水清澈见底,湖水经过一个缺口流入黄石大峡谷,呼啸而下,形成著名的黄石大瀑布。

黄石国家公园以熊为象征。园内约有 200 多头黑熊,100 多头灰熊,在路边常常可以看到一只大熊带着一两只小熊,阻住游人的汽车"伸手"乞食,那种滑稽的样子,煞是逗人爱怜。可惜的是,熊的数量日渐减少,政府不得不采取措施对它们严加保护。此外,园内还有各种野生动物,如角鹿、麋鹿和野牛等。据统计有 1 万多头大角鹿、1000 多头麋鹿、600 多头野牛。较小的飞禽走兽,更是种类繁多,处处可见,给游客增添了不少情趣。

(六)尼亚加拉大瀑布

尼亚加拉大瀑布被称为世界著名七大奇景之一,以它那丰沛而浩瀚的水势和磅礴的气势,位列世界三大瀑布之中。

尼亚加拉大瀑布位于加拿大和美国交界的尼亚加拉河上,地处纽约州西北部,由两个主流汇合而成,一是美国境内 300 米宽的"美国瀑布",一是横介于美国、加拿大两国边境的"马蹄瀑布"。"马蹄瀑布"瀑宽约 675 米,落差 56 米,水流垂直而下,水声震耳欲聋。登上观景台观看,世界上最壮观的马蹄形大瀑布尽现在游人眼前,其气势比亚美利加瀑布还大。当阳光灿烂时,在大瀑布的水花中便会升起一道七色彩虹。"美国瀑布",很像新娘的婚纱,因此又称"婚纱瀑布"。它宽 320 米,落差 58 米。由于跌落层是凹凸不平的岩石,因此水流呈漩涡状落下。这两个瀑布奔腾交织在一起,流入安大略湖。

(七)夏威夷火山国家公园

夏威夷火山国家公园坐落在美国夏威夷岛东南沿岸的火山区内,1961 年被辟为国家公园,1980 年被联合国教科文组织列为"生物圈保护区",1987 年被列入《世界遗产名录》。该公园中最著名的活火山是冒纳罗亚火山(海拔 4200 米)和基拉韦厄火山(海拔 3300 米),汹涌澎湃的火山熔岩,是夏威夷火山国家公园最独特的景观。夏威夷群岛地处热带,瓦湖岛有环岛沙滩,是世界驰名的海滨度假胜地和海滩运动场。

夏威夷火山国家公园内还有热带鸟类、雉、鹌鹑、狐猿、野山羊、野猪。公园内各种热带作物生长茂盛,热带雨林的主要树种有桉树、棕榈和松木等,也有不少经济林木如橡胶、可可树和椰树等。此外还生长着经济价值很高的其他热带植物,有甘蔗、菠萝、香蕉、番石榴等。公园以良好的设施每年接待约 200 万名游客。夏季、圣诞节和复活节是旅游旺季。

(八)拉什莫尔山四巨头

全美闻名的拉什莫尔山耸立在南达科他州巴登兰以西不远的地方,山上雕刻着美国四位著名总统的巨大头像。这四位总统是:开国元勋华盛顿、《独立宣言》的起草者杰佛逊、奠定 20 世纪美国之基础的西奥多·罗斯福和解放黑奴的领导者林肯。这四尊巨人头像与山峰浑然一体,石像的面部高达 18 米,仅鼻子长就有 6 米。华盛顿像是一座胸像,其余三人都是头像。这部艺术杰作出自美国艺术家夏兹昂·波格隆之手。始建于 1927 年 8 月,完工于 1941 年底。

为了表示对四位总统的崇敬之情,拉什莫尔山禁止游人攀登。在山脚下设有观瞻中心,上午阳光洒满山峰时是瞻仰巨像的最好时机。每年的 6—9 月,这里还备有照明设备,即使在夜间也能真切地欣赏这一艺术杰作。

(九)圆顶体育馆

现代化大型圆顶体育馆位于休斯敦西部,是一座名扬海内外的大型体育馆。浑圆的屋顶掩映在一片绿荫之中,内部有庞大和高度现代化的设备。共耗资 3100 万美元,于 1965 年建成并对外开放。它的外围直径达 216 米,跨距为 195 米,有棒球场、足球场、篮球场等多种规模宏大的运动场地,有的球场观众席位达 66 000 个之多,拥有世界上最大的记分牌,是世界上第一个装有全套空调设备的运动场所,并配有现代化的音响设备,是建筑工程学上的一个奇迹,是世界体育馆中的佼佼者。

(十)猛犸洞穴国家公园

猛犸洞穴国家公园内有世界最大的溶洞群,洞穴分布在 5 个不同高度的地层内,总长度达 241 千米,其中最低一层的洞穴低于地面 110 米。洞内钟乳多姿,石笋林立,造型神奇,任人遐想。洞内还有 2 个湖、3 条河和 8 处瀑布,游人可乘船在地下河中游览。

◇知识窗◇

美国旅游须知

美国本土大部分地区位于暖温带和亚热带,气候适中,降雨丰富,但由于美国本土范围辽阔,地形多样,故气候变化复杂,东西差异较大。东北部和五大湖区属于大陆性气候，类似中国的北方，冬季较长且寒冷干燥，夏季温暖，昼夜温差不大；东南部和墨西哥湾沿岸地带属亚热带气候，有时会有骤雨，但马上会雨过天晴；中部内陆地区冬季寒冷多雪，夏季炎热干燥；西部沿太平洋地带北段属温带海洋性气候，南段属地中海式气候，尤其是加利福尼亚洲以阳光灿烂著称。前往美国旅游携带的衣物以轻便、舒适、保暖为主。

美国海关检查非常严格，严禁携带水果、肉类、动植物和违禁品，携带超额货币一万美元以上必须申报，人民币不能在美国兑换美元，建议前往美国的旅客以携带美元为主。

美国东岸比北京时间慢 13 小时，4 月至 9 月美国实行夏令时，期间慢 12 小时；西岸比北京时间慢 16 小时，4 至 9 月美国实行夏令时，期间慢 15 小时；夏威夷比北京时间慢 18 小时。抵达美国后请校对手表，以免误时而影响行程。

美国各地的电压为 110V，50He，中国电器不适用(电压可转换的剃须刀除外)。美国自来水可以安全饮用，但水龙头热水不可饮用。美国的酒店一般不提供热开水，一般无牙刷、拖鞋。紧急电话(救生、消防、警察、医院)是 911。

美国服务业工作人员均以小费为生，按当地习俗每位游客每天要付饭店打扫卫生人员 1 美元小费，需付司机及地陪(当地导游)每人每天各 2 美元小费。

美国所有的国际及国内航班都严格禁烟，违例者将被重罚；在公共场所请不要随地吐痰、丢杂物和烟头等；任何场合都不宜旁若无人地高声说话和喧哗，更不要争先恐后地上车、购物和出入场等。

课堂讨论题

中国有一旅游团，打算去美国旅游。请你设计美国"十日精品游"旅游线路。

第三节 加拿大

一、国情概述

1. 国土疆域

加拿大位于北美旅游区北部，东濒大西洋，西临太平洋，南接美国，北靠北冰洋，西北与美国的阿拉斯加州接壤，东北隔巴芬湾与格陵兰岛相望。大陆和沿海岛屿海岸线长 24.4 万 km，是世界上海岸线最长的国家。总面积 997 万平方千米。

2. 人口民族

加拿大的总人口为 3415 万(2010 年)。加拿大是移民国家，民族成分极其复杂。加拿大居民中英裔约占 42%，法裔约占 27%，其次是意大利、德国、乌克兰等欧洲人的后裔。土著印第安人和因纽特人、米提人约占 3%，现有华人约 120 万。全国 2/5 的人口集中在魁北克和安大略两省,全国大部分地区无人定居。城市人口约占总人口的 77%。

加拿大具有英、法两种主要文化传统,英语和法语同为官方语言。全国居民中,有 2/3 的人使用英语,1/4 的人使用法语,来自各国移民的后裔通常使用本民族的语言。

居民普遍信仰宗教,其中信奉罗马天主教的占总人口的 47.3%,基督教新教占 41.2%,东正教占 1.4%,犹太教占 1.2%。加拿大有 7.4% 的人不信教。

3. 发展简史

加拿大原为印第安人和因纽特人的居住地。16 世纪后,法、英殖民主义者先后侵入。1756 年至 1763 年爆发英法战争,法国战败,加拿大成为英国的殖民地。18 世纪末,加拿大发生争取独立的运动,1867 年英国被迫允许建立加拿大自治领。1926 年加拿大获得外交上的独立。1931 年的有关法案进一步确定了自治领与英的关系为"平等地位,不再互相隶属"。加拿大现仍为"英联邦"成员国。

4. 政治经济

加拿大的首都为渥太华,国花为枫叶,货币为加元,国家政体为联邦议会制。政体由立法机构、行政机构和司法机构组成。英国女王是加拿大的国家元首。加拿大实行"三权分立",立法机构由加拿大议会包括英女王及其代表——总督、上议院和下议院组成;行政机构由总理及其内阁组成;司法机构由加拿大最高法院及其附属机构组成。

加拿大是西方七大工业化国家之一。制造业和高科技产业较发达,资源工业、初级制造业和农业也是国民经济的主要支柱。加拿大以贸易立国,对外资、外贸依赖很大,经济上受美国经济影响较深。

加拿大是一个农业高度发达的国家,也是世界上最大的粮食生产国之一,粮食产量仅次于美国、中国和印度,居世界第四位。但按人口平均的粮食产量,名列世界各国之首,是世界上最大的渔产品出口国。

加拿大工业发达,在原子能和水力发电、通信和空间技术、石油化工、地球物理勘探、纸浆造纸、客运车辆制造等方面拥有先进技术和设备。

加拿大工业以采矿业、能源工业和制造业为主要部门。加拿大的采矿业生产仅次于美、俄,居世界第三位。其中以石油、天然气开采居首位,其次是有色金属。

加拿大交通运输业十分发达,已建起由铁路、公路、水运、航空和管道 5 个部门组成的现代化交通运输网络,旅游交通便利。

加拿大已成为当前世界上主要的贸易国家之一,出口占 GDP 的比重高达 40% 以上,是一个贸易型国家。主要贸易对象是美国、日本和英国。但对国外市场尤其是美国市场依赖程度较强。

加拿大旅游业十分发达。旅游收入约占国内生产总值的 2%,直接从事旅游服务业的人数近 60 万人。主要旅游城市有温哥华、渥太华、多伦多、蒙特利尔、魁北克市等。

5. 自然风貌

加拿大地形大致分为三部分:西部是科迪勒拉山系,由海岸山脉、落基山脉和马更些山脉组成,山脉间有育空高原和不列颠哥伦比亚高原,山地雄伟挺拔,山岳风光迷人;

东部是古老的拉布拉多高原，高原景观丰富；中部是广阔的平原，冰迹湖广布，五大湖区瀑布等风景水体景观十分著名。

加拿大位于北半球中高纬度地区，全国有 1/5 的地区在北极圈内，寒冷是气候的突出特点。冬季全国大部分地区有积雪，冰雪旅游资源十分丰富。

到加拿大旅游的最佳季节是 5 月到 10 月，在这段时间内可以体会加拿大独特的清凉夏季和枫叶般艳红的秋天。

6. 文化艺术

加拿大文学分法语文学和英语文学。法语文学主要指法裔移民的集中居住地魁北克文学，包括少量散布各地用法语创作的文学作品。20 世纪以来，加拿大法语文学扭转了 19 世纪对法国文学模仿的倾向，开始形成本民族的文学体系和风格。著名法语文学诗人有：圣德尼·加尔诺、阿兰·格朗布瓦、丽娜·拉尼埃和安娜·埃贝尔。20 世纪 60 年代法语文学呈现新的繁荣景象。20 世纪 80 年代以来，在法国文学的影响下，出现了一批说唱诗人，它的代表人物是弗利克斯·勒克莱尔。英语文学产生于 1749 年，第二次世界大战后又深受美国文学的影响。诗歌流于口语化，小说"意识流"手法的写作开始问世。20 世纪 60 年代后期，加拿大英语文学以本民族的神话和历史传说为题材的作品增多，并趋于诗化。

加拿大戏剧以其创新精神和对新的表现形式的探索而著称，同时，加拿大的戏剧又能完美地反映出这个国家文化的多样性。近年来，米歇尔·特莱姆布莱所创作的魁北克剧受到了越来越多人的欢迎，这些剧作已被翻译成 20 多种语言。

从标志着加拿大绘画艺术开端的考奈路斯·克伊埃高夫的风景画和西奥法尔·海梅尔的肖像画，到米歇尔·斯诺创作出的结合多种学科技术的作品，绘画艺术在加拿大经历了许多发展变化，而这些也正是加拿大社会所大致经历的发展变化。目前，加拿大画坛人才济济、新秀辈出，展览馆、美术馆、各种画廊遍布全国各地，国内外艺术交流活动日益频繁。加拿大画坛正进入一个空前的繁荣时期，蒙特利尔、多伦多成为全国的艺术中心。

音乐在加拿大一直占据着突出的地位。加拿大人超越了民族和文化的限制，创造出闻名于世的音乐成就。布莱恩·亚当斯、席琳·狄昂和莱昂纳多·科恩都广受世界各地摇滚歌迷的欢迎，而丹尼尔·拉弗尔则赢得了全球法语听众的热爱。加拿大有一年一度的世界著名的蒙特利尔爵士音乐节，UZEB 爵士乐队已经跻身于世界最著名的爵士乐队之林，奥斯卡·彼得森也成为世界上最伟大的爵士乐歌手之一。古典音乐在加拿大也深受喜爱，许多城市都拥有自己的交响乐团。蒙特利尔交响乐团是加拿大最著名的交响乐团，在查尔斯·杜托伊特执棒下，夺得了众多的奖项和称号。格兰·高多是加拿大最优秀的古典音乐演奏家。

电影在加拿大虽然是一种相对年轻的艺术，但是近几年来，加拿大拍摄出了一些思想深刻的影片，如《赤裸的午餐》、《美洲帝国的衰落》、《蒙特利尔的耶稣》、《安尼·特利斯特》、《里奥罗》和《动物园之夜》等，都受到了全世界观众的欢迎。加拿大动画片《种树的男人》曾在 1987 年荣获奥斯卡大奖。

◇**知识窗**◇

郁金香节的来历

荷兰是郁金香的国度，郁金香是荷兰的国花。而加拿大的首都渥太华却被誉为"郁金香之都"，每年举行盛大的郁金香节。其实它们之间有着一段传奇般的历史渊源。

二战期间，荷兰被法西斯德国占领。荷兰王室朱莉安娜公主一家来到加拿大的首都渥太华避难。1943 年 1 月，朱莉安娜公主怀胎十月，即将临产。加拿大法律规定，凡出生在加拿大境内的人，生下来自动成为加拿大的落地公民，而荷兰王室的不成文规定却不允许王室成员成为外国公民。一时之间，两国政府遇到了前所未有的难题。加拿大政府终于破例通过了一项法案，把渥太华市民医院的一间产房临时划归荷兰政府所有，从此播下了加荷人民特殊友谊的种子。1945 年春天，加拿大军队从意大利转战荷兰，相继打下了海牙、鹿特丹和阿姆斯特丹等主要城市，并于 5 月 5 日赢得了荷兰的解放战争，5 月 6 日，加拿大部队代表盟军在荷兰接受了德国的投降。五月中旬，朱莉安娜公主终于回到了阔别多年的祖国。庆祝胜利之时，正值郁金香盛开之际。荷兰政府当即决定送给加拿大 10 万株郁金香，以表达他们对加拿大将士为荷兰英勇作战的崇敬以及对加拿大人民热情接待荷兰王储的的衷心感激。

1948 年，朱莉安娜公主荣登王位，她下令从此开始每年赠送加拿大渥太华一万株郁金香。渥太华为了答谢荷兰女王的好意，从 1951 年起开始举办每年一度的郁金香节。1995 年，渥太华的郁金香节升格为加拿大郁金香节。

二、民俗风情

1. 服饰

加拿大人的穿衣习惯与其他西方人相同。在正式的场合，如上班、去教堂、赴宴、观看表演等，都要穿着整齐，男子一般穿西装，女子一般为裙服。女子的服装一般比较考究，款式要新颖、颜色要协调、舒适方便，但不太注重面料。在非正式场合，加拿大人穿着比较随便，夹克衫、圆领衫、便装裤随处可见。

2. 饮食

加拿大人的饮食习惯也是一日三餐。早餐最简单，早餐的食品通常是烤面包、鸡蛋、咸肉和饮料。午餐食品也很简单，通常是三明治面包、饮料和水果。晚餐是一天中最丰富的正餐，全家人团聚，共进晚餐。正规的晚餐主食有鸡、牛肉、鱼或猪排，加上土豆、胡萝卜、豆角等蔬菜和面包、牛奶、饮料等。习惯在饭后吃水果和喝咖啡。在加拿大人的饮食结构中，肉类和蔬菜的消费比重较大，面包消费量较少。

加拿大的餐馆有正式餐馆和快餐店两类。正式餐馆由顾客点菜，就餐后要付小费。各类快餐店遍布全国，超级市场、购物中心都设有快餐部，公园或街道两旁还设有快餐车。在快餐店(部)就餐一般不用付小费。

加拿大人的饮食嗜好有如下特点：讲究菜肴的营养和质量，注重菜肴的鲜和嫩。口味偏爱甜味，一般不喜太咸。主食以米饭为主。喜食牛肉、鸡、鸡蛋、沙丁鱼、野味菜、西红柿、洋葱、青菜、土豆、黄瓜等，调料爱用蕃茄酱、盐、黄油等。对煎、烤、炸等烹调方法制作的菜肴偏爱。喜食中餐，尤其是苏菜、沪菜、鲁菜。喜欢饮酒，尤爱喝白兰地、香槟酒；对饮料中的咖啡和红茶也很感兴趣。喜欢水果，特别爱吃柠檬、荔枝、番石榴、香蕉、苹果和山东的烟台梨等，干果喜欢松子、葡萄干、花生米等。忌吃动物内脏和脚爪，不爱吃辣味菜肴。

3. 礼仪

加拿大人朴实、随和、友善，很易于接近，熟人见面喜欢直呼其名，握手拥抱。在正式的社交场合则十分注重礼节。首先按照西方的介绍礼节，把男士介绍给女士，把年轻者介绍给年长者，把地位低的人介绍给职位高的人。在行握手礼时，应由女士、年长者、职位高的人先伸手。落座后交谈时，要选择大家共同感兴趣的话题，找不到话题就谈天气。加拿大喜欢谈政治，特别是本国政治。在交谈中切忌涉及私人生活和隐私，不要询问年龄、工资收入、家庭状况、婚姻状况和女士体重等话题。

加拿大人热情好客。亲朋好友之间请吃饭一般在家里而不去餐馆，认为这样更友好。到加拿大人家中做客，要事先有约或受到邀请。应邀做客，特别是赴宴，应稍许晚到一会，不要提前到达。宴请通常采用"自助餐"或"冷餐会"形式。由主人把饭菜全部摆在桌上后，客人自己动手盛取自己喜欢吃的食品，自找座位或站着用餐，边吃边谈。去赴宴、做客时一般要带瓶酒或一盒糖，或是给女主人和孩子带些小礼品。赴宴的第二天，客人要给女主人写封信，表示感谢。

加拿大人送礼讲究包装，一般都要用彩色礼品纸包好，并扎上彩带、彩花等装饰品。礼品一定要当面打开，不论礼品大小、贵贱，都应对送礼者表示感谢。

加拿大人十分注重公众场合的文明礼貌。在教堂做礼拜时，要穿着整齐，不随便说话、吃东西、出入。在影剧院看戏、听音乐会，要衣着整齐，同时还要在开演前入座，迟到被认为是一种不礼貌的行为。

在街道上散步，若看到"私人财产，请勿穿越"或"请勿入内"牌子的地方，应绕道而行。

4. 婚俗

加拿大人结婚一般都采用宗教仪式，在登记结婚后，婚礼大都在教堂举行。教堂的婚礼结束后也要举行婚宴，婚宴行将结束时，两位新人在亲人的欢送声中去度蜜月。而印第安人、因纽特人的婚礼则带有浓厚的民族色彩。大部分印第安人在本民族内部通婚并保持传统的风俗。北部的因纽特人至今流行着"抢亲"的古老习俗。

5. 禁忌

加拿大人大多数信奉新教和罗马天主教，少数人信奉犹太教和东正教。忌讳"13"、"星期五"。忌讳白色的百合花。在家中吃饭时，不能说使人悲伤的事，也不能谈与死亡有关的事。在家中不能吹口哨，不能呼唤死神，不能讲事故之类的事。忌讳说"老"字，年纪大的人被称为"高龄公民"，养老院被称为"保育院"。

加拿大人不喜欢外来人把他们的国家和美国进行比较，尤其是拿美国的优越方面与他们相比，更是令人不能接受。

加拿大人忌吃虾酱、鱼露、腐乳和臭豆腐等有怪味、腥味的食物；忌食动物内脏和脚爪；也不爱吃辣味菜肴。

三、旅游市场

根据加拿大统计局和加拿大旅委会的统计，2006 年加拿大接待入境过夜旅游者 1813 万人次，比 2005 年下降 2.6%，在全球旅游目的地中排名第 12 位；旅游创汇 169 亿加元，旅游业国内生产总值 274 亿加元，占全国 GDP 的 2%；旅游税收贡献 194 亿加元，占全国税收总收入的 3.9%；全国旅游从业人员 63.4 万，比上年增长 1.9%。主要旅游客源国是美国、英国、法国等，2009 年被评为全球前十个最值得前往的国家之一。

加拿大是世界重要的旅游客源国和国际旅游消费国之一，主要旅游目的地国是美国及环地中海、东北亚、东南亚一些国家。2010 年加拿大公民来华旅游人数达 68.53 万人次，比上年增长 24.53%，是中国第九大旅游客源国。2009 年 12 月加拿大成为中国公民旅游目的地，预计在未来的 4 年至 5 年中，来自中国的旅游收入能有 50%的增长，同时加拿大相关业界将新增 1800 个到 2000 个就业机会。

四、旅游热点

加拿大多姿多彩的地形地貌(巍峨的高山、雄浑的高原、富饶的谷地、众多的湖泊、纵横交错的河流与星罗棋布的岛屿)一起构成了加拿大神奇、独特而别具魅力的旅游景观。有如诗如画的山水风光、古朴淳厚的风土民情、清淡幽远的乡村景色、神秘远古的古代城堡和多姿多彩的文物古迹。主要名胜有锡格纳尔山、多伦多电视塔、芬迪国家公园、尼亚加拉瀑布、白求恩故居、卡博特之路、哈利法克斯城堡、开拓者村庄、卡萨·罗玛古堡、温哥华海洋博物馆、斯坦利公园等。

(一)渥太华

渥太华是加拿大的首都，全国政治、经济、文化和交通中心。渥太华又称"郁金香城"，环境优美，是世界最美的首都之一。现代化建筑拔地而起，议会大厦、联邦政府、最高法院三座大厦鼎足而立。国家美术馆、全国科学技术博物馆、人类博物馆、自然博物馆、国家军事博物馆、国家航空博物馆、邮政博物馆、国家图书馆等遍布全市。宏伟华丽的教堂随处可见，这里还有世界最早的步行街——斯帕克大街。

渥太华市是一座多元化的城市。该城市的主要景点有国会山庄、丽都运河、中央实验农场、人类文明博物馆、加拿大国家美术馆等。如果五月中旬到渥太华旅游，那时正是郁金香节，繁花似锦，一张张彩色的花地毡，遍布市内每个角落。

1. 国会山庄

国会山庄坐落在面对渥太华河的国会山上，由三栋维多利亚哥德式的砂岩建筑和一大片绿地广场所构成，是渥太华最引人注目的地方。国会山庄已有 140 多年历史，外观雄伟庄严，是目前加拿大政府及参议院所在，分为中央区、东区和西区。中央区有参议院、众议院与和平塔，游客可入内参观。和平塔高90米，是国会山庄最高的建筑物。塔内有两次世界大战中阵亡的加拿大将士名录，塔上有一个由53个小钟组成的琴楼。中央区后部是规模宏大的国会图书馆，东区的枢密院是总理和外交部长的办公大楼，西区是其他各部官员的办公大楼。

国会山庄内有纪念加拿大立国百年的水火相容池。每天下午一点，国会山庄和平塔上的大钟会发出悠扬乐声，大楼周遭弥漫着祥和宁静的气氛。夏天的六月至九月每天上午十时，头戴黑熊皮帽、身穿红制服的士兵在国会大厦前举行传统的换岗仪式。

2. 丽都运河

丽都运河是市区知名的游乐中心。建于1832年，长12千米，连接渥太华河与安大略湖，东达大西洋，西面则通往北美五大湖区。丽都运河贯穿整个市区，十座大桥横跨运河东西两岸。河西称上城，居民多为英裔；河东称下城，居民多为法裔。沿途绮丽的风光成为最迷人的观光景点。

每年2月中旬，渥太华举办为期十天的冬季狂欢节，就在冰冻后的丽都运河举办。精彩活动有冰雕展、雪橇活动、破冰船之旅、冰上曲棍球赛、雪鞋竞走以及冰上驾马比赛等。

3. 人类文明博物馆

馆内一楼展览原始居民的生活文化考证，四楼则展览欧洲移民开拓加拿大的历史。大量的历史资料，配以实物的摆放和陈设，还有影音介绍，使参观者可作亲身感受和近距离观察，深入了解加拿大历史的演变。博物馆二楼有一个世界儿童玩具展览厅，展出不同国家民族的传统玩具，儿童可以直接触摸玩具。

博物馆落地的玻璃大幕墙，不仅把渥太华河畔的风景和阳光融汇成一幅大油画，而且也是欣赏对岸渥太华市的最佳观景点。

（二）多伦多

多伦多是加拿大最大的城市和重要港口，全国金融、商业、工业、文化中心之一。多伦多教堂众多，有"教堂城"之称。

多伦多旅游资源丰富，有世界最高的多伦多国家电视塔、古老的卡萨·罗玛古堡、原始的开拓者村庄、现代化的天虹体育馆(世界第一个天顶盖全自动开关的体育馆)、派拉蒙加拿大游乐园(加拿大最大的露天游艺场)等。多伦多市秀丽的景色和多伦多人的微笑与热情深深吸引着八方来客。

1. 多伦多国家电视塔

耸立在多伦多市中心的国家电视塔，高达553米，不仅是加拿大国家十大景观之一，也是世界最高的电视塔。此塔最独特之处是在其350米高层所建的玻璃地面。踏越这块呈扇形的玻璃地面，再俯视玻璃下面350米以下的地面景物，令人心惊胆战。此塔每日约接待1万名游客。

2. 卡萨·罗玛古堡

卡萨·罗玛古堡位于多伦多市北部一座山的山顶上，是一座绿树掩映的红顶建筑，厅堂、书房、娱乐室、图书馆、浴室、储酒房一应俱全。古堡最诱人之处是两座可供游客攀登的尖顶高塔。东面的苏格兰式塔呈封闭型，是整座建筑的最高瞭望点；西面的诺曼塔属开放式，由此可眺望多伦多整体市容。

3. 开拓者村庄

开拓者村庄位于多伦多市东北侧，这里建有印刷、木工、铁器、玩具、织布、制鞋、制帽、烤饼、制酱等 43 个工艺作坊，再现 19 世纪开拓者的生产、生存环境和生活状况。在每个作坊内都有身着 19 世纪古朴服装并精通当时生产工艺的艺人实地表演。古典油墨印刷品、镶有花边的木制水桶、铁艺太阳花灯笼、小猴爬杆玩具、土机生产的花格布、天使大沿帽、刚出炉的果酱烤饼……吸引着无数游客参观购买。

(三)温哥华

温哥华位于不列颠哥伦比亚省西南部，加、美边界北侧，是太平洋沿岸最大的港口城市，国际贸易的重要中转站，世界主要小麦出口港之一。教育十分发达，有著名的不列颠哥伦比亚大学和西蒙弗雷塞大学。该市的华人社区是北美最大的华人社区之一。

该城市冬暖夏凉、四季如春，是加拿大也是全世界气候条件最好的城市之一。该城市风景如画，成功地融合了乡村风貌及城市文明，广大的绿地，良好的治安，宁静与祥和的气氛，让很多游客念念不忘。著名的景点有斯坦利公园(世界知名的城市公园之一，有北美洲第三大水族馆)、海洋博物馆、加拿大大厦、海洋生物中心等。温哥华已成为世界著名的旅游城市。

(四)魁北克城

魁北克城是魁北克省省会，加拿大东部重要城市和港口，位于圣劳伦斯河与圣查尔斯河汇合处。魁北克城历史悠久，战略地位重要，素有"美洲直布罗陀"之称。这里保存着完整的城防体系和法国风韵的历史建筑，既有历史的古朴，又有现代的繁荣。全市有众多富有法兰西文化特色的名胜古迹，是北美堡垒式殖民城市的完美典范。

全城分新城区和古城区两部分。新城区高楼林立，商业繁荣，一派现代化城市风貌。古城建区在陡峭的高原上，有 700 余座古老的民用和宗教建筑。分上城和下城两部分。上城建在钻石角顶端，是宗教活动区和行政管理区，周围有城墙环绕；下城建在峭壁下，是港口和古老的居民区。魁北克最古老的城市中心在下城区。皇家广场四周和圣母街两旁都是公元 17 世纪和 18 世纪的建筑，其中胜利圣母教堂始建于 1688 年，1759 年毁于火灾，现在的教堂是后来重建的。魁北克城堡位于上城区，高约 120 米，周围有护城河环绕。城堡内现有 25 座建筑物，其中最宏伟的一座建于 1892 年，有宽阔的铜制倾斜大屋顶和塔楼，以及典雅的红色砖墙，气势非凡，是典型的法国古典风格的建筑，也是魁北克城的标志，现在是法蒂那城堡大饭店。

魁北克古城区仍保留 18 世纪时法国城市的风貌。这里挂有 18 世纪牌匾的店铺商行比比皆是，店员身着古装、梳古老发型，使整个市区充满了古色古香的情调。魁北克城名胜古迹甚多，是一座著名的历史名城。1985 年，联合国教科文组织将魁北克古城区作为文化遗产列入《世界遗产名录》。

(五)蒙特利尔

蒙特利尔是加拿大第二大城市，位于魁北克省南部，圣劳伦斯河下游河岸，是全国最大的海港和金融、商业与工业中心，是全国铁路、航空总站所在地。有著名的蒙特利尔大学、麦吉尔大学等。

蒙特利尔市是北美旅游区惟一以讲法语为主的大城市。蒙特利尔市承袭了较多的欧洲文化，使其具有很浓的欧洲色彩，也是全北美最具浪漫风格的城市之一。城内各种精美的雕塑林立街头，使人宛如走入艺术的殿堂。城内有北美最大的教堂，外观华丽，造型精美，气势壮观。该市大大小小、风格各异的教堂构成引人注目的文化奇观，其数量之多(约 450 座)，甚至超过了古城罗马。著名的教堂有圣约瑟夫大教堂和圣母大教堂。

蒙特利尔市的圣凯瑟琳街、圣劳伦斯街、圣丹尼街等是独具特色、风格各异的商业区。1967 年举办了规模宏大的世界博览会，还承办了 1976 年的奥运会，奥林匹克城、万国博览会旧址也成为著名景点。此外，还有著名的美术馆蒙特利尔美术馆，白求恩广场还醒目地矗立着中国人民赠送给加拿大的汉白玉白求恩雕像等。

(六)尼亚加拉大瀑布

尼亚加拉大瀑布是闻名于世的大瀑布之一，被称为世界著名七大奇景之一，位于加拿大和美国交界的尼亚加拉河上。由两个主流汇合而成，一是美国境内 300 米宽的"美国瀑布"(亚美利加瀑布)，一是横介于美国、加拿大两国边境的"马蹄瀑布"。"马蹄瀑布"落差 56 米。在加拿大一侧建有维多利亚女王公园，在美国一侧建有尼亚加拉公园。在瀑布的四方筑有 4 个高塔，游人可乘电梯登塔瞭望，也可乘电梯深入大瀑布下方。从加拿大这边看一大一小两个瀑布，比从美国方向看起来更壮阔、漂亮。

(七)班夫国家公园

班夫国家公园是加拿大第一个国家公园，建立于 1885 年，以山湖之旅著称。到加拿大西岸旅游，班夫国家公园几乎是不可缺少的景点安排。令人惊异的冰河风貌、优美的森林景观、壮丽的山岳风光及热闹的班夫市区夜生活，每年总是吸引着一群又一群热爱户外活动的游客。这里是喜爱享受湖光山色者的乐园，在冬季更是酷爱滑雪及冰钓者的天堂。

(八)芬迪国家公园

芬迪国家公园位于新不伦瑞克省东南的阿尔马镇附近，是世界上观赏大潮汐的最理想处。

明纳斯湾潮是加拿大著名景观，潮水发来后有排山倒海之势，潮差高达 15 米。退潮后海滩留下大量海螺、海贝，颇吸引游人。

公园内风景秀丽,除观赏大潮汐外,还可游泳、海浴、垂钓、泛舟、游览森林和野生动物保护区。

(九)恐龙公园

恐龙公园位于加拿大西南部的艾伯塔省的红鹿河谷地,是世界已知的恐龙化石埋藏量最丰富的地区,也是世界著名的恐龙化石宝库之一,不仅数量丰富、种类繁多,而且保存完好,为世人所瞩目。公园以三大景观著称,其一是丰富的恐龙化石层;其二是奇特的崎岖地带;其三是红鹿河谷沿岸罕见的生态环境。1979年,联合国教科文组织将艾伯塔省恐龙公园作为自然遗产列入《世界遗产名录》。

大约在7500万年前,今艾伯塔省东部地区是临近海岸的低平原,地处亚热带气候区,这里生物种类繁多,有35种恐龙、鱼类、两栖类动物、爬行类动物、鸟类、原始哺乳类动物等。一些动物死后,遗骸被河沙或泥土覆盖。天长日久,由于与氧气隔绝,在矿物质的作用下,就形成了化石。化石保留下了这些曾在古艾伯塔生活的古动物的骨骼、牙齿及皮毛的痕迹。

冰川时期结束,冰层逐渐消失,大量融化的冰水流入沙石与泥石地层,渐渐地形成了红鹿河谷,使带有化石的沉积层暴露出来。艾伯塔荒地中心,是世界上规模最大的白垩纪恐龙化石群的集中地。

从公元19世纪80年代起,人们开始发掘红鹿河谷地。1910—1917年间,加拿大国内外的古生物学者蜂拥而来,采集恐龙化石送入世界各地的博物馆。在长约27千米的沿岸,现已发现300多块保存完好的恐龙骨骼化石。1985年,从这里发掘出土的化石都被皇家蒂内尔古生物博物馆收藏。

(十)伍德布法罗国家公园

伍德布法罗国家公园位于加拿大西南部的艾伯塔省西北部,面积约4.4万平方千米。1983年,联合国教科文组织将伍德布法罗国家公园作为自然遗产列入《世界遗产名录》。

该公园地处北纬60附近,冬天寒冷而漫长,每年冰雪融化期仅在6~9月。这里随处可以看到广阔的大草原、森林、湿地、盐沼,以及不多见的内陆大三角洲。公园内广泛分布着加拿大云杉、美洲黑云杉、美洲落叶松等针叶林。在河流附近,生长着许多香脂白杨。

公园内广阔的草原,是美洲野牛的乐园。生活在这里的美洲野牛,数量居世界第一位。公园内最大的动物是美洲熊,体长可达2米。这里还生活着狼、加拿大山猫、北极狐、美洲水貂、麝鼠和美洲河狸,以及北美特有的野生动物——加拿大豪猪。公园里的鸟类多达227种。猫头鹰、雷鸟、美洲小野鸭等都是稀有鸟类,其中以北美洲的白鹤最为珍贵,它们有雪白的羽毛、红色的面庞,亭亭玉立,和亚洲的丹顶鹤是近亲,已濒临灭绝。

(十一)哈利法克斯城堡

哈利法克斯城堡位于新斯科舍省哈利法克斯的城堡山上。这里历来是兵家必争之地,历史上曾三次建为要塞。现存的城堡建于1825年,是北美最大的石头要塞之一。城堡内有新斯科舍博物馆和兵器军械博物馆。城堡山东麓的古钟楼建筑奇特、雄伟。

(十二)卡博特之路

卡博特之路位于新斯科舍省,该路长 294 千米,是加拿大著名的旅游路线。沿途有风格各异的法裔居民村、苏格兰人村和渔村等,民俗风情多姿多彩。卡博特之路的中心点是布雷顿角高地国家公园。这里海岸岩石高峻削陡,森林密布,苔原、沼泽盖地,溪流纵横,生机盎然。林中飞禽走兽,使人犹如身居原始森林之中。

(十三)维多利亚

充满田园景致的维多利亚位于温哥华岛的南端,素有"海与花园的城市"之称。该市保存了很多英国的古建筑,风景优美,气候宜人,被誉为人间天堂,每天都有大量游客前往参观旅游。5 月中旬至 9 月下旬百花齐放的布查花园是维多利亚最著名的观光景点,夏夜(7、8 月的周六夜)还会有璀璨的烟火表演。

课堂讨论题

北美旅游区与东南亚旅游区的旅游资源有何差异?加拿大与泰国的旅游资源有何差异?

第四节 墨西哥

一、国情概述

1. 国土疆域

墨西哥位于北美旅游区南部,北邻美国,东南接危地马拉和伯利兹,东濒墨西哥湾和加勒比海,西临太平洋和加利福尼亚湾。海岸线长 11 122 千米。面积 1 964 375 平方千米。

2. 人口民族

墨西哥的总人口有 1.12 亿(2010 年),在南美旅游区仅次于巴西,居第二位,位居世界第 11 位。其中印欧混血种人约占 90%,印第安人占 7.8%,白种人占 0.5%,其他占 1%。人口以中央高原的山间盆地最密集,占全国人口的一半左右。

官方语言为西班牙语,有 8%的人讲印第安语。居民中 92%信奉天主教,3%信奉基督教新教。此外还有 10 余万犹太教徒。

3. 发展简史

墨西哥是美洲大陆的文明古国,也是印第安人古老文明中心之一。世界闻名的古玛雅文化、奥尔密克文化和阿兹特克文化都是墨西哥印第安人创造的。墨西哥国名以阿兹特克人传说中的太阳神墨西特耳而得名，"哥"即"地方"之意。1521 年墨西哥沦为西班牙殖民地。1810 年 9 月 16 日，开始了独立战争。1821 年 8 月 24 日宣布独立。1823 年 12 月 2 日宣布成立墨西哥共和国。1824 年 10 月建立联邦共和政体。1846 年美国发动侵墨战争。1848 年 2 月墨、美签订和约，墨西哥被迫将北部 230 万平方千米的土地割让给美国。1910 年，墨西哥爆发资产阶级民主革命。1917 年颁布资产阶级民主宪法，宣布国名为墨西哥合众国。

4. 政治经济

墨西哥的首都为墨西哥城，国花为仙人掌，货币为比索。

墨西哥经济较发达，是经济结构多样、门类比较齐全的新兴工业国。商业和服务业等第三产业十分发达。墨西哥服务业在国内生产总值中占有较大的比重。农牧林渔业依然在墨西哥经济中占有重要的地位，主要发展出口型农业，出口的农牧产品主要有咖啡、虾、西红柿、蔬菜、水果、 粗糖、蜂蜜、牛肉和金枪鱼等。

5. 自然风貌

墨西哥地形多样，以高原山地为主。墨西哥高原居中，其东、西、南部为马德雷山脉，东南为地势平坦的尤卡坦半岛，沿海是狭长平原。全国面积 70%左右为高原及山地。境内火山很多，中央高原南部为横断火山带，有火山 300 余座，其中奥里萨巴火山、波波卡特佩特乐火山、科利马火山等都是美丽的火山风光景观地。这些火山区地形奇特，山势雄伟，山色青翠，是墨西哥的旅游胜地之一。

北回归线穿过国境的中部地区，境内大部分地区年平均气温在 25℃左右，是一个气候温和的高原之国，故享有"高原明珠"的美称。大部分地区全年分旱、雨两季。占全国面积约一半左右的北部地区，年平均降水量不足 250 毫米，气候干燥，多沙漠，属干旱气候，生长着达 1000 多种类耐旱的仙人掌科植物，被誉为"仙人掌之国"。

6. 文化艺术

印第安人创造了世界闻名的古码雅文化。玛雅文化卓越的成就是象形文字、独特的二十进位计算体系和相当精确的历法。农林、建筑、珠宝首饰和雕刻艺术也都达到了相当高的水平。公元 9 世纪以后，托尔特克人活动在墨西哥城一带，他们建造的宏大的太阳金字塔和月亮金字塔至今犹存，为世界历史文化增添了光辉的一页。

墨西哥独立后，历届政府都不同程度地重视维护和发展民族文化。古代印第安人文化中的一些特色依然保存在现代墨西哥文化中。墨西哥各地许多印第安文化古迹迄今仍然较完整地保留下来，成为国内外旅游者必去之地。传统的氏族歌舞、手工艺术、壁画等仍在墨西哥今天的文化生活中占有重要地位。

值得一提的是享有世界声誉的墨西哥壁画。克莱梅特·奥罗斯科(1883—1949 年)、迭戈·里维拉(1886—1957 年)及阿尔法罗·西凯罗斯为墨西哥三大著名的壁画巨匠，他们用新的表现方法以及自由的艺术风格，用强有力的巨型壁画形式把墨西哥革命历史时期的理想、斗争、苦难、历史英雄人物、小人歹徒淋漓尽致地表现在大型公共建筑物上，成为墨西哥建筑艺术的一大特色而闻名于世。

二、民俗风情

1. 服装

墨西哥人的穿着打扮，既具有强烈的现代气息，又具有浓厚的民族特色，衣着偏好鲜艳而对比强烈的色彩。传统服装之中，名气最大的是"恰鲁"和"支那波婆兰那"。前者是一种类似于骑士服的男装，后者则为一种裙式女装。墨西哥人非常讲究在公共场合着装的严谨与庄重。在他们看来，在大庭广众之前，男子穿短裤，女子穿长裤，都是不合适的，而男子穿西服，女子穿长裙才合情理。因此，在墨西哥出入公共场合时，男子一定要穿长裤，妇女则务必要穿长裙。

2. 饮食

玉米是墨西哥人的主食，烤玉米薄饼很受他们的欢迎。墨西哥人口味清淡，喜食牛肉、鸡、蛋及蔬菜，以煎、炸、烤为主，喜咸中带甜酸味，不喜欢油腻的菜品和用牛油烹调的菜肴，也不愿意吃用鸡油做的点心。家常饮用的酒是用龙舌兰蜜汁酿造的口味酸甜的普格酒。墨西哥著名的菜肴，如辣酱炖猪肉、酸奶冷沙拉、苟式黑汁里脊、蒜瓣汤等。墨西哥印第安人则喜食辣椒，常备有辣椒酱。

3. 礼仪

墨西哥人在熟人见面时所采用的见面礼节，主要是拥抱礼与亲吻礼，但却忌讳不熟悉的男女之间互相亲吻。在上流社会中，男士们往往还会文雅地向女士们行吻手礼。通常，他们最惯于使用的称呼是在交往对象的姓氏之前，加上"先生"、"小姐"或"夫人"之类的尊称。墨西哥人的姓氏一般由教名、父名、母姓三部分组成。一般场合下可只用教名和父姓的略称，妇女婚后改为夫姓，夫姓之前需加一个"德"字，表示从属关系。

墨西哥人尊重女性，在外，男子只能跟随在妻子后面，舞会上通常只能由女人邀请男人。前去赴约时，一般都不习惯于准时到达约会地点，在通常情况下总要比双方事先约定的时间晚上一刻钟到半个小时左右，在他们看来这是一种待人的礼貌。

4. 婚俗

墨西哥北部的塔拉乌马拉印第安人，性格豪爽。在男女恋爱结婚方面，女性比较大胆泼辣，往往采取主动，如果女方往男方家里扔石子，是求爱的一种表示；或是过"特斯吉纳达"节时，女方去抢男方头上的汗巾，或脖子上套着的项圈，然后赶紧跑开，男方如果在后面追赶，就表示同意。中部的皮林达斯族对婚姻问题态度十分严肃，尽量避免轻率或过早的结婚，当男方向女方求爱时，她必须经过一年的考虑才答应。

5. 忌讳

墨西哥人绝大多数信奉天主教，忌讳"13"、"星期五"。认为这些都是不吉利和令人可怕的数字和日期。忌讳有人送给他们黄色的花和红色的花。他们认为黄色意味着死亡,红色花会给人带来晦气。他们忌讳蝙蝠及其图案和艺术造型。认为蝙蝠是一种吸血鬼,给人以凶恶、残暴的印象。忌讳紫色,认为紫颜色是一种不祥之色,因为只有棺材才涂这种颜色。

墨西哥的恰姆拉人有一种迷信习俗,他们认为照相是一种十分可怕的巫术,相机能把人摄进黑洞里去,变成一个形体丑陋的魔鬼,所以他们非常反感照相。南部奴雷谷一带的人,忌讳客人一进屋就脱去帽子,认为这意味着是来寻衅和报仇的。墨西哥的阿斯特克人把酒视为邪恶的源泉,认为只有老人才能开怀畅饮。因为他们的年岁较大,经验丰富,有同邪恶斗争并战胜它的能力。如果青年人喝酒,就是大逆不道的行为,必然会受到严厉的惩处。墨西哥人忌讳用中国人惯用的手势来比划小孩的身高。因为用手心朝下,与地面平行的比划,只可用来表示动物的高度。

三、旅游市场

墨西哥秀丽的湖光山色、文明的玛雅文化、雄伟的太阳月亮金字塔、闻名于世界的历史古迹和精美的宗教建筑,每天吸引着成千上万的旅游者纷沓而至。墨西哥已成为世界旅游强国,多年来接待国际游客数居世界前10位,旅游收入居世界前12位。墨西哥主要客源国是美国、加拿大、日本、英国、法国、德国、意大利、俄罗斯、瑞典、比利时、荷兰、澳大利亚及南美旅游区内一些经济较发达的国家。墨西哥居民出游的主要目的地国是美国、加拿大及南美、西欧一些国家。墨西哥是中国已全面开放的出境旅游目的地国,但中国公民赴墨西哥旅游的人数尚不多,墨西哥居民来中国旅游的人数也不多。据世界旅游组织预测,到2020年,墨西哥将成为世界十大旅游目的地国之一。因受金融危机、甲型流感等影响,墨西哥2009年全年旅游收入同比将减少10.5%。前10个月的旅游业收入达到91.85亿美元,共接待外国游客1 728.5万人次,而去年同期的数字分别为110.6亿美元和1829万人次。旅游收入是墨西哥第三大财政收入来源,排在前两位的分别是石油收入和侨汇收入。

四、旅游热点

墨西哥是一片神奇、美丽的土地,数千年前,玛雅人曾在这里创造过灿烂的文明,留下了大量举世闻名的历史文物古迹;如今,勤劳的墨西哥人在这里创造出一个个绚丽多姿的大都会和一处处富饶美丽的乡村,向世人展现着光辉的现代文明。她的神奇、美丽,只有身临其境的人才能深切地觉察到。

(一)墨西哥城

墨西哥城是墨西哥首都,世界十大城市之一,全国的政治、经济、文化和交通中心。墨西哥城位于墨西哥中央高原盆地内,海拔约2240米,是著名的高原城市,以湖光山色秀丽而著称,也以拥有众多古代印第安人的文化遗迹而闻名于全世界。

墨西哥城的古老历史可以追溯到印第安人时期,它的前身是 1325 年由印第安部族阿兹特克人建造的特诺奇蒂特兰城，当时城内建起了一座座宏伟壮丽的庙宇、宫殿，整个城市相当繁华。1521 年至 1546 年西班牙几次入侵特诺奇蒂特兰城，该城被烧毁。后来印第安人又在该城市的废墟处建起了墨西哥城，并又修筑了许多欧洲式宫殿、教堂、修道院等建筑物。墨西哥城有"壁画之都"的美称。全城到处可以看到色彩绚丽、形象多样的大型壁画艺术。墨西哥大教堂是墨西哥最大的天主教堂，也是北美旅游区屈指可数的著名教堂之一。皇家祭坛(又称皇家小教堂)是整个教堂中最漂亮的建筑。瓜达卢佩圣母堂是墨西哥最大的宗教圣地，被罗马教皇认定为天主教三大奇迹教堂之一。加里波的广场是最富墨西哥风情的场所，吸引着无数的观光游客。索切米尔科水上公园是城郊一大游览胜地，公园水景、船景、花景，景景如画，乐声、歌声、叫卖声，声声入耳，是游客休闲的好去处。

墨西哥城是世界著名的旅游城市。城市四周群山环绕，山头终年白雪皑皑，形成热带雪峰奇景。东侧的特斯科科湖是阿兹特克和托尔特克文化的发祥地。市内举世闻名的玛雅文明古迹、西班牙殖民时期欧洲风格的宫殿、教堂与独立后兴建的高楼大厦交相错落，构成了一幅墨西哥民族的历史画卷。

墨西哥城的东北部是古文化区，西南部是现代化的新兴工业区，宪法广场在墨西哥城中心，广场的正中央有根粗大的旗杆，每天的升降旗仪式吸引着众多海内外的游客。宪法广场周围有国家宫、市政大厦、博物馆和大教堂。各式各样的建筑融古涵今，景色独特。阿兹特克人的大祭坛、殖民时期的教堂以及以外交部为主体的乳白色现代化大厦，集中展现了该城 600 多年来的沧桑巨变。

改革大街与起义者大街是城内的两条主要干道，东西、南北贯穿全城。美丽宽敞的街道旁，环境优美，银行、酒店、餐厅、剧院、夜总会等鳞次栉比，一幢幢风格各异、精致豪华的别墅掩映在绿树浓荫中。城市之中有众多的广场、纪念碑、雕像、纪念馆和文化娱乐场所，可以让众多的旅游者全方位、多视角地了解和认识墨西哥的历史和文化。

墨西哥城区主要景点有：国家宫、墨西哥独立纪念碑、墨西哥天主教堂、马约尔广场、查普尔特佩克森林公园、瓜达卢佩圣母教堂、国家美术馆、中国钟、加里波广场、索切米尔科水上公园等。

(二)图拉

图拉位于墨西哥城北约 83 千米处，为托尔特克人古都遗址所在地，是一座历史悠久的古城，早在公元 856 年，托尔特克人就在此建城，以羽蛇神金字塔神庙、太阳神庙、宫殿和祭坛等文化遗址闻名于世，建筑上绘有精美的浮雕和图案，是研究托尔特克人文化的重要文物。羽蛇神，在图拉中有至高无上的地位，被当作启明星受到崇拜。1942 年，墨西哥政府对古迹进行了挖掘和整理，在此建立博物馆。

(三)尤卡坦半岛

尤卡坦半岛处于墨西哥湾和加勒比海之间，面积近 20 万平方千米，大部分属于墨西哥的尤卡坦州。地势南高北低，平均海拔不足 200 米，为热带草原气候和热带雨林气候。这里是古玛雅文化的发源地之一。热带风光、神秘的古城废墟以及现代风情，使之成为墨西哥重要的旅游区。

1. 坎昆

坎昆位于加勒比海北部，尤卡坦半岛东北端，是一个长约 21 千米，最宽处仅 400 米的蛇形岛屿。它由珊瑚礁长期风化而成，面积约 60 平方千米，现已成为国际性的会议和度假旅游胜地。岛西北端和西南端有大桥与尤卡坦半岛相连，其间的水面形成 24 平方千米的尼德楚湖，湖中又有与陆地相连的半岛。是进行垂钓、潜水、滑水等活动的好地方。

坎昆在玛雅语中意为"挂在彩虹一端的瓦罐"，被认为是欢乐幸福的象征。岛上有玛雅文化的圣米盖里托古迹废墟。坎昆市区街道整齐清洁，可分为国际机场、市区和旅馆区三个部分，岛外侧 20 千米长的沙滩，分别被冠以"白沙滩"、"珍珠滩"、"海龟滩"、"龙虾滩"等名称，细沙由珊瑚风化而成，海滩上还设有以棕榈叶为顶、以石为柱的玛雅式凉亭和小屋，是海滨休闲的理想场所。

2. 奇琴伊察

奇琴伊察古玛雅城市遗址，位于墨西哥东南部的尤卡坦半岛北部梅利达城东 120 千米处的加勒比海岸边。曾是古玛雅帝国最大、最繁华的城邦，有羽蛇城之称。"奇琴伊察"就是"伊察人之井边"的意思。公元 987 年，玛雅首领库库尔坎，率领"佩腾—伊察人"(即玛雅人)来到了尤卡坦半岛建立玛雅王国，首都定在奇琴伊察。

古城南北长 3 千米，东西宽 2 千米，主要建筑多围绕方形天然水井或位于通向水源道路的两侧。主要遗址有世界闻名的库库尔坎金字塔神殿、武士神庙、天柱厅、"圣井"、天文台等。

(四)阿卡普尔科

阿卡普尔科是墨西哥南部美丽的海滨旅游城市。地处阿卡普尔科海湾，三面群山环抱，一面临海，海湾呈半圆形，最大水深约 100 米，是天然良港。海湾有金色沙滩 24 处，适宜进行海水浴、日光浴以及开展水上运动，时有渔民进行博浪表演。海边有狭小的海沟，沟内怪石林立，海湾一侧有一处伸入海中的断崖，崖上每天都有悬崖跳水表演。城内建筑多以旅游设施为主，是一座享有"旅游天堂"之美称的城市。

(五)蝴蝶谷

在墨西哥米却肯州的罗萨里奥山地，那里群峰叠起，草木茂盛，气候湿润，适宜昆虫繁衍。每年 11 月到次年 3 月，从加拿大的东南部和美国的东北部山区飞来数以百万计的彩蝶云集到这个山区，使这里成了蝴蝶的世界。墨西哥将此地划为"蝴蝶谷"自然保护区。

(六)特奥蒂瓦坎城

有"诸神的处所"之称的特奥蒂瓦坎城位于墨西哥城东北 40 千米处的波波卡特佩乐火山和依斯塔西瓦特尔火山山坡谷底之间，这里曾是古代印第安托尔特克人的宗教和文化中心，是闻名世界的历史古迹，也是到墨西哥的旅游者必去的游览名胜。公元 1 年至 150 年间，这里是个拥有 1 万～5 万人口的城市，当时为中美洲第一座城市。公元 450 年城市全盛时期，这里兴建了大量宏伟建筑，其中包括著名的太阳金字塔和月亮金字塔。太阳金字塔基址长 225 米、宽 222 米、塔高 66 米。月亮金字塔基址长 150 米，宽 120 米，塔高 46 米。金字塔的外表画有许多鲜艳夺目的壁画。在通往金字塔长约 2.5 千米，宽达 60 米的大道两侧，分布众多大大小小的神坛和宫殿，构成了一组规模巨大的建筑群。城市有城堡，城堡中有羽蛇神庙。月亮金字塔南面有蝴蝶宫。这里是世界各地旅游者的集散地。

◇**知识窗**◇

神秘的玛雅文化

世界上最早发明"零"的是玛雅人。这个在公元前 1000 年前，由简朴的农渔社区发展出辉煌的文化，究竟得自什么力量，能在石器时代创建出傲世的文化？又是遭遇何种苦难，受到什么摧残，而沦于衰亡的民族，消失在中美洲的热带雨林区中？1893 年，一位英国画家在洪都拉斯的丛林中发现一座城堡的废墟。

当然，这座城堡里已没有沉睡的美丽公主，只有灌木丛生的断墙残垣。坍塌的神庙上的一块块巨大的基石，无不刻满精美的雕饰。石板铺成的马路，标志着它曾经是个车水马龙、川流不息的闹市。路边修砌着排水管，又标志着它曾经是个相当文明的都市。石砌的民宅与贵族的宫殿尽管大多都已倒塌，但依稀仍可窥见当年喧闹而欢乐的景象。

所有这些石料，无不苍苔漫渍，或被荒草和荆棘深深掩盖。如此荒蛮的自然景象与异常雄伟的人工遗址，形成巨大的反差，无不令人久久激动，不能自禁。

丛林中发现这个城市的消息披露之后，举世震惊。本世纪以来一批又一批考古人员来到洪都拉斯，随后他们又把寻幽探胜的足迹，扩大到危地马拉、墨西哥、秘鲁以及整个南美大陆。

无数的奇闻轶事随着考察队的到来，纷纷传出：玛雅人的金字塔可与埃及人的金字塔媲美，危地马拉的提卡尔城内的那座金字塔高达 230 英尺，墨西哥的巨石人像方阵令人困惑不解，特奥蒂瓦坎的金字塔其雄伟和精美，堪称奇绝……

据统计，各国考察人员在南美的丛林和荒原上，共发现废弃的古代城市遗址达 170 多处。它为人们展示了一幅玛雅人约在公元前 1000 年到公元 8 世纪时，他们北达墨西哥南部的尤卡坦半岛，南达危地马拉、洪都拉斯，直抵秘鲁的安第斯山脉广阔的活动版图。它告诉人们玛雅人于 3000 年前，就在这块土地上过着安定的生活。

没有巨大的精神和物质力量的保证，即使受到来自其他星球智能生命的启发，美洲人也无法创造出这种奇迹。考古学家证实，在创造这一系列奇迹时，玛雅人已进入富足的农耕社会，并独立创造了属于自己的文字。

进一步的研究并没有使人解开美洲人如何和为何建造金字塔的谜，反而让他们更迷惑不解：玛雅人拥有不可思议的天文知识？他们的数学水平比欧洲足足先进了十个世纪？一个以农耕为惟一生活来源的社会，居然能有先进天文与数学的知识，这的确令人怀疑。

　　还有，当我们面对着玛雅文化遗址异常灿烂的古代文明时，谁都会情不自禁地问：这一切是怎么来的？史学界的材料表明，在这些灿烂文明诞生以前，玛雅人仍巢居树穴，以渔猎为生，其生活水准近乎原始。有人甚至对玛雅人是否为美洲土著表示怀疑。因为，没有证据表明，南美丛林中这奇迹般的文明，存在着一种渐变，或称过渡阶段的迹象。没有一个由低而高的发展过程，难道玛雅人的这一切是从天而降的吗？

　　的确，这一切是从天而降的。地面考古没有发现文明前期过渡形态的痕迹，分析在此之前的神话传说，也无线索可言。玛雅文化仿佛是一夜之间发生了，又在一夜之间轰轰烈烈地向南美大陆扩展。

　　奇怪吗？是有点儿奇怪。除了"神灵"之外，谁还有这等魔法？不幸的是，玛雅人的神话恰恰说明他们的一切都是神灵赋予的。流传在特奥蒂瓦坎附近的神话告诉人们，在人类出现以前，众多的神灵曾在这里聚会过，共商人类大事！

课堂讨论题

　　试比较墨西哥与泰国的旅游资源有何差异？

复习与思考

1. 美国和加拿大的旅游环境有何特征？
2. 在旅游接待服务中，对美国、加拿大客人应注意哪些风俗习惯？
3. 美国、加拿大的旅游资源各有哪些特点？
4. 美国、加拿大有哪些著名的旅游城市和旅游景点？
5. 试述美国、加拿大成为世界旅游强国的原因。
6. 为什么美国、加拿大是中国重要的旅游客源国？
7. 美国和加拿大有哪些旅游景点是你最佳的选择地？
8. 试设计美国、加拿大两国七日游经典旅游线路。
9. 试设计墨西哥五日游经典旅游线路。
10. 墨西哥的旅游资源有何特点？
11. 试比较北美与西欧的旅游资源有何差异？
12. 试比较墨西哥与新加坡的旅游资源有何不同？

附录：世界遗产名录(北美洲旅游区)(按照自然与文化双重遗产、自然遗产、文化遗产的顺序排列)

一、美国(21 项)(其中 2 项与加拿大共有)

夏威夷帕帕哈瑙莫夸基亚国家海洋保护区(自文，2010 年)

黄石国家公园(自，1978 年)

大沼泽地国家公园(自，1979 年)

大峡谷国家公园(自，1979 年)

克卢恩/兰格尔-圣伊莱亚斯/冰川湾/塔琴希尼-阿尔塞克(自，1979 年，1992 年，1994 年)(与加拿大共有)

红杉树国家公园(自，1980 年)

猛犸洞国家公园(自，1981 年)

奥林匹克国家公园(自，1981 年)

大雾山国家公园(自，1983 年)

约塞米蒂国家公园(自，1984 年)

夏威夷火山国家公园(自，1987 年)

卡尔斯巴德洞窟国家公园(自，1995 年)

沃特顿冰川国际和平公园(自，1995 年)(与加拿大共有)

弗德台地国家公园(文，1978 年)

独立厅(文，1979 年)

卡霍基亚遗址(文，1982 年)

圣胡安的堡垒和历史遗址(文，1983 年)(位于属地波多黎各)

自由女神像(文，1984 年)

查科文化国家历史公园(文，1987 年)

夏洛茨维尔的蒙蒂塞洛和弗吉尼亚大学(文，1987 年)

陶斯镇(文，1992 年)

二、加拿大(15 项)(其中 2 项与美国共有)

纳汉尼国家公园(自，1978 年)

省立恐龙公园(自，1979 年)

克卢恩/兰格尔-圣伊莱亚斯/冰川湾/塔琴希尼-阿尔塞克(自，1979 年，1992 年，1994 年)(与美国共有)

伍德布法罗国家公园(自，1983 年)

加拿大落基山脉自然公园群(自，1984 年，1990 年)

格罗莫讷国家公园(自，1987 年)

沃特顿—冰川国际和平公园(自，1995 年)(与美国共有)

米加沙国家公园(自，1999 年)

乔金斯化石山崖(自，2008 年)

梅多斯湾国家历史公园(文，1978 年)

野牛跳崖处(文，1981 年)

斯冈瓜伊(安东尼岛)(文，1981 年)

魁北克古城区(文，1985 年)

卢嫩堡古城(文，1995 年)

丽多运河(文，2007 年)

三、墨西哥(31 项)

锡安卡安(自，1987 年)

埃尔比斯卡伊诺鲸鱼保护区(自，1993 年)

加利福尼亚湾的群岛和保护区(自，2005 年)

莫那其蝴蝶生态保护区(自，2008 年)

墨西哥城历史中心和霍奇米尔科(文，1987 年)

瓦哈卡历史中心和阿尔万山考古遗址(文，1987 年)

普埃布拉历史中心(文，1987 年)

帕伦克的古城和国家公园(文，1987 年)

特奥蒂瓦坎古城(文，1987 年)

瓜纳华托古城和周围银矿(文，1988 年)

奇琴伊察古城(文，1988 年)

莫雷利亚历史中心(文，1991 年)

埃尔塔欣古城(文，1992 年)

萨卡特卡斯历史中心(文，1993 年)

圣弗朗西斯科山岩画(文，1993 年)

波波卡特佩特尔火山山坡上的 16 世纪初期修道院(文，1994 年)

克雷塔罗历史古迹区(文，1996 年)

乌斯马尔古城(文，1996 年)

瓜达拉哈拉的济贫院(文，1997 年)

大卡萨斯的帕基梅考古区(文，1998 年)

特拉科塔尔潘历史古迹区(文，1998 年)

霍奇卡尔科考古遗址区(文，1999 年)

坎佩切设防城(文，1999 年)

坎佩切州的卡拉克穆尔古玛雅城市(文，2002 年)

克雷塔罗州谢拉戈达的方济各会传教所(文，2003 年)

路易斯·巴拉干的故居和工作室(文，2004 年)

龙舌兰景观和特基拉的古代工业设施(文，2006 年)

墨西哥国立自治大学大学城核心校区(文，2007 年)

圣米圭尔保护城镇和圣堂(文，2008 年)

内陆王家之道(文，2010 年)

中央瓦哈卡谷的亚古尔和米特拉史前洞穴(文，2010 年)

第六章　南美洲旅游区

【学习目的】

- 了解巴西、阿根廷、智利的基本概况。
- 熟悉巴西、阿根廷、智利的民俗风情。
- 掌握巴西、阿根廷、智利的旅游市场、著名的旅游城市和旅游景点的概况与特征。
- 能够设计经典旅游线路。

【学习内容】

- 巴西
- 阿根廷
- 智利
- 国情概述；民俗风情；旅游市场；旅游热点。

第一节 南美洲概况

一、区域概况

1. 地理位置及范围

南美旅游区位于西半球美洲大陆南部，东临大西洋，西濒太平洋，北临加勒比海，南隔德雷克海峡与南极洲相望，陆地上以巴拿马运河与北美洲旅游区分界。总面积 1797 万平方千米，约占世界陆地总面积的 12%。从地理区域上划分为：南美北部诸国，包括圭亚那、苏里南、法属圭亚那、委内瑞拉和哥伦比亚。安第斯山地中段诸国，包括厄瓜多尔、秘鲁、玻利维亚。南美南部诸国，包括智利、阿根廷、乌拉圭、巴拉圭。其中巴西面积约占大陆总面积的一半。

2. 水文地貌

南美洲旅游区地形可分为三个南北向纵列带：西部为狭长的安第斯山，中部为广阔平坦的平原低地，东部为波状起伏的高原。其中平原约占全洲面积的 60%，海拔 3000 米以下的高原、丘陵和山地约占全洲面积的 33%，海拔 3000 米以上的高原和山地约占全洲面积的 7%。全洲平均海拔 600 米。安第斯山脉是世界上最长的山脉，也是世界最高大的山系之一，大部分海拔 3000 米以上。其中阿空加瓜山海拔 6960 米，是南美洲最高峰。南美洲东部有宽广的巴西高原、圭亚那高原，南部则有巴塔哥尼亚高原。其中巴西高原面积 500 多万平方千米，为世界上面积最大的高原。平原自北而南有奥里诺科平原、亚马孙平原和拉普拉塔平原。其中亚马孙平原面积约 560 万平方千米，是世界上面积最大的冲积平原。

海岸线长约 28 700 千米，比较平直，多为侵蚀海岸。缺少大半岛、海湾，岛屿不多。南美洲是世界上火山较多、地震频繁且多强烈地震的一个洲，以太平洋沿岸地区最为频繁。科迪勒拉山系是太平洋东岸火山带的主要组成部分，安第斯山脉北段有 16 座活火山，南段有 30 多座活火山。尤耶亚科火山海拔 6723 米，是世界上较高的活火山。

南美洲水系以科迪勒拉山系的安第斯山为分水岭，东西分属于大西洋水系和太平洋水系。太平洋水系源短流急，且多独流入海。大西洋水系的河流大多源远流长、支流众多、水量丰富、流域面积广。其中，亚马孙河是世界上最长、流域面积最广、流量最大的河流之一，其支流超过 1000 千米的有 20 多条。南美洲水系内流区域很小，内流河主要分布在南美西中部的荒漠高原和阿根廷的西北部。南美洲除最南部外，河流终年不冻。南美洲多瀑布，安赫尔瀑布落差达 979 米，为世界落差最大的瀑布。

3. 气候特征

南美旅游区大部分地区位于赤道两侧，大部分地区属热带雨林气候和热带草原气候，温暖性、湿润性、夏雨性是南美旅游区气候的显著特点。南美洲各地气温的年较差较小，除山地外冬季最冷月的平均气温均在0℃以上，热带地区平均气温超过20℃，远比北美洲暖和；夏季最热月平均气温介于26～38℃，远不及非洲和澳大利亚大陆的热带地区炎热。全洲降水充沛，年降水量在1000毫米以上的地区约占全洲面积的70%以上，是沙漠面积较小的一洲。

4. 人口与民族

南美旅游区总人口约3.25亿，约占世界总人口的5.6%。地域分布不均衡，西北部和东南沿海一带人口稠密；亚马孙平原是世界人口密度最小的地区之一，每平方公里不到1人。人口分布的另一特点是人口高度集中在少数大城市。民族成分复杂，有印第安人、白人、黑人及各种不同的混血型人，其中以印欧混血型人最多。语言比较复杂，印第安人用印第安语，巴西的官方语言为葡萄牙语，法属圭亚那官方语言为法语，圭亚那官方语言为英语，苏里南官方语言为荷兰语，其他国家均以西班牙语为官方语言。居民绝大多数信天主教，少数信基督教。

二、旅游资源

南美旅游区西部南北纵贯的安第斯山，是世界上最长的山脉，为环太平洋火山地震带的一部分，群山错列、峡谷幽深的崇山峻岭，千姿百态、烟雾缭绕的火山奇观极具特色。中部有世界面积最大的亚马逊平原和世界第一大河亚马逊河，生物种类极其丰富，且多是特有种类，素有"天然动物植物园"之称，是世界上面积最大的热带雨林景观区，是开展科学考察和热带丛林探险等专题旅游活动的基地。由于降水量丰富和地势起伏大，形成了许多世界上最著名的瀑布。

南美旅游区是世界古代文明的发祥地之一，这里孕育了灿烂的古印第安文明，曾经创造了玛雅文化、托尔特克文化和阿兹台克文化等光辉灿烂的古文化，留下了许多规模宏大的石结构古建筑及其废墟，如神庙、金字塔、祭坛、宫殿、卫城、广场等，具有较高的历史价值。这里的文化和生活方式以及艺术、宗教、建筑等受西班牙、葡萄牙、法国、意大利等拉丁语系国家移民的影响较大，经过长期发展，形成了自身的特色。

三、旅游业

南美洲旅游区虽然旅游资源丰富，但旅游业起步较晚，国际旅游收入和接待国际游客量总体水平较低，在世界旅游市场中所占的比重偏低。该区绝大部分国家尚不是中国的旅游目的地国家。中国公民前往南美旅游区旅游的人数尚不多。南美旅游区各国公民多以短程旅游为主，到中国旅游的人数很少。

第二节　巴西

一、国情概述

1. 国土疆域

巴西位于南美旅游区东南部,同除智利和厄瓜多尔以外的所有南美洲国家接壤。北邻法属圭亚那、苏里南、圭亚那、委内瑞拉和哥伦比亚,西接秘鲁、玻利维亚,南接巴拉圭、阿根廷和乌拉圭,东濒大西洋。国土面积851.49万平方千米,仅次于俄罗斯、加拿大、中国和美国,为世界第五大国,南美旅游区第一大国家。海岸线长7400多千米,领海宽度12海里,领海外专属经济区188海里。

2. 人口民族

巴西人口为1.91亿人(2010年),女性比男性多390万,居南美旅游区首位,世界第五位。其中白种人占54.03%,黑白混血种人占39.94%,黑种人占5.39%,黄种人占0.46%,印第安人约占0.16%。官方语言为葡萄牙语。78%的居民信奉天主教,还有福音派信徒、不可知论派信徒、唯灵论派信徒,黑人和印第安人信奉原始宗教,亚洲移民信奉佛教。

3. 发展简史

公元1500年4月22日,葡萄牙航海家佩德罗·卡布拉尔抵达巴西。他将这片土地命名为"圣十字架",并宣布归葡萄牙所有。由于殖民者的掠夺是从砍伐巴西红木开始的,"红木"(Brasil)一词逐渐代替了"圣十字架",成为巴西国名,并沿用至今。1822年9月7日宣布完全脱离葡萄牙独立,建立巴西帝国。1889年11月15日推翻帝制,成立联邦共和国。1891年制定宪法,建立巴西合众国。1968年改名为巴西联邦共和国。巴西历史上曾有过几次大的移民浪潮,仅1884至1962年间,迁居巴西的移民即达497万多人,主要来自葡萄牙、西班牙、意大利、德国、法国、波兰和阿拉伯国家。黄种人多来自日本、朝鲜和中国。日本人和华人移民主要集中在圣保罗市和里约热内卢市。

4. 政治经济

巴西的首都为巴西利亚,国花为毛蟹爪兰,货币为雷亚尔。1974年8月15日,中国与巴西建立外交关系。巴西经济发达,经济实力居南美旅游区各国之首。服务业、工业、农牧业为国民经济的支柱。主要工业部门是钢铁、汽车、造船、石油、水泥、化工、冶金、航空、纺织等。咖啡、蔗糖、柑橘等农产品产量居世界首位。交通发达,旅游基础设施较完善,旅游业发展很快。

5. 自然风貌

巴西地形以平原和低缓高原为主,巴西高原和亚马逊平原绝大部分位于巴西境内。横贯北部的亚马孙河是世界上流域最广、流量最大的河流。素有"地球之肺"之称的亚马孙热带雨林总面积达750万平方千米,其中大部分位于巴西境内。自北而南可分为五个地形区：圭亚那高原、巴西高原、亚巴逊平原、沿海平原、巴拉圭低地。巴西高原东侧有一条陡峭如墙的大崖壁，绵延几千千米，自然景观秀丽。大崖壁东面是一条狭长的沿海平原，是经济、文化荟萃之地，人文旅游资源丰富。

巴西绝大部分领土处在南回归线与赤道之间，92%的土地处于热带，除南部属亚热带湿润气候外，其余地区属热带气候，可分为赤道气候、热带气候、高海拔热带气候、大西洋热带气候、半干旱气候和亚热带气候。年平均气温23～27℃，分旱、雨两季，每年4～12月为雨季，降水充沛。北部以热带雨林景观为主，南部为热带草原景观。

6. 文化艺术

巴西文化可分为古代印第安文化、殖民地文化和近代、现代文化。古代印第安文化是1 500年以前居住在巴西的印第安土著居民创造的。葡萄牙殖民者到达巴西后，在巴西形成了以葡萄牙文化为主的欧洲文化、非洲文化、亚洲文化同当地土著文化相结合的混合文化。最能集中表现这种混合文化特点的是民间舞蹈和音乐。巴西通俗音乐具有强烈的节奏和丰富的旋律，在世界享有盛名。最典型的是里约热内卢以及其他一些城市的狂欢节活动，桑巴舞和盛妆列队游行成为巴西文化的一种象征。"没有桑巴舞，就不存在狂欢节"、"桑巴舞已渗透到人们的血液"，几乎所有的巴西人都这样认为。

◇**知识窗**◇

桑巴舞

桑巴舞被称为巴西的"国舞"，风行于南美这个最大的国度。

桑巴舞起源于非洲，原是一种激昂的肚皮舞。后来随着贩卖黑奴活动的兴起而开始向外传播。被贩卖到种植园和采矿场的黑奴，在繁重的劳动之余，以跳这种家乡舞来苦中作乐。在以后的几个世纪中，来自非洲的黑奴及其后裔同来自欧洲各地的白人、土著的印第安人逐渐接触融合，吸收了来自欧洲的波希米亚的波尔卡舞、来自古巴的哈巴涅拉舞和巴西当地流行的马克西克歌舞的一些因素，逐渐形成现代的桑巴舞。1932年，巴西举行首次情人节桑巴舞游行观摩比赛，受到人们的欢迎和好评。从此，现代桑巴舞很快就风靡巴西全国。

桑巴舞是一种集体性的交谊舞蹈，参加者少则几十人，多则上万人。舞蹈以鼓、锣等打击乐伴奏。舞步简单，双脚前移后退，身体侧倾，前后摇摆。男女舞者成对原地或绕舞厅相伴而舞，也可分开各跳各自的舞步。男舞者钟情于脚下各种灵巧的动作，两脚飞速移动或旋转。女舞者则以上身的抖动以及腹部与臀部扭动为主。桑巴舞可在舞厅和舞台上演出，而更多的则是在露天的广场和大街上集体表演。舞者狂放不羁，动作幅度很大，节奏强烈，给人以激情似火的感觉。而大鼓、铜鼓、手鼓等打击乐器同时并作，高亢激越，声浪滚滚，更烘托出一种紧张炽热、烈火扑面的气氛。当气氛达到高潮之时，乐声戛然而止，高难的舞蹈动感一下子冷凝为万般皆寂的雕塑似的静态。动与静的瞬间变化，大起大落的惊人和谐，制造出一种特有的惊喜感与震撼美。

更为桑巴舞增光添彩的，是演员华美绝伦的服饰。演员无论男女，都身着色彩艳丽的服装。男演员足蹬长靴，穿着欧洲古代骑士一样的马甲，或披着非洲大酋长式的长袍。女演员的衣饰则更为讲究。她们或穿着将周身裹得严严实实的图案华美的拖地长裙，或者只挂上小得再也不能再小的几近赤身裸体的"三点式",甚至胸部完全裸露,只在乳头上涂抹一点彩饰。她们的头饰更为别致,或戴华丽的王冠,或插五彩的鸟羽,或顶一团火似的翎毛。色彩艳丽的衣饰上还缀满五光十色的珠玉。每当舞曲声起,现代化的灯光闪亮,服饰即随舞步飘动,珠玉伴和灯光流转,似一团团火焰闪烁,如一个个流星飞转,形成一个似梦如幻的世界。

二、民俗风情

巴西是由欧洲人、非洲人、印第安人、阿拉伯人以及东方人等多种民族组成的国家,但核心是葡萄牙血统的巴西人。移民中以西班牙、意大利等南欧国家占绝大多数,因此,巴西人的习俗与葡萄牙等西欧人的习俗非常相似。印第安人和混血种人在一些方面仍保持着自己的一些特点。

1. 服饰

在正式场合,巴西人的穿着十分考究。他们不仅讲究穿戴整齐,而且主张在不同的场合里,人们的着装应当有所区别。在重要的政务、商务活动中,巴西人主张一定要穿西装或套裙。在一般的共公场合,男人至少要穿短衬衫、长西裤,女士则最好穿高领带袖的长裙。

2. 饮食

巴西人以大米为主食,喜欢在油炒饭上撒上类似马铃薯粉的蕃芋粉。喜欢吃虾,尚没有完全普及吃鱼,通常只在星期五和复活节时吃鱼。巴西人平常主要吃欧式西餐。因为畜牧业发达,巴西人所吃食物之中肉类所占的比重较大。在巴西人的主食中,巴西特产黑豆占有一席之地。巴西人喜欢饮咖啡、红茶和葡萄酒。在周末,巴西人喜欢把大块的肉放在火上烤着吃。

3. 婚俗

在巴西,一对新人要想登记结婚,必须参加为期两周的婚前教育。其主要内容包括婚后的行为规范、待人处事的原则、婚姻道德以及性卫生等。经过考核,得到合格证书,才能登记结婚。如果未获得证书而擅自结婚者,其子女将不被法律所承认,上学和继承遗产都会出现各种各样的问题。这也许是世界上最严格的登记手续吧。

4. 礼仪

巴西人不羞于表露感情,人们在大街上相见时也热烈拥抱,无论男女,见面和分别时都握手,但一般是年长者、地位高者、主人及女士先伸手。熟人相见,男士之间互相拥抱并拍打后背,以示关系非同一般;女士相见时脸贴脸,嘴要发出亲吻之声,但嘴不接触脸。

巴西人对时间和工作的态度比较随便,赴约迟到是常事。和巴西人打交道时,谈话要亲热,距离要近。不管那里天气怎么热,穿深色服装都是适宜的。巴西人特别喜爱孩子,谈话中可以夸奖他人的孩子。巴西的男人喜欢笑,但客人要避开涉及当地民族的玩笑。

　　巴西的印第安人有一种颇为有趣的习俗。洗澡和吃饭是他们生活中最重要的内容。若有人到他们家中做客，便邀请客人一起跳进河里去洗澡，有的一天要洗上十几次。据说，这是他们对宾客最尊敬的礼节，而且洗澡次数越多，表示对宾客越客气、越尊重。

　　在巴西人家里做客后的第 2 天，应托人给女主人送一束鲜花或一张致谢的便条。送花时，鲜花千万不能送紫色的。接受礼物时应该当面打开并道谢。

5. 禁忌

　　巴西人以棕色、紫色表示悲伤，黄色表示绝望。他们认为人死好比黄叶落下，所以忌讳棕黄色。认为深咖啡色会招来不幸，所以，非常讨厌这种颜色。赠礼品时，巴西人忌讳送手帕或刀子，不能送紫色的鲜花，他们认为紫色是死亡的象征。英美人所采用的表示"OK"的手势，在巴西看来是非常下流的。

三、旅游市场

　　近几年，巴西的生态旅游生气勃勃，游客人数每年以 20%的速度增加。巴西生态旅游发展迅速得益于巴西丰富的生态旅游资源：南有气势雄伟的伊瓜苏瀑布，北有奔流滚滚的亚马逊河，东有秀丽的大西洋海滩，西有一望无际的潘塔纳尔大沼泽。巴西是南美旅游区的旅游大国，但在世界旅游市场中，巴西所占的比重极少。巴西是南美洲最大的旅游市场，主要客源国是一些邻国及美国、加拿大等。巴西公民出游的主要目的地也是邻国，远程旅游的人数数量很小。据巴旅游部门统计，2008 年巴接待外国游客 502 万人次，创汇 57.8 亿美元。全国共有旅行社 9000 多家，旅游业直接从业人员 187 万人。主要旅游胜地是里约热内卢、巴西利亚和商务旅游城市圣保罗。

　　目前，中国公民赴巴西旅游尚少，2009 年巴西接待中国游客约 3 万人次，还不到总体观光客的 1%。随着中国飞往巴西的航班数量逐渐增加，有望使更多的中国游客前往巴西，这个市场的潜力很大。

四、旅游热点

(一)巴西利亚

　　巴西的首都巴西利亚是世界上最年轻的城市，它的建筑堪称世界建筑史上的奇迹。巴西历史上有两个首都：萨尔瓦多和里约热内卢。巴西利亚是 1960 年 4 月建成的新兴的现代化城市。城市建筑风格新颖独特、多姿多彩，融会了世界古今建筑艺术的精华，有"世界建筑博览会"之称，是世界各国城市规划的样本。1987 年，联合国教科文组织宣布将巴西利亚城列为"人类文化财富"。

　　巴西利亚整座城市犹如一架超大的喷气式飞机，象征新首都带领全国展翅高飞。飞机式城市布局中，"机头"部分是三权广场(即议会、法院、总统府的所在地)。"机身"是一条长 8 千米、宽 250 米的主干大道。"前舱"是"各部大厦广场"，广场两旁林立政府各部的办公大楼。"后舱"是会议厅、文教区、体育城、电视塔等公共文化中心。

"机尾"是为首都建设和政府部门服务的工业区。"机翼"由左右延伸的立交公路和路旁整齐的公寓住宅区组成。在"机翼"与"机身"连接处是商业区、娱乐区、文化区、住宅区。整座城市在设计时采用曲线和弧形,使得市区建设充满了瑰丽多姿、耳目一新的艺术美感。各种建筑形象奇特,寓意深远,独具匠心。巴西利亚是被联合国教科文组织列入文化遗产城市中唯一的一座现代化新城。

(二)圣保罗

圣保罗位于巴西东南部,是巴西圣保罗州的首府,南美旅游区的最大城市。始于 1554 年建市,曾是传教耶稣会的 个小镇。海拔 760 米,面积 1493 平方千米,市区人口 1740 万。居民许多是意大利和日本人的后裔,华侨华人约有 17 万。圣保罗是巴西工商、金融、外贸、文化、消费娱乐中心,被誉为"国中之国"。主要景点有天主教大教堂、圣保罗美术馆等。

(三)伊瓜苏

伊瓜苏市位于巴西、巴拉圭、阿根廷三国交界的巴拉那河与伊瓜苏河汇合处。"伊瓜苏"在印第安瓜拉尼语中意为"大水"。市区面积 85 平方千米,海拔 183 米,人口 25 万,是巴西第二大旅游中心。目前世界最大的水电站——伊泰普水电站距市区 12 千米,世界上最宽的伊瓜苏大瀑布距市区 28 千米。距阿根廷境内的大瀑布 29 千米。

1. 伊瓜苏大瀑布

伊瓜苏大瀑布位于巴西与阿根廷交界处的伊瓜苏河上。1542 年被西班牙人发现。大瀑布由 275 个瀑布组成,总宽 2700 米。最大的瀑布跌水 90 米,流量 1500 立方米/秒,被称为"魔鬼之喉"。大瀑布的 3/4 在阿根廷境内,但从巴西一侧看去更为壮观。

2. 伊泰普水电站

位于巴西与巴拉圭之间的界河——巴拉那河(世界第五大河,年径流量 7250 亿立方米)上,伊瓜苏市北 12 千米处,是目前世界上最大的水电站。伊泰普在印第安语中意为"会唱歌的石头"。

(四)里约热内卢

里约热内卢位于南大西洋西岸,是巴西第二大城市。建于 1565 年,1834～1960 年为巴西首都。里约热内卢在葡萄牙语中意为"一月的河"。1501 年 1 月葡萄牙航海家抵达这里时,误以为瓜纳巴拉湾是大河的入海口,因而得名。城市依山傍海,风景优美,是巴西和世界著名的旅游观光胜地。主要名胜有科尔科瓦多山、面包山、尼特罗伊大桥等。科尔科瓦多山峰顶上矗立着近 40 米高的耶稣雕像,已成为巴西国家的象征。里约热内卢的海滩举世闻名,其数目和延伸长度为世界之最,全市共有海滩 72 个,其中两个最有名的海滩是:科巴卡巴纳海滩和依巴内玛海滩。这里海湾辽阔,沙滩雪白,每适夏季,人潮如涌,万头攒动,五颜六色的遮阳伞点缀其间,海上帆影、岛影点点,组成一幅绚丽多彩的图案。里约热内卢被誉为"狂欢节之都",巴西一年一度在这里举办最有特色的狂欢节。

1. 科尔科瓦多山

科尔科瓦多山又称耶稣山，高 710 米，位于里约热内卢市蒂茹卡国家公园内。山顶塑有一座两臂展开、形同十字架的耶稣像，故又名耶稣山。巨大的耶稣塑像在全市的每个角落均可以看到，是里约热内卢市的象征之一。该塑像建于 1931 年，高近 40 米，重 1145 吨。

2. 面包山

面包山因形似法式面包而得名。位于瓜纳巴拉湾入口处，是里约热内卢市的象征之一。山高 394 米，登上山顶可将里约热内卢全景尽收眼底。与面包山为邻的有两座略低的山峰——狗面山和乌尔卡山，均为 215 米高。1565 年，里约热内卢在这两座山之间建立起来的，现在山脚下还能看到当年保卫里约热内卢市的圣若奥古城堡。

(五)萨尔瓦多古城

萨尔瓦多古城位于巴西东部巴伊亚洲首府萨尔瓦多市，欧洲、非洲和美洲文化在这里交汇融合，既有许多名胜古迹，又有绮丽的热带风光，是一处绝佳的旅游胜地。城内有 160 多座教堂，是南美旅游区教堂最多的城市。最古老的马特里斯·圣母康塞桑教堂建于 1549 年。最华丽的是圣弗朗西斯科教堂，穹顶、墙柱、圣像和雕塑共用了 300 千克黄金和 80 千克白银。17 世纪建造的瓦西利教堂是巴西最大的教堂。

课堂讨论题

巴西为什么尚没有成为我国的主要旅游客源国，影响巴西公民来华旅游的制约因素是什么？

第三节　阿根廷

一、国情概述

1. 国土疆域

阿根廷位于南美旅游区东南部，面积 278 万平方千米，仅次于巴西，是南美旅游区第二大国。东濒大西洋，南与南极洲隔海相望，西部同智利为邻，北部、东部与玻利维亚、巴拉圭、巴西、乌拉圭接壤。南北最大距离约 3693 千米；东西最大距离约 1460 千米；海岸线长约 4989 千米。

2. 人口民族

阿根廷人口 4000 多万(2010 年),居南美旅游区第二位。主要是欧洲人和印第安人,其中白种人约占 97%,印第安人和其他人种占 3%。城市人口占 4/5。居民多属意大利和西班牙后裔。官方语言为西班牙语,87%左右的居民信奉天主教,其余的信奉新教及其他宗教。

3. 发展简史

16 世纪前居住着印第安人。1535 年开始沦为西班牙殖民地。1810 年 5 月 25 日爆发反对西班牙统治的"五月革命"。1816 年 7 月 9 日宣布独立。1853 年制定宪法,建立阿根廷联邦共和国。

4. 政治经济

阿根廷的首都为布宜诺斯艾利斯,国花为赛波花,货币为比索。

阿根廷是南美旅游区中经济较发达的国家之一,与巴西、墨西哥并称为南美三大工业国。

阿根廷的工业门类较齐全,主要有钢铁、电力、汽车、石油、化工、纺织、机械、食品等。工业产值占国内生产总值的 1/3。其中核工业发展水平居拉美前列。

农牧业发达,是世界粮食和肉类的重要生产国和出口国,素有"世界粮仓肉库"之称。利涅尔斯活牛市场是世界最大的活牛市场。

交通运输业发达,陆、海、空运能力均居拉美国家前列,其中公路运输最为发达,公路运输能力为全国总运输能力的 95%。

旅游业是阿根廷的支柱产业之一。2008 年,旅游业产值占阿根廷国内生产总值的 7.5%。阿根廷政府于 2010 年 6 月宣布成立旅游部,以促进该国旅游业发展。

5. 自然风貌

阿根廷地势西高东低。西部是绵延起伏、巍峨壮丽的安第斯山为主体的山地,约占全国面积的 30%;东部和中部的潘帕斯草原是著名的农牧区,号称"世界粮仓",集中了全国约 70%的人口、80%的农业和 85%的工业;北部主要是格兰查科平原,多沼泽、森林;南部是有名的巴塔哥尼亚高原。位于其南部的火地岛,相隔约 800 千米的德雷克海峡与南极半岛相望,是地球各大陆距南极洲最近的地方,誉称"通往南极洲的桥梁"。主要山脉有奥霍斯·德萨拉多山、梅希卡纳山和阿空加瓜山。著名的乌马瓦卡峡谷,曾是古老的印加文化传到阿根廷的通道,被称为"印加之路",山岳景观秀丽,人文景观丰富。

南北气温相差大,自然景观种类多样。最北端的大峡谷地区因有南回归线的穿过,呈热带气候;北部属亚热带湿润气候,中部属亚热带和热带沙漠气候,南部为温带气候,大部分地区年平均温度在 16~23℃。最南端的火地岛气温最低,年均气温仅为 5.3℃。西部为内陆干旱气候。东北部降水丰沛,在 1000 毫米左右,西北部和南部为 250 毫米;夏季雨水较多。巴拉那—拉普拉塔河全长 5580 千米,为南美第二大水系。南部安第斯山区多冰蚀湖,主要湖泊有奇基塔湖、阿根廷湖和别德马湖。

横贯南北的安第斯山脉，气温变化也很大，呈明显的气候垂直分布。海拔 1500～2500 地带属热带、亚热带气候；海拔 2500～3500 米地区干燥而温和，日温差大；海拔 3500～4500 米地区干寒，夜间有冰冻；海拔 4500 米以上地区终年积雪。安第斯山脉的自然景观十分丰富。

6. 文化艺术

阿根廷文化是由欧洲文化、非洲文化与拉美文化融汇而成的。在享有"舞中之王"声誉的阿根廷探戈中，可以看到这种融汇的印记。19 世纪末，生活在布宜诺斯艾利斯博加码头区的意大利、西班牙等国的移民，常在小酒店里聚会，他们喜欢在小提琴、曼陀林、横笛、手风琴的伴奏下跳舞，后来在这种舞蹈中吸收了古巴哈瓦那舞曲、黑人康敦贝舞曲的成分，融合成了米隆加舞，再由此进一步衍生出了探戈舞曲。现在这种节奏轻快、曲调优美、略带伤感的探戈舞已成为阿根廷人最喜爱的民间舞蹈，并在世界各国广为流传。

二、民俗风情

1. 服饰

阿根廷人在社交场合通常穿着西式服装，但不喜欢灰色的西装。中小学生有全国统一制作的服装，这种服装主要是一件白色的亚麻布外套。阿根廷的牧民通常穿一种自织的羊毛上装，这种上装无领无袖，印有彩色条纹，钉有纽扣，四周装着穗子，称为"穗饰披巾"。牧民穿这种服装在野外放牧，活动自如，并能根据气候的变化，随时穿脱，极为方便。

2. 饮食

阿根廷人习惯吃欧式西菜，喜食牛肉，每个阿根廷人每年吃牛肉 70 千克左右，多的达 100 千克，同时也爱吃鱼虾。当地人称烤牛肉为"阿萨多"，可说是阿根廷的"国菜"，是款待客人的必备美味。近些年，阿根廷为增加出口，政府规定每星期五为"禁肉日"，当日市场不出售牛肉，饭馆也不供应。到阿根廷朋友家做客，热情有礼的主人家通常会由一位少女捧出一个刻有人物形象、田园风光等精美图案的葫芦形容器，上插一根吸管，请客人品吸当地人最喜欢的一种饮料——马黛茶。马黛茶味苦而香醇，具有提神解乏之功效。

3. 婚俗

阿根廷人中的欧洲移民后裔，仍保留着原有的宗教信仰，婚礼多是到教堂中举行的，与欧洲的习俗并无二致。在一些边远地区，则存在一些独特的婚俗。如巴塔戈尼亚地区的土著特维尔切人举行婚礼时，通常要请来巫师，巫师负责教导新婚夫妇婚后如何生活；接着燃起篝火烤肉，宴请参加婚礼的人。

4. 礼仪

阿根廷人在正式社交场合多行握手礼，为表示对客人的友好和亲热，常会不断地与客人握手。若是亲朋好友，男士之间行拥抱礼，女士之间用双手握手并互吻脸颊。阿根廷人交谈时，彼此间的距离通常很近，他们认为距离靠得近些是亲近的表示。在阿根廷，一个人用手指轻敲脑袋是"我想想"或"动动脑子"的意思；吻指尖是"啊哈，漂亮"的意思，其所指可以是一位妇女、一朵鲜花或是一辆高级轿车。

5. 禁忌

在阿根廷，人们忌讳送个人用的贴身物品，如领带、衬衣等。

阿根廷人不喜欢吃海参、鳝鱼等形状怪异的东西。忌讳宾客在公共场所未经允许就脱去上衣，必须西装革履，穿着整齐。

三、旅游市场

阿根廷是南美洲第二大国际旅游目的地，每年接待外国游客 300 多万人次，旅游收入达近 30 亿美元。主要旅游胜地是布宜诺斯艾利斯、巴塔哥尼亚和伊瓜苏瀑布。与此同时，出境旅游的阿根廷人也不断增加，2009 年达到 497.51 万人次，其海外消费达到 43.47 亿美元。近年来，前往阿根廷旅游的中国游客人数不断增加。根据阿根廷旅游部公布的统计数字，2009 年共有 1.5 万中国游客到阿根廷观光旅游。

四、旅游热点

1. 布宜诺斯艾利斯市

阿根廷的首都布宜诺斯艾利斯既是一座拥 400 多年历史的古老城市，又是一座繁华而美丽的现代化大城市。它既有自己的特色，又具有欧洲大城市的风韵，人们称誉它为"西半球的巴黎"。数百座大小不等和风格各异的雕塑作品在城区里星罗棋布，布宜诺斯艾利斯城如同一座巨大的雕塑博物馆，所以布宜诺斯艾利斯有"雕塑城"的美称。市区仍保存着许多古老建筑物，带有欧洲古典建筑艺术的浓厚色彩，既有哥特式教堂，又有罗马式的剧院和西班牙的法院。

2. 伊瓜苏大瀑布

伊瓜苏大瀑布是南美旅游区最大的瀑布，世界五大瀑布之一。它位于阿根廷北部与巴西交界处。瀑布呈马蹄形，宽约 4 千米，平均落差 75 米。瀑布轰鸣声在 25 千米外都可以听见。在这里修建了国家公园，世界各地的游客络绎不绝。

3. 冰川与阿根廷湖

绵长的安第斯山脉终年积雪，纵横着 47 条巨大的冰川，其中 13 条流向阿根廷境内。其中莫雷诺冰川，海拔 2000～3000 米，是世界上少有的正在生长的冰川。

阿根廷湖是坐落于阿根廷南部圣克鲁斯省的冰川湖，面积 1414 平方千米，这里以著名冰块堆积景观而闻名于世。该湖接纳来自周围 150 多条冰河的冰流和冰块。巨大的冰块互相撞击，缓缓向前移动，有时形成造型奇特的冰墙，高达 80 米。最后全部汇积到阿根廷湖，组成了洁白玉立的冰山雕塑。湖畔雪峰环绕，山下林木茂盛，景色迷人，为阿根廷最引人入胜的旅游景点。

4. 卡特德拉尔山

卡特德拉尔山是阿根廷著名的滑雪中心，位于里奥内格罗省西部的纳韦尔瓦皮国家公园中，每年的 6 月至 9 月，正当欧美处于盛夏之际，这里大雪纷飞，银装素裹，成为天然的滑雪圣地，大批欧美滑雪爱好者蜂拥而至。为方便滑雪爱好者，这里修有完好的旅店饭店设施，并建有空中缆车，可直接把游人载到山顶。

课堂讨论题

阿根廷为什么尚没有成为中国公民出游的重要地区？

第四节　智利

一、国情概述

1. 国土疆域

智利位于南美旅游区西南部，安第斯山脉西麓。东邻阿根廷，北接秘鲁、玻利维亚，西濒太平洋，南与南极洲隔海相望。海岸线总长约 10 000 千米，是世界上形状最狭长的国家，南北长约 4200 千米，东西宽约 96.8～362.3 千米。面积 756 626 平方千米。

2. 人口民族

智利人口约 1613.6 万(2009 年)，其中城市人口约占 86.8%。印欧混血种人约占 75%，白人占 20%，印第安人占 4.6%。官方语言为西班牙语。在印第安人聚居区使用马普切语。85%的人信奉天主教，12%的人信奉福音教。

3. 发展简史

在智利这块土地上早期居住着阿劳科人、火地人等印第安民族，直至 16 世纪初，属于印加帝国。公元 1535 年，西班牙殖民者从秘鲁侵入智利北部。1541 年建立圣地亚哥城后，智利沦为西班牙殖民地。1810 年 9 月 18 日成立执政委员会，实行自治。此后，智利人民在民族英雄贝尔纳多·奥希金斯率领下开展反殖民统治斗争。1817 年 2 月同阿根廷联军击败西班牙殖民军。公元 1818 年智利宣告独立。

4. 政治经济

智利的首都为圣地亚哥,国花为"戈比爱"野百合花,货币为比索。

智利属于中等发展水平国家。预计在 2019 年前成为南美洲第一个发达国家。矿业、林业、渔业和农业资源丰富,是国民经济四大支柱。矿藏、森林和水产资源丰富。以盛产铜闻名于世,素称"铜之王国"。已探明的铜蕴藏量达 2 亿吨以上,居世界第一位,约占世界铜储藏量的 1/3。工矿业是国民经济的命脉,铜产量和出口量均为世界第一。森林覆盖率 20.8%,盛产温带林木,木质优良,是南美第一大林产品出口国。渔业资源丰富,是世界第五渔业大国。2010 年智利人均国内生产总值达到 11 587 美元。

旅游业发展较快,在原有海滨和南部风景区的基础上,不断开发新的旅游景点,旅游业已成为智利经济的新兴支柱产业。

5. 自然风貌

智利的印第安语意为"寒冷的土地"、"世界的边缘"、"遥远的人民"等,地形大致由南北走向的三条并列带构成。东部是高峻连绵的安第斯山脉,多海拔 6000 米以上的雪峰,是世界仅次于喜马拉雅山的极高峰集中区,约占全境东西宽度的 1/3;西部是海拔 300~2000 米的海岸山脉,大部分地带沿海岸伸展,向南入海,形成众多的沿海岛屿;中部是由冲积物填充的陷落谷地,海拔 1200 米左右。境内多火山,其中位于首都圣地亚哥以东的图蓬加托火山,海拔 6800 米,是世界最高的活火山。全国有河流 30 余条,较重要的河流有比奥比奥河等。主要岛屿有火地岛、奇洛埃岛、惠灵顿岛等,山岳景观和火山地貌景观对游客极富吸引力。

智利的气候南北差异明显。北部是热带沙漠气候,是世界上最干旱的地区之一,沙漠景观丰富。中部是冬季多雨、夏季干燥的亚热带地中海式气候,生物旅游资源多样。南部属温带海洋性气候,是生物旅游景观最丰富的地区。年平均降雨量在智利北部的安托法加斯塔为 12.7 毫米,在圣地牙哥为 375 毫米,在南部的火地岛为 5800 毫米。

6. 文化艺术

智利人能歌善舞。土著音乐主要源于阿劳科人。阿劳科人信仰自然神,如雨神等。他们常常吹奏音乐,以祈祷神灵赐福。乐器大部分用禾本科植物的茎秆或木、骨、石、黏土制成。智利复活节岛由于相距智利大陆本土 3700 千米,因而其波利尼西亚音乐一直保持至今。岛上居民对音乐歌舞有着独特的天赋,复调和多节奏演唱或演奏能力颇强,浓重的鼻音与其语言密切相关。西洋乐器对智利大众影响最大的是吉他。

智利最古老的舞蹈有集体圆圈舞和独舞,一般在重大庆典或其他欢庆活动中表演。北部地拉纳地区的集体舞宗教色彩浓厚,引人入胜。南部奇洛埃地区帮工节上的舞蹈则别有一番情趣,一般在某家新房落成后举行。智利的国舞是奎卡舞。它源于秘鲁,形成于秘鲁独立革命时期。该舞兼容了西班牙和阿拉伯舞的动作。目前这一舞蹈在几乎整个美洲太平洋沿岸和阿根廷均流行,其名称叫"智利舞"。在智利各地,奎卡舞虽因地区不同而着装各异,舞步编排亦不尽一样。但就其表情而言,中部谐谑、南部严肃、农村挑逗、首都高雅。

二、民俗风情

1. 服饰

智利人穿着比较讲究，特别是首都圣地亚哥的富人，上街时男士西装革履，女士穿着入时。智利人习惯穿单色服装，颜色主要为蓝、绿、红、黄、白。无论其式样如何千变万化，但杂色服装一直不太受欢迎。

2. 饮食

智利人的主要食物有面粉、大米、玉米，牛肉、猪肉、羊肉、新鲜蔬菜、水果、海产品等都是必不可少的食物。智利人一天吃饭多达 4 次。早餐喝咖啡，吃吐司，以简便为原则。下午 13:00 时左右是午餐，讲究丰盛。下午 16:00 时，再喝咖啡，吃数片吐司。晚上 21:00 时，吃正式的晚餐。智利人爱吃烤制食品，喜生食海鱼，认为活鱼的眼、头、内脏味道最美。智利人吃饭必须饮酒，喝的方法也很多，可以单独饮用，也可以掺进柠檬和糖作开胃酒，酒吧遍及全国各地。

3. 婚俗

智利北部的印第安人至今仍流传着一种奇特的婚姻习俗，通过"捉迷藏式"的办法选择自己的佳偶。在每年秋末冬初这一天的皓月下，选偶的男女进入场地，女子的眼睛被布蒙上，在歌舞进行中，蒙眼女子捉到的男子就是她的配偶。

4. 礼仪

智利人十分重视见面时的问候礼节，他们同外来客人第一次见面时，多要握手致意，熟悉的朋友，还要热情拥抱和亲吻。一些上了年纪的人见面，还习惯行举手礼或脱帽礼。智利人最常用的称呼是先生、夫人或太太，对未婚青年男女分别称为少爷和小姐。在正式场合要在称呼前加行政职务或学术头衔。智利人应邀参加宴会或舞会，总是带上一点礼物。人们有妇女优先的习惯，在公共场合年轻人总是将方便让给老人、妇女和孩子。智利人都喜欢牛,每逢盛大的节日都要举行围牛活动。有人说："不看围牛就不算真正了解智利"。

5. 禁忌

智利人的禁忌和西方几乎一样。智利人还认为"5"这个数字不吉利。

三、旅游市场

在美洲诸国中，智利接待外国游客人数目前位居美国、加拿大、墨西哥、巴西、波多黎各、阿根廷、多米尼加和乌拉圭之后，列第九位。2008 年，接待外国游客共 265 多万人次，旅游外汇收入 20 多亿美元。游客主要来自阿根廷等周边国家及北美和欧洲旅游区等。

中智两国旅游部门于 2004 年底签署了中国出境旅游目的地国协议，除目前占据多数的中国商务旅游考察团组外，智政府旅游部门及私营旅行社正在制定接待中国游客的计划，期待中国主要旅行社组团游览智利。

四、旅游热点

1. 圣地亚哥

圣地亚哥是智利首都，全国最大的城市和全国的政治、经济、文化、交通中心。圣地亚哥始建于 1541 年，1818 年成为智利首都，19 世纪因发现银矿而发展迅速。其后，圣地亚哥屡遭地震、洪水等自然灾害的破坏，众多历史性建筑物已荡然无存。

今日的圣地亚哥已为一座现代化的城市。靠近市中心的 230 米高的圣卢西亚山为著名风景区。市东北角另有高 300 米的圣克里斯托瓦尔山，山顶上竖立一尊巨型大理石圣母雕像，为当地一大胜景。

圣地亚哥主要的街道奥希金斯大街，长约 3 千米，宽 100 米，横贯全城。两旁林荫遮道，每隔不远就有一座喷泉和造型生动的纪念铜像。商业大厦、银行、饭店、娱乐场所林立，成为圣地亚哥最繁华的街道。大街西端有著名的解放广场，附近有宪法广场，大街东边有巴格达诺广场。市区和近郊有天主堂、主教堂、邮局、市政厅；有古老的智利大学、天主教大学、国民学院、南美最大的图书馆、历史博物馆、国家美术馆以及智利缩影公园、宝博公园、动物园和古迹等。

圣地亚哥地处安第斯山脚下，城外高山是滑雪运动爱好者的天堂。山上可以进行长途跋涉、攀岩、跳伞、骑马等活动。

2. 瓦尔帕莱索

瓦尔帕莱索位于智利首都圣地亚哥西北部约 140 千米处，是智利的第二大城市和南太平洋沿岸最大的港口。始建于 1536 年，其缔造者西班牙殖民者胡安·德·萨阿维德拉用他的出生地瓦尔帕莱索为其命名。城区依山建楼，傍海造屋，使建筑群呈排排阶梯式特色。游人住进旅馆，如置身在一艘巨轮之上，面向蓝天碧海，品尝佳肴美酒，十分惬意。城东北 7 千米处有旅游卫星城比尼亚德尔马，此地拥有南美最有名的海水浴场，被称为"南太平洋的珍珠"。

3. 复活节岛

复活节岛是由荷兰航海家雅可布·洛加文于 1722 年 4 月 5 日发现的，当天正值基督教的复活节，故得名。岛上的居民则称它为"拉帕努伊"，意为"石像的故乡"，或称"特皮托·库拉"，意即"世界的肚脐"。这个三角形小岛位于东太平洋，小岛东距智利本土 3700 千米，西距最近的皮特克恩岛 1900 千米，是地球上最孤独的一个岛屿，面积 165 平方千米。直至该岛被发现，岛上原居民才与外界有了接触。岛上动植物稀少，2000 多名居民保留浓郁的波利尼西亚文化习俗。最神秘的是岛上遗留的 600 多尊石像，至今无从解释。岛上还有 40 多个神秘洞穴，有 40 块无人能读懂的刻着人、兽、鱼、鸟等图形符号的木板，岛民称之为"会说话的木板"。复活节岛的奇异，吸引着无数游人。

◇**知识窗**◇

复活节岛石像之谜

一提起复活节岛，人们首先想到的是那矗立在岛上的600多尊巨人石像。石像造型之奇特，雕技之精湛，着实令人赞叹。人们不禁要问，这么多的石像是什么人雕凿的？雕凿如此众多的石像的目的是什么？是供人瞻仰观赏，还是叫人顶礼膜拜？近些年来，一些国家的历史学家、考古学家和人类学家都曾登岛考察，企图弄个水落石出，结果虽提出种种解释，但也只能是猜测，不能令人信服。

复活节岛上的石像，一般高7～10米，重达30～90吨，有的石像一顶帽子就重达10吨之多。石像均由整块的暗红色火成岩雕凿而成。所有的石像都没有腿，全部是半身像，外形大同小异。石像的眼睛是专门用发亮的黑曜石或闪光的贝壳镶嵌上的，格外传神。个个额头狭长，鼻梁高挺，眼窝深凹，嘴巴噘翘，大耳垂肩，胳膊贴腹。所有石像都面向大海，表情冷漠，神态威严。远远望去，就像一队准备出征的武士，蔚为壮观。面对这一尊尊构思奇巧的巨人石像，游客们自然会有一连串的疑问：石像雕于何时？如此高大的石像又用什么办法搬到海滨？一些尚未完工的石像，又是遇到什么情况而突然停了下来？为揭示这些谜，科学家们进行了长期调查，对于一些问题已有了初步的答案。

据有关学者考证，人类登上复活节岛始于公元一世纪，石像的底座祭坛建于公元七世纪，石像雕凿于一世纪以后。到十二世纪时，这一雕凿活动进入鼎盛时期，前后历经四五百年。大约到1650年前后雕凿工程停了下来。从现场环境看，当时忽然停工的直接原因可能是突然遇到天灾，比如说火山喷发，或是地震、海啸之类的自然灾害。至于石像代表了什么，多数学者认为，可能是代表已故的大酋长或是宗教领袖。

接下来的问题是石像是怎么运到海边的。在岛的东南部采石场，还有300尊未雕完的石像，最高的一尊高22米，重约400吨。如此巨大的石像在那个时代，仅靠人力和简单的工具是运不走的。据当地人传说，要运走这些石像，是靠鬼神或火山喷发的力量搬到海边的。还有的说，是用橇棒、绳索把躺在山坡上的石像搬到大雪撬上，在路上铺上茅草芦苇，再用人拉、棍撬一点一点移动前进的。但是，一些考古学家真的组织人这样做了，结果证明行不通。因此，复活节岛对于旅游者来说，仍然是一个很神秘的地方。

课堂讨论题

我国应该如何开发智利旅游客源市场？

复习与思考

1. 简述南美洲旅游区自然风貌有何特色，对旅游有何影响？

2. 巴西旅游资源的主要特征是什么？在发展旅游业方面有何优势？

3. 谈谈你对玛雅文化的了解与认识。

4. 智利与墨西哥比较，在旅游环境上有何异同？

5. 巴西的文化与民俗有何特点？

6. 为什么说巴西发展生态旅游得天独厚？

7. 试设计巴西五日游的经典路线。

8. 简介阿根廷旅游资源与主要旅游景点。

9. 简述智利的民俗风情和著名人文景观。

10. 试比较南美洲旅游区与非洲旅游区旅游资源有何差异？

11. 论述玛雅文明主要分布在哪些地方？举例说明。

12. 南美旅游区为什么目前尚无法成为世界重要的客源产生地和旅游目的地？

13. 试比较巴西与泰国的旅游资源有何差异。

附录：世界遗产名录(南美洲旅游区)(按照自然与文化双重遗产、自然遗产、文化遗产的顺序排列)

一、巴西(18 项) (其中 1 项与阿根廷共有)

伊瓜苏国家公园(自，1986 年)

东南沿岸森林保护区(自，1999 年)

大西洋沿岸森林保护区(自，1999 年)

中亚马孙保护区(自，2000 年，2003 年)

潘塔纳尔保护区(自，2000 年)

巴西的大西洋群岛：费尔南多·迪诺罗尼亚群岛和罗卡斯环礁保护区(自，2001 年)

塞拉多保护区：韦阿代鲁斯高原国家公园和埃马斯国家公园(自，2001 年)

欧鲁普雷图古城(文，1980 年)

奥林达城历史中心(文，1982 年)

瓜拉尼人居住区的耶稣会传教所(文，1983 年，1984 年)：巴西的圣米格尔达斯米索斯遗址(1983 年)—阿根廷的圣伊格纳西奥米尼、圣安娜、洛雷托和圣玛丽亚拉马约尔(1984 年)(与阿根廷共有)

萨尔瓦多历史中心(文，1985 年)

孔戈尼亚斯的仁慈耶稣圣殿(文，1985 年)

巴西利亚(文，1987 年)

卡皮瓦拉山国家公园(文，1991 年)

圣路易斯历史中心(文，1997 年)

迪亚曼蒂纳城历史中心(文，1999年)

戈亚斯城历史中心(文，2001年)

圣克里斯托旺镇的圣弗朗西斯科广场(文，2010年)

二、阿根廷(8项)(其中1项与巴西共有)

冰川国家公园(自，1981年)

伊瓜苏国家公园(自，1984年)

瓦尔德斯半岛(自，1999年)

伊斯奇瓜拉斯托—塔兰帕亚天然公园(自，2000年)

瓜拉尼人居住区的耶稣会传教所(文，1983年，1984年)：巴西的圣米格尔达斯米索斯遗址(1983年)—阿根廷的圣伊格纳西奥米尼、圣安娜、洛雷托和圣玛丽亚拉马约尔(1984年)(与巴西共有)

平图拉斯河手洞(文，1999年)

科尔多瓦的耶稣会街区和庄园(文，2000年)

乌马瓦卡谷(文，2003年)

三、智利(5项)

拉帕努伊国家公园(文，1995年)

奇洛埃教堂(文，2000年)

港口城市瓦尔帕莱索的古城区(文，2003年)

亨伯斯通和圣劳拉硝石采石场(文，2005年)

塞维尔矿城(文，2006年)

第七章　大洋洲旅游区

【学习目的】

- 了解澳大利亚、新西兰的旅游环境及旅游环境与旅游的关系。
- 熟悉澳大利亚、新西兰的民俗风情。
- 掌握澳大利亚、新西兰的著名旅游城市和旅游景点的基本特征。

【学习内容】

- 澳大利亚
- 新西兰
- 国情概述；民俗风情；旅游市场；旅游热点。

第一节 大洋洲概况

一、区域概况

大洋洲旅游区位于太平洋西南部和南部，介于亚洲旅游区和南极洲之间，西临印度洋，东濒太平洋。大洋州旅游区包括澳大利亚大陆、塔斯马尼亚岛、新西兰南北二岛、新几内亚岛以及包括太平洋上的三大岛群(即波利尼西亚、密克罗尼西亚和美拉尼西亚三大岛群)共约1万多个岛屿。陆地总面积897万平方千米，约占世界陆地总面积的6%。大洋洲旅游区现有14个独立国家，其余9个地区尚在美、英、法等国的管辖之下。

大洋洲旅游区地形分为大陆和岛屿两部分，大陆海岸线长约19 000千米，澳大利亚独占整个大陆。岛屿面积约为133万平方千米，其中新几内亚岛为最大，是世界第二大岛。全洲高原、山地和丘陵众多，平原较小。新几内亚岛的查亚峰海拔5030米，是大洋洲的最高点。澳大利亚北艾尔湖在海平面以下16米，为大洋洲的最低点。大洋洲有活火山60多座(不包括海底火山)，火山旅游资源丰富。

大洋洲旅游区大部分处在南、北回归线之间，绝大部分地区属热带和亚热带，除澳大利亚的内陆地区属大陆性气候外，其余地区属海洋性气候。除澳大利亚外，全区其他各地气候温差不大，年均降水2000～4000毫米，降水量丰富，多台风和海啸，生物旅游资源多种多样，全年适宜旅游。

大洋洲旅游区总人口2583.9万人(2008年)，约占世界总人口的0.5%。其中欧洲人后裔约占70%以上，集中在澳大利亚和新西兰两国。各岛国人口密度差异显著，巴布亚人、澳大利亚土著人、塔斯马尼亚人、毛利人、美拉尼西亚人、密克罗尼西亚人和波利尼西亚人等当地居民约占总人口的20%，此外还有混血种人、印度人、华人和日本人等。绝大部分居民信奉基督教，少数人信奉天主教，印度人多信奉印度教。大部分居民通用英语，太平洋三大岛群上的当地居民，分别使用波利尼西亚语、密克罗尼西亚语和美拉尼西亚语。

二、旅游资源

大洋洲旅游区地处赤道南北，岛屿众多。岛屿多属珊瑚礁型，有世界上最大的珊瑚礁群——大堡礁(它位于澳大利亚东北海岸的珊瑚海上，断续绵延2000千米，有3000余个岛礁，面积21万平方千米)。使得此地处处是浪漫的热带海岛风光，是休闲、度假的天堂。同时，由于全区地广人稀、远离其他大陆而发现较晚，因而保持了比较原始的风貌，动植物都非常独特，如袋鼠、笑鸟等都是这里独有的动物。对于厌倦了城市生活的人们来说，大洋洲是一块新奇而神秘的大陆。蔚蓝的大海、白色的沙滩、五光十色的珊瑚、广阔的沙漠和迷人的热带森林景观，构成了一幅绚丽的图画，引人向往。

三、旅游业

20 世纪 50 年代以来，大洋洲以其丰富的自然旅游资源和独特的毛利文化成为全世界发展较快的旅游区。在这个旅游区内分为两种类型的国家：一类是发达国家澳大利亚和新西兰，旅游基础接待设施良好，旅游入境人数成倍增长，旅游创汇居世界前列，游客多以欧美国家和亚洲的日本等经济实力较强的国家为主。出境旅游势头强劲，目前这两个国家到中国来旅游的游客已占中国海外游客总数的 4%左右，已成为中国主要的客源国。另一类是发展中国家，由于经济实力的差距，旅游业发展速度相对较慢，多以海岛旅游为主，游客多是周边国家的居民。

第二节　澳大利亚

一、国情概述

1. 国土疆域

澳大利亚一词，意即"南方大陆"，欧洲人在 17 世纪初叶发现这块大陆时，误以为这是一块直通南极的陆地，故取名"澳大利亚"，Australia 即由拉丁文 terraaustralis 南方的土地)变化而来。

澳大利亚联邦位于南太平洋和印度洋之间，由澳大利亚大陆和塔斯马尼亚等岛屿和海外领土组成。澳四面临海，东南隔塔斯曼海与新西兰为邻，北部隔帝汶海和托雷斯海峡与东帝汶、印度尼西亚和巴布亚新几内亚相望，南部则与南极洲相望。澳大利亚是世界上唯一一个国土跨越整个洲的国家，是地球上最大的岛屿，故也称为"澳洲"。整个澳大利亚位于南纬 10°～39°，国土面积 769.2 万平方千米，居世界第六位，仅次于俄罗斯、加拿大、中国、美国和巴西，占大洋洲面积的 85%。

2. 人口民族

澳大利亚人口约 22 585 578 万人(2010 年 3 月)。其中 70%是英国及爱尔兰后裔；18%为欧洲其他国家人后裔，6%为亚裔，华人、华侨约 56 万人(2005 年)；土著居民占 2.3%，约 46 万人。官方语言为英语。25.8%信奉天主教，18.7%信奉国教，19.4%信奉其他基督徒，2.1%信奉佛教，1.7%信奉穆斯林，0.4%信奉犹太，2.0%其他，18.7%没有宗教，信奉其他宗教占 11.2%(2006 年)。

3. 发展简史

澳大利亚原为土著人居住。1770 年，英国航海家詹姆斯·库克在澳大利亚东海岸登陆，并宣布澳为英国殖民地。1788 年 1 月 26 日，英国首批移民抵澳，这一天后来被定为澳大利亚的国庆日。此后，英国陆续在澳洲各地建立了一些分散的殖民区。19 世纪下半叶，澳洲各殖民区先后成立自治政府。1900 年 7 月英议会通过《澳大利亚联邦宪法》，

1901 年 1 月 1 日，澳各殖民区组成澳大利亚联邦，成为英国自治领。1931 年，澳大利亚成为英联邦内的独立国。

4. 政治经济

澳大利亚的首都为堪培拉，国花为金合欢，货币为澳大利亚元。国家政体为联邦议会制，实行政党政治和责任内阁制，澳大利亚联邦宪法由英国议会于 1900 年 7 月 9 日通过。宪法规定澳大利亚政府为联邦制，实行三级政府体制(联邦、州、地方)。英国女王是澳大利亚的国家元首，由女王任命的总督为法定的最高行政长官。总理由总督提名，由女王任命。联邦议会是澳大利亚的最高立法机构，由女王(或总督代表)和参、众两院组成。联邦议会和政府负责处理涉及全国利益的所有事务。联邦政府首府设于首都堪培拉，实行总理制。各州分别设有州长，负责管理州内事务。每个州都有自己的州议会、州旗和州徽。

联邦众议院议员 150 名，按各州人口比例选出，任期 3 年。参议院议员 76 名，每州选 12 名，任期 6 年；首都地区和北方地区各选 2 名，任期 3 年。参议员每 3 年改选一半。澳大利亚每三年举行一次选举，它于 1911 年开始了实行强制性的选民登记制度，并于 1924 年实行强制投票制，参加联邦选举或公民投票的人数，通常为选民总数的 95% 以上。

联邦政府由众议院多数党或党派联盟组成，任期 3 年。

澳大利亚是一个后起的工业化国家，农牧业发达，自然资源丰富，盛产羊、牛、小麦和蔗糖，同时也是世界重要的矿产品生产和出口国。农牧业、采矿业为传统产业；近年来，制造业和高科技产业有较快发展；服务业已成为国民经济主导产业，占 GDP70% 左右。20 世纪 70 年代以来，澳大利亚进行了一系列的经济改革，大力发展对外贸易，经济持续较快增长。2008—2009 年，澳大利亚国内生产总值 11 962 亿澳元；人均 GDP 约 5.5 万澳元；经济增长率 1.2%；外汇储备 317.6 亿澳元(截至 2010 年 3 月)。

5. 自然风貌

澳大利亚海岸线长 36 735 千米。虽四面环水，沙漠和半沙漠却占全国面积的 35%。全国分为东部山地、中部平原和西部高原 3 个地区。森林面积为 106 万平方千米，覆盖率为 20%。全国最高峰科修斯科山海拔 2230 米，最长河流墨尔本河长 3490 千米。中部的埃尔湖是澳大利亚的最低点，湖面低于海平面 12 米。在东部沿海有全世界最大的珊瑚礁——大堡礁。明媚秀丽的海滩、险峻奇绝的壮丽峡谷、辽阔荒凉的内陆风光、举世闻名的大堡礁具有无与伦比的迷人魅力，每年都吸引着数百万的旅游者前来度假休闲。

澳大利亚是世界上最干燥的大陆。按照气候带的划分，澳大利亚的北部为热带，中部为辽阔的干旱地带，南部为温带。澳洲的气候比较温和，全年温差不大。最湿润的地方是东北热带地区和塔斯马尼亚州西南地带。最冷的地区位于塔斯马尼亚的高原地区和东南大陆的边缘地带。内陆地区干旱少雨，年降水量不足 200 毫米，东部山区的降水量 500～1200 毫米。澳洲的四季正好与中国相反。夏季由 12 月开始，3 月至 5 月是秋季，6 月进入冬季，9 月是春季的开始。南回归线以北地区年平均气温为 23～26℃，回归线以南地区温差稍微明显一些，冬季平均气温为 14℃，夏季为 26℃。生物旅游资源独特，全年大部分时间适宜旅游。

6. 文化艺术

澳大利亚是典型的移民国家，被社会学家喻为"民族的拼盘"。自英国移民踏上这片美丽的土地之日起，已先后有来自全球 170 个国家的 140 多个民族的移民来到这里谋生和发展。多民族形成的多元文化成为澳大利亚社会的一个显著特征。澳大利亚政府在"自由、民主、公正"的原则下倡导多元文化政策。这一特色一方面反映在土著人的绘画、文学和音乐中，另一方面又在从西方传统中吸收来的艺术、文学、现代舞蹈、电影、歌剧和戏剧中得到了体现。亚太地区的文化也是影响澳洲文化的一个重要因素。

在现代英语著作方面，澳大利亚的文学作品在国际上享有盛誉。而澳大利亚土著人、托雷斯海峡岛民以及来自海外的移民作家为这方面增添了新的领域。澳大利亚的作家们曾多次获奖，其中包括帕特里克·怀特获得的 1973 年诺贝尔文学奖、布克奖、波德莱尔奖和 1995 年莱思·穆里所获得的彼特拉克奖。这是彼特拉克奖首次由欧洲之外的作家获取。

澳大利亚的电影在世界上有很大的影响力，经常荣膺世界各项电影大奖。如 1986 年的一部《鳄鱼邓迪》在我国和欧美国家均创造了新的票房历史记录；影片《交际舞》在 1992 年的戛纳电影节引起轰动；1993 年，电影《钢琴》在戛纳国际电影节上得金棕榈奖，并获得了美国电影艺术学院奖九项提名；同年，《调皮的布比》先后五次获奖，包括柏林电影节的评审小组奖。除此之外多次获得国际大奖的影片有《缪里尔的婚礼》、《沙漠女皇普丽西拉》和《小猪贝布》，并为好莱坞输送了大量的影视优秀人才。如电影摄制者彼得·韦尔和布鲁斯·贝里斯福特，演员杰佛瑞·拉什、妮考尔·基德曼、麦尔·吉柏森、朱蒂·戴维斯和凯特·布兰奇，摄影师迪安·塞姆勒，以及其他许多人都成了当今世界影坛的重要人物。

澳大利亚共有八个大型专业交响乐团。就通俗音乐而论，澳大利亚在世界英语国家中所提供的乐曲在数量上占第四位。歌剧发源于意大利，但澳大利亚人赋予它特殊的热情和新的内涵，从内利·梅尔巴夫人到琼萨瑟兰夫人，澳大利亚为世界培养了许多杰出的女歌剧演唱家。与此相适应，土著文化的地位也日益提高。获得显著成功的有土著音乐剧布朗奴德、尤图·因蒂摇滚乐队和世界闻名的土著画家。

澳大利亚拥有众多的美术馆、剧院和图书馆。1300 多个博物馆收集并保存着澳洲的文化遗产。悉尼歌剧院是澳大利亚最具特色的城市标志性建设物。大部分州都有自己的美术馆、剧院、歌剧院、乐队和舞蹈团体。澳大利亚的许多文化活动是在各地社区进行的。联邦政府组织和安排了各种计划以便使全社会包括边远地区能更多地欣赏并参与文艺活动。全国性的项目如"澳大利亚大剧场"和"澳洲的憧憬"鼓励艺术家们到地区性城市进行演出和举办展览。

澳大利亚最重要的从事收藏的国家文化设施有：澳大利亚国立美术馆、澳大利亚国立图书馆、澳大利亚国立博物馆、国家电影和音响档案馆、国家科学技术中心、澳大利亚战争纪念馆和国家海洋博物馆。澳大利亚理事会是为艺术提供经费的主要全国性组织。它根据同行评估向各艺术家分配联邦政府拨给的资助金。该理事会雇佣了 33.6 万人，每年创造的价值达 130 亿澳元。

二、民俗风情

1. 饮食

澳大利亚人在饮食上与欧美国家相似,家庭中一般是三餐加茶点。不吃辣味,有的人也不喜欢吃酸味,菜要清淡,讲究花样。他们注重菜品的质量,讲究菜肴的色彩。一般喜欢吃牛肉、羊肉、鸡、鸭、蛋、野味等。爱吃各种煎蛋、炒蛋、冷盘、火腿、虾、鱼、西红柿等。西餐喜欢吃奶油烤鱼、炸大虾、什锦拼盘、烤西红柿等。对中国菜颇感兴趣,特别爱吃中国风味的清汤饺子。华人餐馆在澳洲各大城市中均可见到。

澳大利亚人也十分喜欢野餐,通常以烤肉为主,喜欢饮酒。据统计,在澳大利亚人口中,83%的男性和64%的女性都是嗜酒者。

2. 婚俗

澳大利亚的年轻人,婚姻基本上是自由和自主的,父母干涉不多。但不同民族之间通婚现象仍不普遍。澳大利亚人结婚的习惯做法是,先在教堂里举行一个仪式,随后举行一个较大规模的招待会,邀请亲朋好友参加。

3. 习俗

澳大利亚人既有西方人的爽朗,又有东方人的矜持。他们兴趣广泛,酷爱体育运动,最喜欢的体育运动是足球、板球和游泳。另外还有冲浪、帆板、赛马、钓鱼、地滚球运动及澳式橄榄球等都有众多的热衷参与者。旅行是澳大利亚人最普遍的度假方式。澳大利亚人喜爱欣赏音乐会、观看戏剧演出,每次重要美术展览时观众如潮。如果按人口平均计算,澳大利亚人均购买杂志和书籍的数量在世界上属于最多者之列。

当地土著居民以狩猎为生,仍然保持着自己的风俗习惯,实行原始分配制度,盛行原始的图腾崇拜。他们居住在用树枝和泥土搭成的窝棚里,围一块布或用袋鼠皮蔽体,并喜欢纹身或在身上涂抹各种颜色,用以装饰和吸引异性的爱慕,节庆仪式或节日歌舞时更是彩绘全身。土著男子进入成年须经历一系列严酷的锻炼和考验,并接受部落传统和道德等教育。土著人的舞蹈淳朴,多反映狩猎生活等。

澳大利亚人喜欢直截了当地表达自己的意见。喜欢与人交谈,容易交朋友,不过澳大利亚的女性较为保守。他们崇尚自信、自强,对弱者不大表示同情。

4. 礼仪

澳大利亚流行西方礼仪。澳大利亚人待人接物都很随和,"保持距离"是社交场合、日常交谈以及茶余饭后闲聊时所必须注意的行为准则。在银行、飞机售票处和海关出入口等处排队时一定要站在"一米线"以外,否则会被人认为缺少文明修养。一般来说,两个人站着谈话,相互之间最少要保持一米的距离,否则双方会感到不舒服。同样,澳大利亚人的时间观念很强,约会必须事先联系并准时赴约,如果比预定时间晚到5分钟还是可以接受的，但是迟到方必须道歉，并简单说明原因。经常不按时赴约的人，会被人看成不讲信义的人。见面最合适的礼物是给女主人带上一束鲜花，也可以给男主人送一瓶葡萄酒。

澳大利亚人很讲究礼貌，在公共场合从来不大声喧哗。在银行、邮局、公共汽车站等公共场所，都是耐心等待，秩序井然。握手是一种相互打招呼的方式，拥抱亲吻的情况比较罕见。澳大利亚社会上同英国一样有"女士优先"的习惯，他们非常注重公共场所的仪表，男子大多数不留胡须，出席正式场合时西装革履，女性是西服上衣西服裙。

5. 禁忌

澳大利亚人忌讳数字"13"，视"13日星期五"为不祥日。忌讳兔子及兔子图案。喜爱袋鼠、琴鸟和金合欢花图案。忌送菊花、杜鹃花、石竹花和黄颜色的花。澳大利亚人平等意识浓厚，交往时应注意一视同仁，不要厚此薄彼。乘出租车必须有一人与司机并排坐，以示尊重。切忌对其国内事务发表议论，也不要说"自谦"的话。不可竖大拇指表示赞扬(在当地示为下流动作)，切忌对人眨眼。

三、旅游市场

澳大利亚以其湛蓝的海水、金色的沙滩、色彩斑斓的海底花园(大堡礁)、茫茫无际的沙漠、郁郁葱葱的热带雨林景观、风景秀丽的山涧洞府、奇特古老的民俗风情、绚丽多姿的文化艺术、举世无双的动物奇观，成为全世界最令游客心仪神往的目的地之一。2007—2008年度，受国际金融危机和澳元升值影响，澳旅游业增速放缓，产值为406.39亿澳元，占澳GDP比例为3.6%，同比下降0.1%。近年来，海外游客来澳人数总体呈上升趋势，但国内游客仍是主导。2009年，国内游客消费支出571亿澳元，占游客总消费支出的77%；海外游客消费支出170亿澳元，占游客总消费支出的23%。新西兰是澳大利亚最大的海外游客来源国，其次是英国、美国和中国。澳旅游资源丰富，著名的旅游城市和景点有悉尼、墨尔本、布里斯班、阿德莱德、珀斯、大堡礁、黄金海岸和达尔文等。

澳大利亚每年出境游人口比例相当高。在最受澳大利亚游客欢迎的海外旅游目的地国排名当中，中国居第七位，排名依次为新西兰、英国、美国、印尼、斐济、泰国和中国。近10年中(除2003年外)，澳大利亚旅华市场一直呈稳定增长的趋势，2010年来华游客人数达66.13%，同比增长17.77%。目前澳大利亚旅华市场面临几个有利的因素：第一，中澳两国经贸关系的加强推动了商务旅游的发展。商务旅游占澳大利亚旅华总人数的20%以上，商务旅游的增加对总体入境人数的增长有很大的贡献；第二，中国旅游的快速增长以及有吸引力的目的地形象在全球深入人心。在全球备受恐怖活动威胁的形势下，中国局势稳定、游客安全有保障。同时，中国丰富的旅游产品、快速发展的经济和不断改善的基础设施，对澳大利亚游客有很大的吸引力；第三，中澳两国间的航空运力不断增加为市场进一步拓展提供了交通运力保障。目前在中澳航线上，中国国航和东方航空每周均有7个航班、南方航空有4个航班直抵澳洲。澳大利亚的快达航空公司于2003年12月2日恢复了悉尼至上海的直飞航班，每周3班。几家航空公司的客座率均在 60%左右，航线运力完全可以满足游客的需求；第四，中国国家旅游局制定的"以奥运促旅游"、"以世博促旅游"等宣传策略，进一步推动了中国目的地在澳大利亚市场的知名度，力争使澳大利亚旅华市场保持持续增长。

四、旅游热点

(一)堪培拉

堪培拉是澳大利亚的首都，位于澳洲东南部、悉尼和墨尔本之间。面积 2357 平方千米，现有人口约 40 万，是全国政治和外交的中心。它始建于 1913 年，1927 年正式建成使用。堪培拉是一座典型的政府城市，这里除了旅游业、赌博业以及满足联邦政府机构、科研单位、大专院校及文化娱乐等部门需要的服务行业以外，没有其他经济部门。法律规定，除总理府外其他建筑均不得建围墙。堪培拉的魅力在于它独具一格的城市设计和母亲般的宽容与宁静。

堪培拉不是一个商业城市，而是一个绿树成荫的大花园，整个城市绿地面积占 60%以上，是现代化建筑风格的大展厅。著名的议会大厦、战争纪念馆、国家图书馆、国家艺术馆、最高法院和科技中心，都是极具特色的现代化建筑。更有充满异国情调的使馆群。

每年 10 月，堪培拉都举行花展。姹紫嫣红的花朵把堪培拉点缀得更加美丽端庄。因此，堪培拉有"大洋洲的花园"之美誉。

堪培拉主要旅游景点有如下几个。

1. 葛里芬湖

葛里芬湖最醒目的标志物是库克船长喷泉，是为纪念库克船长登陆 200 周年而建造的，喷泉水柱可以高达 130 米，颇为壮观。葛里芬湖其他游览点还有赛舟岬上的堪培拉都市计划展示馆、建于 1858 年的布兰岱尔农庄、阿斯本岛上的钟塔等。

2. 国立水族馆

位于 Scrivener 水坝附近，离堪培拉约 4 千米。这里有各式各样种类丰富的澳洲海洋生物，并设有现场潜水区，不论是新手或老手皆可体验潜水的乐趣。在它附近的澳洲野生动物保护区，为游客提供了与动物亲近的机会，并有精彩的剪羊毛表演。

3. 新国会大厦

以大理石为建筑材料的新国会大厦，在白、黑、红三种颜色的大理石空间中，成功地营造出权力机构的非凡气势。该建筑是澳洲建筑师 R.苏普和美国建筑师米契尔、基哥拉三人的作品，游客可以参观大厅和上、下议院，如乘电梯登上顶台，就可以俯瞰堪培拉全景。

（二）悉尼

悉尼是澳洲第一州新南威尔士州的首府，全国的文化、经济和金融中心，也是澳大利亚最大的城市。市区和郊区总面积为 12 406 平方千米，人口约为 375 万，占澳洲总人口的近 1/5。居民来自 160 多个不同的国家和地区，其中 54% 来自欧洲，22% 来自亚洲。

悉尼是世界上最美丽的海港城市之一，特别是悉尼湾。美国著名小说家马克·吐温称她为"悉尼的情怀，世界的仙境"。悉尼歌剧院、海港大桥、悉尼塔、情人湾、维多利亚大厦和中国城都是悉尼的象征，令人流连忘返。悉尼连续多年被评为世界最佳旅游城市。

悉尼气候宜人，终年阳光灿烂，一年四季天气晴朗，绿草葱茏，繁花似锦，与碧水蓝天相映，美不胜收。主要景点有如下几个。

1. 悉尼歌剧院

悉尼歌剧院最能代表澳洲的建筑，有世界第八奇景之称。

悉尼歌剧院由丹麦人 Joe Utzon 所设计，在外貌上像是数个巨大的贝壳向后张开，又像是张满的白色风帆。悉尼歌剧院于公元 1959 年开始建造，历经 14 年的时间才完成，内有近 1000 个房间，其中包括音乐厅、歌剧厅、戏剧厅以及剧场等 4 个大厅。每年可接待 200 万人次以上的观众，并且还吸引了 20 万以上的游客前来参观。

2. 悉尼水族馆

主体建筑在达令港水面下的悉尼水族馆，以长达 146 米的水底通道、全部圆弧形的玻璃观景窗，让游客尽情欣赏海底生态环境的媚姿。这里汇集了澳洲 5000 多种水下生物，其中鲨鱼种类之多，世界排名第一。此外，还有世界最大的鸭嘴兽。悉尼水族馆展示着海豹、鳄鱼、红树林、远北方鱼类、远洋鱼类，以及大堡礁、岩石海岸、悉尼港、达令河等区域的海底生态，并且还有触摸区让游客触摸部分海洋生物。

3. 悉尼唐人街

澳大利亚政府称悉尼唐人街为"中国城"，它精致、美观，颇有中国特色，是澳大利亚一个重要的旅游和购物区。悉尼唐人街位于悉尼市南部，涵盖悉尼市两条主要大街——德信街、海街以及莎瑟街、汤玛士街、阿尔梯姆路、格欧本街和乔治街等五大街道主要部分。

悉尼唐人街的位置非常优越。它的东面接近市政厅，而市政厅又连接着悉尼最豪华的商业中心——维多利亚女王大厦；西面是悉尼娱乐中心和悉尼展览中心；南面靠近全澳大利亚最大的火车站——中央火车站以及悉尼长途车站；北面的"情人港"是悉尼最繁华最浪漫的旅游胜地。

悉尼唐人街的中心——德信街道的两端，各竖立一座绿瓦红楹、玲珑标致的中国式牌楼。牌楼上的横额，各有"通德履信"和"四海一家"8 个金光闪闪的大字。整个唐人街琳琅满目，百业俱全。有中餐馆、中医中药行、商行、中国书店、超级市场、礼品首饰店、旅行社等，令人目不暇接，流连忘返。

4. 悉尼塔

与悉尼歌剧院、港湾大桥并列为悉尼三大标志建筑的悉尼塔，是旅游者游览悉尼时必到的景点，登上这座 305 米高的塔可以鸟瞰整个悉尼市景。

5. 岩石区

在港湾大桥旁的岩石区正是澳洲与西方世界接触的源头，菲利普船长带着 1000 多人犯便是从这里开始垦殖澳洲的。日前这里已恢复殖民时期的风貌，成为探寻澳洲源头的重要旅游景点。在精心规划之后，更成为悉尼人文荟萃的中心，可以看到来悉尼旅游的来自世界各地的游客，还会在各种精品店获得意想不到的惊喜。

6. 邦迪海滩

邦迪海滩的名字来自于原住民的语言 bondi，意思是海水拍岸的声浪。邦迪海滩长达 1 千米，虽然只是个沙滩滨海小镇，却是澳洲享誉甚久的冲浪运动中心，是澳洲传统冲浪救生训练基地。在夏季的周末，这里有各类冲浪活动，运动员们轮番上阵表演；有非正式的乐队在岸上演出，并伴有各类民俗活动、艺术展览活动等。

7. 澳洲野生动物园

澳洲野生动物园位于悉尼以西 40 千米处，丛林占地 4 公顷，园内饲养了种类繁多的野生动物，如红袋鼠、灰袋鼠、树熊、南方毛鼻袋熊、巨型蜥蜴、咸水鳄、淡水鳄、神仙企鹅、刺猬、塔斯马尼亚魔鬼、野狗等。

8. 澳洲奇趣乐园

澳洲奇趣乐园是南半球最大的游乐场，临近澳洲野生动物园，总面积大约 200 公顷左右，场内设计了 7 个充满趣味与刺激的神奇世界，在这里可以体验 80 多种新奇的旅程和前所未有的新鲜感受。

9. 图加隆农庄

从悉尼开车不到 2 小时车程就可到达原始自然的图加隆探险旅游胜地，在这占地 5340 英亩的原野上，有着 100 种以上的野生植物以及袋鼠、刺猬、蜥蜴等澳洲特有动物。骑马、森林探险、乘独木舟、钓鱼、射击、打网球、游泳、泡温泉以及游戏等娱乐项目也应有尽有。图加隆农庄给游客提供一个全然澳洲式的乡野生活体验，包括从热情的澳式接待到美味的乡村盛宴。

◇知识窗◇

树熊

树熊也称作考拉(koala)，是澳大利亚最有代表性的一种有袋动物。koala 的名字起源于它的特殊行为，koala 是澳大利亚土族语言"不喝"的意思。树熊身体所需的水分全部来自它所吃的鞍树叶。它生性温和，憨态可掬，身长 60 厘米左右，全身长满茸毛，有两只大而圆的耳朵，一对乌溜溜的黑眼睛，十分逗人喜爱。

树熊行动缓慢，繁殖力低、数量少，因而受到澳洲人的特别关爱。由于它们所吃食物中能量较少，为维持生活需要，因此树熊每天要睡 16 个小时，所以游客在动物园园里看到的树熊通常都在睡觉。

（三）墨尔本

墨尔本是维多利亚州的首府，位于亚拉河畔，距离菲利浦湾约 5 千米，是澳洲的经济金融中心、制造业中心，第二大城市。面积 6019 平方千米，人口约 350 万，分别来自世界上 140 多个国家和地区，其中以希腊人、意大利人、黎巴嫩人、土耳其人、越南人和华人为最多。

墨尔本市建立于 1835 年，1927 年以前是澳大利亚联邦政府的首都，它是在 19 世纪中期淘金热潮中迅速发展起来的城市。目前市内仍保留许多 19 世纪华丽的维多利亚式建筑，林荫茂盛，公园众多，是澳洲最具有欧洲风味的大城市，1993 年被评为世界第三大最适合居住的城市。亚拉河是墨尔本的象征，将整个城市分为东西两部分。该城全年雨量平均，春秋季气候最为宜人。主要景点有如下几个。

1. 疏芬山

黄金引发了淘金者的梦，黄金也造就了疏芬山旁的巴拉列淘金镇，这里记录着 1851—1861 年的梦幻时代，整个淘金镇能呈现当时的社会状况。红金沟淘金场是厂区，厂房设施简陋，但相当实用，可以想像当时工作的艰苦。从淘金镇出售日常用品的店铺、医院、学校、邮局、饭店、教堂、戏院中，旅游者可以看到当时的生活情景。

2. 大洋路

长达 320 千米的大洋路，沿着海岸线接连王子镇与菲利普海港。大洋路上的参观景点很多，旗杆山海事博物馆位于沃娜普镇，它详尽地呈现了澳洲的海洋开发史；国家羊毛博物馆位于沃娜普镇，它是澳洲唯一以羊毛为展览主题的博物馆；十二使徒岩的断崖奇景是大洋路上的一绝。

3. 帕芬·比利蒸汽火车

从公元 1900 年至今，帕芬·比利一直是墨尔本受欢迎的旅游火车，它穿过 Dandenong 山谷，以有韵律的节奏缓缓前进，让人悠闲地享受时间。帕芬·比利中间的停留站是 Menzies Creek，可以参观一些与火车相关的展览馆，终点站在翡翠湖公园。途中风景秀美，山峦起伏，湖光山色美不胜收。

4. 菲利普岛

以黄眼企鹅闻名于世的菲利普岛，成为赴澳游客最希望游览的自然生态乐园。在黄眼企鹅生态保护区，当阳光消失在海滩上时，外出觅食的企鹅带着满口的鱼，陆续回巢喂哺幼儿。坐在观景台上，游客们可亲眼目睹企鹅们奋力游上岸，迈着左右晃动、憨态可掬的步子认真地走回家的情景。除了黄眼企鹅保护区外，岛上还有其他生态保护区供游人参观。

(四)布里斯班

布里斯班是澳大利亚昆士兰州的首府，也是澳洲第三大城市，有树熊之都的美誉。它地处澳大利亚东南部，面积 3080 平方千米，人口 150 万。布里斯班是一个在城市规划方面很有特色的城市，分割区域的街道，南北方向以女性名字命名，东西方向则是男性名字。布里斯班河流经市区，两岸树木葱茂，景色秀丽。从政府办公大楼云集的乔治街开始，市政府高 92 米的铁塔极具意大利风格，此外，各种文艺复兴式、哥特式等殖民时期风味的建筑，也可以在这里看到。

由于布里斯班位于南回归线以南，所以日照时间长，降雨多，很少有严寒和酷暑。加之与其相距不远的黄金海岸、大堡礁等世界闻名的旅游景点，使布里斯班成为全球瞩目的度假休闲胜地。另外，孤松无尾熊保护区有着全澳洲最多的无尾熊，也是澳大利亚最受欢迎的旅游景点之一。

(五)阿德雷德

阿德雷德位于洛夫迪山脚下，面对海湾，托伦斯河从城中蜿蜒而过。始建于 1836年的阿德雷德，是南澳大利亚的首府，澳洲第五大城市。市区面积 1870 平方千米，人口约为 110 万，机械制造业十分发达。值得一提的是，该城街区规划整齐，商业区、工业区与居民区之间以公园隔开，不仅方便各行各业的发展，还有利于保护环境。

阿德雷德市民普遍爱好艺术，每逢双数年的三月份，都举办盛大的艺术节活动，故享有"艺术之城"的美誉。除此之外，这里还举办一年一度的世界一级方程式汽车大赛，届时国际一流车手及海外游客蜂拥而至，使阿得雷德成为欢乐的海洋。

距离阿德雷德市东北 45 千米处，是澳洲葡萄酒的故乡——巴罗萨谷。阿德雷德气候温和适中，夏季平均 30℃，冬季平均 15℃，最适宜葡萄生长。最早的移民中，有一批身怀酿酒技艺的德国人，所以此地即成为澳洲盛产葡萄美酒的摇篮。25 家酒厂所酿造的葡萄酒占全澳洲产量的 1/3，而且质量上乘，闻名于世。

(六)帕斯

帕斯是西澳大利亚州的首府，位于该州的西南部，距离港口城市佛里曼特尔仅 19千米，面积 5369 平方千米，人口约 122 万。由于该市湖泊中有许多黑天鹅，因而帕斯有"黑天鹅城"的美称。

1892 年，从英国流放的囚徒到达此地开荒。19 世纪末，由于在其东部发现金矿而得以迅速发展。这里的气候十分有利于开展旅游，长达数公里的白色海滩，为人们提供了天然浴场。市内还有许多文化设施和办公大楼，如艺术博物馆、帕斯歌剧院、市政厅大厦等。交通也比较发达，向北有公路通向达尔文市，向东有铁路通向悉尼。以下为帕斯主要旅游景点。

1. 帕斯海滩

帕斯的海滩沙质细白，面积大，是世界上数一数二的好沙滩。其中最受欢迎的海滩有：科特斯诺、城市海滩、史旺邦、弗洛雷尔特及斯卡伯勒等。此处既可以弄潮，又可以欣赏印度洋上的美丽落日，是游人、情侣的绝佳去处。

2. 水底世界

水底世界位于希拉利斯船艇海港的索兰淘码头。水底世界让游人有机会观赏和接触到美丽友善的海豚，游人也可以亲身潜入水中与海豚一起游泳。在水底世界，游人可通过行人传送带，面对面接触 2000 多种海洋生物，可触摸海星甚至鲨鱼，游人还可以到海底微型世界认识海底微生物。

3. 高欢旅树熊公园

公园位于达令山脉上一片 40 英亩的树林中，在这里游人可拥抱树熊，与袋鼠、澳洲野犬、澳洲雀鸟、鹦鹉及其他动物在自然环境中玩耍，在大型鸟舍下漫步，可欣赏澳洲恐龙的复制品，喂养园内的各种动物。

4. 科技展览中心

科技展览中心位于西帕斯康那铁路广场及隆瑟兰街。在这里，游客通过操作简单的仪器，可以对科学和技术有一个全新的体验，自我发掘科学的奥妙。参观者有机会动手参与 160 多个科技展览项目，是真正意义上的集观赏、娱乐、求知于一体。

(七)大堡礁

名列世界七大奇景之一的大堡礁(Great Barrier Reef)，是世界上最大的珊瑚礁群，它纵贯蜿蜒于澳洲的东海岸，面积约 25 万平方千米，全长 2011 千米，最宽处 161 千米。南端最远离海岸 241 千米，北端离海岸仅 16 千米。整座大堡礁就像一道天然的防波堤围住昆士兰外海，使得由大堡礁到陆地之间的海面相当风平浪静，再加上星布其间的 600 座小岛，使得此地成为地球上最让人向往的海上乐园。

大堡礁也被称为世界上最大的珊瑚水族馆。这里是成千上万种海洋生物的安居之所，其中包括 1500 种鱼类、4000 种软体生物、350 种珊瑚，以及多种鸟类和海龟等，尽是稀奇罕有的海洋生物，形成一处举世无双的海底大花园。由于这里是世界上未受污染的地区之一，这些生物保留了最原始的面貌。

(八)蓝山

蓝山位于澳大利亚悉尼市以西约 65 千米，属新南威尔士州。之所以得名为蓝山，是因为当地的桉树所挥发的一种气体折射阳光造成了独一无二的蓝色景观。这里溪谷幽深狭长，溪流经年累月积地冲刷砂岩，形成了一个个竖直的缝道。很多溪谷深达 50 米，但入口宽度却不到 1 米，往往抬头只见一线蓝天，但下到深处却会发现别有洞天。这些包裹在山腹中的溪谷里藏有瀑布、深潭、岩洞、隧道和各种珍奇漂亮的动植物，旅游者每次都会有新奇的发现。

蓝山山脉拥有近 1000 万公顷绵延浩大的原始森林,处处断崖如刀削一般,崖上高挂着风景如画的瀑布。在这里有许多丛林旅游小道、野餐地和宿营地,成为澳洲人理想的郊游场所。最值得称道的是游客可以乘坐火车登上山顶,这是一条世界上最陡的铁路,澳大利亚人称这段铁路为"之"字形铁路。在山顶上有一座巨大的宽银幕电影院,仅银幕就有 6 层楼高。在蓝山山脉上看电影令人心旷神怡。

澳洲蓝山的季节四季分明,冬天的雪白不亚于春天的花齐放,光彩夺目。山谷上充满野生动物和如侏罗纪生物般的隐藏宝藏。这也是蓝山能吸引爱慕它的游客不断地再来重游的原因,蓝山所有的一切都具有魔力,从澳洲雪梨搭乘古董的蒸气火车来到有澳洲大峡谷美称的蓝山,可以欣赏到澳洲令人叹为观止的风景。

(九)荒漠三绝

大自然在澳大利亚的内地浩瀚沙漠中神奇地创造出几处绝世佳景。最负盛名的首推举世无双的艾尔斯巨石,这块长 3.5 千米、宽 2 千米、高 347 米的巨石突兀孤立在平坦的荒漠之中。它是澳洲大陆最好的历史见证,被土著人奉为神明的化身,尊为神岩。

自艾尔斯巨石向西约 24 千米处的奥加斯山,由 28 块圆形大岩石组成,有的连在一起,有的孤峰突屹,最高峰约有 518 米高。

在艾尔斯巨石东北约 300 千米处,有一个人造绿洲,那是风光旖旎,堪称人间奇迹的著名旅游胜地——艾丽恩温泉。在这个温泉小镇上,无论是住豪华酒店,还是住朴素的小旅馆,都能享受舒适的温泉浴。

课堂讨论题

请你结合目前澳大利亚丰富的旅游资源设计一条最适合中国游客的旅游观光线路。

第三节　新西兰

一、国情概述

1. 国土疆域

新西兰(New Zealand)位于太平洋南部,介于南极洲和赤道之间。西隔塔斯曼海与澳大利亚相望,相隔 1600 千米,北邻汤加、斐济。新西兰由北岛、南岛、斯图尔特岛及其附近一些小岛组成,面积 27.0534 万平方千米,专属经济区 120 万平方千米。

全国共分为 12 个大区,设有 74 个地区行政机构(其中包括 15 个市政厅、58 个区议会和查塔姆群岛议会)。12 个大区名称:北地、奥克兰、怀卡托、富足湾、霍克湾、塔拉纳基、马纳瓦图—旺加努伊、惠灵顿、西岸、坎特伯雷、奥塔哥和南地。主要城市有:惠灵顿、奥克兰、克赖斯特彻奇(基督城)、汉密尔顿、达尼丁等。

2. 人口与民族

新西兰人口约 428 万人(2008 年)。其中欧洲移民后裔占 78.8%，原住民毛利人占 14.5%，亚裔人占 6.7%。75%的人口居住在北岛。奥克兰地区的人口占全国总人口的 30.7%。首都惠灵顿地区的人口约占全国总人口的 11%。官方语言为英语和毛利语。70% 的居民信奉基督教新教和天主教。

3. 发展简史

早在公元 1350 年，毛利人就在此定居，成为新西兰最早的居民，并用波利尼西亚语 aotearoa 作为它的名字，意思是"白云朵朵的绿地"。1642 年，荷兰航海家阿贝尔·塔斯曼在此登陆，把它命名为"新泽兰"。1769 年至 1777 年，英国库克船长先后 5 次到达这块土地。此后英国向这里大批移民并宣布占领新西兰，把海岛的荷兰文名字"新泽兰"改成英文"新西兰"。1840 年英国迫使毛利人酋长签订《威坦哲条约》，把这片土地划入了英帝国的版图。1907 年新西兰独立，成为英联邦的自治领，政治、经济、外交仍受英国控制。1947 年成为主权国家，是英联邦成员。

新西兰国旗呈横长方形，长与宽之比为 2∶1。旗底色为深蓝色，左上方为英国国旗红、白色的"米"字图案，右边有四颗镶白边的红色五角星，四颗星排列均不对称。新西兰是英联邦成员国，红、白"米"字图案表明同英国的传统关系；四颗星表示南十字星座，表明该国位于南半球，同时还象征独立和希望。

新西兰国徽中心图案为盾徽。盾面上有五组图案；四颗五角星代表南十字星座，象征新西兰；麦捆代表农业；羊代表该国发达的畜牧业；交叉的斧头象征该国的工业和矿业；三只扬帆的船表示该国海上贸易的重要性。盾徽右侧为手持武器的毛利人，左侧是持有国旗的欧洲移民妇女；上方有一顶英国伊丽莎白女王二世加冕典礼时用的王冠，象征英国女王也是新西兰的国家元首；下方为新西兰蕨类植物，绶带上用英文写着"新西兰"。

新西兰国歌为《上帝保佑新西兰》。国庆日为 2 月 6 日，也成称"威坦哲日"(Waitangi Day)。

4. 政治经济

新西兰的首都为堪培拉，国花为银花厥花，货币为新西兰元。新西兰实行英国式的议会民主制。英国女王是新西兰的国家元首，女王任命的总督作为其代表行使管理权。总督与内阁组成的行政会议是法定的最高行政机构。内阁掌握实权，由议会多数党组成。议会只设众议院，由普选产生，任期 3 年。无成文宪法，其宪法是由英国议会和新西兰议会先后通过的一系列法律和修正案以及英国枢密院的某些决定所构成。

新西兰是经济发达国家，以农牧业为主，农牧产品出口占出口总量的 50%。羊肉和奶制品出口量居世界第一位，羊毛出口量居世界第二位。2010 年新西兰国家 GDP 总计 1380.03 亿美元，人均 GDP 31 888 美元。

5. 自然风貌

新西兰海岸线长 6900 千米。境内多山，平原狭小，山脉和丘陵约占其总面积的 75%

以上，多火山和地震。南岛冰川湖泊众多，多海拔 3000 米以上的山峰，其中库克峰高 3764 米，为全国最高峰。北岛海岸线曲折，多半岛和良港，其中部为火山高原，有新西兰最大的湖泊陶波湖，面积 616 平方千米。还有众多的温泉、间歇泉。新西兰是一个冰与火共存的国家，南岛、北岛风格迥异的冰火奇景的完美结合，呈现出令人惊讶的独特魅力，令人心醉神迷，流连忘返。

新西兰一年四季气候温和，温差不大。绝大部分属温带海洋性气候，只有奥克兰北部是亚热带气候，阳光充足，雨量丰富，植物生长十分茂盛。平均气温夏季 20℃左右，冬季 10℃左右。年平均降水量 600～1500 毫米。全年适宜旅游，但以冬季、秋季为最佳旅游季节。

6. 文化艺术

新西兰是一个种族多元化的国家，具有浓烈的毛利文化色彩。这里的土著居民毛利人的文化对新西兰生活的方方面面都产生了深远的影响，比如，新西兰人的语言、艺术，甚至说话的腔调都深受其影响。新西兰位于南太平洋，这里的人民爱好户外活动、体育运动和艺术，所有这些都使得新西兰人和新西兰文化呈现出与众不同的特色。从而形成新西兰人身上许多共同的优秀品质，如待人友善、尊重个性、善于创造、追求自立。

新西兰社会和文化活动常年不断，主要包括国际电影节、世界知名歌星参与的音乐会、歌剧、艺术展览和毛利文化聚会。

新西兰国家博物馆 Te Papa 位于惠灵顿，新西兰的历史、文化和传统常年在这里展览。橱窗玻璃展示、与观众的现场交流只是众多展览中的冰山一角。除了新西兰博物馆，新西兰各主要城市都有自己当地的博物馆来展示当地特殊的文化和传统。

在新西兰全境有各式各样的娱乐活动。所有的主要城市和市镇都有电影院、夜总会、餐馆、画廊和博物馆。大多数城市都有剧团，许多当地剧院上演新西兰和各国的戏剧。除此之外，许多职业剧院公司经常地在全国各地举行一些有世界知名艺术家参加的艺术活动。新西兰皇家乐团等一些音乐表演团体经常在国内和世界各地举行各种形式的演出。迅速发展的新西兰电影业曾制作出"钢琴别恋"等著名电影，新西兰还是国内和国际高质量电影和电视制作的理想地点。

每两年在惠灵顿举办一次的新西兰国际艺术节成为人们追求艺术的狂欢节。

此外，橄榄球运动在新西兰文化中是一项非常重要的运动项目。在冬季寒冷的下午，大批球迷聚集在电视机前观看每星期六举行的橄榄球比赛，这是新西兰很常见的景象。

二、民俗风情

1. 饮食

新西兰人的饮食习惯与澳大利亚人相似，饮食中肉类占很大比重。尤其喜爱吃羊肉，传统的新西兰餐以一道肉(羊、牛、猪或鸡)、马铃薯及二至三样蔬菜所构成。烧烤的晚餐由肉及蔬菜加油放进烤炉中一起烤制而成，通常一个星期吃一次，且大都在周末。

新西兰人在饮食上习惯吃英式西菜，口味喜清淡。一般都爱喝咖啡、红茶，爱吃水果，尤其喜食一种叫"几维果"的名贵水果。新西兰人喜欢吃外卖快餐，也喜欢吃一些传统食品，如澳新饼干、咸肉和鸡蛋派、麦片饼、白兰地姜饼、椰丝小面包等，炸鱼与薯条、汉堡及派也很受欢迎。

新西兰人喜欢款待亲朋好友，在夏天通常是以烧烤方式一起用餐。大部分的客人也需献上一道菜式，如沙律或者一些肉(牛排或香肠)，并且自备啤酒或白酒。主人如果盼望客人带一道菜来时，通常在邀请的同时会告知客人需带那款菜式。另外一种普遍的款待方式为派对，通常为庆祝生日、周年庆、乔迁新居或者只为与友共聚而开，酒与甜品是款待客人的最佳选择。

2. 习俗

新西兰人的生活质量一般都比较高，通常对衣、食、住、行都比较讲究。绝大多数新西兰人的住房是一层或两层结构，有庭院，房屋密度相对较低。大多数住房以木材制作，占地超过 150 平方米，风格以英式为主。新西兰人大都喜爱户外运动，喜欢赛马，还特别喜爱橄榄球，有近一半的新西兰人参加至少一种运动或健身俱乐部。新西兰最普遍的运动项目为：橄榄球、高尔夫球、英式女子篮球、田径、板球、泛舟、网球、足球、滑雪、游泳等。

在新西兰，毛利人仍保留着浓郁的传统习俗。他们大都信奉原始的多神教，还相信灵魂不灭，尊奉祖先的精灵。每遇重大的活动，他们便照例要到河里去做祈祷，而且还要相互泼水，以此表示宗教仪式上的纯洁。他们有一种传统的礼节：当遇到尊贵的客人时，他们要行"碰鼻礼"，即双方要鼻尖碰鼻尖二、三次，然后再分手离去。据说，按照毛利风俗，碰鼻子的时间越长，就说明礼遇越高，越受欢迎。毛利人的雕刻艺术技艺精湛，大到房檐，小到手杖都异常精美。他们的舞蹈别具一格，鲜艳的民族服装、美丽的花环、项上挂着的绿佩玉以及腰上系着的蒲草裙充分展现了毛利人独特的民族风情。毛利人的迎宾舞蹈已成为新西兰官方迎接贵宾的最高礼仪。

3. 礼仪

新西兰和澳大利亚一样流行西方礼仪。"女士优先"的原则在这里是通用的。新西兰人守时惜时，待人诚恳热情。如被应邀参加派对后，礼貌上要再回请一次。在派对中男女平等，可以随便交谈，也是个人的涵养表现，切不可缩头缩尾。新西兰人喜欢狗，珍爱几维鸟，钟爱银蕨，爱护环境。许多新西兰人的房子，都有大庭院，住在那里都要仔细照顾庭院中的花草树木，不可任其荒芜或杂草众生，否则会引起邻居的不快。

新西兰人见面和分手时都握手。和妇女相见时，要等对方先伸出手来再握。商务活动最好事先预约，客人要先到一会儿，以示礼貌，客商通常喜欢请外来主顾到自己住的饭店或旅馆吃午饭，会谈一般是在当地人的办公室里进行。如应邀到新西兰人家里吃饭，可以带一盒巧克力或一瓶威士忌作为礼物。礼品不要太多或太贵重。

三、旅游市场

新西兰有优美的沙滩、幽静的峡湾、葱茏的山峰、秀丽的湖泊、多样的人文风情、传统的乡村农庄、珍稀的动物，无不散发着诱人的魅力，吸引着世界各地的旅游者慕名而来,每年入境旅游人数有 200 万人次左右,纯新西兰旅游观光约占 60%,随着《魔戒》、《钢琴课》和《垂直极限》等一系列国际知名影片在新西兰的成功拍摄,新西兰已成为广大游客心目中神圣的"中土"世界。在全球整体入境旅游不景气的背景下,新西兰的入境旅游不仅维持在稳定的水准,而且其中的两个主要客源市场日本和美国的增长速度最快,整体旅游市场收入的升幅更是高于旅客人数的增长速度。2008 年外国旅游者在新西兰的消费将达到 100 亿新元(合 47 亿美元),同比增长 70%。在此期间,外国旅游者的消费每年将保持 9.3%的增长速度。2010 年,因为地理原因最大的客源国是澳大利亚,其次是英国,再次是美国,中国是新西兰第 4 大客源国。

2009 年 9 月新西兰前七位的客源国和地区分别是:澳大利亚(96 074 人,增长 1.2%)、中国(7480 人增长,17.9%)、韩国(4290 人,增长 40.9%)、日本(5500 人,下降 12.1%)、德国(3344 人,增长 2.7%)、美国(9658 人,下降 3.8%)、加拿大(2112 人增长 2.6%)。且各客源国游客人数均出现持续增长的状态,增长速度以每年 5.3%的速率递增。除此之外,新西兰还重点开发了北欧和中东旅游市场。根据新西兰旅游协会估计,到 2010 年第一季度,新西兰旅游业总收入 167.8 亿美元,增长了 2.1%,占该国 GDP 的 8.7%。旅游业已经超过乳业成为该国第一大出口产业。

新西兰出境旅游市场,依次为大洋洲(83%)、亚洲(13%)、欧洲(8%)和美洲(7%),其中澳大利亚、美国、斐济和英国是最受欢迎的目的地。

新西兰出境游中,主要目的是度假旅游(42%),其次是探亲访友(29%)和商务旅游(18%)。在过去的几年中,度假游减少了,而探亲访友增加了。这可能是因为生活在海外的新西兰居民增加了,而出生在海外居住在新西兰的人数也增加了。停留时间较长的旅行目的地是中国(49 天)和中国香港特区(36 天)。停留时间较短的目的地是斐济(11 天)、澳大利亚(13 天)和库克岛(14 天)。近五年内,到中国旅游的人数平均停留时间增加了 7 天以上,美国增加了 6 天以上。

近年来,新西兰来华旅游逐年增长,2010 年,新西兰来华旅游人数达 11.55 万人次,同比增长 15.55%。新西兰旅游局表示,目前中国市场上提供的旅游产品素质参差不齐,有些旅游团的行程为了降低成本,没有真正地带旅客游览景点,有些旅游团更只是注重购物的行程,使游客没有真正观赏到中国的大好河山。鉴于此,中国对新西兰游客市场推展的重点必须放在加强旅游产品的包装,提升旅游产品素质,让游客尽情享受与吸纳华夏文明的传统素养。

四、旅游热点

新西兰风景优美、旅游胜地遍布全国,素有"田园风光之国"的美称。新西兰北岛与南岛,不仅有迷人的风光与现代城市,也是运动休闲难得的好去处。虽然新西兰历史较短,缺少具有历史意义的观光胜地与古迹,但自然风光随处可见,是喜爱田园风光、热爱大自然人士的观光首选之地。其中,北岛的鲁阿佩胡火山和周围 14 座火山的独特地貌形成了世界罕见的火山地热异常带。在这一区域内,分布着 1000 多处高温地热喷泉。这些千姿百态的沸泉、喷气孔、沸泥塘和间歇泉形成一大奇景,吸引了世界各地的游客前来观光。目前,旅游业每年为新西兰带来巨额的外汇收入,成为新西兰主要的经济支柱之一。

1. "帆船之都"奥克兰

第一大城市奥克兰地理位置得天独厚，是南半球天然的良港，市民拥有的船艇数量居世界前列，大约每 11 个人便拥有 1 艘游船，是闻名世界的"帆船之都"，也是新西兰最大的华人聚居区。距市中心不远处的海滩，是夏天享受日光浴的最佳场所。许多著名的水上赛事都在这里举行，最壮观的当数每年 1 月份最后一个星期一举行的奥克兰周年帆船赛，此时千帆并举，人山人海，是奥克兰人及各国帆船爱好者的狂欢节。自 1988 年开始的一年一度的端午龙舟竞赛，是亚洲地区以外最大的龙舟赛事，使来自中国的游客感到格外亲切。

奥克兰还是购物者的天堂，位于港口边的皇后街、百老汇、新市场街和爱略特街是市内的商业中心，时装、百货等各类商品一应俱全。此外，还有许多特色购物街区：如果要选购艺术品和手工艺品，到德文波特村街和帕内尔村街；维多利亚公园市场里，尽是新西兰风味食品和精美工艺品。

风格迥异的女王大道和帕奈尔区是品味奥克兰的现代风光与悠然古意的最佳选择，这里的新旧交融正是奥克兰生命之树常青的奥秘。踏入帕奈尔区，典型的维多利亚式建筑给您一种时空倒错的感觉。细致的白色庭院，雕花的小巧阳台，弯曲的石板路，简直就是一个欧洲小城。而女王大道则呈现出现代社会的时代节奏。两者交相辉映，体现出新西兰独特的殖民历史与人文气息。

2. "风都"惠灵顿

新西兰的首都及第二大城市惠灵顿是南北二岛的交通枢纽，也是新西兰的文化中心。因其地势较高，依山傍水，紧靠库克海峡，常有海风侵袭，故称之为"风都"。城市周边群山连绵，木质结构的建筑是惠灵顿的一大特色。沿着平缓的山坡，一幢幢雪白的木屋带着漆得五彩缤纷的屋顶层层叠叠，向上伸展至山顶，向下滑延到繁华的市中心。

惠灵顿最大的木制建筑是老市政大厦。其外观酷似石头所建，但内部全是木质结构，而且是世界上最宏伟的木头建筑之一。老市政大厦的街对面是国会大厦，拥有著名的"蜂巢"式外观，由三大建筑组成，包括哥特式的图书馆、英国文艺复兴式议政厅和圆形的办公大楼。朴素而又漂亮的木头房屋参差坐落在山脚下，登上惠灵顿最高点维多利亚山顶俯瞰，整个城市的秀丽景色尽收眼底。市郊的山坡和平原上，随处可见绿油油的原野，成群的牛羊悠闲地徜徉着，怡然自得地吃着青草，和风阵阵袭来，"风吹草低见牛羊"的田园风光令人心旷神怡。

惠灵顿是著名的文化旅游城市，惠灵顿人总是自豪地认为自己比其他新西兰人更懂得生活的艺术。一年四季都有丰富多彩的文化活动在此举行。国立美术馆经常展出新西兰有名的绘画和雕刻品，国家图书馆是一座文化和信息资源的宝库，对文献的收集与整理工作尤为出色。新西兰博物馆收藏了包括现存最古老的毛利建筑在内的一批具有世界意义的毛利人文化遗产。亚历山大·特恩布尔图书馆是惠灵顿有名的古老建筑物，馆藏图书 100 万册以上，并收藏有太平洋历史和地理的研究资料。各种民族舞剧、歌剧和管弦乐队常常在这里演出。

值得一提的是，市区内的植物园及其北端的诺威多蔷薇公园颇负盛名，春天郁金香盛开，夏日玫瑰吐艳，风光旖旎。用木头建成的圣保罗大教堂宏伟壮丽，也为城市增色不少。

3. 北岛温泉城——罗托鲁瓦

罗托鲁瓦是南半球最著名的泥火山和温泉区。位于北岛中部，距奥克兰 3 小时车程。罗托鲁瓦以其地热奇观驰名世界，常年游客如云。在这里可以饱览地热喷泉的奇景、沸腾的泥浆池以及彩色温泉梯田，感受大自然的伟大与神奇造化。游客还可以去温泉吧泡泡，消解疲劳，松弛身心。著名的华卡雷瓦喷泉，定时喷发，水柱擎天，它的照片已成为罗托鲁瓦的象征。有的喷泉温度竟达沸点，游客可以将食物放在篮内投入喷泉中煮熟，甚至可以用硫磺山上喷出的蒸汽将食物煮熟。

建于 1928 年的彩虹泉公园是罗托鲁瓦首选的观光点，公园四周环绕着 35 英亩的自然丛林。在彩虹泉，可以看到名贵的彩虹鳟鱼和新西兰的国鸟——几维鸟，天然的泉水源源不断地注入小溪及河流，清澈透底，数千条彩虹鳟鱼和棕色鳟鱼在水中从容嬉戏，还有许多难得一见的稀有动物。从彩虹泉公园通过彩虹隧道前往彩虹牧场只需 4 分钟，这里有紧张有趣的牧羊狗赶羊群表演，热闹喧哗的羊群大拍卖，风趣的挤牛奶和剪羊毛等活动。牧场旁边是大片的果园，在果实成熟的季节，游客可以从树上现摘现吃，还能自制果汁、果酱和水果酒，味道特别新鲜，一派恬淡自足的乡村田园生活。

罗托鲁瓦也是毛利人的文化中心。历经数百年沧桑，毛利人仍保留着独特的文化习俗，今天他们还跳着哈卡舞，迎宾时向来宾做鬼脸，行碰鼻礼。这里的毛利族保留了祖先们 600 年前流传下来的传统手工艺，如陶器、木雕、玉器、鲍鱼壳首饰等。每年，毛利人都要在他们的文化村里举办一次盛大的聚会，游客可以在这个文化村里参观到毛利人的日常生活、欣赏歌舞表演与雕刻艺术，了解毛利人的历史，文化和传统。

◇**知识窗**◇

毛利人迎宾仪式

毛利人的迎宾仪式很有特色。举行迎宾仪式时，全部落的男女列队两旁，选出一名跑得最快的男子跑到来访的客人面前，他打扮成武士模样，在客人面前做鬼脸、瞪眼、吐舌头，来回挥舞手中的矛或剑，样子很是吓人。但千万不要误解，毛利人并无恶意，这种样子只是用来试探客人的，在今天，它已经是友好的表示了。游客面对这种情况不用回避，以表明自己的来访富有诚意。有的毛利部落在客人面前投下一根精工雕刻的挑战棒，如果客人把挑战棒捡起来，则表示他是和平的使者，部落的妇女们就高声地欢呼、歌唱起来，跳起迎宾的哈卡舞。舞罢，由部落中最有威望的长者向客人致以毛利人最高的敬礼—— 碰鼻礼。按毛利人的习惯，鼻子碰的次数越多、时间越长，表明来宾受到的礼遇越高。

4. 陶波湖

由罗托鲁瓦往南坐车约一小时，就是陶波湖所在地。它是世界上最大的火山温水湖，由几千年前的火山喷发而形成，湖水面积相当于半个香港，是新西兰久负盛名的湖滨疗养、休闲度假区。离陶波湖 10 千米处，有一个雾气弥漫但风景怡人的旅游区——怀塔基，它建有新西兰最大的地热发电站，附近的旅游点还有胡卡瀑布、蓝湖、彩虹崖和苏尔弗火山口等。在怀塔基近郊松树林，有一个喷泉山谷，一条小路连接着无数的滚水池，其中有一个最大的滚水池，每小时将 3500 磅的水汽从池里一个狭小的岩石裂缝中喷射出来。如果在晚上参观，可把闪闪发光的砂袋抛进喷口，砂袋马上就被强有力的喷泉击碎，细砂被抛向空中，化成一团奇妙的火星。在怀塔基以北 80 千米处，有新西兰最美丽的景点之一——欧加黛娜湖，湖滨满布原始的草丛，湖光山色幽雅宜人。

5. "花园城市"基督城(克赖斯特彻奇)

基督城是新西兰第三大城市，也是南岛最大的城市。它位于南岛中部辽阔平坦的肯特百利平原，得天独厚的地理和气候条件使得基督城草木葱郁，鲜花盛开，素有"花园之城"的美誉。基督城的布局方正严整，以典型英式建筑的天主教堂为中心，从四方向外扩展。纵横交错的街道也设计得井井有条，四平八稳，显示出严格有序的条理感。基督城大部分地区是公园和自然保护区。基督城仅有人口 30 万，而市内的市立公园就有50 个。这里的市民十分喜爱花卉，家家都有自己的小花园。每年，全市都要举行花园和花卉评比，选出这里最美的花园和街道。基督城是英国以外最具浓厚英国色彩的城市。由于早期的移民多数是英国人，市区历史性的建筑都具有英国维多利亚时代的特色，教堂广场是基督城的中心，常有各种街头艺人的表演和非正式的大大小小的激烈演讲，俨然英国海德公园的风格。广场正中的天主教堂是一座石灰石的古老建筑，高大肃穆，已成为基督城的标志。市中心的哈格利公园占地 186h 米 ^{2}，树木参天，繁花竞艳，使整个城市空气清爽，生机盎然，花园之都的美名当之无愧。基督城是中国著名国际友人路易·艾黎的故乡，也是新西兰第一个与中国建立友好省市关系的城市。

国际南极中心离市中心 15 分钟车程，常年展示探索南极的各个组织的资料，通过复杂的声光模拟及逼真的音像等现代科技手段，把南极大陆令人敬畏的美丽与壮观带给游客，这里是了解南极的重要场所之一，也是基督城最具吸引力的旅游点。观赏基督城的全貌最好的方式是乘热气球，随着热气球的缓缓升空，基督城典雅端庄如贵妇，散发着冷静从容的神韵。从基督城驾车西行，就来到波平如镜、风光奇美的瓦卡蒂普湖，女王城便依湖畔而立，市内旅游设施完备，新奇刺激的游乐项目尤其多不胜数，吸引了全世界酷爱冒险的游客。女王城著名的"笨猪跳"、喷射快艇、滑翔风筝，橡皮筏漂流等游乐活动，让人们能充分体会挑战自我的快感。

6. "大学城"达尼丁

达尼丁位于奥塔哥港末端，南岛东南海岸，人口约 12 万，是承袭了苏格兰丰富多彩文化遗产的大学城。在达尼丁市区随处可见夹着书本的学生，他们给城市增添了活泼的气氛。这个古雅幽静的城市拥有许多维多利亚时代与爱德华时代的建筑，并以其珍奇的野生动物闻名世界。著名的奥塔哥大学就坐落在达尼丁市，它成立于 1869 年，是新西兰的第一所大学。奥塔哥大学钟塔、第一教堂、圣多米尼克小修道院等都是哥特式复兴时代最杰出的建筑。用大量石头建造的火车站，以乌釉陶瓷砖镶嵌，配以皇家岛顿马赛克地板,是新西兰被拍照最多的建筑之一。市内博物馆,艺术馆,教堂,及大学建筑林立,文化气氛浓郁。达尼丁的威士忌酒世界闻名,其精湛的酿酒技术和美酒的芳香令无数游客流连忘返。

7. 皇后镇(昆士敦)

皇后镇是南岛的避暑胜地,它位于南岛南部的瓦卡蒂普湖北岸,盛产纯正的新西兰葡萄酒。至今,市民渡湖仍沿用传统的老式独木舟。在这样一个宁静优美的地方,新奇刺激的旅游项目多不胜数。几年前在中国热起来的"蹦极跳"就源自此处。此外,这里还有定向滑竿、滑雪、橡皮筏漂流、滑翔风筝、骑马、打高尔夫球等项目,令人乐趣十足。

8. 库克山

库克山海拔 3764 米,是新西兰第一高峰,山势巍峨,终年积雪。傍晚日落时是遥望库克山的最佳时刻,夕阳为白雪披上一层瑰丽的粉红色,色彩瞬息间变化万千,在幽深的山谷的衬托下,越显得山峰峻拔、伟岸,近年来已成为雪上运动和影视拍摄的基地。库克山国家公园面积达 700 平方千米,由冰河、陡壁、温泉、山林及各种野生动植物构成。去库克山的途中,可以看到很多蓝得发亮、宛如宝石般的冰川湖泊,最蔚为奇观的是赛尔福特海峡。在海峡深处,游人可以看到悬崖峭壁、晴朗高旷的天空和繁茂的热带雨林。通过一条穿过山岭的隧道,可以直抵海峡的尽头,在那里游客可以看到世界上最高的瀑布——萨瑟兰瀑布,它的高度达海拔 518 米,气势宏伟,辉煌壮丽。

课堂讨论题

面对中国目前在新西兰旅游市场开发中所存在的问题,应该采取哪些必要的措施加以应对?

附录:世界遗产名录(大洋洲旅游区)(按照自然与文化双重遗产、自然遗产、文化遗产的顺序排列)

一、澳大利亚(18 项)

卡卡杜国家公园(自文,1981 年,1987 年,1992 年)
威兰德拉湖区(自文,1981 年)
塔斯马尼亚荒原(自文,1982 年,1989 年)
乌鲁汝—卡塔楚塔国家公园(自文,1987 年,1994 年)

大堡礁(自，1981 年)

豪勋爵群岛(自，1982 年)

澳大利亚东部雨林保护区(自，1986 年，1994 年)

昆士兰的热带雨林(自，1988 年)

西澳大利亚的鲨鱼湾(自，1991 年)

芬瑟岛(自，1992 年)

澳大利亚哺乳动物化石遗址(自，1994 年)

赫德岛和麦克唐纳群岛(自，1997 年)

麦觉理岛(自，1997 年)

大蓝山区(自，2000 年)

波奴鲁鲁国家公园(自，2003 年)

皇家展览馆和卡尔顿园林(文，2004 年)

悉尼歌剧院(文，2007 年)

澳大利亚罪犯流放地 (文，2010 年)

二、新西兰(3 项)

汤加里罗国家公园(自文，1990 年，1993 年)

新西兰西南部的蒂瓦希普纳穆(自，1990 年)，包括四个国家公园，分别是库克山国家公园、峡湾国家公园、艾斯派林山国家公园及西部区国家公园

新西兰的亚南极群岛(自，1998 年)

附录一　中国主要客源国排名前16位名录(2006—2010年)

按入境旅游人次排序	国　家				
	2006 年	2007 年	2008 年	2009 年	2010 年
1	韩国	韩国	韩国	日本	韩国
2	日本	日本	日本	韩国	日本
3	俄罗斯	俄罗斯	俄罗斯	俄罗斯	俄罗斯
4	美国	美国	美国	美国	美国
5	马来西亚	马来西亚	马来西亚	马来西亚	马来西亚
6	新加坡	新加坡	新加坡	新加坡	新加坡
7	菲律宾	菲律宾	菲律宾	菲律宾	越南
8	蒙古	蒙古	蒙古	蒙古	菲律宾
9	泰国	泰国	澳大利亚	澳大利亚	蒙古
10	英国	澳大利亚	泰国	加拿大	加拿大
11	澳大利亚	英国	英国	泰国	澳大利亚
12	德国	加拿大	加拿大	英国	泰国
13	加拿大	德国	德国	德国	德国
14	印度尼西亚	印度尼西亚	印度	印度尼西亚	英国
15	印度	法国	法国	印度	印度尼西亚
16	法国	印度	印度尼西亚	法国	印度

附录二 中国主要目的地国家和地区排名前 10 位名录(2005—2009 年)

按出境旅游人次排序	国 家				
	2005 年	2006 年	2007 年	2008 年	2009 年
1	中国香港	中国香港	中国香港	中国香港	中国香港
2	中国澳门	中国澳门	中国澳门	中国澳门	中国澳门
3	日本	日本	日本	日本	日本
4	越南	韩国	韩国	越南	韩国
5	韩国	泰国	越南	韩国	越南
6	俄罗斯	俄罗斯	俄罗斯	俄罗斯	中国台湾
7	泰国	美国	泰国	美国	美国
8	美国	新加坡	美国	新加坡	俄罗斯
9	新加坡	越南	新加坡	泰国	新加坡
10	马来西亚	马来西亚	马来西亚	马来西亚	泰国

参 考 文 献

[1] 王兴斌. 中国旅游客源国概况. 北京：旅游教育出版社，2000

[2] 张金霞. 客源地概况. 武汉：武汉大学出版社，2003

[3] 魏小安，刘赵平，张树民. 中国旅游业新世纪发展大趋势. 广州：广东旅游出版社，1999

[4] 何光炜. 新世纪新产业新增长——旅游业成为新的经济增长点研究. 北京：中国旅游出版社，1999

[5] 李绍明. 世界地图集. 北京：中国地图出版社，2000

[6] 中国国家旅游局. 中国旅游年鉴(1990—2004 年). 北京：中国旅游出版社，2005

[7] 韩杰. 现代世界旅游地理. 青岛：青岛出版社，2001

[8] 谢曙光，何侃. 希腊·雅典 2004. 北京：社会科学文献出版社，2003

[9] 李存修，吴荣水. 西欧之旅(上下册). 广州：广东旅游出版社，2001

[10] 于丽娟，刘隽等译. 瑞士(异域风情丛书). 北京：中国水利水电出版社，2004

[11] 徐元培，常烨等译. 奥地利(异域风情丛书). 北京：中国水利水电出版社，1999

[12] 武坚达. 外国习俗丛书(德国、意大利、西班牙、俄罗斯、法国). 北京：世界知识出版社，1993

[13] 罗斯静. 英国旅游指南. 广州：广东省地图出版社，2001

[14] 杨丹谊. 澳新飞扬. 长沙：湖南地图出版社，2003

[15] 戴松年，纵瑞昆. 国际旅游学. 上海：学林出版社，2004

[16] 常疆. 世界概览地图集. 长沙：湖南地理出版社，2004

[17] 李军. 世界文化与自然遗产. 长春：北方妇女儿童出版社，2002

[18] 李鹏. 寻访历史名城. 北京：北京工业大学出版社，2004

[19] 邬宏. 真正欧洲. 长沙：湖南地图出版社，2003

[20] 彭建泽，王妮娜等. 深入非洲. 长沙：湖南地图出版社，2004

[21] 斯宾塞·韦尔斯[美国]著，杜红译. 出非洲记——人类祖先的迁徙史诗. 北京：东方出版社，2004

[22] 王兴斌. 中国主要客源国概况. 北京：旅游教育出版社，2001

[23] 韩中安. 世界地理(下册). 长春：东北师范大学出版社，1998

[24] 吴国清. 世界旅游地理. 上海：上海人民出版社，2003

[25] 韩杰. 旅游地理学. 大连：东北财经大学出版社，2002

[26] 李永文. 旅游地理学. 北京：科学出版社，2004

[27] 李树藩，王德林. 最新各国概况. 长春：长春出版社，2005

[28] 黄建文. 世界旅游手册. 长沙：湖南地图出版社，2003

[29] 王成家. 各国概况. 北京：世界知识出版社，2002

[30] 世界旅游金卡(丛书). 长沙：湖南地图出版社，2004

[31] 游玩世界(丛书). 哈尔滨：哈尔滨地图出版社，2004

[32] 高曾伟. 旅游资源学. 上海：上海交通大学电子音像出版社，2004

[33] 姜守民. 西方文化史. 北京：科学出版社，2004

[34] 张凌云. 世界旅游市场分析与统计手册. 北京：中国旅游出版社，2008

[35] 张广瑞，刘德谦等.2010 年中国旅游区发展分析与预测. 北京：社会科学文献出版社，2010

[36] http://image.baidu.com/

[37] http://world.people.com.cn/

[38] http//.www.traveler.net.cn/. 中国旅游网

[39] http://www.worldtravelnol.com/. 世界旅游网

[40] http//.www.hua2.com/. 中华地图网

[41] http://www.yahtour.com/. 金旅雅途网

[42] http://www.travel.chuguo.cn/. 出国在线旅游频道

[43] http://www.ctrip.com/. 携程旅游网

[44] http:// www.esoo.org/. 易索电子名片